高等学校应用创新型人才培养系列教材

国际经济与贸易专业

ZHONGGUO DUIWAI MAOYI GAILUN

中国对外贸易概论

主　编　黄晓玲

副主编　祁春凌　陈　砺

高等教育出版社·北京

内容简介

中国对外贸易概论是我国实行改革开放后建立和发展起来的一门新学科。该学科研究我国对外经济贸易的基础理论、基本政策和基本实践，是高等学校国际经济与贸易专业的专业基础课。

全书共十章，涵盖对外贸易发展的宏观层面的分析介绍，以及对外贸易管理的具体措施的解读。第一章为中国对外贸易发展概述；第二章为对外贸易发展战略；第三章为对外贸易宏观管理体制改革；第四章为对外贸易立法管理；第五章为对外贸易经济调控管理；第六章为对外贸易行政管理；第七章为国际技术贸易；第八章为国际服务贸易；第九章为对外贸易与国际直接投资；第十章为全球价值链与中国对外贸易。

本书可作为高校国际经济与贸易本科专业及有关专业教学用书，也可作为外经贸行业岗位培训教材，以及外经贸实际工作者和理论工作者的参考用书。

图书在版编目(CIP)数据

中国对外贸易概论／黄晓玲主编.--北京:高等教育出版社,2020.6(2022.5重印)

ISBN 978-7-04-051503-9

Ⅰ.①中… Ⅱ.①黄… Ⅲ.①对外贸易-中国-高等学校-教材 Ⅳ.①F752

中国版本图书馆CIP数据核字(2019)第042756号

中国对外贸易概论

Zhongguo Duiwaimaoyi Gailun

策划编辑 赵 鹏　责任编辑 王 威　封面设计 顾 斌　版式设计 徐艳妮
插图绘制 李沛蓉　责任校对 刁丽丽　责任印制 高 峰

出版发行 高等教育出版社
社　　址 北京市西城区德外大街4号
邮政编码 100120
印　　刷 天津文林印务有限公司
开　　本 787mm×1092mm 1/16
印　　张 18
字　　数 450千字
购书热线 010-58581118
咨询电话 400-810-0598
网　　址 http://www.hep.edu.cn
http://www.hep.com.cn
网上订购 http://www.hepmall.com.cn
http://www.hepmall.com
http://www.hepmall.cn
版　　次 2020年6月第1版
印　　次 2022年5月第3次印刷
定　　价 53.00元

物 料 号 51503-00

前言

“中国对外贸易概论”是国际经济与贸易专业的专业基础课之一，也是对外经济贸易大学历史悠久的一门特色课程。中华人民共和国成立以来，从北京外贸学院到对外经济贸易大学，课程名历经“中苏对外贸易原理”“社会主义阵营对外贸易”“中国对外贸易政策”“中国对外贸易理论与政策”的发展更迭，于改革开放后定名为“中国对外贸易概论”，沿用至今。中国改革开放的伟大变革，为课程的发展注入了丰富的内容，同时也为本课程的发展提出与时俱进的客观要求，这门课程的建设和发展，凝聚了几代教学和科研人员的智慧和心血，对外经济贸易大学也成为研究中国对外贸易理论与政策的重要基地。

“中国对外贸易概论”课程是对外经济贸易大学“211”第一期工程的重点建设核心课程之一，该课程于2004年获“北京市高等教育精品课程”称号，这个课程当时的配套教材《中国对外贸易概论》（对外经济贸易大学出版社，2003版）也于2004年获“北京市高等教育精品教材”称号，同时入选全国高等教育“十一五”规划教材。随着中国改革开放的不断深入，中国的外贸体制、做法逐步与世贸组织要求接轨，中国对外贸易的战略、方针、政策以及外贸实际部门的工作都在不断发生变化，面对新的国际经济形势，需要探讨的新情况、新问题很多。本书作者延续了之前编写的《中国对外贸易概论》的核心框架，采用了最新的切入角度，运用最新的材料，重新编写《中国对外贸易概论》。

本次编写对结构和内容都做了调整，主要调整如下：

第一，将原第十章“中国对外经济关系”删去，替换成全新的一章“全球价值链和中国对外贸易”作为第十章。

第二，全面更新数据以及相关的管理对外贸易和外资的法律法规。

第三，增加了二维码延伸阅读，每一章都有精选的二维码链接，在不增加教材篇幅的情况下，学生能方便地扫码，进行扩展阅读。

全书框架由黄晓玲拟订，书稿由黄晓玲总纂定稿。祁春凌、陈砺参加了本教材的编写受作者水平所限，书中难免存在疏漏和错误，恳请读者提出宝贵的批评和建议，使本书日臻完善。

黄晓玲

2020年1月

目录

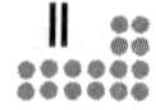

第一章　中国对外贸易发展概述

❖ 本章摘要及重点

本章主要内容：对外开放政策与对外开放格局、对外贸易的建立与发展。

本章学习重点：对外开放政策的演变及现有格局；对外贸易发展的简要历程，尤其是改革开放以来对外贸易取得的成就和呈现的特点。

改革开放以来，我国的对外贸易保持持续、高速的增长，贸易结构显著改善，市场不断拓展；全方位对外开放的格局基本形成，开放型经济迅速发展，对外经济关系发生了重大变化；对外经贸的战略部署取得成效，战略目标得以逐步实现。

第一节

对外开放政策与对外开放格局

实行对外开放是我国的一项长期基本国策。它是关系到我国经济发展和解放生产力，关系到国家繁荣富强、民族振兴的重大战略问题。对外开放与经济体制改革一起构成了发展社会主义市场经济、实现社会主义现代化事业的两个轮子。它与经济体制改革相互促进、相辅相成，共同推动我国经济的发展。

一、对外开放政策的基本含义与主要内容

（一）对外开放政策的确立

在党的十一届三中全会以前，我国没有明确提出对外开放的战略方针，这是由多方面的原因造成的。有历史的原因，也有国际政治、经济环境因素的影响。

党的十一届三中全会后，1980 年 6 月，邓小平在接见外宾时，第一次将“对外开放”作为我国对外经济政策公之于世。他说，我国在国际上实行开放的政策，加强国际往来，特别注意吸收发达国家的经验和先进技术，也包括吸收国外资金，来帮助我们发展。1981 年 11 月召开的全国五届人大四次会议上的政府工作报告中，进一步明确了实行对外开放政策，加强国际经济技术交流，是我们坚定不移的方针。1982 年 12 月，对外开放政策写入我国宪法，我国的对外开放政策作为基本国策最终确立了。

（二）对外开放政策的基本含义

对外开放是与闭关锁国相对而言的。我国的对外开放是指在坚持社会主义制度和中国共产党领导地位的基础上，在独立自主、平等互利的前提下，根据生产社会化、国际化和社会主义市场经济发展的客观要求，利用国际分工的优势，积极发展与世界各国的经济贸易往来，以及科学、技术、文化、教育等方面的交流与合作，以促进社会主义物质文明的建设和发展。因此，它不仅局限于对外经济贸易方面的交流与合作，还包括科技、文化、教育、艺术等领域的广泛交流与合作。

但是，经济是基础，我国实行对外开放首先是经济上的对外开放，也就是要实行对外开放的经济政策。从这个角度上讲，对外开放的基本含义是：要大力发展和不断加强对外经济技术交流，积极参加国际交换和国际竞争，由封闭型经济转变为开放型经济，以加速实现“四个现代化”建设事业。

对外开放是向世界上所有国家和地区的开放。不论是社会主义国家还是资本主义国家，不论是发展中国家还是发达国家，不论是大国还是小国，我国都愿意在平等互利的基础上发展同它们的贸易经济联系。我国的对外开放，是要吸收世界上各个国家和地区的优点，博采众长，尽为我用。因此，我国的对外开放是向世界开放。当然，由于我国现代化建设的客观需要，由于各个国家和地区情况各异，特别是经济技术发展水平的不同，在一个时期，我们根据需要和可能，同一些国家和地区发展多一些，快一些，这是国际上的常见现象。而且，这种情况也是随着条件的变化而变化的。

（三）对外开放政策的主要内容

对外开放政策的主要内容是：大力发展对外贸易，特别是扩大出口贸易；积极引进先进技术和设备，特别是有助于企业技术改造的适用的先进技术；积极有效地利用外资；积极开展对外工程承包和劳务合作；发展对外技术援助和多种形式的互利合作；设立经济特区和开放沿海城市，带动内地开放。党的十二大报告指出，实行对外开放的经济政策，主要是“要促进国内产品进入国际市场，大力发展对外贸易。要尽可能多地利用一些可以利用的外国资金进行建设……，要积极引进一些适合我国情况的先进技术……，以促进我国建设事业。”由此可见，发展对外贸易、利用外国资金和引进先进技术是对外开放政策的最主要内容。这三项内容中，发展对外贸易是利用外资和引进技术的物质基础，是对外开放政策的最根本内容。因此，实行对外开放政策，必然使对外经济贸易在国民经济中处于重要的战略地位。

二、对外开放格局

我国的对外开放，经过40多年的努力，在不断总结经验的基础上，由点到线，由线到面，由边缘向纵深，从南到北，从东到西，形成了全方位、多渠道、多层次的开放格局。对外开放基本格局的形成，显示了我国改革开放的巨大力量，为我国进一步利用国际分工，促进经济全球化，发展社会主义市场经济，进行社会主义现代化建设，奠定了良好的基础。

（一）1992年以前，重点开放沿海地区，逐步向内地开放

实行对外开放，必须充分发挥沿海地区的优势，以沿海地区对外开放带动内地对外开放。因此，沿海地区是我国实行对外开放的前沿地带。

我国沿海地区包括长江三角洲、珠江三角洲、闽东南地区和山东半岛、辽东半岛等地区，有近2亿人口。沿海地区具有实行对外开放的特殊地理位置和自然条件，有18 000多千米的海岸线，有大量深水泊位和港口。沿海地区工农业基础雄厚，工业门类齐全，骨干企业多，加工能力强，建立了机电、仪表、石油化工、钢铁、轻纺、能源等各种工业体

系，是我国出口商品的主要基地。沿海地区的科学技术也比较发达，拥有相当数量的科研机构和人员，技术熟练的工人多，加工水平高，消化吸收能力强，为提高出口商品的竞争能力提供较好的技术条件。沿海地区有着悠久的对外贸易历史，有与世界各国和地区进行广泛联系的经济专业人才，这些人才具有比较丰富的组织管理对外经济贸易、国际金融等方面的经验，沿海地区信息传递较快，是我国进行国际经济技术交流的桥梁和纽带。

在实行对外开放的初期，党中央和国务院就确定了“重点开放沿海地区，逐步向内地开放”的经济发展战略。把我国经济发展进程划分为三个地区，即东部地区、中部地区、西部地区，先发展东部地区，带动中部和西部地区发展。按照此项战略，将我国地域分为四个发展区域。

1. 建立经济特区

1979 年 7 月，国务院确定在广东、福建两省实行特殊政策和灵活措施，主要是在对外经济活动方面授予两者较多的自主权，并提出在深圳、珠海、汕头、厦门试办出口特区。1980 年 5 月，国务院决定把特区的名称正式定为经济特区。1987 年中央批准海南建省，1988 年 3 月将其作为全国最大的经济特区对外开放。1990 年中央又决定开发和开放上海浦东，实行某些经济特区的政策。

经济特区是我国对外开放的第一个层次。它们有着国家给予的特殊政策，从外贸经营权、利润留成、财政包干、税收优惠以及一定程度的立法权都归地方行使。经济特区的设立，是我国对外开放的突破口和开创性措施。实践充分证明，通过建立经济特区来推进开放的道路是完全正确的，取得了巨大成就。它不仅使这些地区迅速建立起外向型经济，在本地区初步形成社会主义市场经济体制，而且很好地发挥了技术、管理、知识和对外开放政策的窗口作用，带动了全国的对外开放，促进了全国市场的发育和成长，在改革开放和现代化建设中产生了重要的示范作用。

2. 开放沿海港口城市

在总结对外开放的实践经验的基础上，特别是经济特区发展经验的基础上，1984 年 5 月，中共中央、国务院决定进一步开放大连、秦皇岛、天津、烟台、青岛、连云港、南通、上海、宁波、温州、福州、广州、湛江、北海 14 个沿海港口城市。

沿海开放城市是我国对外开放的第二个层次。国家支持这些城市实行经济特区的某些政策。在这些开放城市中，有条件的地方可以兴办经济技术开发区。从 1984 年 9 月国务院批准大连建立第一个国家级经济技术开发区起，到 1988 年 6 月，共批准沿海开放城市建立国家级经济技术开发区 14 个。

通过各种优惠政策，开放城市和建立经济技术开发区吸引外资，开发新技术、新产品、新兴工业。开放沿海港口城市，有利于积极利用外资，引进先进技术和管理经验，加速现有企业的技术改造，加快科技进步，使重要行业和企业的技术与产品赶上当代国际先进水平。实践证明，沿海开放城市在利用外资，引进先进技术方面；在与内地的横向经济联系，促进资金、设备、技术和人才的合理交流，带动内地经济开放方面都取得了巨大成就。

3. 开辟沿海经济开放区

1985 年 1 月，党中央和国务院决定将长江三角洲、珠江三角洲、闽东南地区开辟为沿海经济开放区。1988 年年初，又开辟了环渤海经济开放区，将山东半岛、辽东半岛列入沿海经济开放区。1988 年 3 月 18 日，国务院决定进一步扩大沿海经济开放区范围，将 40 个市、县，其中包括杭州、南京、沈阳 3 个省会城市，划入开放区。

沿海经济开放区是我国对外开放的第三个层次。国家对它们实行沿海开放城市的优惠政策。沿海经济开放区可凭借交通方便，对外联系广泛，工农业基础好，有丰富的劳动力资源，以及近几年来蓬勃发展的乡镇企业的力量，并根据国际市场的需要，通过吸引外商直接投资，大力发展外向型的加工工业和出口创汇农业，扩大出口创汇。

4. 逐步向内地开放

内地是我国对外开放的第四个层次。按照党中央和国务院的指导思想，我国实行对外开放政策，就是按经济特区—沿海开放城市—沿海经济开放区—内地逐步推进，把沿海的发展和内地的开发结合起来，有效地解决我国经济建设中，东部、中部、西部发展不均衡的问题，由沿海带动整个内地的发展，促进全国经济的振兴。

由此可见，沿海地区是我国实行对外开放的前沿地带，是对外开放的重点地区。沿海地区的经济发展决定着全国经济的发展，影响着现代化建设的规模和进程。

（二）1992 年以后逐步形成全方位的对外开放格局

党的十四大报告为中国对外开放格局确定了发展目标：对外开放的地域要扩大，形成多层次、多渠道、全方位的对外开放格局。因此，1992 年以后，我国在继续开放经济特区、沿海开放城市和沿海经济开放区的基础上，进一步开放了陆地边境市、镇，开放了一些沿江（长江）城市和内陆省会城市，使我国形成了全方位对外开放的新格局。

1. 开放陆地边境市、镇

1992 年年初，邓小平南方谈话的发表，加快了内陆尤其是中西部地区的对外开放步伐。同年 3 月以后，国务院决定开放吉林的珲春，黑龙江的绥芬河、满洲里、黑河，内蒙古的二连浩特，新疆的伊宁、塔城、博乐，云南的瑞丽、畹町、河口，广西的凭祥、东兴共 13 个陆地边境市、镇。

进一步开放陆地边境市、镇，是全方位对外开放的重要步骤。我国对陆地边境市、镇，实行类似沿海开放城市的政策，以加速边境地区外向型经济发展为目的，形成了沿周边国家的东北、西北、西南三大开放地带。东北开放带，以俄罗斯、独联体其他国家、蒙古、东欧诸国为对象，以满洲里、黑河、绥芬河、珲春四个沿边开放城市为龙头，内蒙古、黑龙江、吉林等省区正在形成一个具有纵深背景的大开放区。西北开放带，以东欧诸国、巴基斯坦、西亚诸国等为对象，以新疆维吾尔自治区为主体，在 5 400 多千米的边境线上开通了 8 个通商口岸。东起连云港，西经新疆至欧洲的大陆桥的开通，为我国的西北部开放提供了重要条件。西南开放带，以印度、尼泊尔、缅甸、老挝、越南、孟加拉国诸国为对象，以云南、广西为主体。目前，云南已拥有 17 个对外开放口岸，广西同越南边境已开辟了 20 个贸易点。

沿边地区利用中央赋予的政策，逐步打开了封闭的门户，一种以贸易为先导，以内地为依托，以高层次经济技术合作为重点，以开拓周边国家市场为目标的沿边开放新态势已经形成。

2. 开放沿江和内陆省会城市

1992 年 6—7 月，中央又决定以上海浦东为龙头，开放重庆、岳阳、武汉、九江、芜湖5个沿长江港口城市；开放太原、合肥、南昌、郑州、长沙、成都、贵州、西安、兰州、西宁、银川11个内陆省会城市；开放昆明、乌鲁木齐、南宁、哈尔滨、长春、呼和浩特、石家庄7个边境、沿海省会城市。此外，全国内陆所有地区都有对外开放旅游城市。

沿江和内陆省会城市的开放，使我国对外开放向纵深发展。我国通过扩展开放区域，不仅促进了长江流域和大半个中国经济的发展，而且对于扩大和完善我国对外开放格局，缩小东、中、西部地区差距都将会产生积极影响。

由此可见，我国的对外开放并没有采取全国同步开放的方针，而是采取多层次、滚动式、逐步向广度和深度发展的方针。这是由我国国情所决定的。我国地区经济发展很不平衡，地理条件差异较大，特别是长期实行封闭型的高度集中的计划经济体制、价格体系和产业结构同世界经济割开的情况下，不可能采取一刀切的办法，而只能采取由点到线，由线到面，由东到西、由南到北，逐步展开的方针。

3. 进一步扩大西部地区的对外对内开放

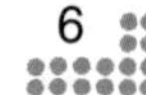

（1）西部大开发战略。20世纪80年代，当我国改革开放和现代化建设全面展开后，邓小平先后提出了“沿海开发”“长江开发”“中西部开发”三个战略构想。20世纪90年代初，邓小平又明确提出了“两个大局”的构想：一个大局是，东部沿海地区加快对外开放，使之较快地发展起来，中西部要顾全这个大局。另一个大局是，东部地区发展到一定时期，就要拿出更多的力量帮助中西部地区加快发展，东部沿海地区也要顾全这个大局。

加快西部地区的发展，是邓小平“两个大局”战略思想的重要组成部分。而西部大开发战略的具体提出，则是我国新一代领导人根据现实情况和经济建设的具体实践做出的选择。1999年党的十五届四中全会明确提出国家要实施西部大开发战略。

（2）西部大开发与西部开放。实施西部大开发战略，加快西部地区发展，是我国现代化战略的重要组成部分，是党中央高瞻远瞩、总揽全局、面向21世纪做出的重大决策。为体现国家对西部地区的重点支持，国务院制定了实施西部大开发的若干规定。加快西部对外开放成为西部大开发的主要内容，以开放促开发、促发展，积极引导和推动西部地区参与国际经济合作与交流，以加快中西部地区发展。为了推动西部地区的对外开放，国家给予了许多政策支持。

在吸引外资方面：一是进一步扩大外商投资领域。鼓励外商投资于西部地区的农业、水利、生态、交通、能源、市政、环保、矿产等基础设施建设和资源开发，以及建立技术研究开发中心；扩大西部地区服务贸易领域对外开放；一些领域的对外开放，允许在西部地区先行试点。二是进一步拓宽利用外资渠道。在西部地区可以进行以BOT① 方式利用外资的试点；允许外商投资项目开展包括人民币在内的项目融资；支持符合条件的西部地区外商投资企业在境内外股票市场上市；支持西部地区属于国家鼓励和允许类产业的企业通过转让经营权、出让股权、兼并重组等方式吸引外商投资；鼓励在华外商合资企业到西部地区再投资等。

---

① BOT为英文 built—operate—transfer 的缩写，即建设—经营—转让方式，是政府将基础设施项目的特许经营权授予承包商。承包商在特许期内负责项目设计、融资、建设和运营，在特许期结束后将项目所有权移交政府。

在发展对外经济贸易合作方面：进一步扩大西部地区生产企业对外贸易经营自主权，鼓励发展优势产品出口、对外工程承包和劳务合作，到境外特别是周边国家投资办厂，放宽人员出入境限制；实行更加优惠的边境贸易政策，在出口退税、进出口商品经营范围、进出口商品配额、许可证管理、人员往来等方面放宽限制条件，推动我国西部地区同毗邻国家和地区相互开放市场，促进与周边国家区域经济技术合作健康发展。

（三）进一步扩大对外开放，发展外向型经济

1992 年以后，经济技术开发区快速发展，截至 2016 年年底，国务院共批准设立了 219 个国家级经济技术开发区。其中东部沿海地区 107 个、中部地区 63 个、西部地区 49 个。此外，国务院还批准设立了 16 个国家级边境经济合作区。这些经济技术开发的特别区域已成为所在地区经济发展的新增长点和吸收外商投资集中的热点地区，并像经济特区一样在扩大开放、发展外向型经济、调整产业结构等方面起到了窗口、辐射、示范和带动的作用。

进入 21 世纪，我国对外开放步入新的发展阶段，主要体现在以下三个方面：

（1）我国加入世界贸易组织，我国经济在更高程度和更大范围内融入世界经济体系。进一步扩大对外开放的深度与广度，扩大对外开放的领域和范围，由单方面自主开放，转变为我国与世贸组织成员之间的相互开放。

（2）“西部大开发”战略的实施，使我国转向更加平衡的全面开放。

（3）“走出去”开放战略的实施，我国以“引进来”为主的开放模式向“引进来、走出去”并举的双向开放模式转换，我国将以更加积极的姿态参与国际竞争和合作。

总之，在经济全球化加速推进的背景下，我国正在全力推动全方位、多层次、宽领域的对外开放，促进我国现代化建设。

2008 年金融危机以来，全球经济复苏乏力，外需低迷，我国进入劳动力优势逐步丧失、多个行业产能过剩、经济中低速增长的新常态。为应对国内外经济新形势，我国开启了新一轮的深化改革开放。

2013 年 8 月，国务院正式批准设立了中国（上海）自由贸易试验区。同年 9 月 29 日，正式挂牌成立。中国（上海）自由贸易试验区，简称上海自由贸易区或上海自贸区，范围涵盖上海市外高桥保税区、外高桥保税物流园区、洋山保税港区和上海浦东机场综合保税区 4 个海关特殊监管区域，总面积为 2 878 平方千米。以上海外高桥保税区为核心，辅之以机场保税区和洋山港临港新城，实行政府职能转变、金融制度、贸易服务、外商投资和税收政策等多项改革措施，并将大力推动上海市转口、离岸业务的发展。上海自贸区也是我国第一个自由贸易区，成为中国经济新的试验田，提升了对外开放和经济自由化的水平。

继上海自贸区后，2015 年 5 月 11 至 12 日，国务院相继批准了中国（广东）自由贸易试验区、中国（天津）自由贸易试验区、中国（福建）自由贸易试验区。2016 年 8 月底，党中央、国务院决定，在辽宁省、浙江省、河南省、湖北省、重庆市、四川省、陕西省新设立 7 个自贸试验区。新设立的 7 个自贸试验区将继续紧扣制度创新这个试验的核心，以现有自贸试验区的试点内容为主体，结合地方特点以及战略需要，增加差异化的试点任务。第三批自由贸易试验区的设立，标志着我国自贸试验区建设进入了试点探索的新阶

段，将在更广领域、更大范围形成各具特色、各有侧重的试点格局，推动我国全面深化改革和扩大开放步伐。

2013 年，我国提出“一带一路”倡议，即“丝绸之路经济带”和“21 世纪海上丝绸之路”发展战略。它将充分依靠中国与有关国家既有的双多边机制，借助既有的、行之有效的区域合作平台，积极发展与沿线国家的经济合作伙伴关系，共同打造政治互信、经济融合、文化包容的利益共同体、命运共同体和责任共同体。2015 年 3 月 28 日，国家发展改革委、外交部、商务部联合发布了《推动共建丝绸之路经济带和 21 世纪海上丝绸之路的愿景与行动》，宣告“一带一路”进入了全面推进阶段。“一带一路”国内段覆盖了我国中西部的大部分地区，使广大中西部地区由原先的“内陆腹地”变成现在的“开放前沿”，为中西部地区进一步提高对外开放水平、促进经济平稳健康发展提供了契机。

2016 年，我国在“十三五”规划中提出，以“一带一路”建设为统领，丰富对外开放内涵，提高对外开放水平，协同推进战略互信、投资经贸合作、人文交流，努力形成深度融合的互利合作格局，开创对外开放新局面。

首先，要完善对外开放战略布局。全面推进双向开放，促进国内国际要素有序流动、资源高效配置、市场深度融合，加快培育国际竞争新优势。完善对外开放区域布局，深入推进国际产能和装备制造合作，加快对外贸易优化升级，提升利用外资和对外投资水平。

其次，要健全对外开放新体制。完善法治化、国际化、便利化的营商环境，健全有利于合作共赢、同国际投资贸易规则相适应的体制机制。营造优良营商环境，完善境外投资管理体制，扩大金融业双向开放，强化对外开放服务保障。

最后，要推进“一带一路”建设。秉持亲诚惠容，坚持共商共建共享原则，开展与有关国家和地区多领域互利共赢的务实合作，打造陆海内外联动、东西双向开放的全面开放新格局。具体又包括：

（1）健全“一带一路”合作机制。围绕政策沟通、设施联通、贸易畅通、资金融通、民心相通，健全“一带一路”双边和多边合作机制。推动与沿线国家发展规划、技术标准体系对接，推进沿线国家间的运输便利化安排，开展沿线大通关合作。建立以企业为主体、以项目为基础、各类基金引导、企业和机构参与的多元化融资模式。加强同国际组织和金融组织机构合作，积极推进亚洲基础设施投资银行、金砖国家新开发银行建设，发挥丝路基金作用，吸引国际资金共建开放多元共赢的金融合作平台。充分发挥广大海外侨胞和归侨侨眷的桥梁纽带作用。

（2）畅通“一带一路”六大经济走廊。推动中蒙俄、中国-中亚-西亚、中国-中南半岛、新亚欧大陆桥、中巴、孟中印缅等国际经济合作走廊建设，推进与周边国家基础设施互联互通，共同构建连接亚洲各次区域以及亚欧非之间的基础设施网络。加强能源资源和产业链合作，提高就地加工转化率。支持中欧等国际集装箱运输和邮政班列发展。建设上合组织国际物流园和中哈物流合作基地。积极推进“21 世纪海上丝绸之路”战略支点建设，参与沿线重要港口建设与经营，推动共建临港产业集聚区，畅通海上贸易通道。推进公铁水及航空多式联运，构建物流大通道，加强重要通道、口岸基础设施建设。建设新疆丝绸之路经济带核心区、福建“21 世纪海上丝绸之路”核心区。打造具有国际航运影响力的海上丝绸之路指数。

（3）共创开放包容的人文交流新局面。办好“一带一路”国际高峰论坛，发挥丝绸之路（敦煌）国际文化博览会等作用。广泛开展教育、科技、文化、体育、旅游、环保、卫生及中医药等领域合作。构建官民并举、多方参与的人文交流机制，互办文化年、艺术节、电影节、博览会等活动，鼓励丰富多样的民间文化交流，发挥妈祖文化等民间文化的积极作用。联合开发特色旅游产品，提高旅游便利化。加强卫生防疫领域交流合作，提高合作处理突发公共卫生事件能力，推动建立智库联盟。

第二节

对外贸易的建立与发展

社会主义对外贸易是在无产阶级取得革命胜利，建立起无产阶级政权这个根本的政治前提下，才能建立和发展的。

一、社会主义对外贸易的建立

中华人民共和国成立前，我国对外贸易完全依附于帝国主义列强，是半殖民地性质的，完全丧失了独立自主的地位。中华人民共和国成立后，帝国主义在中国的一切特权立即被废除，没收了对外贸易中的官僚资本，新建国营对外贸易，并对民族资本进出口业进行改造，从而建立起全国统一的社会主义对外贸易。

（一）废除帝国主义列强在中国的一切特权

中华人民共和国成立前，在帝国主义列强的侵略下，我们除了割地赔款、开辟租界外，还给予它们以在华驻军、领事裁判、协定关税、海关管理、内河航行、兴建铁路、设立银行、开办工厂、自由经商等军事、政治和经济特权。中国的主权和领土完整遭到了严重破坏，对外贸易也丧失了独立自主的地位，完全依附于帝国主义，沦为半殖民地性质的对外贸易。中华人民共和国成立后，我们收回了长期被外国霸占的海关管理权，取消了外国资本在金融、航运、保险、商检、公证仲裁等方面的垄断权，实行了对外贸易统制，实现了对外贸易的独立自主。

对中国的外资进出口企业，我们并没有实施没收，而是允许它们在服从我国政府法令的条件下继续经营。但是，由于它们是依靠帝国主义在华特权起家的，在特权被取消后，特别是在美国及其追随者对中国实行封锁禁运以后，大都申请歇业，或者作价转让给中国政府。从此以后，在中国开设的外资进出口企业，基本上停止了经营活动。

（二）没收官僚资本

官僚资本是帝国主义的总买办，它依靠国际垄断资本的势力，凭借反动政权的权力，控制了以往的金融业、工业、交通运输业、国内贸易和对外贸易。从对外贸易看，它独占了绝大部分商品的进口和出口。对这样腐朽的、反动的官僚资本，我们采取了没收的政策。官僚资本的进出口企业与官僚资本的工业企业在拥有资产的构成方面有所不同，前者的主要资产是外汇，后者的主要资产是机器设备和厂房等。官僚资本进出口企业所拥有的外汇，在人民解放战争胜利进行过程中，已全部被官僚资产阶级卷逃或汇走。因此，中华人民共和国成立后所没收的官僚资本进出口企业的资产是有限的。

（三）建立国营对外贸易企业

中华人民共和国成立后，为了适应革命形势和恢复国民经济的需要，在全国建立了新型的社会主义国营对外贸易企业。如前所述，在人民解放战争胜利进行的过程中，官僚资本进出口企业的主要资产——外汇早已被席卷一空，国家不可能依靠这些没收的进出口企业来进行对外贸易。为了适应恢复国民经济、发展对外贸易的需要，依靠国家政权和整个社会经济的力量，在东北、华北、华东等解放区对外贸易的基础上逐步建立起由中央人民政府直接领导的新型的国营对外贸易企业，其中有专门与社会主义国家进行贸易的中国进口公司，专门与资本主义国家进行贸易的中国进出口公司，以及中国畜产、茶叶、蚕丝、矿产等国营外贸公司。同时，逐步建立和完善了在各地的分公司。这些企业一经建立，就在对外贸易经营中起到了主导作用。1950 年，国营外贸进出口额占全国进出口总额的 68.4%，1952 年上升到 92.8%，占有绝对优势。

（四）改造私营进出口企业

私营进出口企业是建立在生产资料私人所有制基础上的，我们对它实行利用、限制和改造的政策。利用它们与国外厂商的贸易关系，经营进出口业务的经验和专长，对世界市场的熟悉和了解，以及对许多出口商品的产销、加工、保管、运输等方面的丰富知识；限制它们的剥削和盲目经营，制止它们的投机违法活动，逐步把私营进出口企业改造成为社会主义对外贸易企业。中华人民共和国成立初期，全国各口岸共有私营进出口企业 4 600 户，从业人员 35 000 人，资本约 13 亿元。其特点是大户（资本额 10 万元以上）少，中小户多。它们主要集中在上海、天津、广州、武汉、青岛等。中华人民共和国成立后，国家采取委托经营和公私联营的办法，在职工群众监督下，进行对外贸易活动，从而把私营进出口企业的经营纳入国家计划的轨道。1956 年，在全国公私合营高潮中，私营进出口企业也实行全行业公私合营。合营后，根据社会主义对外贸易工作的需要，对原来的商号进行合并改组，参照国营对外贸易公司的制度，按行业成立专业性的公私合营公司，也有少数商号直接并入国营对外贸易公司。当时全国共成立了 54 个公私合营对外贸易公司。这些公司的所有制发生了根本性的变化，资本家原来占有的资产已经转由国家使用，他们除了拿定息之外，已经不能支配这些资产。他们也不可能以资本家的身份去掌控经营管理权和人事调配权，合营公司已经基本上是社会主义性质的企业了。从此，在我国对外贸易领域中，基本完成了对生产资料私有制的社会主义改造，我国对外贸易已基本上是全民所有制。随着我国进入社会主义初级阶段，我国社会主义的对外贸易也就全面确立了。

二、社会主义对外贸易的发展

对外贸易的发展与国民经济的发展是密切联系在一起的，社会主义对外贸易必须服从、体现国民经济发展的要求。因此，不同时期国民经济发展的中心任务和发展特征对对外贸易的发展具有决定性的影响。

（一）国民经济恢复时期（1950—1952年）

中华人民共和国成立初期，经过战争的创伤，工农业生产遭到严重破坏，国民经济濒临绝境；而帝国主义对我国采取敌视、孤立和封锁禁运的政策。在这种历史条件下，国家提出了恢复国民经济，进行土地改革，实行抗美援朝，开展反封锁禁运斗争的任务。根据这一主要任务，对外贸易承担了组织内外物资交流，帮助调剂供求和稳定市场物价；扶持工农业生产和交通运输的恢复和发展；争取所需物资的进口，支援抗美援朝，保卫国家的斗争；迅速建立和发展同社会主义国家的贸易经济关系，突破帝国主义对我国的封锁禁运等任务。

我国迅速同苏联、东欧等社会主义国家建立和发展了贸易经济关系，并同美国等主要资本主义国家进行了针锋相对的反封锁禁运的斗争，及时进口了大量恢复和发展工农业生产以及交通运输所必需的重要物资和原材料，如钢材、有色金属、化工原料、橡胶、机床、拖拉机、化肥、农药、车辆、船舶、飞机、石油以及调剂供求、稳定市场所需的棉花、化纤、砂糖、动植物油、纸张、手表等物资；同时相应组织了农副产品和一些原料产品的出口，如大豆、桐油、茶叶、猪鬃、肠衣、蛋品、厂丝、钨砂、水银和绸缎等。我国进出口总额从1950年的11.35亿美元增长到1952年的19.41亿美元，增长了71%，年平均增长速度达30.8%，其中进口额从5.83亿美元增长到11.18亿美元，增长了49.1%。从而取得了反封锁、反禁运斗争的重大胜利，并对恢复和发展我国国民经济，提高工农业生产能力，活跃城乡物资交流，改善人民生活等方面都起了积极作用。

（二）第一个五年计划时期（1953—1957年）

从1953年起，我国进入大规模的经济建设时期，国家制定了规模经济发展第一个五年计划。在这个五年计划时期，我国国民经济的主要任务是：集中主要力量进行由苏联援建的以156个建设项目为中心的工业建设，建立我国社会主义工业化的初步基础。根据以上任务，中央对对外贸易提出以下任务：围绕国家工业化的中心任务，有计划地扩大内外物资交流，积极增加出口，换回我国生产、建设所需的机器、工业器材、原料以及其他重要物资，以促进第一个五年计划的全面实现；加强同社会主义国家的经济合作，扩大对社会主义国家的贸易，在有利于我国社会主义建设的条件下，发展同东南亚各国以及其他资本主义国家的贸易，增加重要物资的进口。

我国大力发展了同苏联、东欧等国家的贸易经济关系，组织进口了苏联的多个大型项目和其他东欧国家的68个重要项目，以及社会主义工业化所必需的工业器材和原料等；同时，随着我国外交政策的胜利，也发展了与东南亚和西方国家的贸易关系，进口了橡胶等一些重要物资。至 1957 年，生产资料进口的比重已高达 92%，其中机械设备的比重就高达 52.5%。我国的出口贸易，在工农业得到恢复和发展的基础上，有了很大的增长，出口商品结构也有了很大的变化。到 1957 年，重工业产品占 24.3%，轻工业产品占 22.7%，农副产品占 53%。除了出口传统的农副土特产品外，还增加了许多新商品，特别是发展了工业品出口，如棉纱、棉布、钢材、五金、玻璃、缝纫机，以及纺织、水泥、造纸、碾米等成套设备，其中有许多过去是要进口的。1957 年，我国进出口总额达 31.03 亿美元，比 1950 年增长了 1.73 倍，“一五”时期的年平均增长率达 9.8%，其中进口额为 15.06 亿美元，增长了 1.58 倍，出口额 15.97 亿美元，增长了 1.89 倍。从 1956 年起，扭转了几十年来的贸易逆差局面，实现了贸易顺差。

这期间我国对外贸易的迅速发展和进出口商品结构的重大变化，为配合当时国民经济的发展，满足国家建设的需要，奠定社会主义工业化的初步基础起了重要作用。

（三）第二个五年计划和国民经济调整时期（1958—1965 年）

我国第二个五年计划时期，对外贸易的任务是有计划地组织有关物资的出口，以保证国家建设所必需的设备和器材的进口，保证进出口物资的平衡。但 1958 年，在国民经济“大跃进”的影响下，对外贸易也提出了脱离实际的高指标，终使对外贸易出现大幅度波动。1959 年进出口贸易总额猛增到 43.81 亿美元，比 1957 年增长 41.2%。接着农业生产从 1959 年开始连续三年遭受自然灾害，以及 1960 年中苏关系的恶化，使我国的国民经济出现了暂时困难。从 1960 年起，我国对外贸易被迫连年大幅度下降，1962 年降为 26.63 亿美元，基本上倒退到 1954 年的水平，比 1957 年下降了 14.18%，年平均下降 3%。

1961 年党的八届九中全会确定对国民经济实行“调整、巩固、充实、提高”的方针后，我国国民经济进入了调整时期。这时期的对外贸易任务是大量进口粮食和其他市场物资，进口化肥、农药等支援农业生产，切实改善人民生活；千方百计增加出口货源，扩大对资本主义市场的出口，提前偿还对苏联的债款。为了适应国际形势的变化，克服国内经济困难，我国对外贸易的重点从对苏联开始转向对西方资本主义国家。从西方国家进口了大量的粮食、糖、动植物油、棉花、化纤、化肥等支援国内市场和农业生产的重要物资。消费资料进口比重从 1959 年的 4.3%上升到 1965 年的 33.5%（1962 年、1963 年、1964 年分别为 44.8%、44%、44.5%）。这对渡过经济困难时期、稳定市场、保证人民生活需要起了重大的作用。

为了抵偿从西方资本主义国家的进口，我国改进了出口商品的生产工艺，使商品的品质、规格、花色、品种等各个方面更加适应资本主义市场的需要。因此，中苏关系恶化后，我国的出口商品就在日本、西欧等国家市场打开了销路。由于前一时期重点抓了轻工业产品的生产和出口，因此，除新增加出口搪瓷制品、球鞋、皮件、闹钟、洗衣粉、人棉纱布、涤纶布、珠宝首饰等外，原已出口的棉纱、棉布、针棉织品、罐头、缝纫机、自行车等的出口数量大幅度增长，有的甚至成倍增长。重工业产品出口也有所发展，增加了部分化工产品和拖拉机、工具、小五金、煤炭等的出口。到 1965 年，出口总额已恢复到 22.28 亿美元，接近中华人民共和国成立以来的最高水平，提前还清了对苏联的全部债务。随着国民经济情况的好转，1965 年进出口总额恢复到 42.45 亿美元，接近 1959 年最高水平，比 1962 年增长了 61.84%，年平均增长达 16.8%。

（四）“十年动乱”与拨乱反正时期（1966—1978 年）

“十年动乱”时期正是第三、第四个五年计划时期。在这个时期里，由于“左”倾错误严重泛滥，第三个五年计划提出的全面实现农业、工业、国防和科学技术现代化的宏伟设想受到严重干扰，国民经济遭到重大破坏，对外贸易处于停滞状态。1969 年，对外贸易总额只有 40.29 亿美元，比 1966 年下降 12.7%。1970 年以后，由周恩来、邓小平同志先后主持党中央日常工作，国民经济有所恢复，加上当时比较有利的国际形势，使对外贸易有所上升。1975 年进出口总额达 147.5 亿美元，创中华人民共和国成立以来的最高水平，比 1970 年的 45.86 亿美元增长了 2.22 倍，年平均增长率高达 26.3%。但之后“四人帮”又从各方面进行破坏，致使 1976 年进出口总额仅为 134.33 亿美元，比上年下降 8.9%，其中进口额为 65.78 亿美元，比上年下降了 12.1%。其间进口了大量工业生产用的原材料，主要原因是“十年动乱”使国民经济各部门之间的比例严重失调，不得不通过大量进口以协调生产发展。出口额为 68.55 亿美元，比上年下降了 5.6%。但出口中工矿产品比重增加，主要是 1973 年开始出口石油，从 1975 年起石油成为出口收汇最多的商品。

1976 年 10 月，我国结束了历时十年的“文化大革命”，开始拨乱反正。我国国民经济仍然面临十分困难的局面，工业与农业以及工业内部等各种比例关系严重失调，人民生活亟待改善。这一时期，冒进、急于求成的思想仍然十分严重。1977 年 11 月召开的全国计划工作会议，仍然对我国工业发展提出了很高的目标：到 20 世纪末，工业主要产品产量分别接近、达到或超过世界先进国家，工业生产的主要部分实现自动化，主要产品的各项经济技术指标接近或达到世界先进水平。为了实现上述目标，新一轮的大规模投资在所难免，而且，工业发展目标是要赶超世界先进水平，要靠国内自身的力量，在不到四分之一世纪的时间内，是难以实现的，必须引进国外发展要素。

结果，当时列为重点行业的冶金、煤炭、化工等部门都提出了以引进项目为核心的发展规划。1978 年对外签约引进项目价值 78 亿美元，再加上国内配套资金，如此大的引进规模大大超出了国家的财政能力。1979 年，党中央实事求是地总结了经济工作中的失误与教训，及时调整了工业生产的增长速度，停建、缓建了一些建设项目，其中也包括一些引进项目。但由于建设规模已经展开，引进项目已经签约，我国工业仍以大规模引进为轴心，展开了建设。

（五）改革开放新时期（1978 年以来）

1978 年年底，党的十一届三中全会以后，实行对外开放政策，进行经济体制改革，国民经济迅速发展，对外贸易也进入了一个新的发展时期。

1. 进出口额增长迅速，增长率高于国内生产总值和世界贸易增长率

1978 年改革开放以来，我国进出口贸易的平均增长速度大大高于国民经济的平均增长速度，也大大高于世界贸易的平均增长速度，对外贸易在国民经济中的地位不断提高，中国对外贸易在世界贸易中的比例以及在世界贸易中的排位不断提升，经济开放度明显提高。

1978 年进出口贸易总额仅约 200 亿美元；1985 年第六个五年计划完成时，进出口总

额约 700 亿美元；1990 年第七个五年计划完成时，进出口总额突破 1 100 亿美元；第八个五年计划期间进出口贸易更是高速增长，1995 年进出口总额达 2 809 亿美元；进入第九个五年计划，进出口额继续保持增长，2000 年进出口总额达 4 743 亿美元；尤其是在 2001 年中国加入世界贸易组织（World Trade Organization，WTO）后，对外贸易的增长更加迅速，2001—2005 年中国的对外贸易年均增长率达到 29.3%，2005 年“十五”计划完成时，对外贸易额高达 14 221 亿美元，几乎是“九五”计划末的三倍。此后，对外贸易规模继续保持高速增长并连续上了几个大台阶：2007 年突破 20 000 亿美元；2011 年突破 30 000 亿美元；2013 年进一步突破了 40 000 亿美元大关，中国超越美国成为世界货物贸易第一大国，如表 1-1 所示。

表 1-1　1978—2018 年中国进出口贸易情况

年份	进出口		出口		进口	
	进出口额（亿美元）	增长率（%）	出口额（亿美元）	增长率（%）	进口额（亿美元）	增长率（%）
1978	206.4	—	97.5	—	108.9	—
1979	293.3	42.0	136.6	40.2	156.8	43.9
1980	378.2	28.9	182.7	33.8	195.5	24.7
1981	440.2	16.4	220.1	20.4	220.2	12.6
1982	416.1	-5.5	223.2	1.4	192.9	-12.4
1983	436.2	4.8	222.3	-0.4	213.9	10.9
1984	535.5	22.8	261.4	17.6	274.1	28.1
1985	696.0	30.0	273.5	4.6	422.5	54.1
1986	738.5	6.1	309.4	13.1	429.0	1.5
1987	826.5	11.9	394.4	27.5	432.2	0.7
1988	1 027.8	24.4	475.2	20.5	552.7	27.9
1989	1 116.8	8.7	525.4	10.6	591.4	7.0
1990	1 154.4	3.4	620.9	18.2	533.5	-9.8
1991	1 357.0	17.6	719.1	15.8	637.9	19.6
1992	1 655.3	22.0	849.4	18.1	805.9	26.3
1993	1 957.0	18.2	917.4	8.0	1 039.6	29.0
1994	2 366.2	20.9	1 210.1	31.9	1 156.2	11.2
1995	2 808.6	18.7	1 487.8	23.0	1 320.8	14.2
1996	2 898.8	3.2	1 510.5	1.5	1 388.3	5.1
1997	3 251.6	12.2	1 827.9	21.0	1 423.7	2.5

续表

年份	进出口		出口		进口	
	进出口额（亿美元）	增长率（%）	出口额（亿美元）	增长率（%）	进口额（亿美元）	增长率（%）
1998	3 239. 5	-0. 4	1 837. 1	0. 5	1 402. 4	-1. 5
1999	3 606. 3	11. 3	1 949. 3	6. 1	1 657. 0	18. 2
2000	4 743. 0	31. 5	2 492. 0	27. 8	2 250. 9	35. 8
2001	5 097. 7	7. 5	2 661. 5	6. 8	2 436. 1	8. 2
2002	6 207. 9	21. 8	3 255. 7	22. 3	2 952. 2	21. 2
2003	8 512. 1	37. 1	4 383. 7	34. 6	4 128. 4	39. 9
2004	11 547. 4	35. 7	5 933. 6	35. 4	5 613. 8	36. 0
2005	14 221. 2	23. 2	7 620. 0	28. 4	6 601. 2	17. 6
2006	17 606. 9	23. 8	9 690. 8	27. 2	7 916. 1	20. 0
2007	21 738. 3	23. 5	12 180. 2	25. 7	9 558. 2	20. 8
2008	25 616. 3	17. 8	14 285. 5	17. 2	11 330. 9	18. 5
2009	22 072. 7	-13. 9	12 016. 7	-1. 6	10 056	-11. 2
2010	29 727. 6	34. 7	15 779. 3	31. 3	13 948. 3	38. 7
2011	36 420. 6	22. 5	18 986	20. 3	17 434. 6	24. 9
2012	38 669. 8	6. 2	20 487. 8	-12. 4	18 182. 0	-20. 6
2013	41 603. 3	7. 6	22 100. 4	7. 9	19 502. 9	7. 3
2014	43 030. 4	3. 4	23 427. 5	6. 1	19 602. 9	0. 4
2015	39 569. 0	-8. 0	22 749. 5	-2. 9	16 819. 5	-14. 2
2016	36 855. 7	-6. 8	20 981. 5	-7. 7	15 874. 2	-5. 5
2017	41 045. 0	11. 4	22 635. 2	7. 9	18 409. 8	15. 9
2018	46 230. 4	12. 6	24 874. 0	9. 9	21 356. 4	15. 8

资料来源：1981 年以前的数据来自外经贸业务统计，其后来自中华人民共和国海关统计。

值得一提的是，2008 年金融危机以来，全球经济持续低迷，需求不振，我国经济发展也步入低增速、调结构、转方式的新常态。在国内外多种因素影响下，自 2012 年起，我国外贸增速出现明显下降。2012—2014 年，外贸年均增长都在 10% 以下。2015 年和 2016 年则出现连续两年的负增长。2017 年，在世界经济温和复苏，国内经济稳中向好等因素推动下，我国外贸进出口扭转了连续两年下降的局面。其中，出口 22 635. 2 亿美元，增长 7. 9%，进口 18 409. 8 亿美元，增长 15. 9%。2018 年，我国进出口总值达到 4. 62 万亿美元，再创历史新高。

1978 年以来，中国的对外贸易依存度①迅速提高。改革开放之前，中国是一个相当封闭的经济，1978 年中国的贸易依存度仅为 9.74%，而 2006 年已高达 65.17%（见表 1-2）。此后受我国经济转型升级的影响，从 2007 年开始，对外贸易依存度逐步回落，2008 年为 57.29%，2011 年为 49.97%，2014 年为 41.53%，2016 年以来，一直处于 35%以下的水平。虽然近几年我国对外贸易依存度有较大幅度的降低，但仍然处于较高水平。从国际比较来看，明显高于一些发达国家（如美国、日本）和发展中国家（如印度）。较高的对外贸易依存度表明，我国经济的开放程度较高，对外贸易在国民经济增长中发挥重要作用，同时也表明我国的经济发展过度依赖于外部世界市场，而这也是当前和未来一段时期内我国经济结构调整升级要着力解决的一个重要问题。

表 1-2　1978—2018 年中国进出口占国内生产总值（GDP）的份额　　单位:%

年份	进出口	出口	进口
1978	9.74	4.60	5.14
1979	11.19	5.21	5.98
1980	12.54	5.97	6.57
1981	15.03	7.51	7.52
1982	14.49	7.77	6.72
1983	14.42	7.35	7.07
1984	16.66	8.05	8.61
1985	22.92	8.97	13.95
1986	25.11	10.53	14.58
1987	25.58	12.19	13.39
1988	25.41	11.75	13.66
1989	24.46	11.51	12.95
1990	29.78	15.99	13.79
1991	33.17	17.57	15.60
1992	33.87	17.37	16.50
1993	31.89	14.95	16.94
1994	42.29	21.62	20.67
1995	38.66	20.48	18.18
1996	33.91	17.67	16.24
1997	34.15	19.20	14.95
1998	31.82	18.04	13.78

① 对外贸易依存度=［（进口额+出口额）/国内生产总值］×100%

续表

年份	进出口	出口	进口
1999	33.34	18.02	15.32
2000	39.58	20.80	18.78
2001	38.47	20.09	18.38
2002	42.70	22.40	20.30
2003	51.89	26.72	25.17
2004	59.76	30.71	29.05
2005	63.22	33.88	29.34
2006	65.17	35.87	29.30
2007	62.78	35.20	27.58
2008	57.29	31.97	25.32
2009	44.19	24.06	20.13
2010	50.24	26.65	23.59
2011	49.97	26.05	23.92
2012	47.00	24.90	22.10
2013	43.92	23.33	20.59
2014	41.53	22.61	18.92
2015	36.28	20.86	15.42
2016	32.71	18.61	14.10
2017	33.60	18.54	15.06
2018	33.88	18.24	15.64

资料来源：根据国家统计局网站公布的 GDP 及进出口年度数据计算而来。

2. 贸易差额从逆差转向持续顺差

1978—1989 年，除 1982 年、1983 年外，我国对外贸易整体上呈现逆差，贸易逆差最高的年份是 1985 年，逆差额达 149 亿美元。1990 年，我国对外贸易从逆差转为顺差。此后，除了 1993 年贸易逆差为 122.2 亿美元外，其余年份都保持贸易顺差，而且顺差额呈逐年扩大之势。1995 年，我国对外贸易顺差首次突破百亿美元，1997 年贸易顺差达 404.2 亿美元，2005 年贸易顺差突破 1 000 亿美元，2007 年顺差突破 2 000 亿美元。2008 年全球金融危机后我国外贸增速虽有所放缓，但年顺差仍然保持在千亿美元之上。2014 年开始，受原油、矿石等大宗初级产品价格大幅下跌影响，我国的贸易顺差接近 4 000 亿美元，2015 年达到 5 930 亿美元。但随着我国居民消费结构的逐步改善和升级，扩大进口政策的出台和实施，从 2016 年开始，我国贸易顺差已连续 3 年收窄，2018 年贸易顺差为 3 517.6 亿美元。

3. 进出口商品结构不断优化

改革开放以来，在我国进出口贸易规模迅速扩大的同时，进出口商品结构也得到明显优化。表1-3按照初级产品和工业制成品的标准对我国进出口商品进行了划分，可以看出：在出口贸易中，制成品的比例逐步升高，初级产品的比例不断下降。1980年，初级产品出口占53.4%，工业制成品占46.6%；1985年出口初级产品占总出口的54.2%，工业制成品占45.8%；1995年初级产品出口占比下降到14.4%，2001年开始降到10%以下，此后进一步降低并稳定在5%左右。进口商品中初级产品占比曾一度从1980年的34.8%下滑至2002年的16.7%，但是随着我国经济建设对资源类产品需求的不断提高，初级产品在进口中的比重逐年回升，2012年占比达到34.9%，此后几年一直保持在30%左右。

表1-3　1980—2017年中国进出口商品结构演变　单位:%

年份	进口		出口	
	初级产品	工业制成品	初级产品	工业制成品
1980	34.8	65.2	53.4	46.6
1985	17.1	82.9	54.2	45.8
1990	18.5	81.5	25.7	74.3
1995	18.5	81.5	14.4	85.6
2000	20.8	79.2	10.2	89.8
2001	18.8	81.2	9.9	90.1
2002	16.7	83.3	8.7	91.3
2003	17.6	82.4	7.9	92.1
2004	19.0	81.0	9.9	90.1
2005	22.4	77.6	6.4	93.6
2006	23.6	76.4	5.5	94.5
2007	25.4	74.6	5.1	94.9
2008	32.0	68.0	5.4	94.6
2009	28.8	71.2	5.3	94.7
2010	31.1	68.9	5.2	94.8
2011	34.7	65.3	5.3	94.7
2012	34.9	65.1	4.9	95.1
2013	33.7	66.3	4.9	95.1
2014	33.0	67.0	4.8	95.2
2015	28.1	71.9	4.6	95.4
2016	27.8	72.2	5.0	95.0
2017	31.4	68.6	5.2	94.8

资料来源：根据国家统计局网站公布的进出口年度数据计算而来。

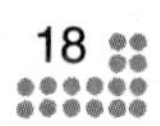

（1）出口商品结构的变化。以初级产品与工业制成品划分，我国的出口结构与发达国家的出口结构相似。从表 1-4 可见，2015 年我国工业制成品在出口中的占比达 95.4%，已超过除日本外的其他发达国家。但我国出口的工业制成品大多属于劳动密集型产品，或仅完成技术密集型产品的劳动密集工序，因而出口附加价值低。

表 1-4　2015 年世界部分国家和地区进出口商品结构　　单位：%

国家（地区）	初级产品		工业制成品	
	出口	进口	出口	进口
中国	4.6	28.1	95.4	71.9
加拿大	37.5	17.7	62.5	82.3
欧盟	12.8	27.6	87.2	72.4
法国	17.5	22.0	82.5	78.0
德国	9.1	20.1	90.9	79.9
意大利	12.9	27.3	87.1	72.7
日本	4.1	36.5	95.9	63.5
印度	26.2	37.5	73.8	62.5
英国	14.9	20.0	85.1	80.0
美国	19.3	15.9	80.7	84.1

资料来源：联合国 COMTRADE 数据库，采用 SITC Rev3 商品分类。

从主要出口商品类别看，自 1978 年改革开放以来，我国出口商品结构已经历了几次大的跨越升级。第一次是 1986 年，纺织服装取代石油成为中国第一大出口产品，标志着中国摆脱了以资源为主的出口结构，进入了以劳动密集型制成品为主导的时代，1980—1990 年，中国出口增长额的 61%依靠纺织品和轻工产品实现。进入 20 世纪 90 年代以来，我国纺织品服装出口在保持绝对增长的同时，在出口总额中的比重趋于下降，1997 年纺织品服装占总出口的 24.9%，到 2018 年这一比例降为 11.1%（见表 1-5）。

表 1-5　1997—2018 年中国纺织品服装出口统计

年份	出口额（亿美元）	占总出口比重（%）	同比增长（%）
1997	455.5	24.9	31.1
1998	428.5	23.3	-5.9
1999	430.6	22.1	0.5
2000	520.8	20.9	20.9
2001	532.8	20.0	2.3
2002	617.7	19.0	15.7
2003	804.8	18.4	27.7

续表

年份	出口额（亿美元）	占总出口比重（%）	同比增长（%）
2004	951.0	16.0	18.2
2005	1 174.5	15.4	23.5
2006	1 439.9	14.9	22.6
2007	1 711.7	14.1	18.9
2008	1 751.6	12.3	2.3
2009	1 670.2	13.9	-4.6
2010	2 065.3	13.1	23.6
2011	2 478.9	13.1	20.0
2012	2 549.2	12.4	2.8
2013	2 839.9	12.8	11.4
2014	2 984.3	12.7	5.1
2015	2 837.0	12.4	-4.9
2016	2 624.4	12.5	-7.5
2017	2 667.0	11.8	1.6
2018	2 764.0	11.1	3.6

资料来源：根据中华人民共和国海关总署网站的数据计算得来，纺织品服装包括纺织纱线、织物及制品和服装及衣着附件两项。

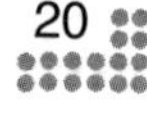

第二次出口商品结构的跨越是1995年中国机电产品超过了纺织服装产品，成为最大类的出口商品。机电产品的资本和技术密集度较高，机电产品成为出口产品结构中一个新的支柱，标志着我国出口商品构成的升级。1990—2000年，出口增加额的50%由机电产品创造；2011年，机电产品出口突破万亿美元大关；2018年，机电产品出口额达到14 607.2亿美元，占我国出口总额的58.7%。

正在进行的第三次跨越是以信息技术为代表的高新技术产品出口的高速增长。进入21世纪以来，高新技术产品出口越来越显示出活跃的生命力，正成为推动中国出口的新亮点，2011年高新技术产品的出口额突破5 000亿美元关口，2012年突破6 000亿美元，2014年出口额达到6 605.3亿美元的历史高点。2015年、2016年出口额虽稍有回落，但在全部出口中的比重进一步上升到28.8%。2018年，高新技术产品出口额达到7 468.7亿美元，在总出口额中的占比达到30%，可以看出，高新技术产品出口对我国出口产品结构的影响日益加深（见表1-6）。其中，笔记本电脑、移动通信设备、集成电路等产品的出口增速达到70%~90%。依靠高新技术产品出口的快速增长，将推动我国外贸出口在2020年实现翻两番的战略目标，我国外贸出口也将从主要依托机电产品出口转变为主要依托高新技术产品出口，从而实现我国外贸出口结构的第三次历史性跨越。

表 1-6　1997—2018 年中国高新技术产品出口统计

年份	出口额（亿美元）	占全国比重（%）	高新技术产品同比增长（%）	机电产品同比增长（%）
1997	163.1	8.9	32.5	23.0
1998	202.5	11.0	36.2	12.2
1999	247.0	12.7	39.5	14.7
2000	370.4	14.9	42.3	36.9
2001	464.6	17.5	44.6	12.8
2002	677.1	20.8	48.2	32.3
2003	1 102.2	25.2	51.9	44.8
2004	1 655.4	27.9	50.1	42.3
2005	2 183.6	28.6	31.8	32.7
2006	2 814.7	29.0	33.3	28.8
2007	3 478.3	28.6	23.6	27.6
2008	4 156.1	29.1	19.5	17.4
2009	3 769.1	31.4	-9.3	-13.3
2010	4 924.1	31.2	30.6	30.9
2011	5 487.9	28.9	11.4	16.3
2012	6 011.9	29.3	9.5	8.6
2013	6 603.4	29.9	9.8	7.3
2014	6 605.3	28.2	0.1	3.7
2015	6 559.0	28.8	-0.7	0.1
2016	6 043.5	28.8	-7.9	-7.8
2017	6 674.4	29.5	10.4	9.2
2018	7 468.7	30.0	11.9	10.5

资料来源：根据中华人民共和国海关总署网站的数据计算得来。

（2）进口商品结构的变化。总体上看，进口商品结构变动呈现以下特点：第一，初级产品进口在总商品进口中的比重经历了先下降后上升的变化。1980 年初级产品进口比重高达 34.8%，此后开始逐年下降，2002 年初级产品进口比重降到 16.7%；之后随着世界能源价格的大幅上升和中国经济发展对初级产品需求的增长，初级产品进口比重逐年上升。自 2002 年 1 月 1 日起，中国取消了粮食、羊毛、棉花、化纤、化肥等商品的配额许可证管理，改原有的绝对配额管理为关税配额管理，并承诺了一定的配额年增长率。同时，大幅度削减了农产品、能源等商品的进口关税，为初级产品进口创造了有利的环境。初级产品在进口中的比重逐步回升，近些年一直保持在 30% 以上，2017 年初级产品进口占比为 31.4%。第二，大量进口了短缺的资源型商品，如石油、小麦、大豆、矿产品等。第三，以信息、通信类产品为主的高新技术产品进口呈现高增长。第四，国内技术和生产能力逐步完善的商品进口大幅度减少。

4. 贸易市场分布趋于多元化

随着中国改革开放深入发展，全方位协调发展的国别地区政策使中国与世界各国和地区的贸易关系有了突飞猛进的发展，我国已与220多个国家和地区建立了经济贸易关系，进出口市场分布逐渐向多元化发展。

从洲际角度看，亚洲一直是我国最重要的进出口市场，进入21世纪以来，我国与亚洲各经济体的贸易在全部商品进出口额中的比重基本维持在50%以上。欧盟是中国第二大进出口贸易市场，其次是北美洲、拉丁美洲和非洲。近年来，我国同拉美和非洲的贸易发展迅速。从国别地区来看，我国主要的贸易伙伴总体保持稳定。2001年、2005年我国主要贸易伙伴是欧盟、美国、日本、东盟、韩国、俄罗斯、澳大利亚和加拿大。2009年和2013年，印度也成为中国主要贸易伙伴。

从出口市场国别地区分布看，我国与主要贸易伙伴的贸易额在全部贸易额中占据主导地位。2001年、2005年和2009年，我国对主要贸易伙伴的出口额占出口总额的比重都在80%以上。随着我国出口市场多元化战略的实施，我国出口市场对十大出口市场的依赖程度略有降低，2013年主要出口市场在总出口中的比重已经下降到了79.36%，2018年这一比重为79.78%。

从进口市场分布来看，亚洲是中国进口商品的主要来源地，占总进口的比重始终在60%~70%。在亚洲各国（或地区）中，日本多年保持中国第一大进口来源国地位，直到2011年被欧盟超过。2011—2018年欧盟一直保持中国第一大进口来源国地位，而日本则退居第四。此外，韩国、东盟在进口中所占的份额也很大。随着我国能源进口的增加，沙特阿拉伯进入我国主要进口市场之列，在2007年位列第十大进口市场。

相对于亚洲，中国从欧洲和北美地区的进口比重都有不同程度的下降。欧洲的比重从2001年的约20%下降为2018年的12.81%。美国从1995年的中国第二大进口市场跌到第六位，在中国进口中的占比从1995年的12.2%降为2005年的7.37%，2016年这一比重为7.26%。加拿大则跌出了十大进口市场之列。非洲、拉丁美洲以及大洋洲在总进口中的比重有明显上升。

5. 进出口市场分布错位

从中国出口十大市场和进口十大市场的分布看，出口主要市场与进口主要市场呈现错位，出口市场主要集中在发达国家市场，而进口主要来源除了欧盟外，主要集中在亚洲地区，因而对主要发达国家保持顺差，而对亚洲地区的贸易伙伴有较大逆差。与主要贸易伙伴的进出口不平衡现象较严重。如美国是我国最大的出口市场之一，2018年对美出口占我国总出口的19.23%，但从美国的进口仅占我国总进口的7.26%。进出口市场的分布错位是由国际分工格局和进出口商品结构决定的。我国出口的商品以劳动密集型商品为主，因而其主要市场分布在发达国家。而我国的进口产品中，能源及其他资源性产品、中间产品、技术密集型占很大比重，因而进口来源除了发达国家外，新兴工业化国家和地区、资源丰富的发展中国家亦占有重要地位。

我国贸易顺差的主要来源地为美国、欧盟等贸易伙伴，贸易逆差主要来源地为韩国、日本、澳大利亚等。

复习思考题

1. 我国全方位对外开放的格局是如何形成的？
2. 你是如何看待我国的外贸依存度的？

本章关键词

对外开放　对外贸易发展

拓展阅读

第二章　对外贸易发展战略

❖ 本章摘要及重点

本章主要内容：出口商品战略、以质取胜战略、科技兴贸战略，出口市场多元化战略、进口商品战略、自由贸易区战略。

本章学习重点：各个外贸战略的国内外背景，战略演变的依据和取得的成效。

改革开放以来，中国对外贸易的发展取得了巨大成就，这是中国实行对外开放政策的结果，是成功实施对外贸易发展战略的结果。对外贸易已逐渐从国民经济的“调剂余缺”的辅助地位，上升到对改革开放进程起重大影响的战略地位。国家对对外贸易的战略规划，在把握国际经济和技术进步发展趋势的基础上，重视发挥我国的比较优势，营建我国的竞争优势，对我国对外贸易的快速发展和结构升级，起到了不可替代的作用。

改革开放以来，我国对对外贸易制定了一系列战略规划，对对外贸易总量、商品结构、市场结构等方面进行了卓有成效的指导和调节。

第一节

出口商品战略

出口商品战略是我国根据本国在一定时期内比较优势与竞争优势的状况和国际市场的供求状况，对出口商品构成所做出的战略性安排。制定科学、切合实际的出口商品战略并采取相应的战略措施，对于增强出口商品的国际竞争力，提高出口创汇能力，扩大出口经济效益，是十分重要的。

一国的出口商品结构不仅受国际经济环境的影响，而且也受国内经济发展水平、产业结构和发展政策的制约。因此，我国在不同的历史时期，制定了不同的出口商品战略。

一、“六五”计划时期的出口商品战略（1981—1985 年）

“六五”计划时期，根据我国刚刚改革开放，产业结构和生产技术落后的情况，我国制定的出口商品战略是：发挥我国资源丰富的优势，增加矿产品和农副土特产品出口；发挥我国传统技艺精湛的优势，发展工艺品和传统的轻纺产品出口；发挥我国劳动力众多的优势，发展进料加工；发挥我国现有工业基础的作用，发展各种机电产品和多种有色金属、稀有金属加工品的出口。根据该战略，“六五”计划期间，我国优先发展了石油、煤炭等矿产品和农副产品的出口，重点发展了轻纺产品的出口，逐步发展了机电产品及有色金属、稀有金属加工品的出口。

二、“七五”计划时期的出口商品战略（1986—1990 年）

20 世纪 80 年代以来，国际市场初级产品价格大幅下跌，初级产品贸易趋于萎缩，初级产品在世界贸易中的比重由 1980 年的 43%下降到 1989 年的 27%，制成品贸易增长加速，市场份额提高。我国出口商品构成经过“六五”计划时期的努力，初级产品比重有所下降，制成品比重有所上升，但初级产品仍占较大比重。在工业制成品中，精加工品很少。针对这种情况，我国在“七五”计划中提出了以实现“两个转变”为核心内容的出口商品战略，即我国出口商品构成要逐步实现由主要出口初级产品向主要出口工业制成品的转变，由主要出口粗加工制成品向主要出口精加工制成品的转变。在此期间，我国减少了一些大宗原料性产品如石油、棉花、粮食及某些矿产品的出口，轻纺产品出口得到较快的发展，纺织品成为我国出口的最大宗商品，同时机电产品及某些高科技产品出口也有了一定的发展，到“七五”计划末，我国实现了第一个结构转变目标，即由主要出口初级产品向主要出口工业制成品的转变，出口产品中，工业制成品的比重已大大超过初级产品，约占出口产品总额的2/3。

三、“八五”计划时期的出口商品战略（1991—1995年）

进入“八五”计划时期，从国际市场变化看，在各类商品中机电产品贸易增长最快，并成为贸易额最大的一类商品。从国内经济发展看，随着改革开放的不断深入，一大批利用外资和引进技术的项目建成投产并开始创造效益。据此，“八五”计划期间我国制定的出口商品战略是逐步实现出口商品结构的第二个转变，即由粗加工制成品出口为主向精加工制成品出口为主的转变，努力增加附加价值高的机电产品、轻纺产品和高技术产品的出口，鼓励那些在国际市场上有发展前景，竞争力强的拳头产品出口。根据这一战略方针，“八五”计划期间，我国确立了以机电产品为主导，以轻纺产品为骨干，以高新技术产品为发展方向，同时继续保持某些矿产品和农副产品出口的出口结构目标。经过“八五”计划期间的努力，我国出口商品结构进一步优化，到“八五”计划末，机电产品已取代轻纺产品，成为我国出口的最大宗商品，轻纺产品及农副产品、资源性产品在出口中的比重虽然下降，但绝对额仍保持持续的增长。

四、“九五”计划时期的出口商品战略（1996—2000年）

进入“九五”计划时期，国际贸易中机电产品仍在迅速增长，尤其是高技术含量、高附加值的高新技产品增长更快。从国内因素分析，我国出口商品结构虽然不断优化，但仍以粗加工、低附加价值、低技术含量的劳动密集型产品为主，出口商品的总体竞争力较弱。因此，根据国家“九五”计划中提出的要实现经济增长方式从粗放型向集约型转变的方针，我国在该时期制定了“以质取胜”的出口商品战略，努力实现外贸出口增长由主要依靠数量和速度转向依靠质量和效益。

优化出口商品结构是贯彻“以质取胜”战略，转换外贸增长方式的关键，是实现外贸质量、效益型增长的根本途径。为此，《中华人民共和国国民经济和社会发展“九五”计划和2010年远景目标纲要》指出：“进一步优化进出口商品结构，着重提高轻纺产品的质量、档次，加快产品升级换代，扩大花色品种，创立名牌，提高产品附加值。进一步扩大机电产品出口，特别是成套设备出口。发展附加值高和综合利用农业资源的创汇农业。”通过这一战略措施的贯彻执行，在“九五”计划时期，我国各类出口商品的内部结构都有显著改善：在机电产品中，高新技术产品出口增长迅速；轻纺产品出口结构有明显的升级，附加值有较大提高；在农副产品中，减少了粮食作物的出口，增加了创汇农产品的出口。

五、“十五”计划时期的出口商品战略（2001—2005 年）

21 世纪是知识经济时代，以信息技术为核心的科学技术的发展，推动着技术密集型的高科技产业和产品进一步快速发展。与此相适应，在国际贸易中，高附加值、高技术含量的产品增长更加强劲，所占比重进一步提高。经过改革开放以来的经济发展，我国的产业结构和出口商品结构都有较大的提升，特别是高科技产业发展迅速、产品出口快速增长，但是我国出口商品结构总体上尚未实现第二个转变，即由粗加工制成品出口为主向精加工制成品出口为主的转变，出口产品中低技术、低附加价值产品仍占主导地位。因此，我国“十五”计划提出要继续贯彻以质取胜战略，重视科技兴贸，优化出口商品结构。贯彻“十五”计划的精神，我国应加快推进外经贸领域的两个根本性转变，基本实现外经贸发展从主要依靠规模扩张和数量增长向主要依靠质量和效益提高的根本性转变，增强我国外经贸的国际竞争力，努力保持对外经济贸易的可持续发展。实施以质取胜战略和科技兴贸战略是实现上述目标的必要的保证措施。通过全面贯彻以质取胜战略和科技兴贸战略，力争到 2005 年，机电产品出口达到 1 800 亿美元，在出口中的比重占到 50%左右；高科技产品出口达到 600 亿美元，在出口中的比重将提高到 20%左右；传统出口商品的技术含量和附加值明显提高。

六、“十一五”规划时期出口商品战略（2006—2010 年）

随着我国对外贸易规模的迅速扩张，我国已成为世界第三大贸易国，但对外贸易中有近一半是以加工贸易的方式完成的，中国在以跨国公司为主导的全球生产体系中所承担的主要是劳动密集型的加工环节，获得的附加价值低。要保持对外贸易的可持续增长，必须促进我国从贸易大国向贸易强国转变，增长方式从扩大规模型增长向质量效益型增长转变，竞争方式从凭借低成本、低价格优势向凭借综合竞争优势转变。《中华人民共和国国民经济和社会发展第十一个五年规划纲要》明确提出，在进一步扩大贸易规模，力争到 2010 年货物贸易进出口总额达到 2. 3 万亿美元的基础上，加快出口结构的优化。

出口结构的优化以自有品牌、自主知识产权和自主营销为重点，引导企业增强综合竞争力；支持自主性高技术产品、机电产品和高附加值劳动密集型产品出口；严格执行劳动、安全、环保标准，规范出口成本构成，控制高耗能、高污染和资源性产品出口；完善加工贸易政策，继续发展加工贸易，着重提高产业层次和加工深度，增强国内配套能力，促进国内产业升级。引导企业构建境外营销网络，增强自主营销能力；加强对出口商品价格、质量、数量的动态监测，构建质量效益导向的外贸促进和调控体系。

七、“十二五”规划时期出口商品战略（2011—2015 年）

根据国际经济格局的变化以及我国经济转型升级的内在要求，我国《中华人民共和国国民经济和社会发展第十二个五年规划纲要》进一步明确："十二五"规划期间，我国要保持现有出口竞争优势，加快培育以技术、品牌、质量、服务为核心竞争力的新优势；提升劳动密集型出口产品质量和档次，扩大机电产品和高新技术产品出口，严格控制高耗能、高污染、资源性产品出口；完善政策措施，促进加工贸易从组装加工向研发、设计、核心元器件制造、物流等环节拓展，延长国内增值链条；完善海关特殊监管区域政策和功能，鼓励加工贸易企业向海关特殊监管区域集中；鼓励企业建立国际营销网络，提高开拓国际市场能力。在保持一定增长速度的基础上，加快推动外贸转型升级。

根据以上精神，商务部制定《对外贸易发展"十二五"规划》，阐明 2011—2015 年我国对外贸易的发展战略，对优化出口结构，增强出口竞争力，提出如下部署：优化出口产业和商品结构；深入实施科技兴贸战略，鼓励企业自主创新，促进先进技术向生产成果转化，推动传统产业升级；大力发展新兴出口产业，推动战略性新兴产业国际化；扩大技术和资金密集型的机电产品、高新技术产品和节能环保产品出口；鼓励自有品牌、自有知识产权和高附加值产品出口；自有品牌和知识产权产品、大型成套设备出口比重显著提高；提高劳动密集型产品出口质量、档次和附加值。控制高耗能、高污染和资源性产品出口；增强国际竞争力，加快形成以技术、品牌、质量、服务为核心的竞争新优势，增强贸易渠道控制力；在优势产业中形成一批具有全球资源整合能力的跨国企业；支持企业引进技术和自主创新相结合，提高产品技术含量；支持企业开展境外商标注册，使用自有品牌，培育国际品牌；支持企业建立自主营销网络，将贸易链延伸到境外批发和零售终端，增强渠道控制力，提高贸易附加值；完善产品技术和质量标准，逐步建立重点出口产品质量追溯体系；鼓励企业开展国际通行的质量管理体系、环境管理体系和产品认证，积极参与各类国际标准、技术标准的制定。

八、"十三五"规划时期出口商品战略（2016—2020 年）

"十三五"规划时期，世界经济在深度调整中曲折复苏，我国经济发展进入新常态、传统比较优势减弱，我国外贸发展的国际环境和国内发展条件已经发生深刻变化，将对我国外贸发展带来广泛、深刻、持久、复杂的影响。在这样的背景下，商务部在《对外贸易发展"十三五"规划》中提出外贸发展指导思想：以推进"一带一路"建设统领对外开放，大力实施优进优出战略，加快转变外贸发展方式，调结构转动力，巩固和提升外贸传统竞争优势，培育以技术、标准、品牌、质量、服务为核心的外贸竞争新优势，推动外贸向优质优价、优进优出转变，巩固贸易大国地位，推进贸易强国进程。

"十三五"规划期间，要从提升出口产品技术含量、提升国际标准制定能力、加快培育外贸品牌、加快提高出口产品质量、加快建立出口产品服务体系五个角度培育外贸竞争新优势；要运用现代技术改造传统产业、壮大装备制造业等新出口主导产业，推动我国出口迈向中高端；要提升外贸企业跨国经营能力；要提升与"一带一路"沿线国家贸易合作水平；要促进加工贸易和边境贸易创新发展；要促进跨境电子商务、市场采购贸易、外贸综合服务企业等外贸新业态的发展。

第二节

以质取胜战略

质量问题是经济发展中的一个战略问题。质量水平的高低是一个国家经济、科技、教育和管理水平的综合反映。世界经济的发展趋势表明，产品质量是影响国民经济和对外贸易发展的重要因素之一。在国际贸易的激烈竞争中，产品质量已成为竞争的焦点，价格竞争已退居次要地位，产品能否在国际市场上竞争取胜，质量是决定性的因素。

为了全面提高产品质量，1991 年国务院提出当年为“质量、品种、效益年”，以提高全民的质量意识。1996 年制定的《中华人民共和国国民经济和社会发展“九五”计划和 2010 年远景目标纲要》，明确提出要致力于提高我国产品质量、工程质量和服务质量的总体水平，并制定了《质量振兴纲要（1996 年—2010 年）》，指导质量工作。

我国出口贸易发展虽然十分迅速，但主要是依靠扩大出口数量，以低质低价、削价竞销为代价取得的。“以量取胜”不但造成资源和社会劳动的浪费，而且难以适应现代国际市场“以质取胜”的竞争机制，特别是随着国际技术性贸易壁垒的盛行，国外对我国出口产品设立技术性障碍愈演愈烈，我国如不改变低质低价、以量取胜的竞争模式，必将难以保持出口持续、稳定的发展。

从我国外贸出口的长远发展出发，从 1991 年起“以质取胜”战略成为外经贸领域优化出口商品结构、转换增长模式的核心战略之一。

一、“以质取胜”战略的内涵

实施“以质取胜”战略，必须正确认识并处理好质量和数量、效益和速度、内在质量与外观质量、样品质量和批量质量，以及质量和档次等方面的关系，把出口商品本身的质量同国际市场的需要有机结合起来。“以质取胜”战略包括三个方面的内容。

（一）提高出口商品的质量和信誉

通过提高出口商品生产者和外贸企业经营者对商品质量和信誉的认识，加强对生产过程、产品品质以及包装储运的质量管理，加大对我国出口商品质量的监督检查和执法力度，提高我国出口商品的质量和信誉。

（二）优化出口商品结构

《质量振兴纲要（1996 年—2010 年）》提出，经过 5 至 15 年的努力，从根本上提高我国主要产业的整体素质和企业的质量管理水平，使我国的产品质量、工程质量和服务质量跃上一个新台阶，强调“必须加快两个根本性转变”。实施“以质取胜”战略，要提高出口的总体结构水平，加大高附加值、高技术含量产品及大型成套设备的出口比重；提高传统出口商品的质量、档次和水平，以适应不断变化的国际市场需求。

（三）创立名牌出口商品

名牌出口商品的多少，反映一个国家的综合实力、经济竞争能力和科技发展水平。创立名牌，也是提高产品附加值的有效途径。实施“以质取胜”战略，要加快培育和创立在国际市场上有影响和竞争力的系列化名牌出口商品。

二、实施“以质取胜”战略的措施

（一）强化质量控制的立法与执法

加强质量方面的法律法规建设，强化执法力度，为实施“以质取胜”战略提供必要的法律环境。尤其是加快对外贸易法、产品质量法、商检法配套法律法规的建设，对保证出口商品质量，维护对外贸易各方的合法权益，维护国家信誉起了重要作用。执法部门要把工作重点放在促进出口生产企业提高产品质量，维护国家信誉上：一方面应发挥在技术、信息上的有利条件，为企业提供咨询服务，积极帮助企业生产符合国际市场质量要求的商品；另一方面，严格把好出口质量关，对假冒伪劣商品决不姑息迁就。

（二）提高产品科技含量

在当代科学技术迅猛发展，科技竞争已成为国际贸易竞争的重要方面，产品科技含量与产品竞争力的关系日益密切。由于高新技术向产品转化的速度明显加快，新产品不断涌现，产品更新换代的周期越来越短。要在竞争空前激烈的国际市场上保持优势，根本的出路在于加速科技进步，发挥科学技术在产品质量提高中的关键性作用。因此，我国要在研究开发、引进技术等方面切实提高对外贸易发展的科学技术含量。

第一，要加强高科技产品的研制和开发，并加速科技产品在生产中的运用，使科技成果尽快实现商品化、产业化，提高我国出口商品的质量、档次和加工深度，形成国际竞争的综合优势。

第二，要密切跟踪国际先进技术，通过引进先进技术和设备，推进技贸结合。

（三）推行与国际标准接轨的质量管理体系

我国出口产品与国外同类产品相比，产品在安全、健康、环境保护等方面的薄弱环节较多，常不符合国际标准，从而被进口国拒之门外。因此，积极推行国际标准化，是提高我国产品技术标准化水平、立足国际市场的必由之路。

第一，按照国际标准，建立健全企业质量保障体系认证标准。随着生产技术水平的提高和国际市场竞争的日益激烈，消费者不仅要求对产品的质量进行评价，而且还要对生产厂家的质量保障和服务体系进行评价，即通过工作质量来保证实物质量。而在这方面，按照国际标准化组织（ISO）的系列标准进行企业质量保障体系认证，已成为当今国际贸易领域中评定供方质量保证能力的一个基本指标。1987 年，国际标准化组织发布了 ISO9000

质量管理系列标准，主要规定了生产企业要依靠产品质量保障体系的运行来保证产品质量。这一标准得到了国际上，尤其是发达国家的普遍重视，目前已被世界上近百个国家所采用。因此，ISO9000质量管理系列标准对企业质量保障体系进行评审认证，具有很高的权威性。获得这张国际贸易的“白色通行证”，对于产品进入国际市场意义重大。

我国已于1992年3月开始实施《出口商品生产企业质量体系评审管理办法》，这对于提高质量管理和质量保证水平，确保出口商品质量，促进国际间的相互认证，推动我国出口贸易发展起到了十分积极的作用。随着越来越多的企业进入国际市场参与国际竞争，我国应继续促进和鼓励外经贸企业开展ISO9000质量体系认证，推动国内产业部门制定、执行符合国际标准的质量标准，加快与国际接轨的步伐。

第二，应积极宣传和推行ISO14000环境管理标准系列。由于可持续发展战略在发达国家中的广泛实施，环境保护对国际贸易所产生的影响日益凸显。为此，国际标准化组织于1996年正式推出了ISO14000环境管理标准系列，颁布了统一的国际性的环境管理体系标准及审核认证标准。企业要使其产品顺利进入国际市场，还要取得这张国际贸易的“绿色通行证”。所有国家和地区及各类企业都将面临这种新的挑战。这一发展动向已对我国企业的生产和出口产生巨大影响。我国一些产品的出口因不符合环保要求而屡屡受阻，如纺织品、农产品等因超过了美国、欧盟国家、日本所规定的有害污染物残留量而被拒之门外。因此，我国应在出口生产企业中积极宣传和推行ISO14000环境管理标准系列，增强环保意识，按国际环保标准进行生产。这不仅有助于减少我国商品进入国际市场遇到的绿色贸易壁垒，也有助于我国开发“绿色”产品，建立起有利于可持续发展的出口商品结构。

（四）实施名牌战略

实施名牌战略，就是通过创立名牌、保护名牌，树立我国优质商品和知名企业在国际贸易中的形象和地位，以提高我国出口商品的国际竞争力和出口创汇能力。创立名牌是贯彻以质取胜战略的重要内容，又是提高出口竞争力的重要途径。创立名牌更有利于促进企业建立质量效益机制，有利于促进出口增长方式从粗放型向集约型转变。创立名牌的过程，也是优化社会资源配置，加快企业优胜劣汰，推动企业重组，形成规模经营的过程。

纵观全球，经济强国无一不把提高产品质量和工艺、创立名牌作为一项国际竞争的战略。品牌在国际贸易中的重要作用表现在：

第一，市场竞争越来越表现为品牌的竞争，名牌产品是国际贸易竞争力的物质基础。发达国家和地区的著名品牌产品已占全球著名品牌的90%左右。名牌数量在全球产品品牌数量中所产比例不足3%，但名牌产品占有的市场占份额却高达40%，销售额占50%以上。

第二，名牌产品是企业形象的代表，是拓展国际市场的有力武器。名牌产品意味着企业具有良好信誉和素质，一个素质差的企业是不可能生产出优质名牌产品的。名牌企业创造了名牌产品，名牌产品又塑造了名牌企业，名牌产品推动企业走向世界。因此，实施名牌战略不仅是我国贯彻以质取胜战略的重要内容，也是我国促进企业建立质量效益机制，提高出口竞争力的重要途径。

创立名牌是实施名牌战略首要环节，而质量是创立名牌的基础。产品最终为广大消费者所接受、所信赖，归根到底要靠它上乘的质量和所包含的高新技术。因此，企业在创造名牌时，首先，应依靠科技进步，坚持高技术起点，瞄准国际先进技术，高标准开发新产品。其次，要坚持不断地采用新技术、新工艺、新材料，为生产名牌产品提供坚实的技术物质基础和装备条件，有效地保证名牌产品高质量、高技术含量和高附加值。最后，要加强在国内外市场的广告宣传。品牌作为无形资产，它的价值有相当一部分是经长时期广告宣传积累而成的。因此，创立名牌，必须着眼于长远，加强产品开发和广告宣传。

实施名牌战略还包括对名牌的保护。保护名牌需要企业、政府的共同努力。

企业保护名牌，一方面要保护商标不受侵犯。企业商标要依法注册，取得法律的承认与保护。另一方面要善于在发展中保护名牌，通过保证产品的内外在质量和不断更新换代，争取市场，占领市场。

政府要通过法律、经济、行政等各种宏观管理手段，实施名牌保护政策，为企业创立名牌形成一个良好的外部环境。一方面要完善创名牌出口商品工作体系，激励出口企业重视产品质量、技术创新，加强对商标、专利等知识产权的保护，增强出口产品的国际竞争力；另一方面也要对名牌产品的认定严格把关，保护知识产权和名牌商标，并加大惩处假冒伪劣产品的力度。

我国政府在实施以质取胜、创立名牌战略中，根据国家的产业政策、出口商品的代表性和比较明显的名牌效应，确定和发布了“重点支持和发展的名牌出口商品”名单，列入“重点支持和发展的名牌出口商品”的，给予贷款、担保、配额分配等方面的优惠政策，这对加快培育名牌出口商品，起到了积极作用。

（五）加强全面质量管理

科技高速发展时代的质量观已演化为“全面质量观”。它不仅包括产品自身内在的价值，还包括产品外在的质量，即产品的生产质量、销售质量、服务质量等综合性的质量。

实施“以质取胜”战略，必须实现全面质量管理。首先要狠抓生产过程的质量管理，把“事后检验”放到“事先控制”，即在产品设计和生产过程中，严把质量关，消除产生不合格产品的种种隐患。

实行全面质量管理，还要加强流通领域中的质量管理。在流通领域中，既有商品收购、存储过程中的质量管理，也有商品运输、销售过程中的质量管理。这就要求外贸企业：一是要对出口商品把好收购验收关，不让残次商品出口；二是保证出口商品在存储期的质量，防止出口商品变质、霉烂和破损；三是加强出口商品物流管理，要按照安全、迅速、准确、节省、方便的要求，合理使用各种运输工具，选择正确的运输路线，把出口商品安全运送出去；四是搞好出口商品销售过程中的质量管理，严格按照合同规定，按时、按质、按量交货，并及时处理索赔和业务纠纷问题；五是要搞好售后服务，保证产品的全程质量。

以质取胜战略的实施，已取得了一定的成效。“十五”计划期间，我国出口贸易的持续稳定增长、出口商品结构的优化，正是依赖于“以质取胜”战略的深入贯彻实施。

第三节

科技兴贸战略

党的十五大报告中明确提出实施科教兴国是我国的一项基本国策，把加速科技进步放在社会经济发展更加突出的关键地位。为落实科教兴国战略，顺应经济科技全球化和知识经济蓬勃兴起的潮流，加快我国由贸易大国向贸易强国的转变，1999 年年初，外经贸部提出了科技兴贸战略。科技兴贸战略是科教兴国基本国策在对外经济贸易领域的具体体现，是对我国对外经济贸易跨世纪发展具有重大意义的战略。

一、科技兴贸战略的内涵

科技兴贸战略是以提高我国出口产业和产品的国际竞争力，加强体制创新和技术创新，提高我国高新技术产业国际化水平为基本指导思想，以“有限目标、突出重点、面向市场、发挥优势”为发展思路，进一步转变政府职能，通过面向国际市场的科研开发、技术改造、市场开拓、社会化服务等部署，提高企业出口竞争力和自主创新能力，加快出口商品结构的战略性调整，实现我国由贸易大国向贸易强国的跨越。

科技兴贸是以市场为导向，以企业为主体，以创新为动力的贸易发展战略，政府的作用主要体现在提供服务保障方面：建立较为完善的政策、法律、知识产权保护、出口促进服务体系；为高新技术产品和传统出口产品的优势领域形成高新技术研究、开发与应用的有力支撑，提高高新技术产品出口持续发展能力和传统出口产品的技术含量与附加值，取得全球市场的战略性突破。

科技兴贸战略主要包括两方面内容：

一是大力推动高新技术产品出口，在我国优势领域培育一批国际竞争力强、附加值高、出口规模较大的高新技术出口产品和企业。

二是运用高新技术成果改造传统出口产业，提高传统出口产品的技术含量和附加值。选择出口额最大的机电产品和纺织品作为高新技术改造传统产业重点，初步完成我国出口商品结构由以低附加值、低技术含量产品为主向以高新技术产品为主的转变。

二、实施科技兴贸战略的背景

（一）国际高技术产品贸易呈加速发展趋势

随着世界经济一体化进程的加速，世界贸易规模迅速扩大，伴随着世界贸易规模的扩大，世界市场商品结构将发生深刻变化：资源密集型初级产品市场相对萎缩；劳动密集型轻纺产品贸易稳步增长，但竞争更趋激烈；技术密集型机电产品，特别是高附加值的高新技术产品，将成为出口增长最快和发展后劲最足的支柱商品。进入20世纪八九十年代，主要工业化国家高技术产品出口增长速度均高于全部出口增长速度。这表明，传统产品市场需求的增长已有限，高技术产品出口已成为国际贸易新的增长点。据统计，1985—1993年，世界高技术产业出口年增长14.3%，比中低技术和低技术产业出口年增长速度高5~6个百分点。世界制造业出口结构也由此产生重大变化，高技术产业在制造业出口总额中的份额呈加速增长趋势，到2002年占制造业出口总额的25%；而中低技术产业和低技术产业的份额则呈下降趋势，从1985年的58%降至2002年的47%。高技术产品出口已成为各国扩大出口市场份额的制高点。

（二）高技术产品出口成为促进经济发展的重要因素

随着全球经济结构的调整，高技术产业以及高技术产品出口在促进各国经济发展方面的作用日益显现。据美国商务部和国家制造业协会的研究，美国高技术出口已占世界高技术出口的2/3，高技术产品出口对20世纪90年代美国经济的持续高增长发挥了极为重要的作用，90年代美国国内生产总值增长的1/3来自高技术产品出口。高技术产品出口创造了更好的就业机会，与高技术产品出口有关的工作岗位通常比制造业的平均工资高15%。高技术产品出口不仅利润较高，而且对美国的经济紧缩或经济周期的抵抗力更强，在经济衰退时所受的影响较小。越来越多的发展中国家和地区，也将发展高技术产业及增加高技术产品出口作为战略重点或新的经济增长点。

（三）技术性贸易壁垒对国际贸易的影响越来越大

经过关贸总协定多轮谈判，各成员方关税壁垒已大幅降低，传统非关税壁垒，如数量限制等，也被大幅削减，但新的贸易壁垒，尤其是技术性贸易壁垒对国际贸易的影响越来越大。由于技术性贸易壁垒涉及的产品种类繁多，而且名义合理、形式合法、手段隐蔽，对国际贸易，尤其是对发展中国家和地区的贸易产生的影响也与日俱增。加强对技术性贸易壁垒的研究，提高产品技术标准，成为发展中国家和地区冲破技术性贸易壁垒、扩大出口市场份额的关键。

三、实施科技兴贸战略的重要意义

（一）确立了高新技术产品出口在我国对外贸易发展中的重要地位

长期以来，我国对外贸易的发展一直把具有比较优势的劳动密集型产品作为出口支柱产品。世界高技术产业和知识经济的发展使传统的比较优势、国际分工格局和国际贸易结构发生了重大变化，高新技术产品出口已成为国际贸易最富生命力的带动力量和各国必争的制高点。实施科技兴贸战略，适应了世界经济与国际贸易结构的发展趋势，将有力地推动我国对外贸易的发展。

（二）提升我国在国际分工中的地位

我国已成功地迈入了世界贸易大国的行列。但是，与发达贸易强国相比还有很大的差距。目前，我国出口仍以劳动和资源密集型产品为主，高科技含量、高附加值商品出口所占比重近年来虽有所提高，但远未成为出口的主导产品，高新技术产品出口还处于起步阶段。我国加入WTO后，将在更大的范围内、更宽的领域中、更高的层次上融入世界经济，面对发达国家高科技产业的巨大优势以及一些国家、地区提高出口竞争力的种种举措，我国劳动力成本低廉的比较优势将会相对减弱。从长远看，能否顺利融入国际贸易体系，最大程度分享参与国际分工所带来的利益，从根本上取决于我国能否尽快提高对外贸易的技术含量和附加值，实现出口商品结构的升级。实施科技兴贸战略，依靠技术创新建立我国出口产业和产品新的动态比较优势，从而在未来的国际分工和国际贸易中争取较为有利的位置，增强抵御各种外部风险与冲击的能力。

（三）提升我国产业结构和经济结构

国际高技术产业正呈现跨越式发展态势，这为我国进行经济结构战略性调整提供了重大机遇。传统产业是我国国民经济的主体，传统产业结构性矛盾突出，主要生产技术和工艺装备落后，用高新技术和先进适用技术改造传统产业是实现工业化的紧迫任务。实施科技兴贸战略，可在扩展国际市场、提升国际竞争力的过程中，有力推动国民经济进行产业结构调整和产业升级。

四、科技兴贸战略的目标与措施

随着我国进一步融入世界经济，面临的国际竞争更加激烈，必须从战略高度认识实施科技兴贸战略、提升出口商品结构对于对外贸易持续、稳定增长的重大意义。为将科技兴贸战略推向深入，相关部门制定了详尽的“十五”“十一五”和“十二五”科技兴贸五年计划。

（一）《科技兴贸“十五”计划纲要》

2001年，外经贸部、科技部、国家经贸委、信息产业部联合发布了《科技兴贸“十五”计划纲要》，规划“十五”计划期间贯彻“科技兴贸”战略的目标、任务以及保证措施。

《科技兴贸“十五”计划纲要》指出，加快出口商品结构调整，推进我国高新技术产业国际化，大力改造和提升传统出口产业，促进国内产业结构升级，提高我国企业的竞争力，是科技兴贸“十五”规划的核心。科技兴贸战略的具体目标包括：一是大力促进高新技术产品出口。高新技术产品出口在2000年占外贸出口15%的基础上，保持15%的年增长速度，到2005年占外贸出口的比重达到20%，到2010年占外贸出口的比重达到30%。二是提高传统出口产品的技术含量和附加值。以出口额最大的机电产品、纺织产品和农产品作为高新技术改造传统产业的重点，到2005年，使其出口商品中的技术含量、附加值较高的产品所占比重从20%提高到50%。

为实现上述目标，确立了以下工作重点及相应措施。

1. 促进高新技术产品出口体制创新

（1）促进高新技术产业发展和产品出口的体制创新。在有基础、有条件、有优势的国家高新技术产业开发区中建立高新技术产品出口创业园试点。采取“境内关外”的封闭管理模式，在投融资、海关监管、外汇管理、税收管理、进出口管理、人员进出管理等方面进行探索，在促进我国高新技术产业发展和产品出口方面进行符合国际通行规则的体制创新。

适应加入 WTO 的需要，充分发挥国家高新区的作用，特别是进一步加快国家高新技术产品出口基地的建设。通过制度创新，大力吸引国内外资金和创业人才，提高高新技术成果转化能力和持续开发能力，提高我国高新技术产业的国际竞争能力，培育一批国际化、具有较强技术开发能力、拥有自主知识产权的高新技术产品出口企业。在短期内形成较大的出口规模，成为推动高新技术产品出口快速增长的主要力量。

（2）促进高新技术产业发展和产品出口的资金投入机制创新。加强科技、产业部门向高新技术产业和产品出口的资金支持，加强中央外贸发展基金对外开拓高新技术产品国际市场的技术力度，建立以政府投资为引导、企业投资为主体、金融保险系统和社会风险投资共同支持的多渠道高新技术产品出口投入体系，大力吸引境外的风险投资、社会投资，建立多渠道的促进高新技术产品出口基金，主要支持出口规模大、市场前景好的高新技术产品出口企业与研究院所的技术开发、技术引进、技术改造、跨国经营和开拓国际市场。

2. 发展重点产业和技术领域的产品出口

（1）促进高新技术产业的国际化。在我国优势技术领域培育一批在国际市场占有较大份额的有自主知识产权的出口产品，集中有限资源，创造有利条件，发挥聚集效应，使电子信息产品、生物医药、新材料等竞争力强、出口市场前景良好的高新技术产品较快形成较大的出口规模，成为推动高新技术产品出口增长的主导产品。促进成熟的工业化技术出口并带动成套设备出口。

培育一批具有国际竞争意识、熟悉和遵守国际贸易规则、善于开拓国际市场的高新技术产品出口企业和跨国公司，通过示范作用，带动我国高新技术产品出口企业国际贸易水平的整体提高。

鼓励企业在国外设立技术研究开发中心，促进我国高新技术产业研究与开发的国际化。形成和不断提高高新技术出口产品的持续开发能力，通过高新技术产品的产业化和国际化，在更高水平上促进科技成果的转化。

加强对外宣传自有品牌的产品，开拓国际市场，创造“走出去”的政策环境，从科技计划和科研院所中选择有国际市场、有竞争力的项目和产品予以支持；通过举办境内外国际展览会和交易会、网络交易市场等形式，拓宽对外宣传的信息渠道。

（2）促进有自主知识产权的关键技术开发和产业化。根据技术预测和国际市场需求预测，选择若干技术领域和国际目标市场，针对提高出口产品竞争力的要求，组织重点出口产品关键技术开发，力争在软件、生物医药、通信产品等我国已有一定优势的技术领域取得技术突破，提高高新技术产品和传统出口产品的国际竞争能力和持续出口能力。

优选和重点支持一批有出口优势和潜力的高新技术企业和科研院所，使之成为我国具有自主知识产权的高新技术产品出口骨干力量。各级政府对重点出口企业和科研院所重大技术开发项目给予前期资助。在我国优势技术领域培育一批高新技术企业，使之成为在该技术领域具有较强技术开发能力、拥有自主知识产权的出口企业中坚力量。

3. 加强对出口产品的高新技术支持

（1）提高传统出口产品的技术含量和附加值。加强技术创新，促进我国传统产业的优化升级。用高新技术改造一批机电行业和纺织行业的重点出口企业，加快利用高新技术开发新产品、新材料，实现行业技术改造跨越式升级。引导现代科技向农业及相关产业渗透，在形成高效农业和环保农业的基础上扩大农产品出口。加强品牌意识，培育一批高质量、高附加值的国际知名品牌，巩固和扩大传统出口产品的市场份额。配合西部大开发战略，根据东西部地区的资源特点和经济发展需求，将调整传统出口产业结构同技术的梯级换代结合起来；通过政策引导，组织和吸引东西部的科研院所、大学和企业优势互补、联合进行技术开发，促进高新技术对传统出口产业的改造，扩大高新技术产品和高附加值产品出口。

（2）提高技术引进、消化、吸收、创新水平。初步建立技术引进、消化、吸收、创新的良性循环机制。按照我国产业结构调整和技术升级的需要，通过政策引导，积极引进国外先进技术和关键设备，提高引进技术中专有技术、技术咨询、技术服务等软技术的比例，引导和组织企业与研究机构加强对高技术含量、高附加值产品关键技术的消化吸收，促进引进技术消化吸收再创新后形成竞争能力，参与国际竞争。鼓励跨国公司在华设立研发中心，通过提高外商投资质量促进我国引进技术和开发创新技术。

4. 构筑科技兴贸服务体系

（1）加强技术贸易法律法规体系建设。加快技术贸易政策法规的清理、调整与建设工作，形成符合 WTO 规则、较为完善的促进高新技术产品出口的政策法规体系和管理体系，规范高新技术进出口企业的贸易行为，为企业提供公平竞争、正当竞争的法律环境。健全技术贸易政策法律咨询服务体系和国际技术贸易纠纷与争端快速反应机制。

（2）加强技术性贸易措施的研究与应用。加强对国外技术性贸易壁垒的研究，建立我国技术性贸易措施管理体系。组织实施技术性贸易措施体系建设推进计划，根据我国出口商品市场战略和国外技术性贸易壁垒，制定技术标准、检测标准和技术性防范措施。加强技术性贸易措施工作的对外磋商、对内协调。推动我国企业开展国际质量管理体系认证、环境管理体系认证和产品认证。

（3）加强信息技术在外贸领域的推广应用。根据我国对外贸易发展的要求，研究和完善电子商务的交易规则、管理制度、技术手段和配套设备。组织实施科技兴贸信息化专项计划。率先在科技兴贸重点城市、高新技术产品出口基地、高新技术产品出口创业园、高新技术产业开发区、重点出口企业和科研院所建立电子商务应用系统，推动我国电子商务应用的快速发展。加快以信息化为基础的现代物流系统建设，提高对外贸易的物流效率，降低物流成本。

（4）加大知识产权的保护力度。加强对我国知识产权保护的法规建设。加大对我国技术出口、高新技术出口产品海外商标注册的保护力度。鼓励有较大出口市场和出口潜力的技术成果在国外申请专利。加强研究和规范对跨国公司在华研发机构的技术贸易管理。

总之，在科技飞速发展的时代，科技兴贸战略将是提升我国出口商品结构、保持对外贸易持续高效增长的长期战略。

（二）《科技兴贸“十一五”规划》

“十一五”规划期间，我国将进一步融入世界经济，面临的国际竞争更加激烈，必须从战略高度认识实施科技兴贸战略对于对外贸易持续稳定增长的重大意义。为贯彻落实《中共中央、国务院关于实施科技规划纲要、增强自主创新能力的决定》和《中华人民共和国国民经济和社会发展第十一个五年规划纲要》，2006 年 3 月 15 日，商务部会同发展改革委、科技部、信息产业部、财政部、海关总署、税务总局、质检总局、国家知识产权局和中科院十部门共同发布了《科技兴贸“十一五”规划》，这也是首次由国务院的十个部门共同编制和发布五年规划。《科技兴贸“十一五”规划》的编制和实施对于加快转变贸易增长方式、优化进出口商品结构、增强自主创新能力具有十分重要的意义。

《科技兴贸“十一五”规划》明确了“十一五”期间实施科技兴贸战略的指导思想是：深入贯彻全国科技大会精神，全面落实科学发展观，以建设创新型国家为目标，加快转变贸易增长方式，进一步优化出口商品结构，大力支持具有自主品牌和自主知识产权的高新技术产品出口，加强技术引进消化吸收再创新，增强企业自主创新能力，加快实现从“贸易大国”向“贸易强国”的历史性跨越。

1. “十一五”科技兴贸战略的目标

《科技兴贸“十一五”规划》提出了“十一五”期间实施科技兴贸战略的奋斗目标。

（1）扩大高新技术产品出口。到 2010 年，高新技术产品出口占外贸出口的比重提高到 35%，软件出口超过 100 亿美元，医药产品出口超过 200 亿美元。

（2）完善高新技术产品出口体系。到 2010 年，在信息、医药、软件、新材料等高新技术领域建设 100 家出口创新基地；培育 100 家高新技术产品年出口额在 10 亿美元以上的大型跨国公司或企业集团；培育 1 000 家高新技术产品年出口额在 1 亿美元以上的大型企业；同时重点扶持一大批科技型出口骨干企业。

（3）增强企业自主创新能力。到 2010 年，将具有自主知识产权和自主品牌的高新技术产品占高新技术产品出口总额的比重提高到 15% 左右；同时，重点培育 160 个高科技自主出口品牌。

（4）加强技术引进消化吸收再创新。到 2010 年，专有技术和专利技术许可合同额占技术引进合同总额的比重提高到 50% 左右，引进技术的消化吸收配套资金比例有所提高，形成市场导向、政府推动、企业为主的技术引进、消化、吸收体系。

（5）提高出口产品国际竞争力。到 2010 年，出口产品采用国际标准和国外先进标准比重大幅提高，重点扶持的出口免验和绿色通道企业达到 2 500 家，构建较为完善的高新技术产品国际市场营销和售后服务网络。

2. “十一五”期间实施科技兴贸战略的工作任务

《科技兴贸“十一五”规划》规定了“十一五”期间实施科技兴贸战略的工作任务。

（1）实施“出口创新基地”工程。在现有的国家高新技术产品出口基地、医药出口基地和软件出口基地的基础上，根据各地区的基础条件和发展实际，在电子信息、软件、医药、新材料、精细化工等高新技术领域分期分批认定和建设一批出口创新基地，力争到 2010 年出口创新基地总数达到 100 家，出口创新基地高新技术产品出口占全国高新技术产品出口总额的比重达到 70%。

（2）实施“自主知识产权联合行动”工程。自主创新能力是国家和企业核心竞争力的关键，拥有自主知识产权是提高我国高新技术产品国际竞争力的重要手段，要在提高企业自主创新能力的同时，鼓励和支持企业拥有自主知识产权，从而增强我国高新技术产品的国际竞争力。加强知识产权兴贸工作，通过对知识产权的创造、管理、保护、利用，扩大具有自主知识产权产品的出口，使自主知识产权成为提升出口产品国际竞争力的重要因素。

（3）实施“技术引进消化吸收再创新”工程。要在加大引进国外先进技术的同时，大力促进企业提高自主创新能力，引导组织对重大引进技术的消化、吸收、再创新，形成以“企业为主、市场导向、政府推动”的技术引进消化吸收再创新促进体系。

（4）实施“出口创新企业”工程。培育具有自主创新能力和国际竞争力的高新技术大型企业集团和骨干企业，是实现高新技术产品进出口持续增长的坚实基础。要通过培育100家跨国集团、1 000家大型企业、10 000家科技型出口骨干企业，促进贸易、产业和企业的有机结合，促进企业提高国际竞争力。

3.“十一五”科技兴贸战略的保障措施

为完成上述奋斗目标和工作任务，《科技兴贸“十一五”规划》提出了相应的保障措施。

（1）在技改、研发等环节对计算机、通信、集成电路等高新技术产品和机电产品予以重点支持。促进医药产品、软件出口，培育新的出口增长点。

（2）建立技术引进新机制，探索新模式，引进更多先进技术。建立消化吸收与自主创新的循环机制，促进引进技术的消化吸收与创新，实现“引进技术—消化吸收创新—发展高新技术产业—增强国际竞争力”的良性循环。

（3）进出口银行、中国出口信用保险公司积极为高新技术产品出口提供金融支持。质检总局进一步扩大享受产品免验或便捷检验检疫和绿色通道政策的高新技术企业范围，重点扶持的出口免验企业和实施绿色通道企业达到2 500家。海关总署继续为出口额高、资信好的高新技术产品生产企业提供便捷通关服务，对中西部地区及东北老工业基地给予适当倾斜。

（4）加快技术性贸易措施体系建设，发布《应对国外技术壁垒的重点发展技术目录》和《出口商品技术指南》。建立科技出口信息服务数据库，为企业提供技术贸易、高新技术产品国际市场动态及进出口贸易统计数据、行业发展、技术标准、出口管制、国别贸易政策等各类信息。

此外，《科技兴贸“十一五”规划》在培育出口主体、开拓国际市场、加强知识产权保护等方面提出了具体措施。

（三）《国务院关于加快培育和发展战略性新兴产业的决定》

加快培育和发展战略性新兴产业是党中央、国务院面向未来，为推动我国经济发展方式转变和产业结构升级作出的重大战略决策，国际化是培育和发展战略性新兴产业的必然选择。《国务院关于加快培育和发展战略性新兴产业的决定》（国发〔2010〕32号），就促进战略性新兴产业国际化发展提出如下指导意见。

1. 突出产业特点，明确发展方向

促进战略性新兴产业国际化发展就是要把握经济全球化的新特点，逐步深化国际合作，积极探索合作新模式，在更高层次上参与国际合作，从而提升战略性新兴产业自主发展能力与核心竞争力。促进我国战略性新兴产业国际化发展应准确定位，明确方向。一是提高战略性新兴产业研发、制造、营销等各环节的国际化发展水平，提升全产业链竞争力；二是提高战略性新兴产业人才、企业、产业联盟、创新基地的国际化发展能力，提升市场主体竞争力；三是营造有利于战略性新兴产业国际化发展的良好环境，完善支撑保障体系；四是处理好两个市场的相互关系，夯实战略性新兴产业国际化发展的国内基础。

（1）工作目标。通过政府引导、上下联动等方式，力争到"十二五"末期，战略性新兴产业国际分工地位明显提升，国际化主体的竞争实力显著增强，贸易和投资规模稳步增长，全方位、多层次的国际化发展体系初步形成。具体目标包括：

① 建设国际化示范基地。结合科技兴贸创新基地建设，在战略性新兴产业的重点门类集中力量建设一批国际化发展示范基地，形成集群效应。② 培育国际化领军企业。重点支持一批具有较强创新能力和国际竞争力的领军企业，发挥带动作用。③ 促进对外贸易快速增长。积极支持具有知识产权、品牌、营销渠道和良好市场前景的战略性新兴产业开拓国际市场，促进我国战略性新兴产业对外贸易快速增长。

（2）国际化推进重点产业。重点产业包括：

① 节能环保产业。培育节能环保产业国际化基地，鼓励节能环保产品开拓国际市场，提高出口产品附加值，推动出口产品由以单机出口为主向以成套供货为主转变；建立进口再生资源监管区，鼓励有条件的再生资源回收利用企业实施"走出去"战略，开展对外工程承包和劳务输出，促进国际大循环；鼓励符合条件的企业到境外为我国投资项目和技术援助项目提供配套的环境技术服务；加强节能环保领域国际合作，推动国际环境合作项目国内配套资金的落实，加强国际环境技术转让，加大对我国参与环境服务贸易领域国际谈判的支持力度。

② 新能源产业。鼓励新能源产业关键技术的研发及引进消化吸收再创新，提升核心技术竞争力和新能源开发能力；加强太阳能产业的国际合作与交流，支持新型太阳能热利用项目和产品开拓国际市场，优化出口产品结构，鼓励企业海外承建电厂工程；鼓励有生物质能研发优势的境外企业和机构以技术投资参股，促进国内商业模式创新。

③ 新一代信息技术产业。开展下一代信息网络、物联网等领域的国际科技合作与交流，推动与具有核心技术的国外高端研究机构合作；鼓励新一代信息技术领域参与国际标准制定；鼓励物联网、高端软件等领域的海外留学人员回国创业；加大对重要设备进口的支持力度，支持外商投资企业建立三网融合研发机构；鼓励外商投资设立高性能集成电路企业；充分利用国内资源优势发展高端软件服务外包，促进高端软件及相关信息服务开拓国际市场。

④ 生物产业。鼓励开展全方位国际合作，充分利用全球创新资源，提升创新能力；支持生物医药、生物育种等国内企业兼并重组，培育大型跨国经营集团；鼓励企业承接国际医药研发和生产外包；支持有条件的生物医药企业"走出去"，开展对外投资和合作；通过对外援助等多种方式，带动生物育种企业开展跨国经营。

⑤ 高端装备制造产业。鼓励高端装备制造业充分利用全球创新资源，开展多种形式的研发合作，提升创新能力；支持国产飞机（包括干线飞机、支线飞机、通用飞机）、海

洋工程装备、先进轨道交通装备开拓国际市场；鼓励航空产业关键零部件及机载系统进口；鼓励转包生产，支持境内外企业开展高水平的合资合作；支持航空、海洋工程装备、高端智能装备等产业在海外投资建厂，开展零部件生产和装备组装活动；鼓励海洋工程装备类中外企业开展高水平的合资合作。

⑥ 新材料产业。支持国内企业并购国外新材料企业和研发机构，加强国际化经营；鼓励生产高附加值产品的国外企业来华投资建厂；优化进出口商品结构，完善进出口管理措施，加大对新材料产品和技术进口的支持力度，鼓励高附加值新材料产品开拓国际市场；鼓励新材料企业兼并重组，提高企业国际竞争力。

⑦ 新能源汽车产业。推动传统汽车制造企业向新能源汽车领域发展，培育本土龙头企业和新能源汽车跨国公司；鼓励境外申请专利；鼓励参与国际标准制定，逐步与国际标准接轨；建立产业联盟和行业中介组织，规范市场秩序；鼓励新能源汽车零部件企业“走出去”，在海外投资建厂。

2. 利用全球创新资源，提升产业创新能力

在全球范围内，加强技术交流与合作，有效利用全球创新资源，不断提升我国战略性新兴产业的原始创新能力、集成创新能力和引进消化吸收再创新能力。

（1）鼓励技术引进和合作研发。修订《中国鼓励引进技术目录》和《鼓励进口技术和产品目录》，大力支持战略性新兴产业先进技术设备、关键零部件进口。支持国内企业与境外企业联合研发共性关键技术、开发新产品以及科技成果向现实生产力转化。

（2）鼓励引进消化吸收与再创新。鼓励引进项目的前期研发、再创新成果的产业化、消化吸收与再创新产品开拓国际市场、消化吸收与再创新的技术或者产品申请国内外专利。

（3）鼓励参与国际标准制定和推动国际互认。积极参与战略性新兴产业领域国际标准的制定，在基础较好、产业和技术优势明显的领域，积极探索推广使用中国标准的新途径。支持企业采用国际标准，取得相关认证，推动签署政府间产品标准和认证认可结果的相互认可协议，促进外国政府和相关机构对我国检测认证机构测试认证结果的采信。

（4）促进知识产权创造、运用、保护和管理。支持企业在境外申请专利、注册商标；加强科技成果、专利等无形资产的评估，促进技术创新和技术转让健康发展；逐步完善国际贸易领域知识产权相关法律法规；妥善处理知识产权纠纷；加大对知识产权侵权行为的打击力度，防范知识产权滥用行为。

（5）加大高端人才引进力度。加快高端人才的培养开发。开通吸纳高端领军人才的绿色通道，按照国家规定在居留、出入境、物品通关、工作生活条件等方面，为高层次人才的工作创业提供便利。采取持股、技术入股、提供创业基金等灵活方式，积极吸引各类高端人才，营造有利于战略性新兴产业领军人才跨境流动的良好环境。

3. 开拓和利用国际市场，转变贸易发展方式

支持企业开拓和利用国际市场，提升企业适应国际市场的能力，增强企业国际竞争力，不断拓展战略性新兴产业的国际化发展空间。

（1）加强对重点市场分类指导。根据战略性新兴产业的发展水平，结合不同市场需求，支持新能源汽车、光伏发电等产业开拓发达国家市场，推动节能环保、生物育种、生

物医药等产业开拓亚洲、非洲、拉丁美洲等新兴市场，支持风电产业开拓发达国家市场和新兴市场。研究推动与20个重点国家的双边产业合作规划，确定合作重点领域，明确合作具体形式，制定有针对性的贸易投资指南，支持各类经营主体开展多种形式的国际化经营活动。

（2）充分发挥双多边机制作用。将促进战略性新兴产业的国际交流与合作纳入双多边合作机制框架。建立战略性新兴产业专项合作协议，充分发挥中英航空等专项合作协议作用。有效运用对外投资、对外援助、对外工程承包等多种方式，提升双多边合作的质量和水平。继续通过中美、中欧、中日高技术战略合作机制，加大政府间高技术领域磋商力度，推动发达国家放宽对华出口限制，扩大高技术产品贸易。

（3）加大对鼓励类商品对外贸易的支持力度。制定战略性新兴产业进出口产品目录，对列入目录且符合条件的产品在通关、检验检疫等方面给予支持。加强资源综合利用，通过政策引导，鼓励外商把终端产品生产转移到国内来，提高出口产品技术含量。

（4）大力支持不同贸易方式优化发展。在大力支持战略性新兴产业一般贸易发展的同时，推动航空航天产业扩大转包生产规模，促进平板显示和高性能集成电路等产业加工贸易转型升级，支持在高附加值环节开展国际合作，提升参与国际分工能力。

（5）积极承接服务外包。在生物医药、工业设计、软件和信息服务等与战略性新兴产业相关的领域积极承接服务外包，充分发挥国内人才、设备与成本等优势，开展生物制药研发及试验检测、传感网相关数据处理、金融后台服务、信息及软件技术研发类外包等服务外包业务，发挥服务贸易高附加值优势，提高货物贸易技术含量和附加值，延长货物贸易价值链。

（6）加强出口促进体系建设。发挥驻外机构、行业组织等相关中介机构作用，为企业提供国际市场信息服务。有针对性地鼓励和扶持各类专业展会和重要出口商品宣传活动，促进中外企业信息交流和项目对接。在生物医药、新能源、新材料等领域规范出口秩序。

4. 创新利用外资方式，促进对外投资发展

“引进来”与“走出去”相结合，切实提高国际投融资合作的质量和水平，促进战略性新兴产业在国际分工新格局中占据有利地位。

（1）积极引导投资方向。修订《当前优先发展的高技术产业化指南》等，补充和完善战略性新兴产业相关内容，鼓励外商投资战略性新兴产业。制定国别产业导向目录，为企业开展跨国投资提供指导。积极探索在海外建设科技型产业园区。

（2）拓宽利用外资渠道。鼓励外商投资设立创业投资企业，完善退出机制。支持企业根据国家发展战略及自身发展需要到境外上市，创新利用外资手段。

（3）鼓励研发合作。继续积极鼓励外商设立研发中心，支持中外企业联合研发，申请重大项目。

（4）扩大企业境外投资自主权。简化企业境外投资审批程序。进一步加大对企业境外投资的外汇支持。鼓励有条件的企业在境外以发行股票和债券等多种方式融资。

（5）鼓励建立海外生产体系。鼓励新能源、航空航天、高端装备制造等行业符合条件的企业在国外投资建厂。鼓励生物育种业在海外设立生产示范园区，加强海外推广。支持符合条件的环保企业加强国际合作。

（6）鼓励设立海外研发中心。鼓励符合条件的企业通过并购、合资、合作、参股等多

种方式在海外设立研发中心，重点扶持风能、太阳能、新型平板显示和高性能集成电路、新能源汽车、生物育种等行业与国外研究机构、产业集群建立战略合作关系。

（7）鼓励建立海外营销网络体系。针对不同国际市场，支持符合条件的企业采取自建、与渠道商合作等方式建立境外营销中心、维修服务网点等海外营销体系。支持企业通过境外注册商标、境外收购等方式，培育国际化品牌。

5. 推动创新基地建设，发挥国际化发展示范带动作用

大力支持科技兴贸创新基地建设，促进国内外行业领军企业集聚发展，充分发挥科技兴贸创新基地对促进战略性新兴产业国际化发展的示范带动作用。

（1）发挥国际化发展示范带动作用。引导科技兴贸创新基地结合各自优势，加大对特色产业支持力度，培育若干具备行业领军优势的基地或基地企业。在积极利用好国家各项扶持政策的同时，鼓励对基地内企业给予配套政策支持，并在适当条件下，扩大至与基地相关联的企业或区域。

（2）推动国际合作。依托科技兴贸创新基地，结合产业特点，分行业领域深化国际合作。推动科技兴贸创新基地与国外研发机构和相关高技术产业园区建立战略伙伴关系。适时建设战略性新兴产业国际化发展示范基地，充分激发其引领、示范和促进作用。

（3）加强公共服务平台建设。促进共性、关键技术研发，加快国际孵化器、检验检测、信息服务、人才培训等公共服务平台建设，建设以科技兴贸创新基地为载体的国际化发展促进体系。

6. 加大扶持促进力度，完善支撑保障体系

促进战略性新兴产业国际化发展，必须加大财税金融政策支持力度，完善便利化措施，加强产业预警体系建设，积极应对国际贸易保护主义。

（1）积极利用财税支持政策。充分利用好现行促进战略性新兴产业国际化发展的有关财税政策。结合战略性新兴产业发展特点，积极落实《国务院关于加快培育和发展战略性新兴产业的决定》确定的各项财税支持政策。

（2）用好出口信贷和出口信用保险。利用出口信贷和出口信用保险，积极支持战略性新兴产业领域的重点产品、技术和服务开拓国际市场，对航空航天、高端装备制造等金额较大或能带动国内专利技术和标准出口的战略性新兴产业产品，在出口信贷和出口信用保险方面给予重点支持。

（3）完善便利化措施。落实海关企业分类管理措施，大力推进分类通关改革，鼓励战略性新兴产业重点培育企业申请成为海关高资信管理企业，享受相关通关便利措施。战略性新兴产业领域海外科技专家来华工作，按有关规定给予通关便利。推进进出口检验检疫企业分类管理，对获得生态原产地标记保护的产品给予检验检疫便利。

（4）加强产业预警体系建设。重点对生物育种、生物医药等外资加速进入的产业，加强国内、国外产业发展动态监测与研究，尽快完善产业预警体系。

（5）加强海外信用风险防范。引导企业增强风险意识，防范国际贸易和投资活动中的各类风险。积极利用保险工具，对战略性新兴产业的海外市场拓展及对外投资提供全面的风险保障和风险信息管理咨询服务。

（6）积极应对贸易保护主义。鼓励企业做好反倾销、反补贴、保障措施应对工作，指导企业积极利用世界贸易组织通报咨询机制等方式应对国外各种非关税壁垒。重点在生物

医药等重要领域加强多边和双边磋商，减少国际贸易摩擦。

（7）完善和推进知识产权海外维权机制。继续完善和推进以政府为主导，企业、行业中介组织、研究机构和驻外经商机构共同参加的海外知识产权保护服务网络，通过培训、信息支持和服务、宣传等手段，提高企业的知识产权保护意识和海外维权能力。

（8）充分发挥行业组织的作用。引导和鼓励各类商协会、产业联盟、技术联盟等行业组织，在企业开拓国际市场、应对国际知识产权纠纷、防止恶性竞争、促进国内国际标准制定等方面充分发挥协调指导作用。

7. 夯实国内市场基础，营造良好发展环境

夯实国内市场基础，培育国内市场需求，创造有利于国内外企业公平竞争的良好环境，为有效促进战略性新兴产业国际化发展奠定良好基础。

（1）促进商业模式创新。支持借鉴和引进国际先进商业模式，鼓励合同能源管理、专业化环保服务等商业模式的创新和发展。

（2）加强市场准入和价格管理。完善生物医药行业准入管理，进一步健全药品注册管理的体制机制，完善药品集中采购制度，完善新能源产品价格形成机制，完善生物育种行业准入管理及转基因农产品管理，完善并严格执行节能环保法规标准，推动形成与国际接轨的市场准入制度和价格形成机制。

（3）加强质量诚信体系建设。大力推进以质取胜战略，培育一批具有自主知识产权和知名品牌、国际竞争力强的优势企业，建设一批具有国际水平和带动能力的现代产业集群，积极推进质量诚信体系建设。加大对质量失信行为的惩戒力度，提高战略性新兴产业产品的质量水平和国际信誉。

第四节

出口市场多元化战略

扩大出口规模、优化出口结构，必须要拓展市场。任何市场的容量都是有限的，市场的分散性和多元化成为市场拓展的主要方面。

一、我国出口市场格局的演变

我国改革开放后，对外贸易获得了巨大的发展，但对外贸易市场也呈现出集中的趋势。由于改革开放以后，我国出口结构与劳动力比较优势吻和度提高，出口结构中劳动密集型产品比重迅速提高，而发达国家由于劳动力成本高昂，正是劳动密集型产品的主要消

费市场。因此，与改革开放前相比，对发达国家的市场依赖显著上升。

到 20 世纪 80 年代末“七五”计划完成时，我国港澳地区、日本、美国和欧盟四大出口市场占我国总出口的 74.8%；90 年代中期“八五”计划完成时，对这些国家和地区的出口额仍占我国出口总额比重的 74.2%，与前期基本持平；“九五”计划时期，情况略有改观，但 2000 年“九五”计划完成时，以上四个主要出口市场所占比重仍高达 71%。2013 年，随着出口市场多元化战略初显成效，四大主要出口市场占比已降至 60% 以下，但从整体来看，我国出口市场格局仍主要集中于发达国家和我国港澳地区。

二、实施出口市场多元化战略的必要性

我国出口市场高度集中的分布态势对出口贸易的强劲增长形成了约束，而且也将出口贸易置于更加不稳定的市场环境中。从战略高度上把握出口市场格局的变化趋势，已成为中国外贸发展的焦点之一。我国从“七五”计划提出实施出口市场多元化战略，并于“八五”计划正式启动出口市场多元化战略。

出口市场多元化战略是根据国际政治经济条件的变化，有重点、有计划地调整出口市场结构，在巩固传统市场的基础上努力开拓新市场，改变出口市场过于集中的状况，逐步建立起出口市场多元化的总体格局。实施出口市场多元化战略的必要性，体现在以下几个方面。

（一）有利于减少贸易摩擦、规避市场风险

在世界向多极化发展，国际经济区域化、集团化加速发展的背景下，实施市场多元化战略，有助于分散市场风险，减少贸易摩擦，提高外贸整体经济效益。尤其是在新贸易保护主义盛行，某些发达国家与我国贸易摩擦屡屡发生，与其他发展中国家之间的竞争日趋激烈的形势下，实施市场多元化，有利于我国摆脱对某些市场的过分依赖。

（二）有利于出口贸易持续、健康、稳定发展

市场多元化，有利于扩大我国传统商品的出口规模。我国的传统出口商品，如轻纺产品等，主要出口到发达国家市场，其中有不少商品要受到数量限制，并不断遭到进口国的反倾销指控。开辟新市场，可分流一部分产品，突破传统出口市场的限制，扩大出口规模，保持外贸出口的持续增长。

（三）有利于在国际贸易中争取有利的贸易条件

面对竞争激烈的国际市场，如果我国的出口贸易过于依靠几个国家和地区市场，容易使对方形成买方垄断，造成对我出口商品市场和价格的控制，甚至附加一些不合理的要求。因此，只有实现市场多元化，才能有效地争取对等和公平的竞争条件，保证我国在国际交换和国际竞争中处于积极主动的竞争地位。

（四）有利于全面参与国际分工，提高在国际分工中的地位

出口市场高度集中于少数市场，易于受制于固定的国际分工模式，不利于提升我国在

国际分工中的地位。例如我国与发达国家的国际分工类型主要是垂直性的国际分工，我国专业化于低层次的劳动密集产品和生产环节。如果我国出口市场仍高度向这些市场倾斜，不能有效实现拓展，则有被凝固在国际分工低层次的危险。出口市场的分散、多元化，有助于我国与不同经济发展水平、具有不同比较优势的贸易伙伴开展不同类型的国际分工，提升我国在国际分工中的地位。

三、实施出口市场多元化战略的对策措施

我国在各个计划中都进一步强调了“八五”计划制定和实施的出口市场多元化战略，“十五”计划提出，积极参与和维护全球多边贸易体系，发展双边和多边贸易，相互促进，实现市场多元化。在巩固提高传统市场占有率的基础上，大力开拓新市场，拓展出口渠道。“十一五”规划强调，积极开拓非传统出口市场，推进市场多元化。“十二五”规划强调，积极开拓新兴市场，推进出口市场多元化。

实施出口市场多元化战略，必须根据我国出口市场分布的现状，结合各个市场需求的特点。总体上看，我国对发达国家市场的开拓要以商品结构的优化为重点，对新兴市场的开拓要适应不同的消费层次，针对不同国家和地区制定相应的出口政策，逐步实现以新兴市场为重点、以周边国家贸易为支撑、发达国家和发展中国家市场合理分布的市场结构。具体来讲，市场多元化的重点是，向纵深拓展欧洲、北美市场，拓展和稳定东南亚市场，积极开发非洲、拉丁美洲市场，稳步扩大俄罗斯和东欧市场。

（一）深度开发发达国家传统出口市场

发达国家市场是我国传统出口市场，这类市场具有较高的经济发展水平和消费水平，市场容量大，购买力强，因而是我国产品的主销市场。长期的贸易往来使我国在这些市场建立了较完整的经销网络。同时，这些传统市场也是我国所需资金、技术及重要物资的主要来源，我国应保持对这些国家的出口规模，否则进口难以为继。因此，我国必须继续巩固和发展传统市场，对其进行深度开发。

首先，深度开拓要以商品结构的优化为重点，在维持传统商品出口的同时，要提高出口产品的技术含量，增加技术、知识密集型产品的出口，逐步扩大参与水平分工的比重，获取更多的比较利益。

其次，要进一步了解和研究发达国家和地区的贸易法规和惯例，充分运用其先进的贸易基础设施和经销网络，特别是要进入这些国家市场深层次的销售系统，如利用国外超市、连锁企业直接进入其销售网络。

最后，要改善售后服务，稳定和提高我国出口商品的市场占有率。

我国在深度开发和巩固传统市场时，还应根据各个市场的不同特点，制定相应的开拓策略。美国是世界上最大的进口国，市场容量大，进口范围广，商品需求层次多，各类商品都有市场。而我国对美国出口的商品种类只占美国进口种类的一小部分，大部分仍是空白。应重点突破美国轻工业品、机电产品市场。日本经济与中国经济互补性很强，在日本产业结构向技术密集型转化的过程中，我国对日本的出口商品结构是，在保持传统出口商品稳定增长的同时，积极扩大工业制成品，特别是机电产品对日本的出口。欧盟国家工业

发达，经济实力雄厚，具有极强的购买力。同时，随着欧盟一体化进程的加快，对内自由、对外保护趋势加剧，而我国对欧盟出口的发展，主要是依靠降低价格、大幅度增加出口量来实现的，由此招致其对我国出口商品频频实行反倾销等限制手段。因此，应通过提高出口商品质量，增加花色品种，增强商品的适销性，来巩固和发展欧盟市场。

（二）扩大东南亚市场

亚洲尤其是东南亚市场在我国出口贸易中占据举足轻重的地位，东盟、韩国等是我国重要的贸易伙伴，我国香港地区是内地最重要的转口市场。东南亚地区是世界经济中最为活跃的区域之一，中国作为区域经济的重要一员，与东盟、韩国都签署了自贸区协定。

我国香港地区是国际贸易和国际金融中心，应继续发挥其作为内地出口商品中转站的作用，推动内地与香港的经济合作向更高层次发展。同时，要加强对港澳地区出口的管理和协调工作，维护对港澳地区出口的良好秩序，保证对港澳地区出口的稳定增长。中国对东盟、韩国的贸易都呈逆差，应一方面调整商品结构，适应对方市场需求，另一方面加强双边磋商，按国际贸易规则，要求对方消除贸易壁垒，增加我国产品进入市场的机会。

（三）开拓非洲、拉美发展中国家市场

虽然发展中国家和地区的进出口总额占世界贸易总额的比重较小，但其地域辽阔、资源丰富，人口众多，整体上是一个很有潜力的大市场。一些发展中国家经过经济改革，在本国经济发展和参与国际经济合作方面取得了长足的进步，进口市场迅速扩大。我国实施出口市场多元化战略，必须加强同发展中国家和地区的经济贸易关系，推动我国产品更多地进入这一市场。我国在扩大对发展中国家市场出口方面具有一定优势，因为我国出口商品结构、档次很适合发展中国家的消费水平。如我国出口的轻纺产品以中低档为主，价格低廉，非常适合这些国家的进口需求。特别是我国的普通机电产品，操作技术要求不高，价格合理，与发展中国家的产业结构、生产力水平相配套，具有广阔的市场。同时，我国开拓这一市场也存在一些障碍和问题，如许多国家经济发展水平低，贸易规模不大，外汇短缺，有些市场交通运输不便，气候不利等，都会制约我国对这一市场出口的扩大。因此，我国应做好市场调研，针对市场需要，组织适销对路产品出口。同时我国应根据不同情况，采取灵活的贸易做法，将出口、援外、对外投资、承包工程和劳务合作等多种经济交往形式结合起来，对发展中国家和地区市场进行综合性开拓，以扩大对其出口。此外，我国还应在政策上对发展中国家出口有所倾斜，如提供优惠贷款、出口风险担保和运输担保等。

（四）积极扩大中亚、东欧国家市场

中亚、东欧国家市场是一个大市场，不少国家自然资源丰富，科技水平较高，消费需求总量较大。从长远看，该地区国家经济有巨大的发展潜力，其市场容量将不断扩大。因此，开拓中亚、东欧国家市场是我国实施市场多元化战略的重要组成部分。我国开拓这一市场的有利条件是：首先中亚不少国家与我国相邻，发展双边经贸往来有着地理、交通上

的便利；其次，我国与中亚国家经济结构、产业结构的差异，使双方在经济贸易上有着广泛的互补性。中亚的核电、航天技术、机械设备、运输工具、钢材等重工业品及一些资源性产品是我国现代化建设所必需的，而中国丰富的轻纺产品和食品等也很受中亚国家的欢迎。再次，这一地区的国家在经历了大分化、大动荡、大改组之后，政治经济体制改革已初见成效，随着俄罗斯等国加入世界贸易组织，贸易制度安排加快与国际规则接轨，为我国产品进入这一市场提供了机遇。最后，随着我国“一带一路”建设的推进，我国与相关各国互利共赢的合作逐步加深，将会对我国高端设备、基础设施建设相关产业扩大市场带来新的机遇。

但是，我国开拓中亚、东欧国家市场也面临着挑战。首先，这一地区的经济曾出现巨大动荡，生产下滑，对外贸易萎缩，通胀率回升，居民生活水平下降。目前，该地区经济形势虽有好转，但要根本上扭转这一局面尚需一定的时间。其次，西方及周边国家的商品大量涌入该市场，竞争十分激烈，而我国商品在质量、价格等方面还需改进。最后，双方贸易方式不规范，银行结算系统不顺畅，信誉差，履约率低，符合国际贸易规范的机制有待完善等，也影响我国对这一地区出口的扩大。因此，应采取有力措施积极开拓中亚、东欧国家市场。第一，要加强市场调研。苏联解体和对外贸易国家垄断制的变化，使我国与苏联多年来的贸易关系模式发生了巨大变化，原有的专业外贸公司已被成千上万的新公司所代替。对于这一变化，我国必须加强市场调研，及时掌握这些新的外贸公司的资信与经营能力，了解和熟悉中亚、东欧各国的新政策、新法规，抓住时机占领市场。第二，要努力扩大优质产品出口。部分经营作风不正的贸易商贩曾使大量假冒伪劣商品进入东欧市场，严重破坏了我国出口商品的信誉，造成很坏的影响。因此，今后我国应努力扩大优质产品出口，提高中国出口商品的信誉。第三，国家应进一步完善鼓励和扶持政策。为鼓励我国有实力、信誉好的企业开拓中亚、东欧市场，国家应在政策上，如贷款、配额等方面予以扶持，使其与中亚、东欧信誉好的大企业建立长期合作关系，开展有一定规模、有较深层次的经贸活动，以促进对中亚、东欧国家出口贸易的发展。

第五节

进口商品战略

进口商品战略是指根据国内生产、消费的需要，对一定时期进口商品的构成所做的战略性规划。

一、进口商品战略的演变

进口贸易是国民经济的有机组成部分，因此，进口发展战略是以国民经济的发展目标为依据的。我国各个五年计划都对进口结构进行了规划。

“六五”计划对进口商品结构所做的规划是：引进先进技术和关键设备；确保生产和建设所需的短缺物资的进口；组织好国内市场所需物资和“以进养出”物资的进口；对本国能够制造和供应的设备，特别是日用消费品，不要盲目进口，以保护和促进民族工业的发展。

“七五”计划对进口商品结构所作的规划是：进口重点是引进软件、先进技术和关键设备，以及必要的、国内急需的短缺生产资料。

“八五”计划对进口商品结构的规划是：按照有利于技术进步、增加出口创汇能力和节约使用外汇的原则合理安排进口，把有限的外汇集中用于先进技术和关键设备的进口，用于国家重点生产建设所需物资以及农用物资的进口；防止盲目引进和不必要的引进；发展替代进口产品的生产，促进民族工业的发展；国内能够生产供应的原材料和机电设备争取少进口或不进口；严格控制奢侈品、高档消费品和烟、酒、水果等商品的进口。

“九五”计划对进口商品结构的规划是：积极引进先进技术，适当提高技术、设备及原材料产品的进口比例，努力发展技术贸易和服务贸易。

“十五”计划对进口商品结构的规划是：强调增加国内急需的关键技术设备和重要资源的进口，弥补国内资源的不足，促进产业结构和技术水平的升级。

“十一五”规划对进口商品结构的规划是在我国拥有大量贸易顺差的背景下提出的，强调“实行进出口基本平衡”的政策，发挥进口在促进我国经济发展中的作用。完善进口税收政策，扩大先进技术、关键设备及零部件和国内短缺的能源、原材料进口，促进资源进口多元化。

“十二五”规划对进口商品结构的规划是在我国外贸继续呈现顺差的背景下提出的，要求进一步扩大进口规模，推动发达国家放宽对我国高技术产品的出口管制，扩大先进技术设备、关键零部件的进口，促进国内技术创新。扩大国内短缺的能源、资源和原材料的进口，保障市场充分供应。适度扩大消费品进口，带动居民消费结构升级。增强进口的主动权。加强政策引导和行业协调，鼓励企业构建全球采购网络，向全球供应链上游延伸。协调大宗农产品、能源产品、矿产品进口，规范进口秩序，提高议价能力。鼓励企业通过多种方式介入国际市场能源资源、大宗农产品定价体系，提升价格话语权。鼓励从最不发达国家进口，促进从与我国贸易逆差较大国家和发展中国家进口。

“十三五”规划继续鼓励先进技术设备和关键零部件进口。提出要完善进口贴息政策，及时调整《鼓励进口技术和产品目录》，加大进口信贷支持力度，扩大先进技术、关键设备及零部件等进口，鼓励企业引进消化吸收再创新，促进国内产业结构调整和优化升级，提高国际竞争能力。在风险可控、商业可持续的前提下，支持融资租赁和金融租赁企业开展进口设备融资租赁业务。“十三五”规划还提出要稳定资源性产品进口。完善深化大宗商品进口体制改革，鼓励能源资源商品贸易持续稳定增长，保障国内市场供应。落实“一带一路”倡议，支持有实力的企业“走出去”，开展境外资源能源开发和加工生产，鼓励有需求的半成品或成品回运国内。加快建设能源国际化平台，推动能源资源国际贸易人民币结算，增强我国在能源资源国际市场战略买家的力量，提升在国际大宗商品市场的影响力。此外，“十三五”规划明确提出要合理增加一般消费品进口。继续采取有效措施，引导境外消费回流。加快与相关国家就水产品、水果等产品签订检验检疫协议，积极推动合格的加工企业和产品备案注册认证。切实推进汽车平行进口试点，促进汽车进口多元化发展。

从我国各个五年计划中对进口结构的规划，反映出我国进口的原则多年来没有太大变化，我国进口结构因而较为稳定，相对于出口结构变化，进口结构的变化程度是很有限的。随着国内产业结构的演进、国内供需平衡状况的变化，因而各个时期进口结构调控的重点不同，加之随着我国贸易体制改革的推进，对外开放市场的程度不断提高，国家对进口结构的调控转变为宏观层次的规划指导，大幅度减少了对进口的限制。

二、进口商品战略的主要内容

根据我国社会经济发展目标和我国产业结构与进口结构的现状，我国进口商品结构的重点是引进先进技术和关键设备；保证重要资源和加工贸易物资的进口；按照我国对国际社会承诺的市场开放进程和国内市场的需求，扩大消费品进口。

（一）积极引进先进技术和关键设备

1. 积极引进先进技术和关键设备的意义

引进先进技术与关键设备是加速科技进步的重要途径，对国民经济宏观层次、产业中观层次及企业微观层次的发展都具有重要的意义。

（1）我国要保持国民经济快速发展，必须提高经济的科技含量。科学技术是第一生产力，在当今世界各国的经济发展中，科技进步所起的作用越来越大。毫不夸张地说，以技术创新及其扩散为主要内容的技术进步，已成为当代经济发展和国际竞争的核心要素。据有关资料证明，在20世纪初，一些发达国家的经济增长中，科技进步的贡献仅占10%~15%，而到20世纪中期这一比率则上升到40%左右，20世纪70年代后上升到60%以上。进入20世纪80年代，推动经济增长的因素中，科技进步在一些国家中已占70%以上。由此可见，科学技术已经成为各国经济增长的主要依托。

我国作为发展中国家，经济发展科技含量低，要保持国民经济快速发展，早日实现整个国民经济的现代化，必须最大限度利用国际上成熟的技术，实现跳跃式发展，缩小与发达国家的差距，增强综合国力。

（2）我国要优化出口产业结构，提高产业整体竞争力，必须要依靠科技进步。产业结构的优化有赖于科学技术的发展。首先，科技进步可促进知识密集型、技术密集型新兴产业的崛起，如计算机产业、生物工程、航空航天等产业的崛起；其次，由于科学技术具有高效率和渗透性强等特点，因而可促进传统产业的重振，诸如钢铁、汽车、纺织、机器制造业等；最后，可加速某些陈旧产业的淘汰。科学技术的这些作用，无疑将促进产业结构的升级，提高一国产业的整体竞争力。

目前，我国高科技产业还很弱小，传统产业的改造和升级尚未到位。因此，我国出口产业的国际竞争力不强。出口产业结构的升级和转换有赖于科学技术的进步，特别是高新技术的发展。

（3）企业的生存与发展，有赖于其竞争力的提高，而技术水平的提升，则是提高竞争力的必要保障。

科学技术不仅在创造新产品中居于关键地位，而且对改良原有产品，使之更新换代具有重要作用。因为无论是发明制造新产品，还是改造老产品，都需要运用新技术、新工艺、新原理、新材料、新的加工方法，这都属于科学技术的范畴。

随着社会的进步及人民生活水平的提高，消费者对现有的一些产品感到不满意，要求企业为他们提供一些性能更好、结构更合理、花色更新颖的产品。从企业竞争的角度来讲，谁能推出满足用户要求的新产品，谁就能立足于市场，并获得发展。从实际情况看，除了生产能源（电力）和开发资源（石油、天然气）企业外，几乎所有企业都不可能永远生产一种或几种固定不变的产品，老产品也要不断更新换代，使其具有技术更先进、结构更合理、功能更完善、使用更方便的效果，而这一切都有赖于科学技术。因此，科学技术的发展会影响产品竞争力。

可见，推动国民经济快速发展、优化出口产业结构和产品结构，提高产业和产品的竞争力都需要依靠科技进步。但我国是发展中国家，科学技术水平和生产水平还大大落后于世界先进国家水平，无论是装备水平、设计水平、工艺水平，还是科研设备条件都相对落后。因此，我国应在依靠自身科技进步的基础上，积极引进外国的先进技术和关键设备，加快我国的科技进步，以此来推动国民经济的快速发展，推动出口产业结构和产品结构的优化。

2. 引进先进技术和关键设备的重点

根据我国关于促进科技进步和创新中“有所为，有所不为”的方针，为了加速实现产业结构合理化、现代化，围绕着国家重点建设和技术改造目标，根据国家产业结构调整部署，我国引进技术和设备的重点包括：

（1）确保电子信息等先导产业发展所需技术设备的引进。

电子信息、航天、生物工程和新能源、新材料工业等先导产业，在高新科技领域中跟踪国际先进技术水平，对我国经济技术发展有重大意义。目前，我国可以先把重点放在电子信息产业上，注重引进先进的微电子技术、计算机技术和传感技术，使之成为促进产业结构合理化，现代化的带头产业。

电子产业是一个包括电子材料、电子设备制造、电子元器件的产业群体，其特点是易于与其他产业的技术组合成新的技术和产品，同时，电子产业也是信息技术的基础，因而对当代技术体系和经济发展起着十分重要的作用。

信息产业的发展，被称为第四次产业革命，发展势头十分强劲。它不仅代表了当今高科技产业和产品发展的最新动态，而且对传统产业的改造也发挥着十分重要的作用。信息技术的发展对社会的进步所产生的影响是不可估量的。如互联网的使用，给人类带来的巨大影响和冲击，被称为“信息社会的发动机”。“信息社会”这一概念虽然早已问世，但直到互联网出现，网络应用形成气候，人们才真切感受到信息社会的冲击。互联网极大地推动了信息科学的发展，在互联网出现之前，还没有哪一项信息技术能繁衍出如此众多的新概念、新体系，如雨后春笋般涌现，让人眼花缭乱，目不暇接。

信息化是当今世界经济和社会发展的大趋势，也是我国产业结构升级和实现工业化、现代化的关键环节。因此，在“十五”计划中我国提出要把推进国民经济和社会信息化放在优先发展的位置，努力实现我国信息产业的跨越式发展。首先，要加速信息高速公路的建设。我国信息高速公路的建设，主要是抓紧国家高速宽带传输网络，扩大用户联网，促进电信、电视、计算机三网结合。其次，要加速发展信息产业。重点推进大规模集成电路、高性能计算机、大型软件系统、超高速网络系统、数字电视机等核心信息技术的产业化；加快发展软件产业和集成电路产业的发展，提高信息化装备能力和系统集成能力；积极发展信息服务业特别是网络服务业。信息产业对我国来说是一个幼稚产业，与国外先进水平有较大差距，因此，需要我国积极引进国外先进技术与设备。

（2）确保能源、交通等基础设施建设所需技术设备的引进。

能源是我国经济建设的战略重点，又是薄弱环节。我国不仅能源增长率偏低，而且利用率也低。能源工业引进技术设备的目的：一是扩大能源的开发与生产；二是推广能源节约和综合利用技术，合理有效地利用能源以便提高能源利用效率；三是将能源对环境的有害影响减至最低。

交通运输既是国民经济建设的战略重点，又是薄弱环节。新中国成立以来，我国交通运输已有了很大发展，但与快速增长的经济所提出的需求相比，仍然处于相对滞后的状况。在我国经济增长的瓶颈中，交通运输是主要的瓶颈。能源问题在很大程度上是交通运输问题，我国每年都有大量煤炭因运输困难而白白浪费。随着我国经济持续快速发展，交通运输问题仍是一大障碍。我国铁路、公路通车里程远远落后于发达国家，海洋运输、航空运输也相对落后。

要改变我国交通运输现状，应该积极引进有关的技术设备，加强公路、铁路、港口、机场、管道系统建设，建设现代化综合运输体系。

（3）确保传统产业技术改造所需技术设备的引进。

我国经过半个世纪的工业化建设，已建立了规模庞大、门类齐全的工业体系，其中传统产业占有很大的比例，传统产业技术改造是经济结构高级化的重要组成部分。我国许多传统产业设备陈旧，技术落后，严重制约着我国四个现代化的进程。要从根本上改变我国技术落后状况，必须要加强传统产业的技术改造。

要大力振兴装备制造业，它的技术水平的高低，在很大程度上决定其他产业的生产技术和产品技术性能的高低。我国的制造业门类齐全，存在的最大问题是检测手段落后，自动化、机电一体化水平较低，产品的可靠性和一致性不高，规模效益较低。因此，我国应通过进口贸易，积极引进精密高效的机床、仪器、仪表等先进技术，改造装备制造业，提高设计和制造水平，推进机电一体化，为各行业提供先进和成套的技术装备。

此外，还要引进轻纺、冶金、化工、汽车、建材等传统工业部门进行技术改造所需的技术设备。

（4）确保我国农业现代化所需技术设备的引进。

加强农业是经济结构调整的重要内容，也是保持经济发展和社会稳定的基础。农业结构的调整要面向市场，依靠科技，不断向生产的深度和广度进军。根据这一要求，我国也要引进与农业现代化和农业结构优化有关的技术设备，加强高新技术在农业上的应用，如计算机技术、生物工程技术和其他高新技术发展农业。

（二）确保重要资源的进口

任何一个国家都不能拥有发展本国经济所需的一切资源，因此需要进口一部分国内短缺物资来满足国民经济的综合平衡，我国也不例外。由于种种原因，有些重点建设物资国内供应难以满足需要：如钢材，纸张等原材料受生产水平所限，不能满足要求；橡胶等工业原料受自然气候影响，国内生产困难；铜等矿产品品位偏低；金刚石、白金等储量及产量不足等。所以，应充分利用国外资源，进口重点建设物资，以保证重点建设的顺利进行。

（三）重视加工贸易物资的进口

加工贸易是指“两头在外、中间在内”的贸易方式，即从国际市场进口原材料和零部件，国内加工装配、制造，成品出口国际市场。包括进口原材料加工成品出口；进口主件或零配件，加工装配出口；以国产原料为主，进口辅料加工成品出口；进口饲料、肥料、种子、种畜等养殖种植农副土特畜产品出口，以及进口某些商品调换国内农副产品出口。这是一种利用国外资源、发挥国内劳动力优势，创汇增收的贸易方式。

加工贸易在我国对外贸易中居于十分重要的地位，尤其是进入 20 世纪 90 年代以来，加工贸易方式完成的对外贸易额占我国对外贸易总额的比重上升较快，如 1992 年加工贸易占总贸易的 42%，1998 年达到 53.4%，2000 年为 48.55%，2002 年超过 50%。近年来加工贸易占比呈现下降，但仍占总贸易的 1/3 左右。因此，保证加工贸易所需物资的进口，对于我国出口贸易的持续稳定发展是十分重要的。

第一，这是促进国民经济综合平衡的重要措施，有助于改善我国工业生产能力与原材料供应的比例关系。改革开放以来，我国工业生产能力有很大发展，特别是加工能力达到相当规模，但由于原材料供应不足，生产能力闲置较严重。

第二，发展加工贸易有效地促进了我国对外贸易稳定、持续的发展。我国加工贸易进出口占进出口总额的 1/3 左右，加工贸易对于保持对外贸易规模的稳定增长，仍占有十分重要的地位。

第三，加工贸易可以创造大量的就业机会。保证加工贸易原材料、零配件的进口，使我国大批劳动力得以与生产资料相结合，得以创造新价值。

（四）扩大生活必需品与一般消费品的进口

在发展生产的基础上，保障供给，不断提高人民的物质和文化生活水平，是我们一切经济活动的根本目的。要使人民的物质文化生活有较大改善，要进一步提高消费水平，拓宽消费领域，优化消费结构等。因此，扩大消费品进口，能更好地满足国内不同层次的消费需求。

消费物资的进口，一方面要保证某些基本消费品的进口，另一方面要根据生产需求，进口一般消费品，满足不同层次的消费需求。

进口国内生产不能满足需求的生活必需品，如粮食等，是关系国计民生的大事。这对于保证社会的安定，经济的增长，有着举足轻重的影响；对于农业的休养生息，合理调整农业结构也有积极意义。

从现阶段看，随着人民生活水平的不断提高，人民的消费需求发生了很大变化。因此，我国除了进口一些生活必需品外，还应根据生产需求，进口一般消费品和耐用消费品，以满足不同层次的消费需求。

第六节

自由贸易区战略

2003年以来，我国积极顺应区域经济一体化潮流，稳步推进自由贸易区建设，在短短几年内奠定了良好开局。2007年10月，党的十七大报告进一步提出要“拓展对外开放广度和深度，提高开放型经济水平”，要求“实施自由贸易区战略”，扩大开放领域，优化开放结构，提高开放质量，完善内外联动、互利共赢、安全高效的开放型经济体系，形成经济全球化条件下参与国际经济合作和竞争新优势。这一要求结合了我国拓展对外开放的广度和深度，提高开放型经济水平的现实需要，突出了自由贸易区战略的重要性。自由贸易区已经成为加入WTO之后，我国对外开放的新形式、新起点，以及与其他国家实现互利共赢的新平台。

自由贸易区（free trade area），是指两个或两个以上国家或地区通过签署协定，在世界贸易组织最惠国待遇基础上，相互进一步开放市场，分阶段取消绝大部分货物的关税和非关税壁垒，改善服务和投资的市场准入条件，从而形成的实现贸易和投资自由化的特定区域。通常而言，区域经济一体化包括5种类型，按照自由化程度，从低到高依次为优惠贸易安排、自由贸易区、关税同盟、共同市场和经济同盟，而自由贸易区是区域经济一体化最主要的类型。

自贸区是WTO的一种例外，WTO允许自贸区成员相互给予更优惠的待遇，而不必给予其他成员。它既是超越WTO的深入开放，又是对WTO自由贸易体制的补充；它既遵循多边贸易体制的基本原则，又在协定伙伴国家之间提供更加自由的经贸空间，实现互利。近年来，在经济全球化深入发展的同时，区域经济一体化加速发展，特别是近年来由于多哈回合谈判进展缓慢，以自贸区为主的各种区域贸易安排不断涌现。目前向WTO通报并生效的各种区域贸易安排已达200多个，其中80%是近十年出现的。据WTO估计，全球贸易一半以上发生在各个区域集团内部，以优于WTO最惠国待遇的条件进行。这对世界经济贸易格局产生了深远影响。

为顺应世界区域经济一体化迅猛发展的新形势，营造我国和平发展的良好外部环境，近年来我国积极参与区域经济合作，稳步发展自贸区，取得了实质性进展。

复习思考题

1. 国家为什么有必要制定对外贸易发展战略？
2. 制定进出口商品战略的依据是什么？
3. 我国发展出口贸易为什么要从“以量取胜”转变为“以质取胜”？

本章关键词

出口商品战略　以质取胜战略　科技兴贸战略　出口市场多元化战略　进口商品战略　自由贸易区战略

拓展阅读

第三章　对外贸易宏观管理体制改革

❖ 本章摘要及重点

本章主要内容：对外贸易宏观管理体制的建立与发展、对外开放与对外贸易体制改革、对外贸易体制改革的进程与效果、加入世界贸易组织与外贸体制改革。

本章学习重点：改革开放前对外贸易体制的基本特征及其利弊，"改革"与"开放"的相互关系，加入世界贸易组织前外贸体制改革的主要内容及其内在改革逻辑，加入世界贸易组织以来贸易体制的完善。

对外贸易宏观管理体制是指对外贸易的组织形式、机构设置、管理权限、经营分工和利益分配等方面的制度。它是经济体制的重要组成部分，同国家的计划、外汇、财政、信贷、物资、税收、价格等体制都有着紧密的联系。

外贸体制和其他经济体制一样，属于上层建筑的范畴，是由经济基础决定并为经济基础服务的。因此，随着经济基础的发展变化，应相应地变革对外贸易体制，以更好地发挥对外贸易的战略作用。

1978 年 12 月中国共产党的十一届三中全会决定党的工作重点转移到社会主义现代化建设上来，中国进入了一个新的历史发展时期，原有的经济体制和外贸体制已经不能适应新的需要。随着经济体制改革的深入，以及中国融入世界经济一体化进程的加速，外贸体制的改革也陆续展开。我国外贸体制改革同经济体制改革一样，采取的是渐进式的改革模式，是在实践过程中不断摸索，总结经验，逐步完善的。

第一节

对外贸易宏观管理体制的建立和发展

中华人民共和国成立以后，中国的对外贸易宏观管理体制是从国家当时实行的以产品经济、单一公有制为基础的高度集中的计划经济体制中派生出来的，并随着国内外形势的发展而变化。

一、改革开放前中国对外贸易管理体制的特征

中华人民共和国成立以后，在计划经济体制的宏观背景下，建立起相应的对外贸易体制。传统对外贸易体制具有如下基本特征。

（一）单一的公有制

1956 年，我国在完成生产资料社会主义改造后，就确立了由政府职能部门领导、国营外贸公司集中经营的对外贸易经营体制，对外贸易领域的生产资料所有制是完全的公有制。对此，中共中央 1958 年 8 月《关于对外贸易必须统一对外的决定》中有明确的规定，除对外贸易部所属总公司和口岸分公司外，任何地方、任何机构不许做进出口买卖。在生产资料所有制方面，对外贸易体制与社会主义计划经济体制保持了高度的统一。

（二）实行对外贸易统制

1949 年 9 月通过的《中国人民政治协商会议共同纲领》正式确立了对外贸易统制为

我国对外贸易的基本政策。统制政策对我国对外贸易体制内在的影响是根本性的，由于统制政策的强化作用，计划经济体制决策高度集中和以计划配置资源等特质，在对外贸易领域表现得尤为典型。对外贸易统制集中表现在对外贸易国家垄断经营以及高度集中的计划管理。

第一，对外贸易国家垄断经营。对外贸易统制政策的贯彻首先表现在对经营主体的严格限制方面。全国的进出口贸易活动，完全由十几家国营专业进出口公司分商品大类垄断经营，其他任何机构都不得经营进出口买卖。这十几家对外贸易专业公司实际上是对外贸易管理部门的附属机构，从而造成了政企不分的体制基础。

第二，高度集中的计划管理。计划管理体制是传统对外贸易体制的轴心，对外贸易活动的所有环节包括收购、出口、进口、调拨、外汇收支等都纳入指令性计划管理范畴，并严格按计划执行。对外贸易经营的国家垄断制度使计划的执行畅通无阻，没有独立利益的国家外贸公司理所当然地无条件执行国家计划。计划成为调度对外贸易活动的唯一手段，价格、汇率等经济范畴的经济内涵已不复存在。实行国内外价格割断政策，价格仅作为事后核算的工具，不反映也不能调节进出口供求；人民币汇率长期被以官方汇率形式固定在低水平上，人民币汇率严重高估，汇率也只被用作记账核算的工具，而不能起到调节进出口的作用。

（三）统负盈亏的财务管理

与高度集中的计划管理体制相对应的是统负盈亏的财务管理体制。各外贸进出口公司经营活动全部由计划调节，由此发生的盈利或亏损也全部由国家财政平衡。统负盈亏的财务体制是垄断经营、高度集中计划管理的必然结果，同时也是高度集中管理体制运行的前提条件。由于垄断经营，而且经营者又是行政管理部门的附属，无条件执行国家计划，经营成果理所当然由国家财政统负盈亏；只有国家统负盈亏，企业不存在独立的经济利益，外贸公司才可能不计盈亏，执行国家计划。

（四）实行贸易保护政策

《中国人民政治协商会议共同纲领》中明确规定，我国“实行对对外贸易管制，并采用贸易保护政策”。对外贸易政策实际上是国内经济政策的外延，必然受国内经济发展水平以及国民经济运行机制的制约。我国实行贸易保护政策，一方面是受当时生产力水平极低的限制，如果实行自由贸易，中国民族工业体系的建立几乎是无望的；另一方面，贸易保护政策与计划经济体制存在着天然的内在统一性。计划经济体制下是不可能实行自由贸易政策的。因为自由贸易的基本要求是自由、平等竞争，要依靠市场机制调节，这和计划经济体制是南辕北辙的。贸易保护政策的贯彻，则要求强有力的国家干预，用国家的行政力量阻断来自国外的竞争。而计划经济体制的核心就是国家行政干预（计划）最大限度地取代市场机制，因此，计划经济体制下在对外贸易领域实行贸易保护政策是一种必然。

我国的贸易保护是关税壁垒和非关税壁垒并重的多重贸易保护。平均关税水平一直维持在高水平上，非关税壁垒方面是以强有力的直接行政干预为特征的。管理方法简单，管理措施严格。

这一时期我国采取的对外贸易管理措施主要有：制定保护性的税则、税率；对进出口商品实行许可证制度（1956年前）；编制和执行对外贸易计划，外贸计划成为对外贸易管理的核心，成为集中调节外贸活动的单一杠杆，对进出口商品实行分类经营和管理；实行外汇管制；统一制定商检政策，管理全国进出口商品检验工作；设立海关，实行货运监管等。

二、对改革开放前中国对外贸易管理体制的评价

对上述高度集中的对外贸易宏观管理体制，应做出一分为二的分析。在当时的历史条件下，这种高度集中的对外贸易体制，对国民经济的发展起到了积极的作用，有利于维护国家的宏观经济利益，保证我国对外贸易的发展和社会主义建设的顺利进行。

（1）有利于集中调度资源，提高产品国际竞争力，扩大出口。在物资供应短缺、产品普遍供不应求的条件下，这种贸易体制能从国内消费中“挤”出一部分货源，以满足出口创汇之需，并可集中组织面向国际市场的生产，保证出口创汇。

（2）有利于统一安排进口，保证重点。在外汇短缺、而国内经济建设又急需进口大量技术、设备、原材料的情况下，这种贸易体制有利于统筹安排进口用汇，保证重点建设之需，使有限的外汇发挥最大效益。

（3）有利于集中统一对外。加强与友好国家的经济合作，配合外交政策，捍卫国家的政治和经济独立。

当然，这种高度集中的外贸体制也存在着严重的弊端，主要包括以下方面。

（1）独家经营，产销脱节。国家通过外贸专业公司统一经营对外贸易，贸易渠道和经营方式单一，阻断了各地方、各生产部门和企业与国际市场的联系，造成工贸隔离、产销脱节。

（2）高度集中，限制较多。国家通过指令性计划和行政干预，对企业限制太多，造成政企职责不分，企业缺乏经营自主权，难以积极主动地参与国际竞争。

（3）统包盈亏，缺乏利益激励机制。国家统包盈亏，没有兼顾国家、企业、个人三者的利益，不利于调动各方面的积极性，不利于提高经济效益。

1978年党的十一届三中召开，我国开始实施改革开放。随着对外开放政策的推行，原有外贸体制的弊端日益暴露，对外贸易体制改革势在必行。

三、对外开放与对外贸易体制改革

（一）对外贸易体制改革是“改革”与“开放”的交汇点

十一届三中全会后，我国开始迈上了改革开放的道路，无论是“改革”，还是“开放”，其朴素的目标都是要解放生产力，发展生产力，要提高经济活动效率，加快经济发展。“改革”是在社会主义宪法制度的基础上，在工业化的背景下进行的市场化改革，是对传统的制约经济发展的经济体制进行变革，以期建立一种既能发挥社会主义优越性，又能保持经济活动高效率的经济体制。“开放”则是国家改变闭关锁国的状态，

顺应生产力发展、国际分工不断深化的客观现实，积极主动地扩大对外经济交往，在更广阔的范围内实现资源配置的优化，加快经济发展。严格地说，“开放”也是“改革”的一部分，“开放”是“改革”的对外延伸。由于改革才有可能改弦易辙，实行对外开放；而对外开放，是向以市场机制为基础的世界市场开放，又必然促进国内市场因素的成长，促使市场化改革加快进行。因此，二者对 1978 年以后中国经济发展的决定性影响是交织在一起的。

就对外贸易而言，“改革”和“开放”的合力对我国对外贸易体制改革市场取向的牵引力可能比对其他领域改革的牵引力更强些，因为对外开放的前沿阵地就是商品市场的开放。

（二）对外贸易体制改革是对外开放的基础与先驱

我国的对外开放包括对外贸易、引进技术、利用外资、对外援助、对外工程承包等内容，其中对外贸易是对外经济交流活动的主渠道，也是其他各项经济交流活动的基础。对外贸易的发展决定着对外开放的深度与广度，对外贸易体制改革的成效不仅作用于对外贸易活动本身，而且对其他以贸易为基础、与贸易密切相关的各项对外交流活动都势必产生重大影响。

1. 外贸体制改革对利用外资的影响

无论是借用国外贷款，还是吸收国外直接投资都有赖于改革传统的高保护、歧视出口的外贸体制。利用外资是以出口创汇为基础的，借款的还本付息以及投资利润的兑现，归根结底要由出口贸易获取的外汇偿付。扩大利用外资就必须采取一系列措施，消除、纠正原有贸易体制中的反出口倾向。同时，外国直接投资所派生、引致的大量贸易活动也要求解除原有计划体制下行政管理的桎梏，代之以经济调节为主的管理体制。

2. 外贸体制改革对引进技术的影响

我国引进技术的渠道主要有购买软件技术、机器设备和通过外商直接投资转移技术。前者是对外进口贸易的组成部分，对外贸易体制改革对这部分技术引进的影响是直接的：贸易体制中反出口倾向的消除，使出口创汇规模扩大，从而引进技术的规模得以扩大；对进口限制的减少，意味着赋予企业越来越大的引进技术的自主权，随着经济体制逐步向市场体制的转轨，引进技术也越来越受到市场需求的牵引，由宏观计划决定的技术引进比例越来越少。外资转移技术是伴随着吸收外商直接投资的增加而扩大，一切影响外商投资规模、产业投向的体制性因素都会对通过直接投资渠道进行的技术转移产生影响，例如对某些产业的特殊出口鼓励将引导外商投资更多地流向该产业，并吸引外商提供先进技术以保持其竞争优势；而对某些进口替代产业的有意识的高保护，可引致替代贸易的直接投资增加，从而使对该产业的技术转移增加，加速产业的技术进步。

3. 对外贸易体制改革对对外经济合作的影响

对外经济交流的其他形式往往包含商品贸易或以商品贸易为基础，因而对外贸易体制的变革会对国际援助、对外工程承包等活动产生直接、间接的影响。如对外工程承包包含着建设承包项目所需的设备、材料的出口，国际援助也往往与商品贸易相结合，贸易体制改革在促进商品贸易发展的同时，也带动其他对外经济活动的发展。

第二节

对外贸易体制改革的进程与效果

中国对外贸易体制改革的路径与次序很大程度上区别于国际贸易理论所建议的路径及次序，中国对外贸易体制改革与一般发展中国家贸易体制改革的条件和环境存在根本的差别。国际上讨论的对外贸易体制改革主要是指贸易自由化过程，即由保护型对外贸易体制向自由、开放的对外贸易体制转变，其体制基础是市场经济体制，改革的是政府干预对外贸易的方式与力度。中国的对外贸易体制改革基本上也是贸易自由化的过程，但中国原先保护对外贸易体制的基础是计划经济体制，对外贸易自由化过程必须在经济体制从计划经济体制向市场经济体制的转变过程中完成，因此中国的对外贸易体制改革就不是一个单纯的贸易自由化问题，而必须顺应总体经济体制改革的次序和步骤。

综合来看，在经济体制转轨过程中，对外贸易体制改革主要从以下几个方面展开。

一、下放对外贸易经营权，扩大地方政府对外贸易自主权

党的十一届三中全会以后，针对计划经济体制下传统的对外贸易体制高度集中所存在的弊端，开始了以放权让利，调动地方、企业、个人积极性为主要内容的对外贸易体制改革。

1979 年，以给广东、福建两省灵活经贸政策为起点，对外贸易体制拉开了改革序幕。中央下放外贸进出口总公司的经营权，扩大地方的对外贸易经营权，同时扩大地方政府对引进技术、进口商品的审批权，给地方政府一定比例的外汇留成等，旨在调动地方发展对外贸易的积极性。

这一举措一定程度上改变了对外贸易的中央高度集权，加速了我国对外贸易的发展。但这些政策调整并没有改变政企不分的体制基础，只是由地方政府代表中央政府行使某些对外贸易经营管理权，其行为仍然是政府行为，企业仍然是地方政府的附属物，而没有成为具有独立市场行为能力的市场主体。

二、扩大对外贸易经营渠道，打破垄断经营

传统计划经济体制下，我国对外贸易几乎全部由国家的外贸专业总公司独家垄断经营，对外贸易领域所有制结构呈单一公有制。

改革开放后，我们逐步认识到市场经济是不可逾越的发展阶段，社会主义市场经济是以公有制为主体，多种所有制经济共同发展的经济。商品经济条件下，市场的有效运行还要求有足够多的竞争主体（企业），并能进行自由贸易活动，从而能够形成竞争。

1979年以后的对外贸易体制改革，正是循着以上改革思路，顺应商品经济的要求，引入其他所有制经济，发展各类外贸企业，扩大外贸经营渠道。

一是扩大广东、福建两省的对外贸易经营权，产品除个别品种外，全部由省外贸公司自营出口；同时，两省还可以自主安排和经营本省对外贸易，批准设立产销结合的省属外贸公司。

二是决定各地方经过批准可以成立地方外贸公司。

三是批准19个中央有关部委成立的进出口公司，如机械设备进出口总公司、船舶进出口公司等，将原来由外贸部所属进出口公司经营的一些进出口商品，分散到有关部门所属的进出口公司经营，拓宽了经营渠道。

四是陆续批准一些大中型生产企业经营本企业产品的出口业务和生产所需的进口业务。

五是赋予外商投资企业对外贸易经营权，可经营本企业产品的出口和有关原材料的进口。

随着各类企业对外贸易业务的扩大，对外贸易领域单一公有制的所有制结构被打破，逐步形成了以公有制为主体，多种所有制经济共同发展的结构。

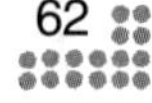

发展各类外贸企业，拓展对外贸易经营渠道，不仅改变了对外贸易领域单一的所有制结构，同时还大大降低了对外贸易的行业集中度，为对外贸易行业打破垄断，形成竞争机制创造了条件。

改革开放前，我国对外贸易业务主要掌握在十几家专业总公司手中，至1987年，全国已设有各类外贸公司2 200多家，到1995年进一步发展到9 000多家，1997年达到了1.4万家，1999年达到了2.6万家。加上“三资”企业对外贸易业务的发展，我国对外贸易高度垄断的局面有了根本的改变，行业集中度大大降低（见表3-1）。中央政府所属的外贸公司和生产企业在进出口贸易中所占的比重不断下降，而地方外贸公司和企业以及外商投资企业已成为进出口的主要经营者，尤其是外资企业已占据外贸的半壁江山（见表3-2）。

表3-1　1981—1992年十大外贸公司在我国进出口贸易中的比重变化　　单位：%

年份	出口	进口	年份	出口	进口
1981	81.3	76.6	1987	64.3	30.3
1982	78.5	71.5	1988	21.8	19.1
1983	77.9	60.6	1989	20.2	17.8
1984	74.0	51.0	1990	19.3	14.7
1985	76.7	42.3	1991	21.6	9.8
1986	65.7	37.6	1992	16.9	10.0

注：十大外贸公司为：机械、五矿、化工、技术、粮油食品、纺织、土畜、轻工、工艺、仪器进出口总公司。
资料来源：对外经济贸易部，转引自：林桂军. 人民币汇率问题研究. 北京：对外经济贸易大学出版社，1997：6。

表 3-2　1990—2002 年国营企业和外资企业进出口额占贸易总额的比重变化　单位:%

企业类型	1990 年	1997 年	1998 年	1999 年	2000 年	2001 年	2002 年
国营企业	81.9	56.18	52.67	47.88	45.42	42.53	38.23
外资企业	17.43	46.95	48.68	50.78	49.91	50.83	53.19

资料来源：中华人民共和国商务部网站及《中国统计年鉴》。

行业集中度是衡量行业垄断程度的重要指标，改革开放以来，我国十大对外贸易公司进出口额占全国进出口额比重直线下降，表明我国对外贸易行业的垄断程度已大大降低，分散经营局面已基本形成，这是与以市场为取向的经济体制改革相适应的。

社会主义市场经济的有效运转要求决策的分散化，由各市场主体根据市场信息各自做出决策，这就要求有足够数量的厂商，并能自由进入，从而形成有效的竞争，以提高效率。20 世纪 80 年代以后，我国对外贸易行业虽然还存在着一些进入障碍，实行严格的经营审批制度，但由于发展了众多各类外贸企业，拓宽了对外贸易经营渠道，形成了不完全竞争的局面，这是从传统的计划经济体制下的对外贸易体制向社会主义市场经济体制下的对外贸易体制转轨的重要过渡。

发展各类对外贸易企业，拓宽经营渠道的重要意义，还在于它改变了外贸体制改革的微观基础，为对外贸易的改革和发展提供了新的动力源泉。在传统对外贸易体制外新诞生和发展的各类外贸企业，与传统对外贸易体制内的国有外贸企业相比，一方面，它们缺乏传统对外贸易体制的保护；另一方面，它们受传统对外贸易体制的束缚也相对较少。因此，它们具有更强烈的冲劲，也更容易突破传统对外贸易体制的约束，向市场化体制迈进。正是这些“传统对外贸易体制外”的外贸企业，成为我国改革开放以来对外贸易的重要增长点，为我国对外贸易的高速增长立下了卓著功勋，同时也成为推进对外贸易体制进一步改革的强劲动力。

在拓宽外贸经营渠道的同时，中国仍保留了对外贸易经营权的许可、审批制度。在我国企业经营机制尚未完全转换，企业自我约束、自我监督的机制尚不健全的情况下，如果完全放开对对外贸易经营者资格的管理可能会引发对外贸易秩序的混乱。同时，继续实行外贸经营权的审批制度，使国家行政部门可在经济体制的转轨过程中，通过对外贸市场准入的控制，通过赋予企业经营权与撤销经营权，调节和维护对外贸易秩序；同时还可体现国家对不同所有制、不同行业、不同经营类型、不同区域的企业的差别待遇。

但外贸经营权的审批制度被国际社会认为是中国最为核心的贸易壁垒之一，应在一定的过渡期后，予以取消，向进出口权自动登记制度过渡。我国于 1997 年对经济特区的生产性企业试行自营进出口权自动登记制度，1999 年起，对全国大型工业企业实现进出口权登记备案制，对国有、集体所有制的科研院所和高新技术企业实行自营进出口权登记制，允许有条件的私营企业申请获得进出口经营权，逐步形成多元化外贸经营主体结构。

我国政府承诺，在加入世界贸易组织后的 3 年内完全实行进出口权登记备案制度。我国已于 2004 年 7 月 1 日起实行对外贸易登记备案制度，比承诺的实行时间提早半年。

三、工贸结合，推行代理制

传统对外贸易体制下的出口收购制、进口拨付制，使生产方和消费方被完全隔离开。出口生产企业和进口商品用户都被阻隔在国际市场之外，只有国营对外贸易专业公司可以在国际市场上参与运作。这种严格的分工虽然有利于统一对外，甚至可以形成国营外贸公司的垄断规模经营，但却割断了生产和销售、生产和消费内在的紧密联系。对外贸易联结国内外生产、消费的中介作用被扭曲了，使本应作为国内外市场桥梁、纽带的对外贸易很大程度上异化为国内外市场的隔离层。在科技进步一日千里，国际市场瞬息万变的现代经济条件下，这种体制严重阻碍了我国对外贸易，尤其是出口贸易的发展。

1978 年以后，我国对外贸易体制改革在拆除上述“隔离层”方面的举措，主要包括鼓励工（农、技）贸结合，发展多种形式的工贸联营体，包括以大中型生产企业为骨干、以出口产品为龙头、生产和经营一体化的企业集团。对外贸易专业进出口公司也逐步将部分产品的出口收购制改为出口代理制，并开始开展代理进口业务。

工贸多种形式的结合，密切了产销关系，使国内部分生产企业能直接面向国际市场，经受激烈国际竞争的考验，这对提高我国出口商品质量、增强产品的国际市场竞争力有十分积极的作用。这项措施实际上是在价格体制、汇率体制等配套改革不完善的情况下，对对外贸易企业实现自负盈亏的初步尝试。

四、逐步缩小外贸计划控制范围

计划曾是计划经济体制的核心，计划经济体制是以包罗万象的指令性计划体系来配置社会资源的。在我国经济体制改革过程中，我们对计划的认识在逐渐深化。1984 年 10 月，党的十二届三中全会通过的《中共中央关于经济体制改革的决定》明确了我国社会主义经济是有计划的商品经济。既是商品经济，就必须发挥资源配置的作用，从此“我国的国民经济计划就总体而言只能是粗线条的和有弹性的”。据此，对外贸易指令性计划逐步缩小，让位于“粗线条的和有弹性的”指导性计划。

自 1985 年起，外经贸部不再编制和下达原计划体制下进出口的两大核心计划——出口收购计划和进口调拨计划。在出口方面，国家只下达出口总额指标和属于计划列名管理的主要商品数量指标，前者是指导性计划，覆盖 100 种左右的商品，后者是指令性计划，控制的商品减少到 100 种左右，其余出口商品，除履行政府间贸易协定必须保证交货者外，都由生产企业和外贸企业根据国内外市场情况自行决定，改变外贸计划全部由外贸专业总公司承担的局面。随着外贸经营权下放，规定凡经批准经营进出口业务的单位和企业，都要承担国家出口计划任务。

在进口计划方面，由中央外汇进口的少数几种关系国计民生的大宗商品、大型成套设备和技术引进项目，以及同协定国家的贸易，仍由外经贸部根据国家计划按商品（项目）下达计划，并指定公司经营，这部分是指令性计划，其余进口均不再下达分商品的进口计划，由用货单位或订货部门委托有对外贸易经营权的外贸公司代理进口，有对外贸易经营权的生产企业也可自行进口。

1988 年以后，进一步调整了计划和市场的关系，实行指令性计划、指导性计划和市场调节三种管理形式。指令性计划的商品约占出口总额的 30%；指导性计划的商品约占出口总额的 15%；其余商品实行放开经营，市场调节，不再列入计划，由市场调节的这一部分大约占出口总额的 55%。在进口计划方面，属于指令性计划的商品约占进口总额的 20%；另外对进口总额中的 20%只规定专项用途和金额；其余商品的进口全部实行放开经营，市场调节，不再列入计划，市场调节的部分约占进口总额的 60%。

到 1994 年，对外贸易领域全部取消了指令性计划，只有少数极重要商品由指定外贸公司经营。国家对对外贸易领域所制定的发展规划属于指导性和前瞻性的。

以市场为取向的改革，要求企业根据市场信息做出经营决策，并承担相应的决策后果，即成为自主经营、自负盈亏的市场主体。在对外贸易体制改革过程中，外贸企业之所以迟迟没能实现自主经营、自负盈亏，除了宏观配套改革如价格改革、汇率制度改革不到位外，指令性计划对企业经营的强制影响是主要原因之一。由于指令性计划的存在，企业的经营活动至少部分地由政府强制决定，而这部分经营活动往往导致企业亏损，比如为了完成出口创汇指标，企业不得不不计成本扩大出口；进口计划则使企业只能以大大低于国际市场进货成本的价格将进口商品调拨给国内用户，主要商品进口补贴见表 3-3。

表 3-3　1978—1987 年中国对粮食、棉花、砂糖、化肥、农药的进口补贴金额

单位：亿元

年份	进口补贴额	年份	进口补贴额
1978	14.35	1983	58.68
1979	22.90	1984	41.00
1980	43.10	1985	17.59
1981	88.26	1986	13.34
1982	56.79	1987	17.67

资料来源：各年《中国统计年鉴》。

既然企业对外贸易经营活动的亏损是由于执行国家计划造成的，那么国家给这些企业各种形式的补贴，如直接补贴、外汇留成比例上的优惠等，也是合乎逻辑的。然而，尽管国家的这种补贴合乎逻辑，但却不符合社会主义市场经济运行规则，延缓了外贸企业自主经营、自负盈亏机制的建立。同时，随着我国对外贸易的发展，国家因这种补贴造成的财政负担也越来越重，对财政收支平衡形成了威胁，而且国家提供外贸补贴也不符合国际贸易规范，因此取消对外贸易指令性计划，取消国家财政补贴势在必行。

五、启用关税与非关税手段

如上所述，在计划经济时期，我国对对外贸易的控制几乎是完全通过计划进行的，除了较高的名义关税外，国际上常见的非关税措施如配额、许可证等数量控制手段几乎都没有实行，因为计划的效力远比这些商业性政策的作用大。但计划管理逐步退出后，市场机制尚不能有效调节出口生产与保护国内市场，因此计划管理退出的部分并不是直接让位于市场调节，而是启用关税及非关税手段，即国际上通行的商业性政策（commercial policy）手段来取代计划，作为过渡。

在计划经济体制下，我国的高关税事实上只是名义上的高关税，并不真正起到调节进出口的作用。

20 世纪 80 年代后期，尤其 90 年代以来，我国的进口平均关税开始不断下调，2000 年已降到接近发展中国家的平均关税水平，为 16.7%，2001 年下降到 15.3%。加入世界贸易组织以来，中国按照承诺，继续降低关税水平和调整关税结构，2008 年平均关税水平降为 98%。关税结构已有很大改善，原材料、中间产品、最终产品的关税级差趋于收敛。出口关税作为调节出口贸易的工具也得到越来越广泛的应用。

20 世纪 80 年代开始，随着计划的削减，我国逐步开始采用非关税措施，如许可证、配额、指定经营等措施，这些措施从无到有，从少到多。因此，改革开放以后，我国对非关税措施的使用是呈上升趋势的。1992 年以后，随着进口体制改革步伐加快，许可证、配额管理范围逐步缩小，到 1997 年，受配额、许可证控制的进口商品，大约只占进口总税目的 5%。

到 2000 年，进口许可证管理商品从 1992 年的 53 种减少到 35 种，出口许可证管理商品从 1992 年的 138 种，减少到 2000 年的 50 种，同时在出口配额管理中逐步引进了市场化分配机制。加入世界贸易组织后，按照入世所作的承诺，我国分阶段大幅度削减配额、许可证等非关税贸易限制，自 2005 年起，我国取消了进口配额、进口许可证等非关税措施。

综上所述，我国改革开放以来，非关税贸易措施经历了先上升后下降的过程，这正是中国贸易体制经历双重转轨——由计划体制向市场体制转轨和由高保护体制向中性贸易体制转轨所必需的，贸易体制的中性化必须伴随着贸易调节手段由计划控制向市场化调节机制的逐步转换，商业政策手段正是向市场化体制过渡的一种形式。在完成计划控制向商业政策手段控制后，再按照国际多边贸易体制规范，削减贸易壁垒，向符合市场经济体制、符合国际贸易规范的贸易体制过渡。

六、改革外汇管理体制

在传统计划经济体制时期，汇率与价格一样，只是作为一种记账工具，而不起调节进出口贸易的作用。对外汇实行“统收统支”的外汇管制制度，人民币汇率长期处于高估状态，保持在 1.5 元人民币兑换 1 美元左右，国家通过进口盈利来弥补出口亏损。

改革开放后，随着对外贸易经营权的下放，大量“传统对外贸易体制外”企业的出口成本既无法通过进口得到补偿，在取得政府补贴方面也存在障碍，而对外开放的核心内容是发展对外贸易，尤其是出口贸易，以换取外汇，支持进口，如果不解决企业出口补亏问题，必将制约出口贸易的发展。

从 1981 年 1 月 1 日起，我国试行人民币对美元的贸易内部结算价，2.8 元人民币兑换 1 美元，而非贸易外汇仍按官方价 1.5 元人民币兑换 1 美元，形成双重汇率。贸易汇率大幅度贬值，目的是为了跟上全国平均出口换汇成本的上升，解决企业出口亏损问题；保留高估的官方非贸易汇率，则是由于我国基本消费品和劳务价格大大低于西方发达国家，按购买力平价计算，1.5 元人民币兑换 1 美元对于旅游等非贸易外汇交易仍是合理的。贸易内部结算价的实行，对出口企业补偿亏损起了积极作用。然而，从 1981—1984 年，随着国内商品和劳务价格水平的不断上涨，同时随着官方汇率不断贬值，逼近 2.8 元人民币/美元的贸易结算价，从 1985 年 1 月 1 日起，官方汇率调至贸易内部结算价的水平，贸易和非贸易汇率得到统一。

1985 年，我国取消贸易内部结算价后，外汇留成制度和外汇调剂市场的发展成为企业补偿不断上升的出口换汇成本的重要手段，对减少国家财政补贴压力，扩大出口贸易起了很大的作用。

我国从 1983 年开始实行外汇留成制度，并开展相应的留成外汇调剂业务，但由于留成外汇数额不大，且国家对调剂价格有严格限制，规定不得超出贸易内部结算价 2.8 元人民币/美元的±10%，因此在 1985 年之前，留成外汇对扩大出口的刺激作用不大。

1985 年取消了对外贸易内部结算价，提高了出口外汇留成比例，成立了多个外汇调剂中心，并大大放宽了对外汇调剂价格的控制，使留成外汇在补偿出口成本，取得盈利方面的功能大大加强。企业的出口收汇被分为两部分，一部分必须按较低的官方汇率（1985 年为 2.94 元兑换 1 美元，1987 年为 3.72 元兑换 1 美元。1990 年为 4.78 元兑换 1 美元，1993 年为 5.76 元兑换 1 美元）上缴国家，余下部分可按调剂市场汇率售出或可自行根据市场供求信号进口盈利商品。1986 年，开始允许外国投资企业进入外汇调剂市场，相互之间可调剂外汇供需，进一步扩大了调剂市场容量。1988 年，开始全面推行出口承包经营责任制，留成比例尤其是计划外出口留成比例更加有利于企业，促使对外贸易出口大幅度超计划增长，从而留成外汇也大幅度增加，外汇调剂市场交易总额及其在外汇收支总额中的比重都不断上升。

据估算，外汇留成加上未进入调剂市场而由企业自行进口支出的留成外汇，在 1994 年汇率并轨前已占到外汇收入的 80%左右，这意味着外汇收支中由市场供求决定汇率的部分在不断增加，而官方汇率支配的外汇比例在不断下降，此消彼长，向汇率的市场化演进。

留成外汇在外汇收入中的比重逐渐加大，使得企业通过市场汇率补偿进出口成本的能力增强，从而减少了对政府财政补贴的依赖，为最终取消对外贸易财政补贴做了铺垫，而取消财政补贴又是企业自主经营、自负盈亏的必要前提。此外，调剂市场汇率适用范围的扩大，也促进了我国间接宏观调控体系的建立。可见，汇率制度的改革是推进对外贸易体制改革的重要杠杆。

双重汇率制度与外汇留成制度，在 1994 年的体制改革中被单一的、有管理的浮动汇率制度和外汇结售汇制度所取代。1994 年，国家取消官方汇率，形成由市场供求决定的单一汇率。官方汇率在 1979 年改革以后，一直逐步在贬值，因此官方汇率对人民币价值的高估程度在逐步改善，而且，由于外汇调剂市场外汇所占比重已达到 80%，在此背景下，实现官方汇率和市场汇率的并轨，所导致的汇率总体水平的波动预期较小。取消外汇留成，实行结售汇制度。在新的结售汇制度下，除了外商投资企业有一定过渡期外（从 1996 年 7 月 1 日起实行结售汇制），所有企业的外汇收入都必须结售给国家指定银行及金融机构，进口用汇则凭进口有效凭证从银行按当时汇率用人民币购买。汇率由银行间的外汇交易供求决定。

从上述我国外汇制度演变看，改革开放以后，我国汇率在逐步纠正汇率高估的进程中，走过了从单一汇率到双重汇率，再到单一汇率的螺旋式发展过程，这一过程并不是简单的循环往复，而是从单一的官方汇率制演化为单一的市场汇率，二者存在质的区别。在以市场供求为基础的、有管理的、单一的浮动汇率制度下，国家对汇率的调控要借助间接调控手段，与官方汇率的决定机制是截然不同的。

人民币汇率和汇率制度在1994年至2005年保持基本稳定，对我国出口贸易的持续发展起到了积极作用。进入21世纪，尤其是加入世界贸易组织后，我国对外贸易的增长进一步提速，贸易顺差日益扩大，人民币升值的压力越来越大，人民币汇率制度的进一步改革完善在坚持主动性、可控性、渐进性的原则下于2005年启动。自2005年7月21日起，我国开始实行以市场供求为基础、参考一篮子货币进行调节的、有管理的浮动汇率制度。人民币汇率不再钉住单一美元，形成更富弹性的人民币汇率机制。人民币汇率制度改革重在对人民币汇率形成机制进行改革，促进国际收支平衡。至2014年7月，这一轮汇率改革以来，人民币兑美元汇率累计升值约25%，对改善我国出口结构，减少贸易不平衡起到显著作用。

七、实行对外贸易承包经营责任制

1979年至1987年的对外贸易体制改革，在下放外贸经营权，拓宽外贸经营渠道，扩大对外贸易方面取得了显著的成效，但中央政府对对外贸易的财政补贴也因此逐年增加，这是因为地方政府只按照国家下达的指令性、指导性计划鼓励外贸公司扩大出口，而出口亏损则由中央财政负担。在价格改革尚未取得实质性进展、汇率高估等经营环境下，出口价格“倒挂”现象仍普遍存在，即出口销售价低于出口收购价，出口亏损严重，国家财政负担沉重。出口亏损全部由中央财政负担，也不利于企业提高经营效率，降低经营成本。实施外贸承包制，中央政府可在冻结出口补贴的同时，通过提高地方政府扩大出口的积极性，保证出口计划的完成，并可将企业引上自负盈亏、自我约束、自我发展的道路。

实行对外贸易承包经营责任制，与其他行业如农业、工业、商业等行业实行承包经营比起来是较晚的。对外贸易承包经营责任制于1987年开始在部分外贸公司进行试点工作。试行结果是当年的出口额增长28.5%，出口成本降低了1.5%，出口单位美元占用资金下降12.6%。1988年起，对外贸易承包经营责任制开始在全国全面实行。由外贸总公司、工贸总公司及地方政府分别向中央政府承包出口收汇、上缴外汇和承包基数内中央定额补贴三项指标，承包指标一定三年不变。承包指标再层层分解到外贸经营企业和出口生产企业，盈亏由各承包单位自负。完成承包指标以内的外汇收入大部分上缴国家；小部分留给地方和企业，其留成比例，由于地区不同、行业不同、商品不同而有所差别。超过承包指标的外汇收入，一般商品的外汇大部分留给地方和企业，其留成比例基本上拉齐，小部分上缴国家。国家特别鼓励出口的商品，出口外汇留成的比例较一般商品高，甚至可全额留成。同时，在轻工、工艺、服装行业进行自负盈亏的试点改革，国家不给予出口补贴，但经营企业可留成大部分外汇收入，这为外贸改革的下一阶段——外贸企业实现自负盈亏做了必要的探索，积累了经验。

实行对外贸易承包经营责任制，旨在保证出口收汇增长的前提下，冻结国家财政补贴，从而从出口增长、人民币亏损补贴相应增加的恶性循环中摆脱出来。在打破对外贸易统包盈亏的大锅饭体制方面迈出了重要而坚实的一步，开始形成“分灶吃饭”，同时也调动了地方政府、企业经营积极性，促进了对外贸易的快速增长。

然而，深究其本质特征，对外贸易承包经营责任制并不符合社会主义市场经济的本质要求，而只是计划经济体制向社会主义市场经济体制转轨的过渡性体制形式。

在社会主义市场经济体制下，企业应该是独立的市场主体，根据市场供求、价格信息，做出经营决策，并追求企业利润的最大化。而对外贸易承包经营责任制则将企业的经营活动与政府的承包指标捆绑起来，使企业的经营活动不是面向市场，而是面向政府的承包指标，从而强化了政府，尤其是地方政府对外贸企业经营活动的干预，加剧了政企不分和地方主义的蔓延。此外，在这种承包制下，社会主义市场经济的微观基础——企业自主经营、自负盈亏的机制也无法建立。

1991—1993 年新一轮外贸承包经营责任制是在官方汇率贬值 21.2%的基础上，取消了国家对外贸出口的财政补贴。官方汇率大幅贬值，一定程度上纠正了汇率高估带来的反出口倾向。同时辅之以外汇留成办法的改变，将按地区实行不同比例留成改为按大类商品实行统一比例留成。这些改革大大提高了外汇调剂市场汇率在出口外汇结算中的比例，并为各类企业提供了更加公平的竞争平台，改善了企业的经营环境。外贸企业出口实行没有财政补贴的自负盈亏，这是向社会主义市场经济体制迈进的一个重要步骤。

八、改革统包盈亏的对外贸易财务体制

对外贸易财务体制主要指对外贸易财务隶属关系和对外贸易盈利、亏损的分配与消化方式。

1987 年以前，中国对外贸易的财务收支一直隶属于中央财政，对外贸易的盈利除很少的比例留给企业及主管部门用于发展生产外，全部上缴中央财政，对外贸易亏损也全部由中央财政消化。统包盈亏的财务体制是计划经济下对外贸易体制的基石。

由于由中央财政统包盈亏，外贸企业才有可能无条件执行国家的对外贸易计划，而无需对经营结果——盈亏负责；也正是由于国家对对外贸易统包盈亏，使政府对企业的经营活动进行干预变得顺理成章。因此，要使企业从作为计划经济体制下计划的被动执行者转变成为社会主义市场经济体制下自主、独立的商品经营者，就必须打破统包盈亏的财务体制，使企业从过多的政府干预中解放出来，同时也让企业对自身的经营后果负责。

从国家统包盈亏到外贸企业实现自负盈亏，这期间经历了核定外贸补贴指标、补贴封顶、取消补贴的渐进的、过渡性的改革过程。在外贸改革启动后，较长时间内外贸运行仍然依赖于国家财政补贴，根本的原因在于国内价格改革没有到位，国内价格的扭曲、与国际市场价格的脱节仍然较严重，同时汇率的扭曲也没有得到根本的纠正，外贸企业不具备自负盈亏的经营环境。例如，外贸企业进口粮食、化肥、木材、棉花等重要物资，按国际市场价格组织进口，但在国内市场上必须以国家规定的价格销售，导致亏损；在出口方面，许多商品的国内收购价格高于国际市场销售价格，使外贸企业不可避免地产生亏损。

1988 年在全国全面推行对外贸易承包经营责任制，将财政补贴封顶，实行超亏不补、结余留用，使企业经营成果与企业、职工的经济利益进一步联系起来。但由于仍存在大量的政府财政补贴，统包盈亏的体制还未从根本上取消。

1991 年，政府取消了对出口的财政补贴，1994 年全部取消对进口的财政补贴，并取消

对外贸易的指令性计划，至此，外贸企业基本上能按照市场经济规律自主经营、自负盈亏。

从统包盈亏的大锅饭体制到自负盈亏体制，政府财政从全额承担外贸亏损到取消财政补贴，改革进程中采用了十分复杂的配套改革措施，其中外汇留成和出口退税措施发挥了极为重要的作用。

双重汇率和外汇留成制，如前所述，一定程度上补偿了外贸企业的亏损，并一定程度上将企业的经营活动与企业经济利益联系起来。

出口退税通过采用国际上通行的鼓励措施，降低企业出口成本，提高出口竞争力，并可取代国家补贴，使这种不符合国际贸易规范的鼓励措施逐步退出。实行出口退税也有利于企业公平竞争，建立自负盈亏的经营机制，1985 年到 2002 年的出口退税情况如表 3-4 所示。

表 3-4　1985—2002 年出口退税

年份	出口退税额（亿元）	同比（%）
1985	19.7	—
1986	44.0	123.4
1987	76.7	74.3
1988	113.0	47.3
1989	153.0	35.4
1990	185.0	20.9
1991	254.4	37.5
1992	285.0	12.0
1993	301.0	5.6
1994	450.0	49.5
1995	549.2	22.0
1996	826.0	50.4
1997	432.5	-47.6
1998	437.0	1.0
1999	627.7	43.6
2000	810.4	29.1
2001	1 071.5	32.2
2002	1 259.2	17.5

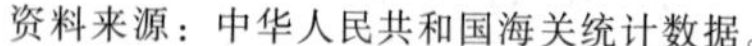
资料来源：中华人民共和国海关统计数据。

中国从 1985 年开始实行对出口商品退还产品税或增值税（1994 年税制改革后为增值税），1988 年又增加了退还消费税、进口关税等，实现了出口全面退税。出口退税虽然产生了税率不稳定、退税不及时，以及出口骗税等问题，但改革的方向是符合国际规范的，随着出口贸易规模的扩大和出口退税制度的逐步完善，出口退税额逐年增加，对取消财政补贴，弥补出口亏损发挥了显著的作用。

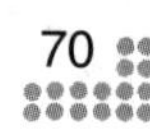

分析以上贸易体制改革的措施可以得出：改革开放以来，我国已摒弃传统的高保护的贸易体制，通过实行以出口鼓励抵消进口替代的负效应作为过渡，再向“中性”自由贸易体制演进。这种渐进式贸易体制改革，运用了各种市场的和非市场的力量，鼓励了一些产业向出口导向型发展，改善了资源配置效率，更好地发挥优势，提高了贸易利得；同时通过改进政府的干预措施，对一些产业继续进行进口替代保护，使进口替代与出口导向战略在同一产业的时间上的继起与各产业空间上的并存结合起来，较好地实现了保护国内产业、促进出口的双重目标。

第三节

加入世界贸易组织与对外贸易体制改革

经过 15 年漫长的谈判历程，2001 年 12 月中国终于成为世界贸易组织（简称世贸组织）的正式成员。使本国经济贸易体制与世贸组织多边贸易体制相一致，是世贸组织成员的一项基本义务。经过 40 多年的改革，尤其是在中国加入世贸组织以来，我国经济体制改革取得了重大突破，特别是市场取向改革目标的确立与逐步推进，已从根本上解决了我国经贸体制与世贸组织多边贸易体制的相容性问题。中国以世贸组织的规则为参照，结合中国改革发展进程，进行了一系列改革，从降低关税、放开物价、取消出口补贴、统一双重汇率、公开贸易政策到放开国内市场等。

一、中国加入世界贸易组织的主要承诺

中国加入世贸组织标志着经济改革进入新的阶段，意味着中国经济改革的背景发生重大变化，中国既要根据国内的情况，又要根据世贸组织规则和经济全球化的发展趋势来制定和实行正确的改革开放战略。中国承诺“遵守规则、开放市场”，意味着经济体制、运行机制和经济法规要逐步符合世贸组织的一般原则。

根据中国加入世贸组织谈判中所坚持的权利与义务平衡的原则，《中华人民共和国加入世界贸易组织议定书》中，对中国加入世贸组织后享有的权利与义务做了规定，中国对义务的承诺成为中国进一步实施改革开放战略的主要组成部分。

《中华人民共和国加入世界贸易组织议定书》中，中国的主要承诺包括以下方面。

1. 为世界贸易组织成员方提供非歧视待遇

我国承诺在进口货物、关税、国内税等方面，给予外国产品的待遇不低于给予国内同类产品的待遇，并承诺对目前仍在实施的与国民待遇原则不符的做法和政策进行必要

的修改和调整。

2. 实施统一的贸易政策

我国承诺在整个中国关境内，包括民族自治地方、经济特区、沿海开放城市以及经济技术开发区等实施统一贸易政策。

中国政府多次重申法律制度的统一性和严肃性，明确有关的法律只能由中央统一制定。中国的宪法、立法法及新近颁布实施的行政法规制定程序条例和规章制定程序条例中都明确规定了中央和地方的立法权限，规定地方性法规不得与宪法、法律和行政法规相抵触，全国人大常委会有权撤销与宪法、法律和行政法规相抵触的地方性法规、条例，国务院有权改变或撤销国务院各部门和地方政府制定、颁布的不适当的规章、决定和命令。中国加入世贸组织后，世界贸易组织成员的企业和个人对于贸易制度不统一实施的情况，特别是下位法违反上位法以及地方立法违反中央统一立法的情况，可以提请中国中央政府注意，有关情况将迅速反映给主管机关，如所反映的问题属实，主管机关将依据我国法律可获得的补救，对此迅速予以处理，处理情况将书面通知有关当事人。

3. 保持贸易政策透明度

我国承诺公布所有涉及的经贸法律和部门规章，未经公布的不予执行。加入世界贸易组织后将设立“世界贸易组织咨询点”，在对外经贸法律、法规及其他措施实施前，提供草案并允许提出意见。咨询点将应世贸组织成员、中外企业和个人的要求，就中国所有有关或影响货物贸易、服务贸易、与贸易有关的知识产权或外汇管制的法律、法规及其他措施的信息提供咨询，答复应该完整，并代表中国政府的权威观点，同时也严格履行世界贸易组织关于透明度的要求和中国所作的承诺。其中，按照中国加入世贸组织议定书中的承诺，中国在颁布新的法律、法规之前，将提供一段合理的时间征求各方的意见。在相关法规正式颁布之后和实施之前，将留有一段过渡期，便于各界更好地了解和实施。

4. 外贸经营权改革

我国承诺在加入世界贸易组织 3 年内取消外贸经营权的审批制，实施登记制，中国的所有企业在登记后都拥有经营除国营贸易产品外的所有产品。同时还承诺，在同样的期限内，已享有部分进出口权的外资企业将逐步享有完全的贸易权，即在有限例外的条件之下，在入世后 3 年之内为所有的经济实体提供进出口贸易权。

这里的外贸权仅指货物贸易方面的进口和出口权，不包括在国内市场的销售权，不同产品的国内市场销售权的获得取决于中国在服务贸易领域开放做出的承诺。

5. 降低关税壁垒

我国承诺继续分步降低关税税率，到 2005 年，中国关税税率将降到发展中国家的平均水平以下，平均关税税率则降至 10%左右。

同时我国将全面实施世界贸易组织海关估价协议，中国已为全面实施世贸组织海关估价规则做好了立法上的准备工作，并按照非歧视原则在全关境内实行公平、统一的关税税率。在关税税率逐步降低的基础上，分阶段地调整和清理减免税政策，完善纳税争议的申诉和复议制度，促进海关税率征收工作的规范、公正、透明、高效。

6. 削减非关税措施

我国承诺按照世界贸易组织的有关规定，在 2005 年 1 月 1 日之前取消对 400 多项产品实施的非关税措施（配额、许可证、机电产品特定招标），并承诺除非符合世界贸易组织的规定，否则不再增加或实施任何新的非关税措施。

7. 关于出口补贴

我国承诺遵守世界贸易组织《补贴与反补贴措施协议》的规定，取消协议禁止的出口补贴，通知协议允许的其他项目补贴。

8. 实施《与贸易有关的投资措施协议》

我国承诺加入世界贸易组织后实施《与贸易有关的投资措施协议》，取消贸易和外汇平衡要求、当地含量要求、技术转让要求等与贸易有关的投资措施。承诺在法律、法规和部门规章中不强制规定出口实绩要求与技术转让要求，由投资双方通过谈判议定。

9. 接受过渡性审议机制

我国接受过渡性审议机制，即在中国加入世界贸易组织 8 年内，世界贸易组织的有关委员会将对中国履行世界贸易组织义务和实施加入世界贸易组织谈判所做的承诺情况进行年度审议，在第 10 年终止审议。中方有权就其他成员履行义务的情况向委员会质疑，要求世贸组织其他成员履行承诺。

10. 接受特殊保障条款

鉴于中国还不是完全的市场经济国家，中国加入世贸组织之后的 12 年，如果中国产品在进口至世贸组织其他成员领土时，增长的数量或所依据的条件对生产同类产品或直接竞争产品的其他世贸组织成员的生产者造成或威胁造成市场扰乱，其他成员可以仅针对中国的产品采取保障措施（保障措施在正常情况下必须针对所有成员的产品）。受影响成员有权在防止和补救此种市场扰乱所必需的限度内，对该产品撤销减让或限制进口。与此同时，为了防止世贸组织成员滥用这类措施，法律文件也明确规定了 WTO 成员采取此类措施所必须遵守的前提条件和中国可以采取的反措施。在出现问题时，双方应协商解决。在协商中，双方一致认为应采取必要行动时，中国应采取补救行动；如协商未果，该世界贸易组织成员仅可在补救市场冲击所必需的范围内，对中国撤销减让或限制进口。

纺织品受特殊保护机制保护。2005—2008 年，如果中国某一类纺织品对世贸组织成员市场造成冲击，该成员可临时进行限制，但 4 年中对一种产品只能使用一次，一次只能持续一年，不得重复使用。

11. 反倾销反补贴条款

有的世贸组织成员对中国的倾销产品采取特殊的程序，该程序在中国入世之后维持 15 年。在中国加入世界贸易组织 15 年内，在针对反倾销案计算可比价格时，如果中国企业能明确证明该产品是在市场经济条件下生产的，可以以该产品的国内价格为依据，否则，将以替代价格作为可比价格。该规定也适用于反补贴措施。

中国是世界上滥用反倾销条款的最大受害者之一。中国坚决反对滥用反倾销条款，反对实施贸易保护主义，并将积极参加世界贸易组织新一轮多边贸易谈判，商谈关于世贸规则中有关反倾销的条款，争取完善反倾销的有关规定。

12. 关于服务领域的开放

服务业市场开放是中国加入世界贸易组织承诺的主要组成部分，中国对开放电信、银行、保险、证券、音像、分销等服务业的进程一一做了具体承诺。

二、中国加入世界贸易组织以来贸易政策的发展与完善

为了保证各成员的贸易政策透明度，加深成员之间对其经贸政策和措施的理解，并鼓励所有成员遵守世贸组织规则、信守相关承诺，世贸组织建立了一套成员贸易政策审议机制，所有成员均定期接受贸易政策审议。对贸易额在全球排名前四位的成员，每两年进行一次审议。

根据世界贸易组织关于成员方贸易政策审议的有关规定，除了对中国进行年度过渡性审议外，还每两年进行一次全面的贸易政策审议。迄今，世界贸易组织已对我国进行了六次贸易政策审议。审议结果表明世界贸易组织对中国自 2001 年加入世贸组织以来在履行入世承诺方面，在宏观政策尤其是贸易政策的改善方面，以及中国在经济与贸易发展中所取得的成就给予了高度的肯定与赞赏。

（一）2006 年世界贸易组织对华首次贸易政策审议中国政府政策声明的主要内容

加入世贸组织以来，中国政府遵守世贸组织规则，信守在加入时所作出的广泛承诺，对贸易体制和政策进行了全面的调整。

1. 法制与透明度

中国政府在加入世贸组织前后，根据世贸规则和所作承诺，在集中清理的基础上，有计划地对与贸易有关的法律、行政法规、部门规章等进行了调整。从 1999 年年底至 2005 年年底，中国中央政府制定、修订、废止了 2 000 余件法律、行政法规和部门规章。这些法律、法规和规章的内容涉及货物贸易、服务贸易、与贸易有关的知识产权保护以及透明度、贸易政策的统一实施等各个方面。通过法律、法规和规章的立、改、废工作，中国的贸易制度与世贸组织规则和中国所作承诺保持了一致，《世界贸易组织协定》和《中华人民共和国加入世界贸易组织议定书》的各项原则、规则和要求在中国得到了全面、统一实施。

加入世贸组织以来，中国政府政策的透明度进一步得到大幅提高。新制定的立法法、行政法规制定程序条例等法律法规使立法公开进一步制度化、规范化，成为立法活动必须遵循的一项基本原则。这些法律法规都明确要求在立法过程中，要通过书面征求意见、召开研讨会、座谈会、听证会等多种形式和通过新闻媒体、国际互联网等多种途径，公开征求社会各方面意见，给予社会公众和各利益方充分发表评论的机会，并对法律、法规和规章的公布问题做了具体规定。2003 年新制定的行政许可法，对政府行为的透明度提出了更加严格、具体的要求。

中国中央政府进一步加大了在各级政府和政府部门推行政府信息公开的力度，完善了相关制度。为了从技术上推动政府信息公开，96%的中央政府部门和大多数的地方政府开通了官方网站。中国政府网站也于 2006 年 1 月 1 日开通。立法公开在中国已经成为普遍实践，政府信息公开也已在各级政府和政府部门全面推行。

中国政府还按照加入承诺，设立了中国政府世贸组织通报咨询局，提供有关中国贸易政策的信息，并根据世贸组织各个具体协定的要求，履行通报中国贸易政策和措施的义务。此外，公众还能够通过《中国对外经济贸易文告》获悉与贸易有关的法律、法规和规章。

2. 货物贸易

中国的平均关税水平按照加入承诺，从加入时的15.3%降低到了2005年的9.9%。其中，工业品平均关税在加入时是14.8%，2005年降低到了9.0%。农产品平均关税从加入时的23.2%，降低到了2005年的15.3%。此外，截至2005年1月1日，中国已根据信息技术协议，取消了所有信息产品的关税。特别需要指出的是，中国关税的约束率达到了100%。实际关税和约束关税是一致的。

中国在加入议定书附件3中承诺取消的进口配额、进口许可证和特定招标等非关税措施，到2005年1月1日已经按所承诺的时间表全部取消。中国的关税配额管理体制按照加入承诺进一步完善。关税配额量按承诺逐年扩大。对植物油的关税配额管理已按承诺于2006年1月1日起取消。

根据2004年4月修订的对外贸易法，中国政府于2004年7月1日起，提前半年履行了放开外贸权的承诺，取消了实行了50年的外贸权审批制。2005年1月1日，中国政府取消了丝绸的国营贸易管理。指定经营也按照加入承诺如期取消。

3. 服务贸易

中国在服务贸易领域的市场开放承诺通过具体服务部门的法律、法规和规章的修改和制定，一一得到了落实。外国服务提供者的市场准入水平大幅提高。在世贸组织分类的160多个服务贸易部门中，中国已经开放了100多个，占62.5%，接近发达成员水平。

以银行服务为例，截至2005年年底，共有21个国家和地区的72家银行在中国设立了254家营业性机构；40个国家和地区的177家银行在中国设立了240家代表处。外资银行在中国的资产绝对额从1994年年底的118.4亿美元增长到2005年年底的876.57亿美元，11年增长了7.4倍。

在保险服务领域，到2005年年底，中国保险市场上共有保险公司82家，其中外资保险公司40家。外资保险公司的保费收入在中国的增长速度，是中资保险公司增速的29倍。2005年前10个月，外资产险公司保费收入同比增长27.8%；外资寿险公司保费收入同比增长356.1%。

在分销领域，2005年年底，中国政府取消了对外商投资商业企业的数量、地域和股权比例限制，全面开放市场。1992年以来，中国已累计批准设立外商投资商业企业1 341家，开设店铺5 657个；而2005年新设的外资商业企业数量就超过了1992年至2004年批准设立的外商投资商业企业的总和。外商投资大型连锁超市在中国的市场份额不断扩大，2005年已超过1/4，少数城市达到50%以上。

此外，在电信、会计、教育等所有其他服务部门，中国政府也严格履行了加入承诺，提供了广阔的市场准入机会。

4. 知识产权

中国政府高度重视知识产权保护工作。在加入世界贸易组织前后，中国政府对与知识产权保护相关的几乎所有法律法规和司法解释都进行了修改，使其与世界贸易组织《与贸易有关的知识产权协定》以及其他保护知识产权的国际规则相一致。

与此同时，中国政府把打击侵犯知识产权的执法行动作为知识产权保护工作的重点。近几年来，各级专利管理部门已经加强有关这方面的法律的执行力度，尤其是针对涉及与人民生命健康密切相关的食品和药品的专利侵权行为开展了专项执法行动。各级专利管理部门致力于查处涉及核心技术和引起广泛关注的专利侵权行为。2005 年一共查处了 4 767 起案件。

各级工商行政管理机关充分利用了其在商标法律执行方面的优势，即完整的网络、简单的程序和高效率，尽职尽责，以注册商标的专有使用权保护为工作重点，查处了大量的商标侵权和假冒伪劣商品案件。2005 年全国共开展了 7 次集中专项行动，查处了 49 412 起侵犯商标权的案件。在这些案件中，商标侵权案件和假冒伪劣商品案件共 39 107 起，涉外案件共 6 607 起。

国家各级版权管理部门也加强了有关版权的执法力度，并且不断加强和其他部门，如公安、工商行政、海关、新闻出版和文化等部门的合作。在打击版权侵权行为的过程中，逐渐形成一个协调各部门的执法机制。各部门采取了一系列行动打击了盗版光碟、教材、参考书、软件、非法复制和销售录音录像制品、销售走私录音录像制品和网络侵权行为，2005 年共查处了 8 060 起案件。

海关完善了一整套与知识产权相关的执行措施，建立起了知识产权保护的中央备案体系。只要知识产权所有者已经在海关总署对他们的知识产权进行了备案，海关就有权利扣留侵犯已备案知识产权的进口和出口货物。知识产权保护法律执行部门已经建立。除了扣留被怀疑侵犯知识产权的进出口货物，海关也可以在职权范围内查处侵权货物的非法进口和出口，2005 年共查处了 1 208 起案件。此外，中国海关已经与欧盟成员国、美国等国家共同签署了关于行政法律执行的多边协助协议。

中国公安机关已经采取了一系列措施打击各种知识产权侵权行为，高度重视在打击知识产权侵权行为方面的国际执法合作，并且已经和其他成员的执法组织展开合作。2005 年 12 月，公安机关开展了“山鹰”行动，共查处了 3 534 起知识产权侵权案件，其中 3 149 起案件已经结案，与 2004 年相比，分别增长了 198.5%和 213.6%。

检察机关积极发挥了它们在知识产权刑事案件中的拘留调查和起诉的职能。此外它们还依据法律对相关的刑事诉讼案件进行法律监督，处理了大量涉嫌侵犯知识产权的案件。2005 年，已经接受 4 141 起刑事案件的拘留申请（增长了 15.86%），并对由公安机关移交的 4 645 起案件（增长了 24.63%）提起了诉讼。

中国各级人民法院在坚持公正和效率的原则下，不断推进与知识产权相关的民事和刑事审判工作。最高人民法院已经依据法律公布了一系列相关的司法解释，并且改进了一系列重要的与知识产权相关的法律适用原则。2005 年，共受理 3 567 起侵犯知识产权的刑事案件（增长了 27.9%），13 424 起民事案件（增长了 44.1%）。

通过将日常监管与专项治理相结合，知识产权保护的执行力度在行政和司法两个方面都得到了大大加强。2004 年，中国还成立了以国务院副总理为组长的国家保护知识产权工作组，负责统筹协调全国知识产权保护工作。2004 年 9 月到 2005 年年底，中国政府还在全国范围内组织开展了保护知识产权的专项行动。

中国政府还高度重视知识产权保护的宣传普及工作，提高全社会的知识产权保护意识。从 2004 年开始，中国政府将每年的 4 月 20 日至 26 日确定为“保护知识产权宣传周”，在全社会开展知识产权保护宣传教育活动，营造尊重劳动、尊重知识、尊重人才、尊重创造的良好社会氛围，增强广大公众的知识产权意识。

中国政府在保护知识产权，尤其是在知识产权法律体系建设和提高全社会保护意识方面，取得了巨大的成就。同时，中国政府也意识到，和其他国家一样，保护知识产权受到经济发展水平和其他客观条件的制约，中国的知识产权保护不可能一夜之间达到完美的水平。中国政府将做出长期艰苦的努力。

此外，中国还在积极参与“多哈回合”谈判、稳步推进区域贸易自由化进程、妥善处理贸易纠纷、促进与发展中成员的经济合作等方面取得了重要进展。

（二）2008 年世界贸易组织对华第二次贸易政策审议中国政府政策声明的主要内容

1. 履行入世承诺方面

2006 年和 2007 年，中国进一步降低关税水平，扩大服务市场开放度，加强知识产权保护，增加贸易政策透明度。

（1）降低关税。中国按照承诺，降低了 187 个税号商品的进口关税，2008 年 1 月 1 日起，中国的平均关税已降至 9. 8%，其中工业品关税减至 8. 98%，农产品减至 15. 2%，而且 100%现行关税均为约束关税。2006 年 1 月 1 日起，中国还撤销了 10 种商品的关税配额限制。

（2）扩大服务业开放。中国采取了一系列措施，促进服务业的对外开放，如颁布实施或修改了外商投资建筑工程服务企业管理、中外合作开发陆地油气资源、商业特许、成品油市场管理、原油市场管理、外商投资银行管理等有关规定。这些措施有些已超出中国入世所作承诺，是中国单方面扩大服务市场开放的举措。

（3）强化知识产权保护。为进一步加强知识产权保护，国务院于 2006 年发布了《保护知识产权行动纲要（2006—2007 年）》，全国知识产权保护工作组分别制定了 2006 年和 2007 年的行动细则，提出了 438 项具体任务与支持措施，这些任务至今已基本落实完成。

中国还颁布实施了一系列法律法规，以完善知识产权保护的法律体系。在全国范围内开展一系列专项治理活动，打击各种侵犯知识产权行为。2006 年 12 月，中国决定加入《世界知识产权组织版权条约》和《世界知识产权组织表演和录音制品条约》，这意味着中国将着力提升互联网版权保护水平。

（4）增加政策透明度。2008 年 5 月 1 日生效的《中华人民共和国政府信息公开条例》，进一步保证了政府行政机关遵循公正、公平、便民的原则，公开政府信息。作为中国政府与贸易有关的政策披露平台，至 2007 年年底，中国对外经济贸易文告已公布了 3 300多件法律、法规和具体措施。

2. 转变外贸增长方式

中国对外贸易虽然保持了良好的增长势头，但也面临诸多困难与制约，如出口结构层次低，出口市场集中，来自某些主要发达进口国的贸易保护趋于强化，中国连续多年位居反倾销受害国榜首，受制于技术性贸易壁垒的中国出口产品和涉及金额日益增多，加之人民币升值，这些都对中国对外贸易的持续发展提出了前所未有的挑战。为了应对困难和挑战，转变外贸的增长方式势在必行。

转变外贸增长方式的措施包括：促进加工贸易的升级，减少高耗能、高排放和稀缺资源产品的出口；增加高新技术产品与服务的出口；增加先进技术和设备的进口以及节能环保关键设备、零部件的进口等。

2006—2007 年，中国提出了一系列有关加工贸易的政策调整，着眼于改善出口商品结构，减少出口低附加值、技术含量低的产品，促进转型升级加工贸易，并鼓励加工贸易活动向中国的中部和西部转移。2007 年 4 月 5 日，政府颁布《加工贸易禁止商品目录》；2007 年 7 月 23 日，公布了新的《加工贸易限制类商品目录》；2007 年 12 月 21 日，公布了新一批加工贸易禁止类目录。这些目录所涵盖的产品，主要包括化工产品、冶炼和其他能源密集型、劳动力密集型、高排放和低附加值的产品，如塑料产品和纺织品。

为减少高耗能、高污染、资源性产品出口，中国政府于 2007 年 7 月 1 日调整出口退税政策，涉及 2 831 种商品，占出口商品总数的 37%，其中取消了钢铁、化工等 553 种商品出口退税，降低了 2 268 种商品出口退税率。

2008 年颁布的《中华人民共和国海关进出口税则》进一步将限制高能耗、高污染产品出口作为关税调整的主要方向，继续以暂定税率的方式对煤炭、原油、金属矿砂等产品征收出口关税，并将对木浆、焦炭、铁合金、钢坯、部分钢材等生产能耗高、对环境影响大的产品开征或提高出口关税。

3. 调整外资政策

中华人民共和国第十届全国人民代表大会第五次会议于 2007 年 3 月 16 日通过《中华人民共和国企业所得税法》，该法自 2008 年 1 月 1 日起施行。该法的实施，结束了外商投资企业和国内企业两个并存的税收制度，统一了内外资企业所得税制；新企业所得税法将企业原来 33%的所得税税率下调至 25%；统一了税前扣除的标准和方法；正确发挥了税收政策的导向作用，提高了资源配置的效率。

中国政府鼓励外商投资政策也发生了新的变化。《外商投资产业指导目录（2007 年修订）》鼓励外商投资发展清洁生产、可再生能源和生态环境的保护行业，以及鼓励外商投资资源综合利用特色产业。与此同时，新颁布的目录也公布了限制或禁止外商投资的项目，其中涉及高消耗、高排放类的项目。

4. 强化贸易便利化措施

（1）海关体制。改革海关体制，提高通关效率。

（2）海关估价。中国目前采用的进口估价原则已与世界贸易组织的《海关估价协议》完全一致。从 2005 年起，中国海关对 95%的进口估价采用交易价估价法，对少数不采用交易价的进口商品的估价也严格按照世贸组织《海关估价协议》的有关规定进行。

（3）检验检疫。2006 年世贸组织对华贸易政策第一次审议以来，为更好地保护国内外消费者的利益，中国已增加了 88 种必须接受进出口检验检疫的进出口商品，并致力于提高检验检疫的效率，寻求国际上多边和双边的合作。

（4）标准和合格评定。为了改进国家标准系统，中国政府不断改进工作机制，更新标准和技术法规，鼓励企业积极参与标准与技术法规的更新。积极采用国际标准，以适应科学技术的变化，提高国内企业的竞争力。为此，中国已建立了统一的合格评定系统。

（5）认证认可。中国政府已建立对国内外企业一视同仁的认证认可体系，并以有效地启动了强制认证系统，从而消除了以前存在的双重标准问题。为了减少国际贸易障碍，实现贸易便利化，中国政府一直积极参与国际以及区域认证认可组织的工作，并已实施产品认证的相互承认机制。

5. 参与多边贸易谈判和区域贸易安排，提供贸易援助

中国坚信多边贸易体制在维持世界经济稳定发展和促进全球贸易自由化方面具有不可

替代的作用。中国积极参加了世界贸易组织多哈回合的所有谈判，致力于推动该轮谈判早日完成，中国还就各个领域的谈判提交了许多建设性的议案。

同时，中国认为区域贸易安排是多边贸易体制的重要补充。为此，中国积极开展了双边和区域性的贸易安排。中国已经和正在进行的双边和区域贸易安排有 12 个，涉及 29 个国家和地区。

在提供贸易援助方面，中国也做出了积极的贡献。中国长期以来持续不断共计为 160 多个国家和地区提供各种援助，包括无偿赠予、免息贷款、贴息贷款等，并对来自 41 个最不发达国家的绝大多数出口产品提供免进口关税的优惠待遇。

（三）世贸组织对中国的第三次、第四次、第五次和第六次贸易政策审议

2010 年和 2012 年，世贸组织对中国分别进行了第三次和第四次贸易政策审议，中国政府对审议期间的政策变化做了总结，接受世贸组织成员对中国贸易政策的提问。

2008—2010 年，中国的经济发展面临来自国内外的双重压力，遭遇了 21 世纪以来的最大困难。从国内看，数起百年不遇的特大自然灾害的降临，给中国经济带来严重打击。从国际看，最大的压力来自美国次贷危机演变而来的席卷全球的经济危机。在内外双重压力下，中国政府果断实行积极的财政政策和适度宽松的货币政策，全面实施并不断完善应对国际金融危机的一揽子计划，实施“家电下乡、汽车下乡”等措施扩大内需，这些措施取得了良好成效，为贸易伙伴在全球需求疲软的情况下创造了一个庞大的市场。中国坚守对世贸组织的承诺，没有在危机中采取任何有违多边规则的新的贸易和投资保护主义措施。不但如此，在国际金融危机肆虐之际，中国还组织了 13 个投资贸易促进团，赴海外采购商品和扩大投资合作，通过扩大进口采购来帮助伙伴国解决出口低迷的困境，对世界经济复苏发挥了重要的推动作用。

在国内各项市场化改革继续推进中，在贸易领域，重点推出了贸易项下人民币跨境支付，改善贸易金融环境，规范贸易投资便利化流程，继续推进进出口贸易平衡和“走出去”战略，加快贸易模式转型。中国承诺进一步拓展新的贸易领域和贸易方式，加快金融、旅游、电信、化肥分销的开放进程。

世界贸易组织对中国第三次贸易政策审议报告高度评价中国履行了加入世贸组织时所做出的承诺，肯定了中国在应对全球经济危机中抵制贸易保护主义和帮助增加全球需求的努力，以及中国为推动全球经济复苏所做出的重要贡献。

世界贸易组织对中国第四次贸易政策审议于 2012 年 6 月进行。中国提交了《中国政府政策声明》，总结了 2010—2012 年，第三次审议以来中国的宏观经贸环境、贸易和投资发展以及相关政策贸易政策与贸易做法，回答了世贸组织成员 1 720 个问题。

自第三次审议以来，中国面临复杂的经济和贸易环境，国际金融危机和一些成员采取的非常规货币政策给中国造成很多负面影响；外需低迷，欧元区债务危机深化；国内也面临稳定物价、劳动力成本上升和人口老龄化等压力。然而，为促进强劲、可持续和平衡的增长，中国政府深化改革开放，扩大内需，并加速经济结构调整和经济增长模式转变。

在第三、第四次审议期间，中国的进口增长速度超过出口，促使贸易逐渐走向平衡。加速贸易发展模式转型，努力创造良好和便利的贸易和投资环境，中国已成为全球价值链

中不可或缺的生产环节，也是最具吸引力的投资目的地之一，同时中国也成为重要的对外投资国。

中国表示中国政府将以更大的决心和勇气全面推进改革，尤其是经济体制改革，中国将用开放、包容、合作和负责的态度，与贸易伙伴一起建立和维护良好的国际经贸环境，建设平衡的、普遍受益的多边贸易体制。

世界贸易组织秘书处发布的《中国贸易政策审议报告》，在肯定中国贸易开放政策和取得的经济成就的同时，指出了中国经济发展中的诸多不平衡，报告认为，中国自 2006 年第一次接受贸易政策审议以来，坚持了连贯的贸易开放政策，并使之成为中国长期的发展战略的一部分，促进了中国经济的快速增长，并使中国进一步融入世界经济，推动了世界多边贸易发展。但同时，中国的发展也是不平衡的，包括增长的动力主要来自出口和投资，而非消费；发展相对滞后的资本市场、对工业的各种扶持，使投资中的大量资源未能得到有效配置；伴随着经济的增长，环境问题有所恶化；收入差距，尤其是城乡之间的差距，还在扩大等。为了解决上述问题，中国政府采取了一系列措施，包括对部分出口商品征税和降低出口退税率，以限制高耗能、资源消耗型产品的出口，其结果是，保证了国内供给，使它们的价格变得低廉，并有可能为下游的加工企业提供“帮助”。世界贸易组织秘书处认为，这些措施对于减少顺差和保护环境的实际帮助仍需观察。

报告对中国提高政策透明度给予高度评价，认为在第一次审议后，中国颁布的一系列措施强化了政策的公开化程度。《中华人民共和国政府公开信息条例》的颁布、国家预防腐败局的建立增进了透明度，而《中华人民共和国物权法》《中华人民共和国企业所得税法》《中华人民共和国反垄断法》和《中华人民共和国企业破产法》的颁布和实施，完善了产权界定和保护，促进了公平竞争。

世界贸易组织对中国第五次贸易政策审议于 2014 年 7 月 1 日正式开始。中国政府对自上次贸易政策审议以来的政策变化以及中国在贸易投资领域取得的新进展，做了总结说明。两年里，中国政府支持和参与多边贸易体制的深化发展，大力推进行政审批制度、工商登记制度以及财税金融体制改革，扶持中小微企业发展，加强知识产权保护，致力于营造公平竞争的营商环境。同时，中国政府积极采取措施，简化进口管理程序，推进区域通关一体化，鼓励外商投资，简化外汇管理程序，扩大服务业开放，努力提高贸易投资自由化和便利化水平。有关成员向中国提交了 1 500 多个书面问题，涉及中国宏观经济体制和经贸领域众多政策措施。

2016 年 7 月 20 日，世界贸易组织在日内瓦开始对中国进行第六次贸易政策审议。中国政府介绍了第五次审议以来中国经济发展形势，贸易投资领域的新进展，主要改革和对外开放措施，以及积极参与多边贸易体制，发挥负责任大国作用的有关情况。中国经济在过去两年中保持中高速增长，成功实现了经济增长由投资和出口拉动为主向由服务业和消费拉动为主的转型。2015 年，中国成为 120 多个国家和地区的第一大贸易伙伴。中国也是全球最具吸引力的投资目的国之一，连续 24 年居发展中国家首位。中国对外投资范围扩大，增势强劲。中国政府还深入实施创新发展战略，着力推进供给侧结构性改革；积极推动新一轮对外开放，努力构建开放型经济新体制。中国政府发布了《推动共建丝绸之路经济带和 21 世纪海上丝绸之路的愿景与行动》，积极推动“一带一路”建设。此轮审议，有关成员方共向中国提交了 1 955 个书面问题，创历史新高。

复习思考题

1. 应如何评价改革开放前我国的传统外贸体制？
2. 如何理解对外开放与对外贸易体制改革之间的关系？
3. 加入世界贸易组织前，我国从哪些方面对外贸体制进行了大力改革？
4. 加入世界贸易组织后，我国外贸政策经历了哪些主要的改革和完善？

本章关键词

对外贸易体制　改革　入世承诺与执行

拓展阅读

第四章　对外贸易立法管理

❖ 本章摘要及重点

本章主要内容：对外贸易立法调控手段的概念和特点；中国运用立法手段管理对外贸易的必要性；中国对外贸易立法体系；中国对外贸易基本法的主要原则；中国货物贸易、技术贸易、服务贸易管理的法律法规。

本章学习重点：中国运用立法手段管理对外贸易的必要性；中国对外贸易基本法的主要原则；对外贸易相关法律法规的框架体系。

社会主义市场经济是以法制为保障的经济，代表国际贸易规范的世贸组织规则，其基础是市场经济和法制经济。这就要求中国必须建立完善的外贸法律调控机制，使法律手段作为中国进行外贸管理的基础手段。

第一节

对外贸易法律调控手段概述

一、对外贸易法律调控手段的概念和特点

对外贸易法律调控手段是指在对外贸易中借助法律规范的作用对进出口活动施加影响的一种手段。它具有权威性、统一性、严肃性和规范性的特点。

二、运用法律手段调控对外贸易的必要性

社会主义市场经济是以法制为保障的经济，这就要求中国必须建立完善的外贸法律调控机制，使法律手段成为中国进行外贸调控的基础手段。

（一）社会主义市场经济体制下发展对外贸易须以法律手段为依据

中共十四大明确提出中国经济体制改革的目标是建立社会主义市场经济。在市场经济体制中，市场主体需要按照法律法规进行公平竞争，国家也需要依靠法律来保障宏观调控手段的运用，维护市场秩序更需要有完备的法律规范来保障。从上述意义上说，市场经济就是法制经济。只有完善市场经济法制，使市场经济关系、经济运行和管理有序化、规范化和制度化，才能保障市场经济的有效运行。因此，建立社会主义市场经济必须建立与之相适应的完备的社会主义市场经济法律体系。对外贸易是国民经济的重要组成部分，在由计划经济体制向社会主义市场经济体制转轨的过程中，其经营与管理都发生了深刻的变化，而这一变化要求加强外贸法律调控，将外贸活动纳入法制化轨道，从而保证社会主义市场经济条件下，对外贸易持续、健康、稳定的发展。

社会主义市场经济要求中国必须打破过去高度集中、国家垄断经营的外贸经营体制。改革开放以来，随着外贸体制改革的深化，不断下放外贸经营权，中国外贸经营主体已实现多元化，包括外贸公司、工贸公司、生产型自营进出口企业、外商投资企业等，其中既有全民所有制企业、集体所有制企业，也有私有制企业。面对成分复杂的多元化的外贸经营主体，单靠行政手段已越来越难以有效地控制它们的经营活动，迫切需要用法律规范来

明确企业的行为准则，维护对外贸易市场秩序，用法律手段来调整政府与企业、企业与企业之间的关系，保障企业的合法权益。

社会主义市场经济要求中国必须改变过去主要依靠计划和行政手段管理对外贸易的模式，建立以法律手段为基础，以经济手段为主，必要的行政手段为辅的对外贸易间接调控模式。在这一调控模式下，国家非常需要依靠法律来保障其对对外贸易宏观调控的有效性。这是因为：第一，经济手段的有效运用需要法律手段来保障。经济手段的实质是物质利益的原则，各种经济杠杆都是通过调整国家、企业、个人之间的经济利益，来调动各方面的积极性，离开物质利益原则，经济杠杆就不能发挥作用。而法律手段的运用则不同，在调控外贸企业经营行为上，它比经济手段更具有强制性和规范性，它可通过法律规范把市场主体行为约束住。如果外贸企业的行为无规则，市场竞争秩序混乱，经济手段的调控是不可能完全奏效的。第二，行政手段的合理运用需要以法律、法规为准则。行政手段因其有强制性、直接性的特点，如果不加限制地使用，就会过多地干预外贸经营主体的经营活动，甚至侵犯它们的经济利益。因此，需要通过法律来规范外贸行政管理行为，使中国外贸行政管理走上制度化、科学化、规范化的轨道，最终由传统的行政手段转变到主要依靠法律实行规范化的管理。

由此可见，运用法律手段进行对外贸易调控，是建立社会主义市场经济体制的需要，也是在社会主义市场经济体制下进一步发展对外贸易的需要。用法律手段规范日益复杂的贸易关系、贸易行为和贸易方式，使外贸管理部门、外贸经营单位，各尽其职。

（二）国际贸易通行规则下发展对外贸易须以法律手段为基础

对外开放政策是中国长期的基本国策，其目的就是要使国内市场与国际市场接轨，从而更合理有效地配置和利用国内外资源，加速中国的现代化建设。

实行对外开放政策，实现国内外市场接轨，首先是法律规则的接轨。伴随着世界市场的形成与发展，在国际贸易中逐步建立了一整套的管理制度和市场规则，对当事人的权利、义务作出具有确定性、规范性的规定，成为广大国际贸易当事人普遍接受的通行规则。从世界许多国家看，为了使本国经济适应世界经济发展的需要，都把国际贸易通行规则的内容通过国内立法的形式加以确认和固定，并运用本国的国家机器来保证其实施和遵守。中国实行对外开放政策，积极参加国际分工和国际竞争，要使国内市场与国际市场接轨，其前提条件是，同样要遵守国际经济秩序，按国际贸易通行规则开展对外贸易活动，使中国外贸管理、经营方式尽快向国际贸易规范靠拢。因此，就要使国内立法迅速与国际贸易通行规则接轨，尽快建立一个符合国际贸易通行规则的外贸法律体系。

世贸组织是一个通过促进贸易自由发展以提高成员方社会福利总水平、保障充分就业等为宗旨的多边贸易体制。其主要规则涵盖货物贸易、服务贸易、与贸易相关的知识产权和投资等领域。世贸组织规则作为国际经济法律的重要组成部分，已成为各成员方进行国际经济贸易往来必须遵守的规则。中国加入世贸组织，对外贸易经营与管理要遵循世贸组织的规则。因此，中国不仅需要建立健全与世贸组织规则和入世承诺相匹配的外贸法律体系，而且还要增强法律制度的透明度，使对外贸易发展完全步入法制化的轨道。

（三）激烈的国际竞争环境中发展对外贸易须以法律手段作保障

在激烈的国际竞争中，必须用法律手段保护国家和企业的利益。国际贸易直接关系到一国的政治和经济利益。因此，各国为保护本国的利益，在与其他国家进行交易的过程中经常采取各种限制措施，而这些限制措施往往是通过立法形式来实现的。随着我国对外贸易规模迅速扩大，对外贸易摩擦不断加剧，涉外经贸纠纷不断增多，如当前一些国家纷纷运用反倾销、反补贴、保障措施①及技术性贸易壁垒②等手段对进口货物设置障碍，使我国企业深受其害；同时也不乏大量国外低价产品进入我国市场，对国内相关产业和企业造成巨大冲击。因此，面对日趋严峻的贸易摩擦，除了坚持与国际贸易保护主义和对中国歧视行为进行必要的斗争之外，从现实解决问题或者缓解问题的角度看，中国必须进一步完善相关立法，依法参与国际竞争，用法律手段保护国家和企业的经济利益。

三、对外贸易法律体系的建立与发展

中华人民共和国成立以后，特别是改革开放以来，中国从具体国情出发，根据不同时期发展对外贸易的需要，制定了大量的对外贸易法律和法规，并且不断加以修改、补充和完善，迄今已初步形成了与社会主义市场经济和国际贸易通行规则相适应的外贸法律体系，对促进中国对外开放，参与国际竞争，走向国际市场，保证对外贸易的顺利发展，发挥了极其重要的作用。

（一）第一阶段：1949—1977 年

中华人民共和国成立初期，中国政府在宣布废除帝国主义强加在中国头上的各种不平等条约和旧法律法规的同时，以《中国人民政治协商会议共同纲领》和《中华人民共和国宪法》为基础，着手制定了新中国对外贸易的法律和法规。1950—1956 年先后颁布了对外贸易管理暂行条例等 30 多项法律法规，涉及了进出口、海关、商检、外汇、仲裁等方面，初步形成了中国对外贸易的法律体系。

1957—1977 年，中国实行的是高度集中的外贸经营管理体制，对外贸易由国家统一领导、统一管理，外贸专业公司统一经营。随着外贸经营管理体制的变化，中国对外贸易各

---

① 反倾销、反补贴、保障措施，是世界贸易组织用于维护公平贸易，依法保护国内产业的一种法律制度。反倾销是指一个国家或者地区的产品以低于正常价值的倾销方式进入另一国家或地区市场，对该国家或地区已建立的产业造成实质损害或者产生实质损害威胁，或者对产业造成实质阻碍的，该国家或地区可以采取反倾销措施，消除或者减轻这种损害或者损害的威胁或者阻碍。反补贴是指进口的产品直接或者间接地接受出口国家或者地区给予的任何形式的专向性补贴，对已建立的国内产业造成实质损害或者产生实质损害威胁，或者对建立国内产业造成实质阻碍的，该国家或地区可以采取反补贴措施，消除或者减轻这种损害或者损害的威胁或者阻碍。保障措施是指因进口产品数量大量增加，对生产同类产品或者与其直接竞争的产品的国内产业造成严重损害或者严重损害威胁的，该国家或地区可以采取必要的保障措施，消除或者减轻这种损害或者损害的威胁，并可以对该产业提供必要的支持。

② 技术性贸易壁垒是指一国以维护国家安全、保障人类健康和安全、保护动植物健康和安全、保护环境、防止欺诈行为、保证产品质量等为由制定的一些强制性和非强制性的技术性贸易措施。根据世贸组织《技术性贸易壁垒协议》，技术性贸易措施可分为三类，即技术法规、标准和合格评定程序，并把符合《技术性贸易壁垒协议》原则的技术法规、标准和合格评定程序视为合理的、允许的，不构成贸易壁垒，而把不符合《技术性贸易壁垒协议》原则的技术法规、标准作为贸易壁垒，要求消除。技术性贸易措施涉及贸易的各个领域和环节：农产品、食品、机电产品、纺织服装、信息产业、家电、化工医药，包括它们的初级产品、中间产品和制成品，涉及加工、包装、运输和储存等环节。近年来，随着国际经济一体化的发展和贸易的自由化趋势，在传统的关税和非关税壁垒不断被取消及限制使用的情况下，技术性贸易壁垒以其自身存在的合理性和必要性，逐渐成了阻碍国际贸易发展的新壁垒形式。

项立法内容也有所调整和补充。在外贸经营管理方面，虽然基本上仍继续遵循对外贸易管理暂行条例，但实际上国家制定的外贸计划和政府发布的各项指令、决定等内部文件对外贸企业的经营活动起着关键性的指导和控制作用；在海关管理方面，围绕暂行海关法，外贸部颁布了一些配套行政法规；在外汇管理方面，中国人民银行统一制定了一系列加强国家对外汇资金的集中管理和使用的管理制度和办法；在保护知识产权方面，国务院发布了《发明奖励条例》《商标管理条例》等；在对外贸易仲裁方面，国务院于1958年批准在中国国际贸易促进委员会内设立海事仲裁委员会，该机构的设立，进一步完善了涉外仲裁制度。总之，在这一时期，由于国家外贸计划和行政命令对控制外贸活动起着主导作用，并行使了带有法律性质的职能，再加上“十年动乱”对外贸管理制度的冲击和破坏，使中国外贸立法受到严重影响，法律手段在外贸管理中的作用被大大削弱。

纵观改革开放前对外贸易立法，其主要特点是：国家颁布的外贸法律、法规集中体现了国家对外贸易实行集中管理、统一经营的计划经济的特点；外贸法律、法规涉及的范围十分狭小，一般只涉及了货物进出口的部分内容，而技术进出口、服务贸易、利用外资等内容几乎没有涉及；从立法类型看，基本上是从行政管理角度而不是从经济法角度去进行规范，尤其是对对外贸易企业的法律地位，包括企业的权利、义务和贸易行为等基本上没有规范；从立法水平和等级看，所公布的法令、法规不仅条文简单、操作性差，而且法律等级普遍不高，几乎没有一项全国人大立法，其中大部分采用了内部文件的形式。

（二）第二阶段：1978—1991年

1978年十一届三中全会后，随着改革开放政策的实行，中国把发展对外贸易提高到了重要的战略地位。为了适应对外贸易发展的需要，外贸体制进行了初步的改革，下放外贸经营权，扩大外贸经营渠道，促进产销结合，缩小指令性计划，重视市场信息反馈的指导作用。这使得对外贸易关系日益复杂，原来计划经济下的单纯的行政命令已远远不能解决改革开放新形势下出现的各种问题，要求进行外贸立法的条件和时机已经成熟，所以国家有关部门加快了对外贸易的立法的步伐。1978—1991年，颁布的主要外贸法律法规有：《中华人民共和国涉外经济合同法》《中华人民共和国海关法》《中华人民共和国进出口商品检验法》《中华人民共和国技术引进合同管理条例》《中华人民共和国进口货物许可制度暂行条例》《中华人民共和国出口货物原产地规则》《一般商品进口配额管理暂行办法》等。

这一阶段中国外贸立法特点是：围绕恢复和新建的对外贸易行政管理手段颁布了一系列相应的法规；规范市场主体和市场行为的新法规数量明显增加；立法涉及的范围和领域也大大拓宽，除了进一步完善货物贸易立法之外，还相继颁布了技术贸易、服务贸易等多项法律；但这些法规、规章过于分散，缺乏系统性，缺乏透明度，在很多方面仍带有计划经济体制下以行政手段管理为主的色彩。

（三）第三阶段：1992—2000年

1992年党的十四大明确提出：“我国经济体制改革的目标是建立社会主义市场经济体制，以利于进一步解放和发展生产力。”在建立社会主义市场经济体制的总目标下，按照国际贸易规范要求，外贸体制进行了深化改革，不仅使由国家控制的外贸公司变成自主经营、自负盈亏的经济实体，而且国家对外贸的管理也在由直接调控为主向间接调控为主转变。改革开放在推动外贸体制改革不断深化的同时，也推动了外贸立法的不断加强和完善，使中国外贸立法获得了前所未有的重大发展。1992—2000 年，国家先后制定和颁布的外经贸法律、法规共 700 多项，包括《中华人民共和国对外贸易法》《中华人民共和国合同法》《中华人民共和国公司法》《中华人民共和国票据法》《中华人民共和国仲裁法》《中华人民共和国海商法》《进口商品经营管理暂行办法》《出口商品管理暂行办法》《中华人民共和国反倾销和反补贴条例》《技术引进和设备进口贸易工作管理规定》《中华人民共和国外资金融机构管理条例》等。

这一阶段中国外贸立法的主要特点是：初步建立了符合社会主义市场经济要求的立法体系的总体框架，法律法规实体和程序规范更加符合市场经济的一般规律，更加注意与国际经济条约、规则和惯例相衔接。如 1994 年《中华人民共和国对外贸易法》的颁布，结束了过去外贸政策法规不统一、不协调的弊端，提高了外贸法律制度的透明度，是外贸法制建设向世贸组织规范靠拢的重大里程碑。另外，在立法数量、范围、内容、等级和水平方面，该法都是过去所不能比拟的。随着外贸立法的不断完善，外贸宏观调控正从行政直接控制为主转向运用经济和法律手段调节为主的轨道。外贸法律法规，已成为对外贸易宏观管理的重要依据，立法手段在外贸宏观调控中发挥着越来越重要的作用。

经过改革开放，与市场经济相适应的外贸法制建设取得了突破性的进展。但是，中国的外贸法律体系尚有不完善之处，还存在与世贸组织规则不相适应的方面，如已有的法律法规存在着含糊不清、规定过于笼统、解释空间过大的问题；在某些领域，还存在着无法可依的状况，使得执法难、随意性大的现象时有发生；普遍存在政府部门主要以内部文件和规定作为管理依据的状况，法规和政策的透明度较差；法规、政策统一性、稳定性、连续性不够，影响了中央政府统一对外履行承诺的能力，影响了世贸组织所要求的最惠国待遇和国民待遇义务的履行。

（四）第四阶段：2001 年加入世界贸易组织后至今

中国于 2001 年 12 月 11 日正式加入世贸组织，标志着对外开放进入了一个新的阶段，即进入法律框架下的全方位开放。中国在《中华人民共和国加入世界贸易组织议定书》（以下简称《议定书》）中承诺："将通过修改现行法规和制定新法的方式，全面履行世贸组织协定的义务。"这必将对中国外贸法制建设产生广泛而又深远的影响。根据世贸组织有关协议的规定，中国政府不仅要确保《世界贸易组织协定》和《议定书》在全国得到统一实施，而且还要不断提高立法质量，增强法律制度的透明度。因此，加入世界贸易组织前后，全国人大及其常委会、国务院及所属各有关部门、最高人民法院、最高人民检察院、地方人大和地方政府等，为适应加入世贸组织的需要，针对外贸法制建设制定了详细的废、改、立计划，并确定了各项计划完成的具体时间表。

1. 外经贸法律法规清理工作基本完成

中国根据世贸组织的要求，在法制统一、非歧视和公开透明的原则下，对与世贸组织规则和中国对外承诺不一致的法律、行政法规、部门规章和其他政策措施进行了全面清理。

2. 抓紧进行外经贸法律法规的修改和制定

中国各级政府部门在对有关外经贸法律法规进行全面清理的基础上，还在抓紧进行外经贸法律的修订；同时，还修改和制定了货物贸易、技术贸易、服务贸易、海关、外汇、进出口商品检验等一系列的法规和规章。

3. 进一步提高外经贸立法的透明度

在《议定书》中，中国明确承诺要在全部关税领土内统一实施在世贸组织协定中的多边义务，保持外贸政策的统一性和透明度。为了保证法律法规的透明度，凡涉及货物贸易、服务贸易、与贸易有关的知识产权保护以及与贸易有关的投资措施的法律、法规、规章和其他政策措施，中国已在指定的官方刊物上专门公布，任何世贸组织成员、企业及个人都能从该刊物上获得中国法律法规的最新进展。同时，中国还设立了"中国政府世贸组织通报咨询局"和世贸组织"实施卫生与植物卫生措施协定"与"技术性贸易协定"两个国家咨询点，向世贸组织及其成员通报中国相关法律、法规和具体措施。

通过上述外经贸立法的废、改、立，中国已初步建立起既符合社会主义市场经济需要，又符合世贸组织规则要求的，统一、完备、透明的外经贸法律体系。

四、对外贸易立法体系的构成

中国对外贸易立法体系由国内法渊源和国际法渊源两部分构成。

（一）国内法渊源

对外贸易的国内法渊源是指国家权力机关和国家行政机关颁布的调整对外贸易关系的各类规范性法律文件。

1. 《中华人民共和国宪法》（以下简称《宪法》）

《宪法》是国家最高权力机关依据特定立法程序制定的国家根本大法，在中国法律体系中具有最高的法律效力。《宪法》是中国对外贸易法中的一个重要渊源，其中明确规定了对外贸易立法的基本原则、立法根据，对外贸立法具有根本的指导意义。宪法本身的权威性决定了中国外贸法制建设首先以宪法为依据。

2. 法律

法律是全国人民代表大会及其常务委员会制定颁布的基本法律。在对外贸易法的渊源中，除《宪法》外，法律居主导地位。包括专门性的外贸法律，如《中华人民共和国对外贸易法》《中华人民共和国海关法》《中华人民共和国进出口商品检验法》等；还包括非专门性的涉外经济法律中有关对外贸易的规定，如《中华人民共和国民法通则》《中华人民共和国专利法》《中华人民共和国商标法》等，这些法律也包含一定数量的对外贸易法律规范。

3. 行政法规

行政法规是国家最高行政机关即国务院及其所属部委根据宪法、法律制定颁布的有关对外贸易活动的条例、规定、实施细则、办法等。行政法规的规定不得与宪法或法律相抵触。

4. 地方性规章

地方性规章是各省、自治区、直辖市和经国务院批准的较大的市的人民代表大会及其常务委员会或人民政府制定的调整本地区对外贸易关系的区域性法规，只要不与宪法、法律、行政法规相抵触，在所辖区域内具有规范性效力。

（二）国际法渊源

对外贸易的国际法渊源，包括国际条约和国际惯例。市场经济是开放型经济，要全面与世界经济融合。既然要融入世界经济当中，就必然要遵循国际贸易的公约、惯例等，以利于与其他国家进行交往，同时也使得本国企业在对外贸易中的权利得到保障。因此，中国对外贸易法制建设，除了进行大量的国内立法外，还认真研究和积极参加国际条约，承认所能接受的国际惯例。因此，国际条约和国际惯例，也是中国外贸法律体系的重要组成部分。

1. 缔结和参加国际条约

国际条约分为两国之间缔结的双边条约和多国之间缔结的多边条约。如果条约的缔结国多，而且又规定一般性的国际行为规范，便称为国际公约。1978 年中国实行改革开放政策后，对外贸易获得了广泛的发展，已同世界上 220 多个国家或地区建立了贸易关系，同其中 140 多个国家或地区签订了有关贸易关系的双边条约、协定，与 90 多个国家或地区签订了避免双重征税和防止偷漏税协定，与 100 多个国家或地区签订了促进和保护投资协定。

国际组织或国际会议制定并由多国参加或缔结的调整国际经济贸易关系的国际经济贸易条约是国际经济法最重要的内容。中国从 1971 年恢复在联合国的合法席位后，参加了 100 多个国际条约，其中大部分是国际经济贸易方面的，主要包括：各种国际商品协定、货物销售合同、金融组织及条约、海关组织及条约、保护知识产权组织和公约、国际运输公约、国际商事仲裁和司法协助公约等。此外，中国政府还积极发展同一些国际经济组织的关系，积极参加各项有关活动。如中国政府全面参与了关贸总协定乌拉圭回合多边贸易谈判，并签署了《乌拉圭回合最后文件》和《建立世界贸易组织协定》；还参加了亚太经济合作组织的各项活动和联合国贸易法委员会起草有关公约、法律指南，以及国际统一私法协会的各种关于贸易法统一的活动。

2. 承认国际贸易惯例

国际贸易惯例日益受到各国政府、法律界和贸易界的重视，在国际立法和许多国家的立法中，都明文规定了国际贸易惯例的效力。迄今为止，我国关于国际惯例适用说明的国内法主要有原《中华人民共和国涉外经济合同法》《中华人民共和国民法通则》《中华人民共和国海商法》《中华人民共和国民用航空法》《中华人民共和国票据法》。根据《中华人民共和国民法通则》第八章第 142 条的规定，五部法律所规定的国际惯例在我国的适用原则基本上是一致的，即“中华人民共和国法律和中华人民共和国缔结或参加的国际条约没有规定的，可以适用国际惯例”。

国际上通行的国际贸易惯例主要有《国际贸易术语解释通则》《1932 年华沙-牛津规则》《1941 年美国对外贸易定义》《跟单信用证统一惯例》《联合运输单证统一规则》《约克-安特卫普共同海损理算规则》《托收统一规则》《国际商事仲裁示范法》《仲裁规则》《调解规则》等。长期以来，中国在对外贸易活动以及处理对外贸易纠纷方面，对国际贸易中被广泛承认的国际贸易惯例是尊重的。中国许多外贸公司在合同、信用证或有关单据中都直接引用了上述有关的国际贸易惯例，以明确权利与义务。

第二节

《中华人民共和国对外贸易法》

《中华人民共和国对外贸易法》（以下简称《外贸法》）于1994年5月12日第八届全国人民代表大会常务委员会第七次会议审议通过，并于1994年7月1日正式实施。这是中国对外贸易领域的第一部基本法，《外贸法》的颁布与实施，为在社会主义市场经济体制下运用法律手段对外贸进行宏观调控提供了法律依据；为对外贸易持续、稳定、健康发展以及维护良好的对外贸易秩序提供了法律保障；为对外贸易经营管理向国际通行规则靠拢、与国际贸易法律制度接轨，特别是同世贸组织法律体系相接轨创造了条件，是中国外贸法制建设的重要基石。

为了适应我国加入世贸组织的需要，适应我国对外贸易快速发展的需要，以及适应我国法制化建设的需要，十届全国人大常委会第八次会议于2004年4月6日通过《外贸法》修订草案，修订后的《外贸法》于2004年7月1日起施行。

一、《外贸法》概述

《外贸法》是我国对外贸易的基本法，主要规定了中国对外贸易的基本方针、基本政策、基本制度和基本贸易行为，在中国对外贸易立法体系中处于核心地位。

（一）《外贸法》的基本框架

《外贸法》由11章70条组成。

第一章“总则”，对该法的立法宗旨、对外贸易制度的基本特征、基本原则、调整的法律关系的范围做了原则规定。

第二章“对外贸易经营者”，对外贸经营者的主体资格及其权利义务进行了规范。第三章“货物进出口与技术进出口”及第四章“国际服务贸易”，对外贸客体即货物贸易、技术贸易和国际服务贸易的管理进行了规范。

第五章“与对外贸易有关的知识产权保护”[①]，对防止侵犯知识产权的货物进出口和

① 与贸易有关的知识产权保护是世界贸易组织规则中的重要内容。在全球化的知识经济中，知识产权的本质已经不只是技术的创新，而是国际贸易中的竞争武器之一。因此，知识产权保护已成为各主要贸易国家维护国家利益的重要手段。《与贸易有关的知识产权协定》是关贸总协定乌拉圭回合谈判达成的最后文件之一，于1994年4月15日签署，1995年1月1日生效，它与货物贸易协定、服务贸易协定共同构成世界贸易组织的三大支柱。在该协议中，规定了在保护知识产权时应遵守下述原则，即国民待遇、保护公共秩序、社会道德、公众健康等原则，同时也明确规定：“可采取适当措施防止权利持有人滥用知识产权”。我国加入世界贸易组织后，该协定对我国已经产生法律约束力。因此，新外贸法根据WTO的规则，增加了第5章“与对外贸易有关的知识产权保护”，具体规定了通过实施贸易措施防止侵犯知识产权的货物进出口和知识产权权利人滥用权利等内容。这些规定有利于中国企业妥善处理与外国专利人之间的知识产权纠纷，也有利于保护外商的合法权益。

知识产权权利人滥用权利，促进我国知识产权在国外的保护做了规定。

第六章“对外贸易秩序”，就对外贸易主体在经营活动中的行为做了规范。

第七章“对外贸易调查”，对对外贸易调查的范围、手段以及对调查结果的处理等做了规定。

第八章“对外贸易救济”，规定了采取对外贸易救济措施的原则，进行对外贸易救济的主管部门，建立对外贸易预警机制的原则以及采取反规避措施的授权。

第九章“对外贸易促进”，对国家及贸易组织在贸易促进方面的行为、扶持和促进中小企业开展对外贸易、建立公共信息服务体系等方面做了规定。

第十章“法律责任”，是有关法律责任的规定，通过刑事处罚、行政处罚和从业禁止等多种手段，加大了对对外贸易违法行为以及对外贸易中侵犯知识产权行为的处罚力度。

第十一章“附则”，明确了对军品、裂变和聚变物质或者衍生此类物质的物质有关的对外贸易管理以及文化产品的进出口管理进行另行规定，并对边境贸易灵活优惠的特殊原则及该法对单独关税区的非适用性、该法的生效日期做了规定。

（二）《外贸法》的立法宗旨

《外贸法》第 1 条规定：“为了扩大对外开放，发展对外贸易，维护对外贸易秩序，保护对外贸易经营者的合法权益，促进社会主义市场经济的健康发展，制定本法。”据此，《外贸法》的立法宗旨主要体现在以下五个方面：

1. 扩大对外开放

对外开放是 1978 年党的十一届三中全会确立的我国社会经济发展的基本国策，党的十六届三中全会进一步明确我国要建成、完善更加开放的经济体系的宏伟目标。《外贸法》把“为了扩大对外开放”作为立法的首要目标和宗旨，再次强调了对外开放在我国对外贸易发展中的重要地位和作用，表明中国在加入世贸组织后将以更加开放的姿态面对世界，不断提高对外开放水平，实现社会主义市场经济的健康发展。

2. 发展对外贸易

对外贸易是国民经济的重要组成部分，对外贸易的发展可直接促进国民经济的发展与社会进步，在国民经济中具有不可替代的作用。对外贸易的发展离不开相应的法律制度的保障。而《外贸法》中设立的各项制度都是为了服务于发展对外贸易这一宗旨。

3. 维护对外贸易秩序

依法维护良好的对外贸易秩序和经营秩序是发展对外贸易的重要保证。为此，《外贸法》从实行统一的对外贸易制度，规范市场主体，规范货物、技术进出口，规范国际服务贸易和维护公平的市场秩序等方面作了全面、系统的规定。这为对外贸易管理与经营提供了明确、统一的法律依据，创造了对外贸易有序发展所必需的法律环境。

4. 保证对外贸易经营者的合法权益

《外贸法》应当维护国家的对外贸易利益，同时也应当保障外贸经营主体的合法权益。在对外贸易领域，一国的产业利益是该国国家利益的重要体现。

5. 促进社会主义市场经济的健康发展

促进社会主义市场经济的健康发展作为《外贸法》的最终目标，与我国宪法所确立的社会主义市场经济体制的目标是一脉相承的。社会主义市场经济的运行机制就是要在国家宏观调控下，使市场发挥配置资源的基础性作用，使经济运行符合客观经济规律的要求。市场经济的基本特征之一，就是由法制保障其运行机制，进而通过法律的保障促进国民经济的发展。通过立法促进社会主义市场经济的发展，是中国社会主义法制建设的根本目的，该立法目的体现了法律对其经济基础的保障作用。

（三）《外贸法》的适用范围

法律的适用范围具体可以分为在地域上的适用范围、对人的适用范围、在时间上的适用范围。

1. 地域上的适用范围

法律在地域上的适用范围，是指法律在哪些地域范围内发生效力。根据《外贸法》的规定，在中华人民共和国境内发生的对外贸易行为原则上均适用《外贸法》，但其单独关税区不适用本法。在国际贸易关系中，单独关税区可以与其所属的国家一样享有独立的法律地位。在 1997 年和 1999 年我国政府恢复对香港和澳门行使主权后，它们作为单独关税区均有自己的法律制度，因此，不适用《外贸法》。我国台湾地区也是一个单独关税区，也不适用《外贸法》。

2. 对人的适用范围

《外贸法》对人的适用范围，是指法律对哪些人发生效力。根据《外贸法》的规定，其调整对象是货物进出口、技术进出口和国际服务贸易的行政管理关系，由此就决定了《外贸法》对人的适用范围是参加到这种管理关系中的管理者和被管理者。具体包括：国家负责有关对外贸易的管理机关；在中国从事货物进出口、技术进出口和国际服务贸易活动的中国法人、个人和其他组织；按照中国法律、行政法规的规定，在中国境内从事对外贸易活动的外国法人、其他组织和个人。

3. 在时间上的适用范围

法律的时间效力，是指法律生效和失效的时间，及法律对其颁布实施以前的事件和行为有无溯及力的问题。《外贸法》第 70 条规定：“本法自 2004 年 7 月 1 日起施行。”即从 2004 年 7 月 1 日起，该法开始生效，在此之前制定的有关法律、行政法规、地方性法规的制定等，如果在此以前发生的任何与《外贸法》不一致的规定，从这一天起都应当执行《外贸法》的规定。关于溯及力问题，《外贸法》没有这方面的规定，因此该法没有溯及力，即在 2004 年 7 月 1 日之前发生的任何在《外贸法》调整范围内的法律事实、法律事件、法律行为，都只能依据当时的有关法律、规定进行处理。

二、《外贸法》的基本原则

《外贸法》的基本原则是对外贸易法确定的法律规范和法律制度的基础，贯穿于对外贸易立法、执法、守法过程中，并对立法、执法、守法起普遍性的指导意义。

（一）实行全国统一的对外贸易制度

《外贸法》第 4 条规定：“国家实行统一的对外贸易制度”。这一原则是我国《外贸法》的首要原则，为中国长期稳定地发展对外贸易，开展公平、公正的对外贸易活动，履行国际间双边或多边最惠国待遇和国民待遇奠定了基础。

国家实行统一的对外贸易制度是指对外贸易法律、法规和政策的统一制定和在中国全部关境内的统一实施。具体体现在：全国人大及其常委会制定国家统一的关于对外贸易的法律，并在中国全部关境内统一实施；国家有关对外贸易的行政法规和政策由国务院或其对外贸易主管部门制定；各级地方政府应保障全国人大及其常委会制定的有关对外贸易的法律、中央政府制定的行政法规和政策在地方的统一实施。

实施统一的对外贸易制度，对于维护国家在对外贸易方面的整体利益和处理国与国之间的外贸关系具有十分重要的意义。对外贸易是跨越国界的商品交换，它关系到国家的重大经济利益。各国为了发展本国对外贸易，一方面要求在国内加强对外贸易的宏观统一管理，不允许在外贸领域各行其是，以免使本国经济在激烈的国际经济竞争中受到损害；另一方面，各国为了调整相互间的贸易关系，又需要在对外贸易的方针、政策方面取得某种协调，以便建立起一套国际贸易准则，作为处理国家之间贸易关系的依据。这些准则都是通过国家或政府之间进行谈判、协调，并以缔结国际条约或协定的形式予以确定。因此，每个国家都十分关注贸易伙伴国是否实行统一的外贸制度。实行统一的对外贸易制度，可保证一国履行这些条约、协定的义务，这样既可以顺利地开展国际间的对外贸易，又可以排除国际间的贸易障碍，为一国对外贸易的发展创造一个良好的外部环境。

（二）鼓励发展对外贸易

《外贸法》第 4 条规定：国家“鼓励发展对外贸易”。这一原则是我国对外开放的基本国策在对外贸易方面的具体体现。鼓励发展对外贸易，是为了使我国更深、更广地参与国际竞争。一方面促进我国本土的商品、技术和服务走出国门，走向世界；另一方面促进国外的商品、技术和服务的进口。同时，有利于国内产业通过竞争不断提高国际竞争力，最终保障我国在经济全球化进程中实现国民利益的最大化。

为鼓励我国对外贸易发展，《外贸法》第九章就对外贸易促进措施的内容、实施主体及其行为规范等做了规定。

1. 对外贸易促进措施

对外贸易促进措施，是国家根据对外贸易发展需要，为支持、鼓励、推动对外贸易发展所采取的一系列政策和措施。经过多年的外贸体制改革，中国已逐步摒弃计划经济体制下的各种出口补贴、奖励、外汇留成和所得免税等措施，同时参照国际贸易通行规则，采取了一系列支持、鼓励对外贸易发展的措施和办法：① 国家制定对外贸易发展战略，建立和完善对外贸易促进机制。② 国家根据对外贸易发展的需要，建立和完善对外贸易服务的金融机构，设立对外贸易发展基金、风险基金。③ 国家通过进出口信贷、出口信用保险、出口退税及其他促进对外贸易的方式，发展对外贸易。④ 国家建立对外贸易公共信息服务体系，向对外贸易经营者和其他社会公众提供信息服务。⑤ 国家采取措施鼓励对外贸经营者开拓国际市场，采取对外投资、对外工程承包和对外劳务合作等多种形式，发展对外贸易。⑥ 国家扶持和促进中小企业开展对外贸易。⑦ 国家扶持和促进民族自治地方和经济不发达地区发展对外贸易。

2. 对外贸易促进组织及其对外贸易促进行为

对外贸易经营者可以依法成立和参加有关协会、商会。有关协会、商会应当遵守法律、行政法规，按照章程对其成员提供与对外贸易有关的生产、营销、信息、培训等方面的服务，发挥协调和自律作用，依法提出有关对外贸易救济措施的申请，维护成员和行业的利益，向政府有关部门反映成员有关对外贸易的建议，开展对外贸易促进活动。

（三）维护公平的、自由的对外贸易秩序

《外贸法》第4条规定：国家“维护公平的、自由的对外贸易秩序”。国家维护一个良好的对外贸易秩序是对外贸易健康、顺利发展的保证，既符合国家利益，也体现了世界贸易组织的宗旨。

国家维护公平的、自由的对外贸易秩序，是指国家在法律上为外贸企业提供平等、自由的竞争环境，维护企业独立自主的经营地位，保障公平的进出口秩序，使外贸企业享受法律上的平等待遇，并要求外贸企业依法经营。

公平与自由是法律的基本价值取向，但公平与自由不是绝对的公平与自由，而是在国家统一管理下的公平与自由，是建立在法律规定所允许的范围之内的公平与自由。为达到这一目的，《外贸法》第六章、第七章、第八章就维护对外贸易秩序作了专门规定。从对内方面来看，主要对对外贸易经营者规定了若干重要的行为准则，如不得违反有关反垄断的法律、行政法规的规定实施垄断行为；不得实施以不正当的低价销售商品、串通投标、发布虚假广告、进行商业贿赂等不正当竞争行为；不得伪造、变造进出口货物原产地标记，伪造、变造或者买卖进出口货物原产地证书、进出口许可证、进出口配额证明或者其他进出口证明文件；不得骗取出口退税、走私、逃避法律与行政法规规定的认证、检验、检疫等。对于有破坏、扰乱外贸秩序行为的外贸经营者，将按《外贸法》第十章关于法律责任的有关规定，依法追究其法律责任。从对外方面来看，主要针对外国的倾销、补贴等不正当竞争行为做出相应的规定，以维护公平的贸易秩序。

《外贸法》的上述规定与世界贸易组织的基本精神是一致的，对保障国家和企业的利益，维护公平竞争的对外贸易秩序发挥着重要作用。

（四）货物与技术自由进出口

《外贸法》第14条规定：“国家允许货物与技术的自由进出口，但是，法律、行政法规另有规定的除外。”上述规定体现了中国进出口贸易管理的基本原则：对于货物、技术的进出口，实行在一定必要限度管理下的自由进出口制度。

《外贸法》所确定的进出口自由，是指国家在保证进出口贸易不对国家安全和各项社会公共利益产生损害的前提下的自由；而当国家法律所规定的某些不良倾向出现时，则对进出口贸易实施必要的限制或禁止。因此，《外贸法》依据国际贸易通行规则，在确立货物与技术自由进出口原则的同时，还采取世贸组织规则所允许的外贸管理措施进行管理；明确公布国家限制和禁止进出口的法定范围和程序。

《外贸法》所规定的这一原则和具体措施符合世界贸易组织的要求。关贸总协定自创立以来，始终为实现国际贸易自由化，力促减少各成员之间的关税和非关税壁垒，以及取消贸易中存在的各种歧视性待遇。同时，又针对一些国家经济发展的实际情况，规定了不少例外条款，允许缔约方在符合规定的条件下，可以对某些货物实施限制或禁止进出口的措施。因此，关贸总协定的进出口贸易自由，是有一定限度的相对的自由，是逐步发展的

自由，即不排除对货物、技术进出口进行一定限制条件的自由。中国作为一个发展中国家，在正视国际贸易自由化主张的同时，也应根据国家发展的实际情况，充分利用关贸总协定和世贸组织的有关规定，享受其赋予发展中国家或地区的各种优惠待遇和合法权益。

（五）发展国际服务贸易

《外贸法》第 24 条规定："中华人民共和国在国际服务贸易方面根据所缔结或参加的国际条约、协定中所作的承诺，给予其他缔约方、参加方市场准入和国民待遇。"上述规定体现了中国将根据缔结或参加的国际条约、协定所作的承诺，逐步发展国际服务贸易：一方面给予其他缔约方或参加方市场准入和国民待遇，另一方面还列举了国家限制和禁止国际服务贸易的范围。

《外贸法》所规定的逐步发展国际服务贸易的原则和具体措施符合世界贸易组织的要求。在国际服务贸易方面，发达国家由于经济技术比较发达，同广大发展中国家相比占有明显的优势。因此，在乌拉圭回合谈判中达成的《服务贸易总协定》，与关贸总协定对货物进出口采取的原则和做法不同。关贸总协定对货物进出口基本上实行自由开放的原则，限制、禁止属例外，而《服务贸易总协定》采取的是允许逐步开放服务业市场的原则，即将成员方承担的义务分为一般性义务和具体承诺的义务①。虽然《服务贸易总协定》有些具体规定与关贸总协定不同，但其宗旨与关贸总协定是一致的，即逐步取消一切限制进入服务业市场的措施，通过最惠国待遇和国民待遇的适用，实现服务贸易的自由化。

开放国内服务贸易市场，对服务行业发展既是机遇也是挑战。因此，根据《服务贸易总协定》规定的原则，逐步开放服务业市场，对指导我国服务行业稳步开放，健康发展，维护国家利益具有重要意义。

（六）在多边、双边贸易关系中坚持平等互利、互惠对等的原则

《外贸法》第 5、6、7 条，确立了我国对外贸易制度在处理对外贸易关系方面的基本原则，即平等互利原则和互惠、对等原则。

平等互利是指进行经济贸易交往的各国及其公民、法人，在法律上相互平等，双方均有获利权。平等互利是我国首创并奉行的和平共处五项外交原则中的一项重要内容，意为国与国之间应在相互平等和共同获益的基础上相互开展外交关系。《外贸法》将平等互利原则运用于对外贸易关系领域，并将其作为我国促进和发展与其他国家和地区贸易关系、缔结或者参加关税同盟协定、自由贸易区协定等区域经济贸易协定、参加区域经济组织的基本原则。

互惠、对等原则是世界贸易组织的基本原则之一。互惠是指贸易伙伴双方相互给予对方的优惠。在国际贸易中，国家之间相互给予最惠国待遇、国民待遇通常都是以互惠为前提的。对等是指贸易双方相互给予对方同等待遇：一是对等地给予同样的优惠待遇，二是

---

① 《服务贸易总协定》允许逐步开放服务业市场的原则，具体体现在将成员方承担的义务分为一般性义务和具体承诺的义务。一般性义务，又称普遍性义务，指最惠国待遇、透明度等原则适用于缔约方的所有服务部门。具体承诺的义务，指必须经过双方或多边谈判达成协议后，根据承诺细目表所承担的义务，这些义务只适用于缔约方承诺开放的服务部门。市场准入和国民待遇属于具体承诺的义务。

对等地就对方给予自己的不平等或歧视性待遇，采取相应的报复措施。

根据《外贸法》的规定，中国在平等互利的基础上建立与其他国家之间互惠、对等的贸易关系，即在国际贸易关系中坚持并维护互惠、对等原则。其贯彻与实施主要体现在以下两方面：一是在对外贸易方面根据所缔结或参加的国际条约、协定，给予其他缔约方、参加方或者根据互惠、对等原则给予对方最惠国待遇或国民待遇。二是任何国家或地区在贸易方面对中国采取歧视性的禁止、限制或者其他类似措施时，中国可以根据实际情况对该国家或地区采取相应的措施。这表明中国同其他国家与地区的贸易关系应当建立在互惠对等的基础上，而不能建立在差别待遇甚至歧视性待遇的基础上。

《外贸法》所确立的对外贸易基本制度和原则，为对外贸易经营与管理提供了必要的法律依据。这说明中国对外贸易立法体系日趋成熟，标志着中国对外贸易开始全面纳入法制管理的轨道。

三、《外贸法》的修订与完善

1994 年颁布的《外贸法》（以下简称原《外贸法》）是我国第一部对外贸易基本法，存在着缺陷与不足，如部分规定操作性较差；有些规定与世贸组织的要求不完全相符；还存在着不少立法内容的空白等。因此，在对外贸易发展的国内外环境已发生重大变化的情况下，2004 年我国对《外贸法》进行了修订。《外贸法》的修订主要体现在三个方面：一是对原《外贸法》与我国加入世贸组织承诺和世贸组织规则不相符的内容进行了修改；二是根据我国加入世贸组织承诺和世贸组织规则，对我国享受世贸组织成员权利的实施机制和程序做了规定；三是根据原《外贸法》实施以来出现的新情况和促进对外贸易健康发展的要求做了修改。修订和补充的主要条款是：

（一）对对外贸易经营者的规定进行了修改

根据原《外贸法》第 8 条规定，中国的自然人不能够从事对外贸易经营活动。根据中国加入世贸组织的承诺，应当进一步放宽外贸经营权的范围，同时考虑在技术贸易、国际服务贸易和边贸活动中，自然人从事对外贸易经营活动已经大量存在，《外贸法》作为外贸领域的基本法，应当允许自然人从事对外贸易经营活动。因此，新修订的《外贸法》将对外贸易经营者的范围扩大到依法从事对外贸易经营活动的个人。

（二）对对外贸易经营制度的规定进行了修改

根据原《外贸法》第 9 条第 1 款的规定，从事货物进出口与技术进出口，必须经国务院主管部门的许可。根据《中华人民共和国加入世界贸易组织议定书》第 5.1 条和《中国加入工作组报告书》第 84 段（a）中的承诺，即在加入世贸组织后 3 年内要取消对外贸易权的审批，放开货物贸易和技术贸易的外贸经营权。因此，新修订的《外贸法》取消了对货物和技术进出口经营权的审批，只要求对外贸易经营者进行备案登记。

（三）增加了国营贸易管理内容

根据 1994 年《关税及贸易总协定》第 17 条和《服务贸易总协定》第 8 条的规定，允许各缔约方在国际贸易中建立或维持国营贸易，即对部分领域的货物贸易授权特定的进出口企业经营，具体经营企业可以为国有企业或者非国有企业。据此，新修订的《外贸法》增加了国家可以对部分货物的进出口实行国营贸易管理的内容。

（四）增加了自动许可管理的内容

根据《中国加入工作组报告书》第136段中的承诺，自加入时起，中国将使其自动许可制符合世贸组织的《进口许可程序协定》的规定。自动许可仅为备案性质，目的为监测进出口情况。因此，新修订的《外贸法》增加了国家基于监测进出口情况的需要，对部分自由进出口的货物实行进出口自动许可管理的内容。

（五）增加了“与贸易有关的知识产权保护”的内容

与贸易有关的知识产权是世贸组织三大支柱之一，越来越多地成为各主要贸易国家维护国家利益的重要手段。因此，根据世贸组织规则，同时借鉴美国、欧盟、日本等国外立法经验，新修订的《外贸法》增加了“与对外贸易有关的知识产权保护”一章。其主要内容是通过实施贸易措施，防止侵犯知识产权的货物进出口和知识产权人滥用权利，并促进我国知识产权在国外的保护的相关内容。

（六）进一步完善对外贸易救济制度的规定

在贸易救济措施日益被滥用的背景下，新《外贸法》增加了“对外贸易调查”一章，列举了可以进行调查、做出处理的主要事项，有助于保护本国产业和市场秩序，以及避免他国实行贸易保护主义；同时进一步补充了反倾销、反补贴、保障措施的相关规定，使中国企业在合法利益受到侵害后，能迅速有效地得到国家的合法救济。

（七）补充和完善了有关法律责任的规定

新修订的《外贸法》根据对外贸易管理出现的新情况、新问题，结合对外贸易管理的实际需要，补充、修改和完善了有关法律责任的规定，通过刑事处罚、行政处罚和从业禁止等多种手段，加大了对对外贸易违法行为以及对外贸易中侵犯知识产权行为的处罚力度。

（八）新增外贸监测和公共服务的有关规定

新修订的《外贸法》还增加了有关外贸监测和公共服务的内容，如建立对外贸易预警应急机制，以应对对外贸易中的突发和异常情况，维护国家经济安全；建立公共信息服务体系，向对外贸易经营者和其他社会公众提供信息服务，满足社会对诚信政府和服务性政府的需要；扶持和促进中小企业开展对外贸易等。

第三节

货物贸易管理立法

近年来虽然技术贸易、服务贸易增长迅速，但货物贸易在国际贸易中仍占有十分重要的地位。货物贸易更直接影响到我国整个对外贸易的发展。随着我国加入世贸组织，货物贸易管理的法律规定，正在全面吸纳世贸组织各项相关协定的合理内核，同国际规范和国际惯例相接轨，以便更好地规范和指导货物贸易活动，维护货物进出口经营秩序，促进对外贸易健康发展。

货物进出口管理立法体系，主要由货物进出口管理和进出口流程各环节管理的法律、法规和规章构成。此外，维护贸易秩序的法律法规也是货物进出口管理的重要依据。

一、货物进出口管理立法

《货物进出口管理条例》及其配套规章构成了中国货物进出口自身管理的主要法律依据。

(一)《货物进出口管理条例》

根据《外贸法》《世界贸易组织协定》和《加入世贸组织的承诺》，在总结中国货物进出口管理实践经验的基础上，2001 年 12 月 31 日国务院制定发布了《货物进出口管理条例》(以下简称《条例》)。《条例》是《外贸法》关于货物进出口规定的实施细则，是《外贸法》的重要配套法规之一。

《条例》作为《外贸法》的配套法规，其整体架构和内容基本符合《外贸法》的总体框架及相关规定。《条例》包括 8 章共 77 条，包括总则、货物进口管理、货物出口管理、国营贸易和指定经营、进出口监测和临时措施、对外贸易促进、法律责任、附则。《条例》涉及的主要内容有：

1.《条例》的适用范围

根据现行海关法的规定，《条例》总则中引用了“关境”的概念，规定从事将货物进口到中国关境内或者将货物出口到中国关境外的贸易活动，应当遵守本条例。

2. 货物进出口管理原则

《条例》的总则中明确规定，国家对货物进出口实行统一的管理制度，国家准许货物的自由进出口，依法维护公平有序的货物进出口贸易。

3. 货物进出口管理办法

对进出口货物的分类及范围、管理手段、管理机构等，分别在《条例》第二、三、四章做出了具体说明。

4. 进出口监测和临时措施

《条例》第五章规定，国务院外经贸主管部门负责对货物进出口情况进行监测、评估；国家为维护国际收支平衡，为建立或者加快建立国内特定产业，在采取现有措施无法实现的情况下，可以采取限制或者禁止进口的临时措施。

5. 对外贸易促进措施

《条例》第六章规定，国家采取出口信用保险、出口信贷、出口退税、设立外贸发展基金等措施，促进对外贸易发展。

6. 法律责任

《条例》第七章对货物进出口经营者违反条例的行为，货物进出口管理工作人员在履行货物进出口管理职能中的失职行为，做了处罚规定。

（二）《条例》的配套部门规章

为了配合《条例》的实施，在废止原有旧规章的同时，国务院有关部委相继颁布了新的配套部门规章，具体包括进出口许可证管理规章、进出口配额管理规章、进出口自动许可制度规章、国营贸易管理规章、特殊货物进出口管理规章等。

《货物进出口管理条例》的配套规章包括：

1. 进出口许可证管理

为了规范进出口许可证管理，合理配置资源，维护货物进出口秩序，营造公平的贸易环境，履行中国承诺的国际公约和条约，商务部颁布了《货物出口许可证管理办法》（2008 年）、《货物进口许可证管理办法》（2005 年）、《敏感物项和技术出口许可证暂行管理办法》（2004 年）、《重点旧机电产品进口管理办法》（2008 年）等。

2. 进出口配额管理

为了规范出口商品配额管理，建立公平竞争机制，保障国家的整体利益和出口企业的合法权益，保证出口商品配额管理工作符合效益、公正、公开和透明的原则，外经贸部颁布了《出口商品配额管理办法》（2001 年）。为完善出口配额分配制度，建立平等竞争机制，中国对部分出口商品配额实行有偿招标办法，为此颁布的相应规章有：《出口商品配额招标办法》（2002 年）、《工业品出口配额招标实施细则》（2001 年）、《摩托车产品出口配额招标实施细则》（2001 年）、《机电产品出口招标办法》（2002 年）、《农产品出口配额招标实施细则》（2002 年）、《纺织品出口管理办法》（暂行）（2006 年）等。

中国现行的进口配额管理的主要法律依据是：《机电产品进口管理办法》（2008 年）、《机电产品进口配额管理实施细则》（2002 年）、《天然橡胶进口配额管理暂行办法》（2002 年）、《化肥进口关税配额管理暂行办法》（2002 年）、《农产品进口关税配额管理暂行办法》（2003 年）等。

3. 进出口自动许可制度

为了对部分货物的进出口实行有效监测，规范货物自动进出口许可管理，商务部颁布的法规主要有：《货物自动进口许可管理办法》（2005 年）、《重要工业品自动进口许可管理实施细则》（2002 年）、《纺织品出口自动许可暂行办法》（2005 年）、《机电产品进口自动许可实施办法》（2008 年）。

4. 国营贸易管理

为了维护国营贸易进口经营秩序，外经贸部颁布了《原油、成品油、化肥国营贸易进口经营管理试行办法》（2002 年）。

5. 特殊货物进出口管理

针对特殊货物进出口管理，国务院及有关部委相继发布了《中华人民共和国核两用品及相关技术出口管制条例》（1998 年、2007 年修订）《中华人民共和国核出口管制条例》（1999 年，2006 年修订）《中华人民共和国军品出口管理条例》（2002 年）、《有关化学品及相关设备和技术出口管制办法》（2002 年）、《中华人民共和国生物两用品及相关设备和技术出口管制条例》（2002 年）、《中华人民共和国导弹及相关物项和技术出口管制条例》（2002）、《向特定国家（地区）出口易制毒化学品暂行管理规定》（2005 年）、《两用物项和技术进出口许可证管理办法》（2005 年）、《易制毒化学品进出口管理规定》（2006 年）、《易制毒化学品进出口国际核查管理规定》（2006 年）、《民用航空零部件出口分类管理办法》（2006 年）等。

二、货物进出口主要环节管理立法

世界各国都制定了相应的法律法规对国际货物贸易的各个环节进行管理，从而保护本国生产者、消费者利益，增加本国财政收入，平衡国际收支，保护国家利益与安全。根据国际经济通行规则，中国为了规范货物进出口各环节管理，也颁布了相应的法律法规，成为货物进出口立法的重要组成部分。

（一）进出口商品检验管理立法

进出口商品检验制度是实行对外贸易管理的主要手段之一，国家通过对进出口商品的检验，加强进出口商品质量管理，增强出口商品在国际市场上的竞争能力，维护国家的对外信誉，防止伪劣商品的进口，保护国家政治和经济利益。为规范进出口商品检验管理，中国颁布的法律、法规和规章主要有以下几种。

1.《中华人民共和国进出口商品检验法》

《中华人民共和国进出口商品检验法》（以下简称《商检法》）是规范进出口商品检验活动的基本法。该法于 1989 年颁布，2002 年、2013 年和 2018 年进行了修订。现行《商检法》共有 6 章 41 条，包括总则、进口商品的检验、出口商品的检验、监督管理、法律责任和附则。

《商检法》对该法的立法宗旨、进出口商品检验体制、商检主体及其行为规范、商检原则、商检分类、商检内容、商检依据、商检监管制度、进口商品检验和出口商品检验管理、商检工作人员的法律责任、违法行为及其处罚等，都做出了明确的规定。

2.《商检法》的配套法律、法规和规章

为使《商检法》在实施的过程中更具有时效性、针对性和可操作性，中国颁布了相关的配套法律、法规和规章。具体包括综合类的、涉及进口商品检验的、涉及出口商品检验的、涉及进出口商检监督管理的法规和规章。

3. 与进出口商品检验管理相关的法律、法规

中国颁布的其他部门的法律法规也涉及了进出口商品检验管理的有关内容。

（二）海关管理立法

海关管理是货物进出口管理的重要环节。国家通过海关监管，保障国家经济安全，保证国家对外经济贸易政策的贯彻实施，维护正常的进出口秩序和当事人的合法权益，促进对外贸易的发展。为了加强海关监管，建立、健全海关稽查制度，近年来，中国根据世贸组织规则的要求，对海关法律法规进行了全面的清理与修订，已初步建立了比较完整、协调的海关法律框架体系，为海关公正、透明、统一执法提供了缜密的法律依据。

1.《中华人民共和国海关法》（以下简称《海关法》）

中国于 1987 年颁布《海关法》，并于 2000 年、2013 年、2016 年和 2017 年进行了修订。《海关法》是构成海关法律体系的核心，是海关法规、规章的立法依据，是海关一切职能行为的基本规范。现行《海关法》共 9 章 102 条，包括总则、进出境运输工具、进出境货物、关税、海关事务担保、执法监督、法律责任、附则。

《海关法》调整的是承担国家进出境监督管理职能的海关与从事进出境活动的运输工具负责人、货物、物品所有人之间的管理与被管理的社会关系，主要对海关执法部门及其执法相对方的行为进行规范，一方面体现了由国家强制力保障的约束性，另一方面也体现了对相关行为的指导性。因此，《海关法》涉及的主要内容有：海关的性质、任务、基本权力、监管对象，执法相对方的基本义务及权利，海关组织领导体制、职责权限、海关及其工作人员的行为规范，海关对进出境运输工具、货物、物品的监管，海关对关税征收监管，海关统计，海关缉私，海关事务担保，海关行政复议、行政诉讼程序等。

2.《海关法》的配套法规与规章

《海关法》作为一部基本法律不可能对庞杂的海关事务作出面面俱到的规定，只能依靠时效性及操作性较强的行政法规及规章作为对具体执行办法的补充和支撑。依照《海关法》的规定，根据海关具有的四项基本职能，即监管、征税、查私、统计及其他海关业务，我国制定和颁布了相关法规或规章。

3. 与海关管理相关的法律

海关管理立法还包括对《海关法》的执行发生影响的法律法规。如，海关缉私工作人员在处理涉嫌走私犯罪的案件时要遵照刑法和刑事诉讼法中的相关规定；而执法相对人在对海关工作人员的某些执法行为有异议时，则可援引行政复议法、行政处罚法中的规定，以争取对自己合法权利的保护。

4. 参加的国际海关组织及条约

海关作为国家进出境监督管理机关，具有涉外性，而涉外性又决定了其各项业务规章制度必然不同程度地存在着同世界各国海关制度协调统一的问题，因此，中国政府缔结或参加的国际海关组织及相关条约、协议也是中国海关立法体系的组成部分。1983 年中国正式加入海关合作理事会（2000 年改称世界海关组织）。世界海关组织制定有 19 个国际公约，中国已缔结了其中的部分公约，如《关于简化和协调海关业务制度的国际公约》（即《京都公约》），其内容囊括了海关业务诸方面，是公认的国际海关领域的基础性公约。1986 年，中国又成为联合国麻醉品委员会的正式成员，并加入了《联合国禁止非法贩运麻醉药品和精神药物公约》等有关国际条约。此外，中国还与世界上诸多国家签订了双边条约：如与美国、俄罗斯等国签订了《海关行政互助的双边协议》，与德国签订了《两国海关在缉毒领域相互交换情报的政府备忘录》等。

（三）外汇管理立法

外汇与货物进出口交易密切相关，因此，外汇管理也是货物进出口管理的主要组成部分。中国的外汇管理，正在由过去的以行政管理为主转变为以法制管理为主，即外汇管理的内容和措施都是以法律法规的形式予以明确。外汇管理纳入法制化轨道，对于提高金融监管水平，保持国际收支平衡，促进对外贸易健康有序发展有着十分重要的意义。

1.《中华人民共和国外汇管理条例》

中国至今尚未颁布外汇管理法，外汇管理的主要法律依据是国务院于 1996 年颁布，并于 1997 年修订的《中华人民共和国外汇管理条例》（以下简称《外汇条例》）。2008 年对《外汇条例》进行了修订，修订后的《外汇条例》共有 8 章 54 条，包括总则、经常项目外汇管理、资本项目外汇管理、金融机构外汇业务管理、人民币汇率和外汇市场管理、监督管理、法律责任和附则。

《外汇条例》作为外汇管理的基本行政法规，主要规定了中国外汇管理的基本原则与制度，涉及的主要内容有：该条例的立法目的；外汇管理机关；外汇管理原则，明确表明中国实行人民币在经常项目下的可自由兑换；经常项目外汇收支管理规定，包括所实行的结售付汇制度、进出口收付汇核销制度、居民个人外汇管理等；资本项目外汇管理规定，包括中国仍对资本项目外汇收支实行管制的政策，资本项目流出流入审批制度，对外商投资、境外投资和外债的管理等；金融机构外汇业务管理规定，对金融机构经营外汇业务的审批程序、经营原则及金融机构的义务等做了原则性的说明；人民币汇率和外汇市场管理规定，明确了人民币汇率制度及外汇市场的管理主体和参与主体等；规定了外汇管理机关依法履行的职责和有权采取的措施：法律责任主要规定了违法行为、处罚形式及复议条款等。

2.《外汇条例》的配套法规与规章

《外汇条例》是目前中国外汇管理最高层次的行政法规，与其他法律一样，在形式特征上同样表现为不可能包罗一切外汇收支活动细则，它只能是概括性和原则性的规定。因此，中国还颁布了一系列专门规范外汇管理具体业务的其他法规、规章和规范性文件。

三、货物进出口主要环节管理的配套法规

（一）进出口商品检验管理

综合类的主要有《中华人民共和国进出境动植物检疫法》（1992 年）及其实施条例（1997 年）、《边境贸易进出口商品检验管理办法》（1993 年）、《进出境水产品检验检疫管理办法》（2002 年）、《进出境动植物检疫审批管理办法》（2002 年）、《进出境肉类产品检验检疫管理办法》（2002 年）、《出入境粮食和饲料检验检疫管理办法》（2002 年）、《进出口商品抽查检验管理办法》（2003 年）、《进出口商品复验办法》（2005）、《中华人民共和国进出口商品检验法实施条例》（2005 年）等。

涉及进口商品检验的有《进口汽车检验管理办法》（1999 年）、《进口商品安全质量许

可申请代理机构管理办法》（2000 年）、《进口许可制度民用商品入境验证管理办法》（2002 年）、《农业转基因生物进口安全管理办法》（2002 年）、《进境水果检验检疫监督管理办法》（2004 年）等。

涉及出口商品检验的有《装运出口商品船舱检验管理办法》（1994 年）、《出口煤炭检验管理办法》（2000 年）、《出境水果检验检疫监督管理办法》（2006 年）等。

涉及监督管理的有《出入境检验检疫行政复议办法》（1999 年）、《出入境检验检疫行政处罚办法》（1999 年）、《进出口食品标签管理办法》（2000 年）、《出入境检验检疫标志管理办法》（2000 年）、《出入境检验检疫封识管理办法》（2000 年）、《进出口商品检验鉴定机构管理办法》（2003 年）、《进出口商品复验办法》（2005 年）等。

此外，中国颁布的其他部门的法律法规也涉及了进出口商品检验管理的有关内容，如：《中华人民共和国卫生检疫法》（1986 年）、《中华人民共和国动物防疫法》（1998 年）、《中华人民共和国食品卫生法》（1995 年）、《中华人民共和国产品质量法》（2000 年）、《采用国际标准管理办法》（2001 年）、《强制性产品认证管理规定》（2002 年）、《农业转基因生物安全管理条例》（2001 年）、《农业转基因生物安全评价管理办法》（2002 年）、《农业转基因生物标识管理办法》（2002 年）等。

（二）海关管理

涉及海关四项基本职能的相关法规或规章主要包括《中华人民共和国进出口关税条例》（2004 年）、《中华人民共和国海关进出口货物征税管理办法》（2005 年）、《中华人民共和国海关进出口货物申报管理规定》（2003 年）、《中华人民共和国海关对加工贸易货物监管办法》（2004 年）、《中华人民共和国海关暂时进出境货物管理办法》（2007 年）；《中华人民共和国海关行政裁定管理暂行办法》（2002 年）、《中华人民共和国海关行政赔偿办法》（2003 年）、《中华人民共和国海关行政处罚实施条例》（2004 年）、《中华人民共和国海关进出口货物商品归类管理规定》（2007 年）等。

对《海关法》执行发生影响的其他法律法规有：《中华人民共和国行政诉讼法》（1990 年）、《中华人民共和国刑事诉讼法》（1996 年）、《中华人民共和国行政处罚法》（1996 年）、《中华人民共和国刑法》（1997 年）、《中华人民共和国行政复议法》（1999 年）等。

（三）外汇管理

涉及贸易外汇管理的配套规章主要有《出口收汇核销管理办法》（2003 年）、《关于加强出口收汇核销监管工作的通知》（2004 年）、《贸易进口付汇核销监管暂行办法》（1997 年）、《关于加强进口售付汇监管有关问题的通知》（1998 年）、《贸易进口付汇核销管理操作规程》（2002 年）、《进口付汇逾期未核销备查管理规定》（2004 年）、《进口付汇差额核销管理办法》（2004 年）、《进一步简化贸易进口付汇及核销手续有关问题的通知》（2005 年）、《关于加强进口延期付汇、远期付汇管理有关问题的通知》（2005 年）、《关于调整部分服务贸易项下售付汇政策有关问题的通知》（2006 年）、《进出口收付汇逾期未核销行为处理暂行办法》（2003 年）、《境内机构经常项目外汇账户管理操作规程》（2003 年）、《外汇指定银行办理结汇、售汇业务管理暂行办法》（2004 年）、《关于放宽境内机构保留经常项目外汇收入有关问题的通知》(2005 年)、《关于进一步改进贸易外汇收汇与结汇管理有关问题的通知》(2006 年)、《关于调整经常项目外汇管理政策的通知》(2006 年) 等。

四、维护贸易秩序的立法

在日益激烈的国际竞争中，一个国家如果不能有效地保护本国的经济利益，就很难分享从国际分工和自由贸易中带来的好处。中国加入世贸组织后，在国内产业受到进口产品冲击时，可运用的保护国内产业的手段越来越少。反倾销、反补贴和保障措施是世贸组织允许成员采用的抵制不公平贸易，合法保护国内产业的重要措施。运用好符合世贸组织规则的反倾销、反补贴和保障措施，可以防止国外大量向我低价倾销产品，避免倾销对国内相关产业造成的损害，保护国内幼稚产业和新兴技术产业的发展，最终维护国家的经济利益。为此，中国以世贸组织协议为基础，借鉴市场经济国家的做法，并考虑实际国情，于 2001 年 12 月颁布了《中华人民共和国反倾销条例》《中华人民共和国反补贴条例》和《中华人民共和国保障措施条例》，2004 年又对上述三个法规进行了修改。

作为中国对外贸易法律体系和贸易政策的重要组成部分，三个条例的颁布、修改与实施对于加入世贸组织后的中国来说，意义重大而深远，它不仅是中国在改革开放进程中按照世贸组织原则建立起的自我保护体系的重要措施，更是在国内经济融入全球经济大循环过程中进行法制建设的一个重要的里程碑，标志着中国反倾销、反补贴、保障措施法律制度与世贸组织规则的全面接轨，进一步为企业创造公平的贸易环境，更加有效地促进了对外贸易的健康发展。

(一)《中华人民共和国反倾销条例》

《中华人民共和国反倾销条例》(2004 年修订，以下简称《反倾销条例》) 共 6 章 59 条，包括总则、倾销与损害、反倾销调查、反倾销措施、反倾销税和价格承诺的期限与复审、附则。《反倾销条例》涉及的主要内容有：该条例的立法目的和适用范围；倾销的定义，倾销的确定方法，倾销的幅度；倾销损害的界定，损害评估标准；负责调查倾销与损害的机关，反倾销调查申请和立案程序，倾销和损害裁定程序；临时性反倾销措施，停止以倾销价格出口的价格承诺，反倾销税的征收；反倾销税和价格承诺的期限与复审程序；不服裁决者可申请和提起行政复议和行政诉讼的有关规定；反规避措施和反歧视措施等。

(二)《中华人民共和国反补贴条例》

《中华人民共和国反补贴条例》(2004 年修订，以下简称《反补贴条例》) 有 6 章 58 条，包括总则、补贴与损害、反补贴调查、反补贴措施、反补贴税和价格承诺的期限与复审、附则。《反补贴条例》涉及的主要内容有：该条例的立法宗旨与适用范围；采取反补贴措施的基本条件，补贴的定义，补贴的形式，进口产品补贴金额的计算方式；补贴损害的定义，确定补贴对国内产业造成损害时应当审查的事项；负责调查补贴与损害的机关，反补贴调查申请和立案程序，补贴与损害裁定程序；临时反补贴措施，出口国 (地区) 政府提出取消、限制补贴或者其他有关措施的承诺，反补贴税的征收；反补贴税和承诺的期限与复审程序；不服裁决者可申请和提起行政复议和行政诉讼的有关规定；反规避措施和反歧视措施等。

（三）《中华人民共和国保障措施条例》

《中华人民共和国保障措施条例》（2004 年修订，以下简称《保障措施条例》）有 5 章 34 条，包括总则、调查、保障措施、保障措施的期限与复审、附则。《保障措施条例》涉及的主要内容有：该条例的立法目的和适用条件；调查机关及其职责分工；确定进口产品数量增加对国内产业造成损害时应当审查的相关因素；采取保障措施调查申请和立案程序，进口产品数量增加和损害裁定程序；临时保障措施；保障措施的期限与复审程序；反歧视措施等。不同于《反倾销条例》和《反补贴条例》的是，《保障措施条例》没有规定司法审议。这是因为世贸组织保障措施协定中没有司法审议条款，因此，《保障措施条例》对此义务，即对不服裁决者可申请和提起行政复议和行政诉讼未作规定。

（四）三个条例的配套法规

为使三个条例进一步明确和细化，增强可操作性，在反倾销、反补贴及实施保障措施工作中得到更好的贯彻执行，国务院有关部委还相应颁布了为实施反倾销、反补贴、保障措施而制定的规章与规范性文件，共同形成了中国对外贸易救济的法律体系。

维护对外贸易秩序的配套法规包括：

1.《反倾销条例》的配套法规

《反倾销条例》的配套规章主要有：《反倾销新出口商复审暂行规则》（2002 年）、《反倾销价格承诺暂行规则》（2002 年）、《反倾销调查公开信息查阅暂行规则》（2002 年）、《反倾销调查抽样暂行规则》（2002 年）、《反倾销调查实地核查暂行规则》（2002 年）、《反倾销问卷调查暂行规则》（2002 年）、《反倾销调查立案暂行规则》（2002 年）、《关于反倾销产品范围调整程序的暂行规定》（2003 年）、《反倾销产业损害调查与裁决规定》（2003 年）、《反倾销产业损害调查规定》（2003 年）、《出口产品反倾销案件应诉规定》（2006 年）等。

2.《反补贴条例》的配套法规

《反补贴条例》的配套规章主要有：《反补贴调查实地核查暂行规则》（2002 年）、《反补贴问卷调查暂行规则》（2002 年）、《反补贴调查立案暂行规则》（2002 年）、《反补贴调查听证会暂行规则》（2002 年）、《反补贴产业损害调查与裁决规定》（2003 年）、《反补贴产业损害调查规定》（2003 年）等。

3.《保障措施条例》的配套规章

《保障措施条例》的配套规章主要有：《保障措施立案暂行规则》（2002 年）、《保障措施调查听证会暂行规定》（2002 年）、《保障措施产业损害调查与裁决规定》（2003 年）、《关于保障措施产品范围调整程序的暂行规则》（2003 年）、《保障措施产业损害调查规定》（2003 年）。

第四节

技术贸易管理立法

近 30 年来，国际贸易发展最重要的特征是技术贸易的加速发展。积极发展对外技术贸易不仅适应了知识经济时代和经济全球化的发展趋势，而且是中国实现由贸易大国向贸易强国跨越的必由之路，也是加快出口商品结构战略调整，促进国内产业结构升级，保证对外贸易与国民经济持续稳定发展的重大战略选择。

促进中国技术贸易健康、有序和持续发展，必须用法律制度进行规范、引导和制约。中国技术贸易管理立法由技术进出口管理的法律、法规和规章、保护知识产权的法律、法规和规章构成。

一、技术进出口管理立法

（一）技术进出口管理立法概况

改革开放后，中国在技术进出口管理方面曾公布过三个行政法规：《中华人民共和国技术引进合同管理条例》（1985 年），《中华人民共和国技术引进合同管理条例施行细则》（1988 年），《技术出口管理暂行办法》（1990 年）。上述法规的颁布和实施，对规范技术进口合同管理，维护技术进口秩序等方面起到了积极的作用。但随着技术进出口管理体制改革的不断深化，这三个行政法规已不适应改革开放，特别是加入世贸组织新形势的需要，条款的某些内容不符合世贸组织《与贸易有关的知识产权协议》的有关规定，因此，有必要进行重新立法。

根据《外贸法》关于技术进出口管理的有关规定，以及世贸组织《与贸易有关的知识产权协议》的有关规定，国务院于 2001 年 12 月 10 日颁布了统一的技术进出口管理法规《中华人民共和国技术进出口管理条例》（以下简称《技术条例》）。为更好地贯彻落实《技术条例》，还颁布了相应的配套规章与办法，使《技术条例》更具有可操作性，明确性和指导性，规范和引导各级技术进出口管理机构和有关企业做好技术进出口工作。

（二）《技术进出口管理条例》

《技术条例》是为适应新的形势，力求最大限度地和国际技术贸易规则接轨，用法律手段规范和加强技术进出口管理，在技术贸易领域制定的第一部统一的技术进出口管理综合性法规。其宗旨是：根据社会主义市场经济体制要求，建立起一套国家关于技术进出口方面的宏观运行机制，便利企业，促进技术进出口发展。《技术条例》的颁布与实施是保证引进国外先进技术和鼓励国内成熟的产业技术出口顺利进行的基础，对规范技术进出口管理秩序，促进对外技术贸易领域依法行政将起到重要的作用。

《技术条例》是《外贸法》的配套法规之一，体现了统一、公正、公开的原则，其总体框架基本按照《外贸法》有关技术进出口管理的有关规定，条款的内容也与《与贸易有关的知识产权协议》的有关规定相一致。《技术条例》共分 5 章 55 条，包括总则、技术进口管理、技术出口管理、法律责任及附则。涉及的主要内容有：

1. 技术进出口管理原则

《技术条例》在总则中专门规定，国家对技术进出口实行统一的管理制度，并明确对外经济贸易主管部门是国务院专门负责全国技术进出口管理工作的部门；根据世贸组织关于自由贸易的原则，国家依法维护公平、自由的技术进出口秩序，除法律、法规另有规定外，国家准许技术的自由进出口。

2. 技术进出口形式

技术进出口的具体形式不一，为使《技术条例》的施行具有针对性，总则第 2 条关于条例的适用范围，专门规定了技术进出口具体形式包括专利权转让、专利申请权转让、专利实施许可、技术秘密转让、技术服务和其他方式的技术转移等。

3. 技术进口管理

《技术条例》对技术进口分类、管理形式、合同生效、技术投资等事宜作出了明确的规定。

（1）技术进口的分类。《技术条例》第二章将技术进口分为禁止进口的技术、限制进口的技术和自由进口的技术三类。禁止进口技术和限制进口技术的规定符合世贸组织的例外原则，具体种类按照《外贸法》第 16 条、第 17 条规定情形确定。

（2）技术进口管理的形式。国家对禁止或者限制进口的技术实行目录管理。为体现公开、透明的原则，《技术条例》规定，禁止或者限制进口的技术目录由国务院外经贸主管部门会同国务院有关部门制定、调整并公布。属于限制进口的技术，实行许可证管理。基于技术进口监测的需要，《技术条例》规定，属于自由进口的技术，实行合同登记管理。

（3）合同的生效。《技术条例》规定，技术进口经许可的，由主管部门颁发技术进口许可证，技术进口合同自技术进口许可证颁发之日起生效。进口属于自由进口的技术，合同自依法成立时生效，不以登记为合同生效的依据。

（4）技术投资。《技术条例》规定，设立外商投资企业，外方以技术作为投资的，该技术的进口，应当按照外商投资企业设立审批程序进行审查或者办理登记。

4. 技术出口管理

《技术条例》对技术出口分类、管理形式、合同生效、办理相关手续的条件等事宜作出了明确的规定。

（1）技术出口的分类。《技术条例》第二章将技术出口分为禁止出口的技术、限制出口的技术和自由出口的技术三类。禁止出口技术和限制出口技术的具体种类按照《外贸法》第 16 条和第 17 条的规定情形确定。

（2）技术出口管理的形式。国家对禁止或者限制出口的技术实行目录管理。《技术条例》规定，禁止或者限制出口的技术目录由国务院外经贸主管部门会同国务院有关部门制定、调整并公布。属于限制出口的技术，实行许可证管理。属于自由出口的技术，实行合同登记管理。

（3）合同的生效。《技术条例》规定，技术出口经许可的，由主管部门颁发技术出口许可证，技术出口合同自技术出口许可证颁发之日起生效。出口属于自由出口的技术，合同自依法成立时生效，不以登记为合同生效的依据。

（4）办理相关手续的条件。《技术条例》规定，申请人凭技术出口许可证或者技术出口合同登记证办理外汇、银行、税务、海关等相关手续。

5. 法律责任

《技术条例》第四章对进口或者出口属于禁止进出口的技术的，或者未经许可擅自进口或者出口属于限制进出口的技术的，擅自超出许可的范围进口或者出口属于限制进出口的技术的，伪造、变造或者买卖技术进出口许可证或者技术进出口合同登记证的，以欺骗或者其他不正当手段获取技术进出口许可或者进出口合同登记的行为做出了明确的处罚规定。

（三）技术进出口管理的配套法规

为更好地贯彻落实《技术进出口管理条例》，外经贸部于 2001 年 12 月 30 日颁布了《禁止进口、限制进口技术管理办法》（2007 年修订）、《禁止出口、限制出口技术管理办法》（2009 年修订）、《技术进出口合同登记管理办法》（2009 年修订）三个部门规章，随后又公布了两个目录，即《中国禁止进口限制进口技术目录》（2007 年修订）和《中国禁止出口限制出口技术目录》（2008 年修订）。此外，为落实国家对软件出口的各项鼓励政策，加强对软件出口的管理，还颁布了《软件出口管理和统计办法》（2001 年）。

二、知识产权保护立法

知识产权是技术贸易的主要内容，对知识产权的保护，几乎涉及技术贸易的所有方面，因此，知识产权保护方面的法律法规也是中国技术贸易管理立法的重要组成部分。

（一）有关知识产权保护的国内立法

随着国际技术贸易的发展，智力成果在商品中含量的增加，使知识产权在国际贸易中的重要性日益提高，知识产权与国际经济贸易的关系更加密切。各国为了使本国的知识产权在国外得到保护，纷纷制定有关法律、法规，并积极签订双边和多边的保护知识产权的协定和条约，一个世界性的保护知识产权的体系已经形成。为了顺应这一历史潮流，改革开放后，中国在积极引进国外先进技术的同时，根据国民经济发展的客观需要，通过借鉴国际公约、条约规定和其他国家在知识产权保护立法方面的先进经验，建立、健全知识产权保护的立法体系。

中国现有的知识产权保护法律体系主要由法律、行政法规和部门规章三个部分组成。其中，颁布的主要法律有《中华人民共和国商标法》（1983 年）、《中华人民共和国专利法》（1984 年）和《中华人民共和国著作权法》（1991 年）。此外，中国的民法、刑法、对外贸易法以及最高人民法院和最高人民检察院发布的有关司法解释中也包括了知识产权保护的专门规定。这些法律和法规比较全面地对知识产权保护的各方面进行了规范，不仅使知识产权的重要领域可以有法可依、有章可循，而且使中国的知识产权法律体系不断向国际标准靠拢，促使中国的知识产权法律体系与世界知识产权法律体系接轨，促进了以知识产权为主要交易对象的技术贸易的发展。

作为世贸组织成员，要高度重视世贸组织《与贸易有关的知识产权协定》。中国入世前后，为了履行《与贸易有关的知识产权协定》和在知识产权保护方面的对外承诺，进一步完善了有关知识产权保护方面的立法。如经过修订的《外贸法》（2004 年）增添了“与贸易有关的知识产权保护”的内容；全国人大常委会、国务院及其所属部门相继对《中华人民共和国专利法》（2000 年）、《中华人民共和国著作权法》（2001 年）和《中华人民共和国商标法》（2001 年）等法律法规进行了修改。修改后的法律法规，完善了中国的知识产权保护法律制度，使中国的知识产权保护法律同《与贸易有关的知识产权协议》的规定完全一致，为中国在更大范围和更高层次上参与国际经济技术合作和竞争营造了良好的法律环境。

此外，中国还在不断积极研究制定有关知识产权保护的新法律、新法规。随着这些新法律法规的出台，中国的知识产权保护法律体系得到了进一步健全与完善，中国的知识产权保护法制建设也会不断向前发展。

（二）有关知识产权保护的配套法规

涉及知识产权保护的行政法规和部门规章有《中华人民共和国商标法实施条例》（2002 年）、《中华人民共和国专利法实施细则》（2002 年）、《中华人民共和国著作权法实施条例》（2002 年）、《计算机软件保护条例》（1991 年，2001 年、2011 年、2013 年修订）、《专利代理条例》（1991 年）、《音像制品管理条例》（1994 年，2001 年、2011 年、2013 年修订）、《商标评审规则》（1995 年）、《中华人民共和国知识产权海关保护条例》（1995 年）、《特殊标志管理条例》（1996 年）、《中华人民共和国促进科技成果转化法》（1996 年）、《驰名商标认定和管理暂行规定》（1996 年）、《出版管理条例》（1997 年，2001 年、2011 年、2013 年、2014 年、2016 年修订）、《中华人民共和国植物新品种保护条例》（1997 年）、《商标评审规则》（2002 年）、《关于国家科研计划项目研究成果知识产权管理的若干规定》（2002 年）、《马德里商标国际注册实施办法》（2003 年）、《驰名商标认定和保护规定》（2003 年）、《集体商标、证明商标注册和管理办法》（2003 年）、《著作权行政处罚实施办法》（2003 年）、《专利实施强制许可办法》（2003 年）、《关于加强对外贸易中的专利管理的意见》（2003 年）、《计算机软件著作权登记办法》（2003 年）、《关于办理侵犯知识产权刑事案件具体应用法律若干问题的解释》（2004 年），《互联网著作权行政保护办法》（2005 年）、《著作权集体管理条例》（2005 年）、《国家知识产权局行政复议规程》（2005 年）、《互联网著作权行政保护办法》（2005 年）、《关于国际科技合作项目知识产权管理的暂行规定》（2006 年）、《信息网络传播权保护条例》（2006 年）、《商务领域品牌评定与保护办法（试行）》（2007 年）等。

（三）参加知识产权保护的国际条约（公约）

改革开放后，中国积极参与了知识产权保护领域的国际合作，相继参加了数十个知识产权保护的国际公约，积极参与世界知识产权组织等国际组织的知识产权保护活动，同时还积极开展了对不同国家和地区的双边知识产权保护交流与合作。中国签署和参加的相关国际公约和双边协定，几乎都涉及以专利、商标、计算机软件、专有技术和高新技术产品为客体的技术贸易，它们构成了中国技术贸易立法不可缺少的重要组成部分。

自1980年中国加入《建立世界知识产权组织公约》起至今，中国先后参加的多边公约主要有《保护工业产权巴黎公约》（1985年）、《商标国际注册马德里协定》（1989年）、《关于集成电路知识产权条约》（1989年）、《保护文学作品伯尔尼公约》（1992年）、《世界版权公约》（1992年）、《保护音像制作者防止非法复制公约》（1993年）、《商标注册用商品和服务国际分类尼斯协定》（1994年）、《国际专利合作条约》（1994年）、《为专利程序目的进行微生物存放的国际承认的布达佩斯条约》（1995年）、《建立工业设计国际分类洛加诺协定》（1996年）、《国际专利分类斯特拉斯堡协定》（1997年）、《保护植物新品种国际公约》（1997年）、《与贸易有关的知识产权协定》（2001年）、《世界知识产权组织表演和录音制品条约》（2006年）、《世界知识产权组织版权条约》（2006年）等。

第五节

服务贸易管理立法

当今国际贸易已从单纯的货物贸易向货物贸易、技术贸易和服务贸易三位一体的方向发展。虽然货物贸易仍扮演着非常重要的角色，而科技的发展，无形财产的跨国交易日趋频繁，从潜在的发展能力和比较利益而言，服务贸易将成为国际贸易发展的主导力量。中国要想成为真正的贸易大国，提高国际竞争力，就要适应世界这一发展潮流，积极发展服务贸易，而在世界经济一体化的条件下发展服务贸易，必须要有一个符合世贸组织《服务贸易总协定》规则的服务贸易法律体系。

一、服务贸易立法发展概况

由于长期计划经济，服务业在中国国民经济中的地位被忽视，发展相对落后，更谈不到开展国际服务贸易，因此，对外服务贸易立法十分薄弱，各行业的法律和规章大多是国内服务贸易的规定，基本没有涉及国际服务贸易的内容。

改革开放后，中国认识到了服务业的重要性，加快了服务业和对外服务贸易的发展步伐，而且随着改革开放的深入，逐步开放服务业，开放领域呈不断扩大态势。与此相适应，中国加快了对外服务贸易立法，在积极参加国际服务贸易谈判的同时，相继颁布了多项服务贸易的法律规范，建立了服务贸易法律体系的基本框架，即以《外贸法》为基本支柱，以服务行业性法律为主体，以行业性行政法规、规章和地方性法规为补充，依托《中华人民共和国反不正当竞争法》等跨行业的有关法律、行政法规，共同构筑而成。其中，《外贸法》位于最高层次。它是规范中国服务贸易的基本法律，确立了国家促进国际服务贸易逐步发展原则、承担国际条约和协定原则、维护国家主权原则和合理限制国际服务贸易原则。

中国服务贸易立法的发展，对规范服务贸易管理，维护良好的经营秩序起到了重要作用，但离一个完整的服务贸易法律体系尚存一定差距，如缺少一部调整整个服务贸易的基本法律；服务贸易立法存有不少空白，在一些重要的服务贸易领域还没有统一的法律，如《中华人民共和国旅游法》《中华人民共和国电信法》等；服务贸易的法律法规主要是规范服务贸易中的商业存在形式，而对《服务贸易总协定》中规定的另外三种服务贸易的提供方式则少有规定；服务贸易的立法主要表现为各职能部门的规章和内部规范文件，有的为政策性规定，不仅立法层次低，而且缺乏透明度；一些法律法规与《服务贸易总协定》存在冲突。

加入世贸组织后，中国作为世贸组织成员，在享受权利的同时，也要履行相应的义务。中国要在服务贸易领域有步骤地推进银行、保险、电信、贸易、旅游、广告、建筑工程、对外劳务合作、律师等行业的开放，逐步对外商投资实行国民待遇，同时，也要研究和利用世贸组织规则允许的保护性措施和过渡期，对重点行业进行调整重组，提高竞争力，减缓对国内服务贸易业的冲击。因此，近两年来，正在抓紧清理、修订和完善有关服务贸易的法律法规，提高透明度，建立健全统一、规范、公开的外商投资服务贸易领域市场准入制度。

二、主要服务业立法

中国服务贸易立法的主体框架是各服务行业的基本法律、法规和规章。服务贸易涉及领域广泛，根据《服务贸易总协定》的分类，全世界的服务贸易有 11 大类和 142 个服务项目之多。下面将根据《服务贸易总协定》的分类，对中国主要服务业的立法情况做出说明。

（一）金融业

为适应加入世贸组织和进一步开放金融市场的要求，近些年来中国加快了金融法律制度建设，金融业法律体系不断发展完善，如全国人大相继发布了《中华人民共和国中国人民银行法》（1995 年、2004 年修订）、《中华人民共和国商业银行法》（1995 年、2004 年修改）、《中华人民共和国保险法》（1995 年、2002 年、2009 年、2014 年、2015 年修订）、《中华人民共和国担保法》（1995 年）、《中华人民共和国票据法》（1996 年、2004 年、2005 年、2013 年修订）、《中华人民共和国证券法》（1999 年、2004 年修改）、《中华人民共和国证券投资基金法》（2003 年）等法律；国务院发布了《中华人民共和国外资金融机构管理条例》（1994 年、2001 年修订）、《中华人民共和国外资保险公司管理条例》（2002 年）、《中华人民共和国外资银行管理条例》（2006 年）等行政法规；根据这些法律法规，中国人民银行、中国证监会、原中国保监会制定颁布了一系列规章。总之，中国已初步建立了较完善的金融服务贸易法律体系，为金融业健康、规范发展，创造了良好的法律环境。

（二）电信业

按照世贸组织的要求，各成员在涉及语言电话、电传、文传、专线、移动电话、移动数据传输、企业租用私人线路和个人通信等方面的各项电信业务，要打破垄断，消除封闭。与此同时，各成员要允许相互在电信市场上投资、融资、持股，开展公平竞争。为了适应这一要求，进一步开放电信市场，并规范电信市场秩序，维护电信用户和电信业务经营者的合法权益，保障电信网络和信息的安全，全国人民代表大会常务委员会发布了《关于维护互联网安全的决定》（2000 年）；国务院相继发布了《中华人民共和国电信条例》（2000 年）、《互联网信息服务管理办法》（2000 年）、《外商投资电信企业管理规定》（2002 年）等行政法规；信息产业部制定颁布了相关的部门规章。这些法规和规章适应了电信业对外开放的需要，对建立有序竞争的市场环境，促进电信业的持续健康发展发挥了重要的作用。但中国目前还没有统一的电信法，对电信业的管制更多的是依靠条例和部门规章。因此，必须根据国际电信服务贸易的原则和要求，继续完善有关立法，提高立法质量。

（三）旅游业

中国现行的旅游服务贸易的主要法规是国务院于 1985 年发布的《旅行社管理条例》，2001 年国务院对该条例进行了修改，修改后的《旅行社管理条例》新增了一章，即外商投资旅行社的特别规定。依据《旅行社管理条例》，原国家旅游局颁布了一系列的部门配套规章。这些法规和规章对于规范中国旅游服务贸易法律关系，促进旅游业的对外开放起到了十分重要的作用。但中国有关旅游业的法律还很不完善，到目前为止，还没有一部完整的旅游基本法；现行的立法主要是调整旅游管理方面的行政法规，规范旅游服务机构和执业人员行为的法规也较少；有些地方性的规章不够透明，甚至与行政法规与部门规章存在冲突。这些都与国际旅游服务贸易的法律规范有一定差距。

为了适应加入世界贸易组织后服务贸易自由化，中国要根据《服务贸易总协定》的要求，进一步调整和完善旅游服务贸易法律体系。首先要尽快研究制定旅游法；其次要尽快填补旅游服务贸易立法空白，特别是有关旅行社、宾馆饭店、导游、旅游设施、旅游资源以及旅游业的对外开放方面的法规和规章，修改互相矛盾和冲突的条文，加强法规的权威性和可操作性，增强旅游服务贸易法规和有关政策的透明度。

（四）商业

为进一步扩大对外开放，促进商业企业的改革和发展，推动国内市场建设，并使扩大商业领域利用外商投资健康有序地进行，国务院及其所属部委相继颁布了《关于扩大外商投资企业进出口经营权有关问题的通知》（2001 年）、《关于设立中外合资对外贸易公司暂行办法》（2003 年）、《外商投资图书、报纸、期刊分销企业管理办法》（2003 年）、《外商投资商业领域管理办法》（2004 年）、《商业特许经营管理办法》（2005 年）、《外商投资商业领域项目办理程序》（2005 年）、《文化产品和服务出口指导目录》（2007 年）等。

（五）运输业

为了规范国际运输活动，保护公平竞争，维护国际运输市场秩序，保障国际运输各方当事人的合法权益，中国就不同的运输方式分别颁布了相应的法规与规章：《外商独资船务公司审批管理暂行办法》（2000 年）、《中华人民共和国国际海运条例》（2002 年）、《外商投资国际海运业管理规定》（2004 年）；《外商投资道路运输业管理规定》（2001 年）、《关于进一步对外开放道路运输投资领域的通知》（2002 年）；《外商投资铁路货物运输业审批与管理暂行办法》（2000 年）；《外商投资民用航空业规定》（2002 年）；《外商投资国际货物运输代理企业管理办法》（2003 年、2005 年、2015 年修订）；《关于开展试点设立外商投资物流企业工作有关问题的通知》（2002 年），《国际货运代理企业备案（暂行）办法》（2005 年）。

（六）专业服务业

1. 法律服务

为了完善律师制度，保障律师依法执行业务，规范律师的行为，维护当事人的合法权益，维护法律的正确实施，发挥律师在中国法制建设中的作用，全国人大于 1996 年颁布了《中华人民共和国律师法》，2001 年又对该法进行了修订。虽然律师法的修订是在加入世贸组织以后进行的，但作为规范律师活动的法律，没有对涉外法律服务问题做出具体规定，只在附则中规定“外国律师事务所在中国境内设立机构从事规定的法律服务活动的管理办法，由国务院制定”。为了填补这一法律空白，根据对外开放法律服务方面的具体承诺，国务院于 2001 年颁布了《外国律师事务所驻华代表机构管理条例》。为贯彻执行该条例，司法部于 2002 年发布了《关于执行〈外国律师事务所驻华代表机构管理条例〉的规定》，对外国律师事务所驻华代表机构的设立及其法律服务活动做出进一步的规范。

2. 会计服务

为了发挥注册会计师在社会经济活动中的鉴证和服务作用，加强对注册会计师的管理，维护社会公共利益和投资者的合法权益，促进社会主义市场经济的健康发展，全国人大于 1994 年颁布了《中华人民共和国注册会计师法》。根据该法第 44 条的规定，财政部颁布了《中外合作会计师事务所管理暂行办法》（1996 年），准许设立中外合作的会计师事务所，并对中外合作会计师事务所的设立和管理做出了具体规定。

3. 广告服务

为了规范广告活动，促进广告业的健康发展，保护消费者的合法权益，维护社会经济秩序，全国人大于 1994 年颁布了《中华人民共和国广告法》。这是规范中国广告业的基本法律，中外广告经营者、广告发布者在中国境内从事广告活动，均应遵守广告法。广告业是中国对外开放较早的行业，为了规范外商投资广告企业的活动，国务院、国家工商总局和外经贸部还颁发了《广告管理条例》（2002 年）、《关于外商投资广告企业设立分支机构有关问题的通知》（1995 年）、《关于外商投资企业境内投资广告业有关问题的答复》（2001 年）、《外商投资广告企业管理规定》（2004 年）等。

4. 建筑设计、工程、城市规划服务

为进一步扩大对外开放，规范对外商投资建设工程设计企业的管理，中国对与世贸组织规则和对外承诺不一致的建筑业法律、法规进行了必要的修订。现行的法规与规章主要是：《外商投资建设工程设计企业管理规定》（2002 年）、《外商投资建筑业企业管理规定》（2002 年）、《外商投资城市规划服务企业管理规定》（2003 年）、《关于外商投资建筑业企业管理规定中有关资质管理的实施办法》(2003 年)、《关于外商投资企业办理城市规划服务资格证书有关事项的通知》(2003 年)、《外商投资建设工程服务企业管理规定》(2007 年)。

除上述服务领域以外，中国根据加入世贸组织的要求，还对其他服务业的法规与规章进行了修订与完善。

三、服务贸易管理的配套法规

(一) 金融业

中国人民银行、中国证监会、原中国保监会制定颁布了一系列部门规章，如《外资金融机构存款准备金缴存管理办法》(2005 年)、《委托注册会计师对外资金融机构进行审计管理办法》(1996 年)、《统一境内中、外资金融机构的外币存、贷款利率管理政策》(2002 年)、《外资金融机构驻华代表机构管理办法》(2002 年)、《境外金融机构投资入股中资金融机构管理办法》(2003 年)、《关于调整银行市场准入管理方式和程序的决定》(2003 年)、《金融许可证管理办法》(2003 年，2007 年修改)、《银行业监督管理法》(2004 年，2006 年修改)、《外资银行管理条例实施细则》(2006 年)；《关于上市公司涉及外商投资有关问题的若干意见》(2001 年)、《外资参股证券公司设立规则》(2002 年、2007 年、2012 年修改)、《合格境外机构投资者境内证券投资管理办法》(2006 年)、《境外金融机构投资入股中资金融机构管理办法》(2003 年)、《证券投资基金管理公司管理办法》(2012 年)、《境外证券交易所驻华代表机构管理办法》(2007 年)、《合格境内机构投资者境外证券投资管理试行办法》(2007 年)；《保险业代理管理办法》(2000 年)、《外资保险公司管理条例》(2001 年、2013 年、2016 年修订)、《保险公司机构管理规定》(2009 年)、《保险代理机构管理规定》(2005 年)、《外资保险公司管理条例实施细则》(2004 年，2013 年修订)、《关于允许外国保险经纪公司设立外商独资保险经纪公司的公告》(2006 年)、《外资保险机构驻华代表机构管理办法》(2006 年)、《保险资金境外投资管理暂行办法》(2007 年) 等。

(二) 电信业

信息产业部制定发布的部门规章有:《电信网间互联管理暂行规定》(1999 年)、《电信网间互联争议处理办法》(2002 年)、《互联网电子公告服务管理规定》(2000 年)、《电信建设管理办法》(2002 年)、《建立卫星通信网和设置使用地球站管理规定》(2009 年)、《中国互联网络域名管理办法》(2004 年)、《国际通信设施建设管理规定》(2002 年)、《国际通信出入口局管理办法》(2002 年)、《境外卫星电视频道落地管理办法》(2004 年)、《电信服务规范》(2005 年)、《互联网新闻信息服务管理规定》(2005 年)、《互联网电子邮件服务管理办法》(2006 年) 等。

(三) 旅游业

原国家旅游局颁布的部门配套规章经过几轮修改调整，现行的主要有：《旅行社条例实施细则》(2009年)、《旅游投诉处理办法》(2010年)、《旅行社质量保证金赔偿试行标准》(2001年)、《导游人员管理实施办法》(2001年，2005年修订)、《旅行社管理条例》(2008年)。

(四) 其他服务业

涉及音像视听服务的有《电影管理条例》(2002年)、《中外合作音像制品分销企业管理办法》[2004年，2009年补充规定，2011年补充规定(二)]、《音像制品管理条例》(2002年、2011年、2013年修改)、《音像制品进口管理办法》(2011年)、《中外合作摄制电影片管理规定》(2003年)、《外商投资电影院暂行规定》[2004年，2005年补充规定，2006年补充规定(二)]、《境外电视节目引进、播出管理规定》(2004年)、《中外合作音像制品分销企业管理办法》[2004年，2009年补充规定，2011年补充规定(二)]、《中外合作制作电视剧管理规定》(2004年)、《文化部关于网络音乐发展和管理的若干意见》(2006年)；涉及教育和职业服务的有《中外合作办学条例》(2003年)、《中外合资中外合作职业介绍机构设立管理暂行规定》(2001年)、《中外合资人才中介机构管理暂行规定》(2003年，2005年修订，2008年补充规定)；涉及医疗服务的有《中外合资、合作医疗机构管理暂行办法》[2000年，2008年补充规定，2009年补充规定(二)]；涉及出版印刷业的有《出版管理条例》(2002年，2011年、2013年修订)、《设立外商投资印刷企业暂行规定》[2002年，2009年补充规定，2013年补充规定(二)]。

第六节

跨境电子商务相关政策法规

跨境电子商务发展迅速，正在成为我国外贸稳增长、转方式、调结构的一个重要途径。商务部数据显示，2013年以来，我国跨境电商进出口额年均增速超过30%。2016年我国跨境电商进出口额达6.3万亿元。跨境电子商务在交易方式、货物运输、支付结算等方面与传统贸易方式存在较大差异，现行的外贸管理体制、政策、法规无法满足其发展要求。为促进跨境电子商务发展，我国从2012年开始进行跨境电子商务改革试点工作，针对其特点在海关、检验检疫、税务和收付汇等方面做了大量改革尝试，密集颁布了多项鼓励推动跨境电商发展的政策措施。

一、《关于促进跨境电子商务健康快速发展的指导意见》

2015年6月，国务院办公厅颁布了《关于促进跨境电子商务健康快速发展的指导意见》（以下简称《指导意见》）。该意见可以被看作是我国首部促进跨境电子商务加快发展的指导性文件。在这之前，国务院在《关于组织开展国家电子商务示范城市电子商务试点专项的通知》（2012 年）、《关于促进进出口稳增长、调结构的若干意见》（2013 年）等文件中提及了促进跨境电子商务发展的意见。而商务部、海关总署、财政部等九部门也曾针对跨境 B2C 出口出台了《关于实施支持跨境电子商务零售出口有关政策意见的通知》（2013 年）。

《指导意见》指出，近年来，我国跨境电子商务快速发展，已经形成了一定的产业集群和交易范围。支持跨境电子商务发展，有利于用“互联网+外贸”实现优进优出，发挥我国制造业大国优势，扩大海外营销渠道，合理增加进口，扩大国内消费，促进企业和外贸转型升级；有利于增加就业，推进大众创业、万众创新，打造新的经济增长点；有利于加快实施共建“一带一路”等国家最高层次的战略，推动开放型经济发展升级。

《指导意见》明确了跨境电子商务的主要发展目标，特别是提出要培育一批公共平台、外贸综合服务企业和自建平台，并鼓励国内企业与境外电子商务企业强强联合。同时《指导意见》也从多个方面给出政策支持，包括优化配套的海关监管措施；完善检验检疫监管政策措施；明确规范进出口税收政策；完善电子商务支付结算管理；提供积极财政金融支持等。具体内容如下：

（一）支持国内企业更好地利用电子商务开展进出口贸易

加快建立适应跨境电子商务特点的政策体系和监管体系，提高贸易各环节便利化水平。鼓励企业间贸易尽快实现全程在线交易，不断扩大可交易商品范围。支持跨境电子商务零售出口企业加强与境外企业合作，通过规范的“海外仓”、体验店和配送网店等模式，融入境外零售体系，逐步实现经营规范化、管理专业化、物流生产集约化和监管科学化。通过跨境电子商务，合理增加消费品进口。

（二）鼓励有实力的企业做大做强

培育一批影响力较大的公共平台，为更多国内外企业沟通、洽谈提供优质服务；培育一批竞争力较强的外贸综合服务企业，为跨境电子商务企业提供全面配套支持；培育一批知名度较高的自建平台，鼓励企业利用自建平台加快品牌培育，拓展营销渠道。鼓励国内企业与境外电子商务企业强强联合。

（三）优化配套的海关监管措施

在总结前期试点工作基础上，进一步完善跨境电子商务进出境货物、物品管理模式，优化跨境电子商务海关进出口通关作业流程。研究跨境电子商务出口商品简化归类的可行性，完善跨境电子商务统计制度。

（四）完善检验检疫政策监管办法

对跨境电子商务进出口商品实施集中申报、集中查验、集中放行等便利措施。加强跨境电子商务质量安全监管，对跨境电子商务经营主体及商品实施备案管理制度，突出经营企业质量安全主体责任，开展商品质量安全风险监管。进境商品应当符合我国法律法规和标准要求，对违反生物安全和其他相关法律法规或政策规定的行为要依法查处。

（五）明确规范进出口税收政策

继续落实现行跨境电子商务零售出口货物增值税、消费税退税或免税政策。关于跨境电子商务零售进口税收政策，由财政部按照有利于拉动国内消费、公平竞争、促进发展和加强进口税收管理的原则，会同海关总署、税务总局另行制定。

（六）完善电子商务支付结算管理

稳妥推进支付机构跨境外汇支付业务试点。鼓励境内银行、支付机构依法合规开展跨境电子支付业务，满足境内外企业及个人跨境电子支付需要。推动跨境电子商务活动中使用人民币计价结算。支持境内银行卡清算机构拓展境外业务。加强对电子商务大额在线交易的监控，防范金融风险。加强跨境支付国内与国际监管合作，推动建立合作监管机制和信息共享机制。

（七）提供主动财政金融支持

鼓励传统制造和商贸流通企业利用跨境电子商务平台开拓国际市场。利用现有财政政策，对符合条件的跨境电子商务企业走出去重点项目给予必要的资金支持。为跨境电子商务提供适合的信用保险服务。向跨境电子商务外贸综合服务企业提供有效的融资、保险支持。

（八）建设综合服务体系

支持各地创新发展跨境电子商务，引导本地跨境电子商务产业向范围化、标准化、集群化、规范化方向发展。鼓励外贸综合服务企业为跨境电子商务企业提供通关、物流、仓储、融资等全方位服务。支持企业建立全球物流供应链和境外物流服务体系。充分发挥各驻外经商机构作用，为企业开展跨境电子商务提供信息服务和必要的协助。

（九）规范跨境电子商务经营行为

加强诚信体系建设，完善信用评估机制，实现各监管部门信息互换、监管互认、执法互助，构建跨境电子商务交易保障体系。推动建立针对跨境电子商务交易的风险防范和预警机制，健全消费者权益保护和售后服务制度。引导跨境电子商务主体规范经营行为，承担质量安全主体责任，营造公平竞争的市场环境。加强执法监管，加大知识产权保护力度，坚决打击跨境电子商务中出现的各种违法侵权行为。通过有效措施，努力实现跨境电子商务在发展中逐步规范、在规范中健康发展。

（十）充分发挥行业组织作用

推动建立全国性跨境电子商务行业组织，指导各地行业组织有效开展相关工作。发挥行业组织在政府与企业间的桥梁作用，引导企业公平竞争、守法经营。加强与国内外相关行业组织交流合作，支持跨境电子商务企业与相关产业集群、专业商会在境外举办实体展会，建立营销网络。联合高校和职业教育机构开展跨境电子商务人才培养培训。

（十一）加强多双边国际合作

加强与“一带一路”沿线国家和地区的电子商务合作，提升合作水平，共同打造若干畅通安全高效的电子商务大通道。通过多双边对话，与各经济体建立互利共赢的合作机制，及时化解跨境电子商务进出口引发的贸易冲突和纠纷。

（十二）加强组织实施

国务院有关部门要制订和完善配套措施，做好跨境电子商务的中长期总体发展规划，定期开展总结评估，支持和推动各地监管部门出台相关措施。同时，对有条件、有发展意愿的地区，就本意见的组织实施做好协调和服务等相关工作。依托现有工作机制，加强部门间沟通协作和相关政策衔接，全力推动中国（杭州）跨境电子商务综合试验区和海峡两岸电子商务经济合作实验区建设，及时总结经验，适时扩大试点。在此基础上，逐步建立适应跨境电子商务发展特点的政策体系和监管体系。

地方各级人民政府要按照本意见要求，结合实际情况，制订完善发展跨境电子商务的工作方案，切实履行指导、督查和监管责任。组建高效、便利、统一的公共服务平台，构建可追溯、可比对的数据链条，既符合监管要求，又简化企业申报办理流程。加大对重点企业的支持力度，主动与相关部门沟通，及时协调解决组织实施工作中遇到的困难和问题。

二、《关于实施支持跨境电子商务零售出口有关政策的意见》

2013 年 8 月，商务部、发展改革委、财政部、人民银行、海关总署、税务总局、工商总局、质检总局、外汇局九部委联合发布了《关于实施支持跨境电子商务零售出口有关政策的意见》（以下简称为《意见》），针对跨境电子商务零售出口业务的小批量、多频次特点，明确了经营主体、海关监管、检验检疫、外汇、退税等方面的政策意见。《意见》分支持政策、实施要求、其他事项 3 部分。

《意见》指出，发展跨境电子商务对于扩大国际市场份额、拓展外贸营销网络、转变外贸发展方式具有重要而深远的意义。为加快我国跨境电子商务发展，支持跨境电子商务零售出口（以下简称电子商务出口），提出如下意见：

（一）支持政策

1. 确定电子商务出口经营主体（以下简称经营主体）

经营主体分为三类：一是自建跨境电子商务销售平台的电子商务出口企业，二是利用第三方跨境电子商务平台开展电子商务出口的企业，三是为电子商务出口企业提供交易服务的跨境电子商务第三方平台。经营主体要按照现行规定办理注册、备案登记手续。在政策未实施地区注册的电子商务企业可在政策实施地区被确认为经营主体。

2. 建立电子商务出口新型海关监管模式并进行专项统计

海关对经营主体的出口商品进行集中监管，并采取清单核放、汇总申报的方式办理通关手续，降低报关费用。经营主体可在网上提交相关电子文件，并在货物实际出境后，按照外汇和税务部门要求，向海关申请签发报关单证明联。将电子商务出口纳入海关统计。

3. 建立电子商务出口检验监管模式

对电子商务出口企业及其产品进行检验检疫备案或准入管理，利用第三方检验鉴定机构进行产品质量安全的合格评定。实行全申报制度，以检疫监管为主，一般工业制成品不再实行法检。实施集中申报、集中办理相关检验检疫手续的便利措施。

4. 支持电子商务出口企业正常收结汇

允许经营主体申请设立外汇账户，凭海关报关信息办理货物出口收结汇业务。加强对银行和经营主体通过跨境电子商务收结汇的监管。

5. 鼓励银行机构和支付机构为跨境电子商务提供支付服务

支付机构办理电子商务外汇资金或人民币资金跨境支付业务，应分别向国家外汇管理局和中国人民银行申请并按照支付机构有关管理政策执行。完善跨境电子支付、清算、结算服务体系，切实加强对银行机构和支付机构跨境支付业务的监管力度。

6. 实施适应电子商务出口的税收政策

对符合条件的电子商务出口货物实行增值税和消费税免税或退税政策，具体办法由财政部和税务总局商有关部门另行制定。

7. 建立电子商务出口信用体系

严肃查处商业欺诈，打击侵犯知识产权和销售假冒伪劣产品等行为，不断完善电子商务出口信用体系建设。

（二）实施要求

自本意见发布之日起，在已开展跨境贸易电子商务通关服务试点的上海、重庆、杭州、宁波、郑州 5 个城市试行上述政策。自 2013 年 10 月 1 日起，上述政策在全国有条件的地区实施。

有关地方人民政府应制定发展跨境电子商务扩大出口的实施方案，并切实履行指导、督查和监管责任，对实施过程中出现的问题做到早发现、早处理、早上报。要积极引导经营主体坚持以质取胜，注重培育品牌；依托电子口岸平台，建立涵盖经营主体和电子商务出口全流程的综合管理系统，实现商务、海关、国税、工商、检验检疫、外汇等部门信息共享；加强信用评价体系、商品质量监管体系、国际贸易风险预警防控体系和知识产权保护工作体系建设，确保电子商务出口健康可持续发展。

商务部、发展改革委、海关总署会同相关部门对政策实施进行指导，定期开展实施效果评估等工作，确保政策平稳实施并不断完善。海关总署会同商务部、税务总局、质检总局、外汇局、发展改革委等部门加快跨境电子商务通关试点建设，加快电子口岸结汇、退税系统与大型电子商务平台的系统对接。

（三）其他事项

该意见中的跨境电子商务零售出口是指我国出口企业通过互联网向境外零售商品，主要以邮寄、快递等形式送达的经营行为，即跨境电子商务的企业对消费者出口。

我国出口企业与外国批发商和零售商通过互联网线上进行产品展示和交易，线下按一般贸易等方式完成的货物出口，即跨境电子商务的企业对企业出口，本质上仍属传统贸易，仍按照现行有关贸易政策执行。跨境电子商务进口有关政策另行研究。

三、我国关于跨境电子商务零售进口的相关政策

为营造公平竞争的市场环境，促进跨境电子商务零售进口健康发展，2016 年 3 月 24 日，财政部、海关总署、国家税务总局联合发布《关于跨境电子商务零售进口税收政策的通知》。

跨境电子商务零售（企业对消费者，即 B2C）进口税收政策有关事项通知如下：第一，跨境电子商务零售进口商品按照货物征收关税和进口环节增值税、消费税，购买跨境电子商务零售进口商品的个人作为纳税义务人，实际交易价格（包括货物零售价格、运费和保险费）作为完税价格，电子商务企业、电子商务交易平台企业或物流企业可作为代收代缴义务人。

第二，跨境电子商务零售进口税收政策适用于从其他国家或地区进口的、《跨境电子商务零售进口商品清单》范围内的以下商品：所有通过与海关联网的电子商务交易平台交易，能够实现交易、支付、物流电子信息“三单”比对的跨境电子商务零售进口商品；未通过与海关联网的电子商务交易平台交易，但快递、邮政企业能够统一提供交易、支付、物流等电子信息，并承诺承担相应法律责任进境的跨境电子商务零售进口商品。

不属于跨境电子商务零售进口的个人物品以及无法提供交易、支付、物流等电子信息的跨境电子商务零售进口商品，按现行规定执行。

第三，跨境电子商务零售进口商品的单次交易限值为人民币 2 000 元，个人年度交易限值为人民币 20 000 元。在限值以内进口的跨境电子商务零售进口商品，关税税率暂设为 0%；进口环节增值税、消费税取消免征税额，暂按法定应纳税额的 70% 征收。超过单次限值、累加后超过个人年度限值的单次交易，以及完税价格超过 2 000 元限值的单个不可分割商品，均按照一般贸易方式全额征税。

第四，跨境电子商务零售进口商品自海关放行之日起 30 日内退货的，可申请退税，并相应调整个人年度交易总额。

第五，跨境电子商务零售进口商品购买人（订购人）的身份信息应进行认证；未进行认证的，购买人（订购人）身份信息应与付款人一致。

第六，《跨境电子商务零售进口商品清单》将由财政部商有关部门另行公布。

第七，该通知自 2016 年 4 月 8 日起执行。

但是，出于对新业态的审慎态度，商务部两次推迟了该政策的实施时间。在新政正式实施前，将跨境零售进口商品以个人物品对待。根据最新政策，我国将从 2018 年 1 月 1 日起，在杭州、天津、上海、重庆等 15 个跨境电商综合试点城市实施跨境电商零售进口监管新政。

为满足日常征管操作要求，财政部、发展改革委、工业和信息化部、农业部、商务部、海关总署、国家税务总局、质检总局、食品药品监管总局、濒管办、密码局 11 个部门共同公布了《跨境电子商务零售进口商品清单》。2016 年 4 月 18 日公布了第二批商品清单，加上 4 月 7 号公布的第一批，清单共包括了 1 293 个 8 位税号商品。

复习思考题

1. 外贸立法调控手段的特点是什么?
2. 中国对外贸易管理为什么要以法律手段为基础?
3. 中国对外贸易立法体系是如何构成的?
4. 外贸法的基本原则是什么?
5. 简述我国货物贸易管理立法构成。
6. 货物进出口管理条例的主要内容是什么?
7. 我国实施贸易救济的主要法律依据有哪些?
8. 技术进出口管理条例的主要内容是什么?
9. 我国是如何建立健全知识产权保护立法体系的?
10. 简述我国服务贸易立法特点。

本章关键词

对外贸易立法管理　外贸基本法

拓展阅读

第五章　对外贸易经济调控管理

❖ 本章摘要及重点

本章主要内容：对外贸易经济调控的特点及实施经济调控的必要性、对外贸易经济调控主要手段的作用机理及调控目标、现行外贸经济调控手段的运用情况。

本章学习重点：对外贸易经济调控手段的特点；对外贸易税收的经济效应，出口退税的机理及作用；汇率变化对对外贸易的影响；我国汇率制度的演变及现行汇率制度；进出口信贷政策；出口信用保险的作用。

经济调控是指国家通过调节经济变量，对微观经济主体行为施加影响，使之符合宏观经济发展目标的间接调控方式。在社会主义市场经济中，对资源配置起基础性作用的是市场机制，因此，国家对经济的宏观调控，应采用以经济调节手段为主的间接调控模式。与之相适应，对外贸易宏观调控也应依靠市场机制作用，以经济调节手段为主要方式，通过间接调控影响对外贸易经营行为。

第一节

对外贸易经济调控手段概述

采用经济调控手段调控对外贸易是指国家有关部门通过汇率调节、税收调节、信贷调节、价格调节等经济杠杆，间接影响和约束企业对外经济贸易行为。国家运用这些经济杠杆，通过市场机制，影响各调控对象的利益，以实现调控外贸活动和外贸经济关系的目的。各种经济杠杆的功能各有侧重，各司其职，发挥不同的作用，彼此又存在着密切的内部联系。因此，实现某一调节目标，往往需要几种经济调控手段综合运用，而一种调控手段的运用，往往也会产生多方面的影响。

一、经济调控手段的特点

在社会主义市场经济条件下，应遵循价值规律的作用，主要运用经济调节手段调控对外贸易活动。经济调节手段的主要特点有以下方面：

第一，通过市场机制起作用。政府根据市场信号，通过调节宏观经济参数，通过市场机制的运行，来实现宏观调控目标。

第二，间接性。国家实施经济调控并不直接干预企业微观经济的运行，从而决定企业的经营结果，而是通过影响利益分配格局，间接影响企业利益，进而影响企业行为与决策。

第三，非歧视性。运用经济调控手段调控宏观经济参数，企业置身于相同的宏观环境，面对相同的利率、税率、汇率等经济参数，因而，经济调控手段具有公平性、非歧视性的特点。

第四，非强制性。与法律手段和行政手段不同，经济调控手段遵从物质利益原则，主要通过影响利益主体的经济利益，间接地引导企业的行为，对企业行为不具有强制性。企业可以根据自身对市场趋势的判断，做出与国家调控目标不一致的抉择。

鉴于经济调节手段的特点，其作用机制主要表现为以下方面：一是调节功能，包括调节社会再生产各个环节、各个产业的关系，调节国家、企业、个人之间的利益关系。二是控制功能，即通过税率、汇率、利率、价格等经济杠杆，引导各项经济活动向国家社会经济发展的总体目标靠拢。三是核算功能，即借助价格、税收等经济杠杆，核算劳动耗费，比较投入与产出，平衡社会的供给与需求。四是监督功能，借助会计、审计、银行监管和稽查等手段，根据法律和规章，对企业、个人的经济活动及其与政府、相关企业的关系进行监督管理。

二、实施对外贸易经济调控的必要性

（一）经济调控手段是社会主义市场经济条件下对外贸管理的主要手段

市场经济的发展，要求充分发挥市场机制的自发调节作用。社会主义市场经济，具有市场经济的一般特征，就是要使市场在国家宏观调控下对资源配置起基础性作用，使各种经济活动遵循价值规律的要求，适应供求关系的变化，通过市场竞争与激励作用，辅之以国家对企业经济活动的引导、调节和干预，使资源流向效益最优的企业、部门和地区。因此，社会主义市场经济体制中的宏观调控方式，应当是以经济杠杆为重要手段，以间接调控为主要方式，让市场机制居于调节的中枢，这同计划经济体制下以行政手段为主的直接调控方式有着本质的区别。

（二）运用经济手段调控对外贸易，是国际贸易通行规则的要求

对外贸易宏观调控不仅要适应社会主义市场经济体制的需要，还要符合国际贸易通行规则的要求。以世贸组织规则为核心的国际贸易通行规则，主要是以市场经济运行机制为基础，外贸宏观调控方式要求间接化，即主要运用经济手段调控外贸企业的经济活动，减少对企业的直接干预。这既有利于保证外贸调控的非歧视性，也有利于维护市场竞争的公平秩序。我国作为世界贸易大国，必须尊重和执行有关的国际贸易准则和规范，采用规范的、以经济调控为主的宏观管理模式。

第二节

对外贸易税收

对外贸易税收是主权国家为履行公共管理职能的需要，凭借行政权力，依据法律制定的标准，对进出口贸易行使征税权所形成的税收。

一、对外贸易税收概述

(一) 对外贸易税收的作用

在市场经济体制下，对外贸易税收是贯彻国家进出口政策、法令和规章制度的重要工具，是国家对进出口活动进行宏观调控的主要手段之一。

第一，对外贸易税收可以保护一国在对外贸易交往中的利益。一方面，主权国家通过对外贸易税收可以获取关税优惠对等待遇，同时也可以把对外贸易税收作为反对贸易歧视的武器；另一方面，一国，特别是发展中国家还可以把对外贸易税收作为保护国内产业与市场的强有力的手段。

第二，国家运用对外贸易税收可有效调控经济运行。国家可以根据国民经济发展需要，运用对外贸易税收调节进出口商品结构、品种、数量，调节国内外生产、消费，平衡国内外供求，促进经济平衡增长。

第三，对外贸易税收可以增加一国的财政收入。税收是国家财政收入的主要形式，对外贸易税收的主要功能虽然不是财政收入，但客观上起到了增加财政收入的作用。随着国际贸易自由化的推进，开放经济对外贸易税收占其财政收入的比重呈下降趋势。

(二) 对外贸易税收的分类

对外贸易税收按贸易流向可分为进口税和出口税，包括进口关税、进口商品税、出口关税、出口商品税。其中进口关税和出口关税仅对进出口的商品课征，体现对贸易商品和非贸易商品在税收上的差别待遇；进口商品税和出口商品税又称国内商品税，是对国内外商品同时课征的税，目的是平衡国内外商品的税负。

在当代国际贸易中，世界各国都积极鼓励出口贸易，绝大多数国家都不征出口关税，并实行退还出口商品税的措施。我国同样对出口贸易采取鼓励政策，我国的对外贸易征税主要是通过征收进口关税和进口商品税完成的，对出口则实行出口关税的减免和退还出口商品税的措施。

二、进出口关税

关税是指进出口商品经过一国关境时，由政府设置的海关根据国家制定的关税税法、税则对进出口货物征收的一种税。关税手段被关贸总协定和世贸组织国际贸易规则视为透明度最高的对外贸易调节工具。

(一) 进口关税的经济效应分析

进口关税是对进口货物征收的关税。征收进口关税会对进口国与出口国经济的许多方面产生影响，进口关税的经济效应包括以下几个方面。

1. 消费效应

消费效应是指因征收关税使进口商品价格上涨，从而使消费者减少购买、降低消费满足程度。

2. 保护效应

保护效应也称生产效应，是指由于征收关税而导致国内产量的增加。课征关税导致进口价格上涨，可使国内产品一定程度上取代进口品，从而起到保护国内产业的作用。

3. 贸易效应

贸易效应是指由征收关税导致的进口量的减少。进口关税使进口商的成本增加的同时，也降低了消费者的需求，从而导致进口量的减少。

4. 收入效应

收入效应即财政效应，是指政府征收关税对财政收入的影响。收入大小取决于关税税率和进口数量。

（二）出口关税的经济效应分析

出口关税是出口国对本国产品输往国外时对出口商品征收的关税。由于征收出口关税会增加出口成本，不利于扩大出口，因而大多数国家对出口不征关税或仅对少数商品征收出口关税，征收出口关税的经济效应主要表现在以下几个方面。

1. 增加财政收入

对需求弹性较低、缺少替代品的商品征收适度的出口关税，虽可导致出口商品价格的上涨，但进口国减少进口的余地不大，对出口量的影响不大，但出口国因此可增加财政收入。对出口国处于垄断地位的商品征收出口关税也可起到类似效果，对这类商品征收出口税可将出口税的负担转嫁给进口国，而出口量不会显著减少。

2. 限制资源性产品的过度出口

对资源性产品征收出口关税，可抑制资源性产品的过度出口，保证国内生产需要，维持国内资源的保有量。

3. 限制短缺产品的过度出口

通过征收出口关税，增大某些短缺商品的出口成本，抵消国内外价格差，减少国际市场较高的价格对短缺商品的吸引，保证国内的生产和消费需求。

4. 保护国内产业

对国内需要保护的产业所需的关键投入品征收出口关税，限制特殊投入品的出口，从而可间接起到保护相关产业的作用。

（三）进口关税政策的演变

关税政策是一国政府在一定时期内为运用关税达到其特定的经济、政治目的而采取的行为准则，是国家经济政策、政治政策及社会政策在对外贸易活动中的具体体现。一国的关税政策，受其经济发展水平、国家经济运行状况及经济发展模式等多种因素的制约。中华人民共和国成立以后，我国的关税政策随着国内外环境的变化而不断进行了调整。

1. 1950—1984 年，这一时期我国实行的是全面保护关税政策

中华人民共和国成立以后，我国是在贫困落后的经济基础上发展本国经济的，民族工业十分脆弱，产品竞争力差，不具备实行低关税的经济基础。而且当时基本上实行的是封

闭式的内向型经济发展模式，产业政策以建立完整的国民经济体系和工业体系为目标，因此，关税政策的制定与选择只能从全面保护出发。

2. 1979—1991 年，这一时期我国的关税政策由“全面保护”向“有区别地保护”转变

1978 年党的十一届三中全会确立了我国“对外开放、对内搞活”的基本国策，标志着我国封闭型经济开始向开放型经济转换，中国经济与世界经济逐步接轨。随着改革开放的不断深入，原有的保护关税政策已不适应新形势发展的需要。1985 年我国对沿用了多年的关税制度进行了改革，制定了进出口关税条例和海关进出口税则。制定进出口税则的具体原则是：对进口国家建设和人民生活所必需的，而且国内不能生产或者供应不足的农用物资、粮食以及精密仪器、仪表、关键机械设备等，予以免税或抵税待遇；对原材料的进口税率一般比半成品、成品低，特别是对受自然条件制约、国内生产短期内不能迅速发展的原料，实行低税率；对国内不能生产的机械设备的零部件，实行比整机低的税率；对国内已能够生产的非国计民生所必需的物品，制定较高的关税；对国内已能生产供应，需要保护的商品，制定更高的关税；鼓励出口，对绝大多数出口商品不征出口关税，但对在国际市场上容量有限的商品，以及需要限制出口的极少数原料和半成品，必要时征收适当的出口关税。

进出口关税条例明确了我国在关税方面的总政策是“贯彻对外开放，鼓励出口创汇和扩大必需品的进口，保护与促进民族经济的发展”。在新的关税政策下，出口贸易迅速增长，从国外进口的先进技术和设备大大增加。从本质上看，这一时期我国的关税政策还未摆脱关税消极保护的特征。高关税保护虽然对幼稚产业和新兴产业的发展起到了促进作用，但同时也导致了受保护产业的低效运行。

3. 1992 年至今，实行适度开放与适度保护相结合的关税政策

1992 年至今，我国处于全面推进社会主义市场经济体制的阶段。在国际上，我国也以积极的姿态争取尽快恢复我国在关贸总协定缔约国的地位和加入世界贸易组织。在新的改革开放形势下，我国重新调整了关税政策，逐步扬弃消极的保护政策，实行以产业与技术倾斜为中心的适度开放和适度保护相结合的关税政策。关税政策的转变具体表现为以下方面：

（1）逐步降低关税总体水平，使关税成为调节进出口贸易的主要手段。自 1992 年起，我国对进口关税税率进行了多次调整，使进口关税水平大大降低。1992 年 12 月 31 日，中国降低了 3 371 个税目的进口关税，降税幅度为 7.6%，算术平均关税水平降为 39.9%。1993 年 12 月 31 日，中国降低了 2 888 个税目的进口关税，降税幅度为 8.8%，算术平均关税水平降为 36.4%。1996 年 4 月 1 日中国降低了 4 997 个税目的进口关税，降税幅度为 36%，算术平均关税水平降为 23%。1997 年 7 月 1 日，中国降低了 4 874 个税目的进口关税，降税幅度为 26%，算术平均关税水平降为 17%。自 2001 年加入世贸组织后，我国一直严格履行入世承诺的降税义务，关税水平平均一年降低一个百分点。从 2005 年 1 月 1 日起，我国再次降低 900 多个税目的关税税率，关税总水平由 2004 年的 10.4%降低至 9.9%，基本完成了我国入世承诺的降税义务。根据协议，中国承诺到 2008 年过渡期结束时，关税总水平将降到 10.17%，而从 2007 年起，中国平均关税水平已降到 9.8%。

完成加入世贸组织所做的关税承诺后，中国根据国内外供求与国内产业的承受能力，继续调整关税结构、降低进口关税。例如根据中国财政部公布的《2014 年关税实施方案》，中国于 2014 年 1 月 1 日起对进出口关税进行部分调整，760 多种进口商品享受低于最惠国税率的年度进口暂定税率，平均优惠幅度达 60%。自 2015 年 1 月 1 日起，我国对进口关税进行的调整包括：第一，为优化进口结构，更好地满足国内生产和人民群众生活需要，2015 年我国对部分进口商品实施低于最惠国税率的进口暂定税率。第二，2015 年继续对小麦等 7 种农产品和尿素等 3 种化肥的进口实施关税配额管理，并对尿素等 3 种化肥实施 1%的暂定配额税率。对关税配额外进口一定数量的棉花继续实施滑准税，税率不变。第三，2015 年依据我国与有关国家或地区签署的自由贸易协定或关税优惠协定，继续对原产于东盟各国、智利、巴基斯坦、新西兰、秘鲁、哥斯达黎加、韩国、印度、斯里兰卡、孟加拉国、瑞士、冰岛等地区和国家的部分进口产品实施协定税率，部分税率水平进一步降低。对原产于埃塞俄比亚、也门、苏丹等 41 个国家的部分商品实施特惠税率，其中对埃塞俄比亚等 24 个国家 97%的税目商品实施零关税特惠税率。

2016 年，在 2015 年实施的暂定税率基础上，增加对毛制上衣等商品实施暂定税率；降低太阳镜等商品暂定税率水平；调整电控柴油喷射装置及其零件等商品名称和范围；取消止回阀等商品暂定税率，恢复实施最惠国税率；提高喷气织机等商品暂定税率水平。2016 年共实施进口暂定税率商品 787 项，比 2015 年的 749 项净增加 38 项。平均税率约为 3. 19%，相对于最惠国税率，优惠幅度为 39%。在协定税率和特惠税方面，根据我国与有关国家或地区签署的贸易或关税优惠协定，对原产于冰岛的 27 个税目商品、原产于瑞士的 5 923 个税目商品、原产于哥斯达黎加的 247 个税目商品、原产于秘鲁的 1 802 个税目商品、原产于新西兰的 92 个税目商品实施进一步降税；对原产于东盟成员国、亚太贸易协定其他成员方（孟加拉、印度、老挝、韩国、斯里兰卡）、巴基斯坦、新加坡、智利和我国台湾地区的商品继续实施协定税率，协定税率的商品范围和税率水平维持不变；对原产于埃塞俄比亚、贝宁、布隆迪等国家的商品继续实施特惠税率，特惠税率的商品范围和税率水平维持不变。为适应科技进步，便利产业结构调整，加强进出口管理的需要，2016 年《海关进出口税则》本国子目总数由 2015 年的 8 285 个增至 8 294 个。

（2）按照国际通行惯例，调整关税制度。我国从 1992 年 1 月 1 日起，实施新的进出口税则，采用国际上通行的《商品名称及编码协调制度》（HS），以《商品名称及编码协调制度》的商品分类目录作为中国海关税则、国际贸易统计等方面统一使用的商品目录，适应了中国进一步改革开放的需要。

（3）全面实施世界贸易组织的海关估价制度。中国已全面实施世贸组织的海关估价规则。中国加入世贸组织后，反价格瞒骗的斗争十分艰巨。随着中国海关的执法环境逐步改善，企业守法意识不断增强，中国海关在反价格瞒骗方面采取的措施更具针对性。

（4）调整进口关税减免政策，按照非歧视原则在全关境内实行公平统一的关税制度。20 世纪 80 年代，中国为了吸引外商直接投资，制定了一系列进口税收优惠措施，对外商投资进口给予了大面积的进口关税减免和国内税减免。20 世纪 90 年代，为了给各类企业提供更加公平的竞争平台，我国对进口减免税政策进行了重大调整。在大幅度降低关税水平的同时，我国逐步调低或取消了对边境贸易、易货贸易等货物的减免税，以及一些针对特定企业、特定项目的政策性减免。

（5）缩小关税税率的落差。伴随总体关税水平的下调，关税结构的调整使税率分布更向低税率区间集中，进口产品的税率落差大大减少。关税税率的分布趋于集中，能够减少管理成本，因为复杂的关税结构会刺激诸如设法改变进口商品的分类等寻租活动，导致财政收入的损失。

（四）出口关税政策的调整

我国原则上不对出口征收关税，但在特定国内外供求背景下，为了限制某些产品的过度出口，调节国内外市场差价，稳定国内市场供应，也对部分出口产品征收出口关税。尤其近年来，某些类别的产品出口增长过快，易引起国际贸易摩擦，或影响国内供应，我国采用出口关税措施的频度明显提高。例如，2005 年，据世贸组织《纺织品与服装协议》，2005 年 1 月 1 日起全球纺织品贸易取消配额管理。为防止配额取消后我国纺织品出口超高速增长，从 2005 年 1 月 1 日起到 2007 年 12 月 31 日止，我国对全球出口的外衣、裙子、衬衫、裤子、睡衣、内衣等 7 大类 33 个敏感类别的 148 个服装税号，采取从量计征方式加征出口关税的过渡性临时措施。又如，受世界主要产粮国粮食减产和生物燃料需求旺盛等因素的影响，2007 年全球粮食价格大幅攀升。为避免国内粮食价格受国际粮价上涨影响而产生涨价预期，确保国内市场供应和价格稳定，同时也参考世贸组织其他成员的相应做法，经国务院批准，国务院关税税则委员会决定，从 2008 年 1 月 1 日至 12 月 31 日，我国对小麦、玉米、稻谷、大米、大豆等原粮及其制粉共 57 个 8 位税目产品征收 5%至 25%不等的出口暂定关税。再如，由于国际、国内市场存在较大价差，2008 年头几个月中国焦炭出口增长较快。为了抑制高污染、高能耗产品出口，缓解国内焦炭供应偏紧的局面，同时降低对国外相关行业的间接补贴，中国于 2008 年 8 月 20 日起，将焦炭出口暂定税率由之前的 25%提高至 40%。2016 年，为增强中国钢材出口优势及缓解钢铁行业产能过剩压力，适当降低了生铁、钢坯等商品的出口关税。生铁出口税率由 20%调整为 10%。

三、进出口商品国内税

中国进出口商品国内税是指对进出口商品征收的增值税和消费税。我国对进口商品实行征税，对出口商品实行退税。

（一）进口商品税征税制度

海关在对进口商品征收关税时，一般同时代征进口商品国内税。根据我国现行进口征税制度，进口征税是指对进口货物征收增值税和消费税。对进口产品征收国内商品税，主要作用是调节国内外产品税收负担的差异，使进口产品与国内产品同等纳税，平衡国内外产品的税负，为国内外产品创造一个公平竞争的环境。同时也可以抑制盲目进口，节约使用外汇，保护国内生产。

1. 进口商品税征税原则

1994 年中国进行了税制改革，根据新税制的规定，对进口产品实行与国内产品同等征税的原则，即在增值税和消费税上按相同的税目和税率征税。这是由进口税收“调节国内外产品税收差异”的性质决定的。对进口产品如果从低定税率征税，则会不利于国内生产；若从高定税率征税，则会导致歧视性政策。这些都与进口征税目的和国际贸易规范不符。只有同等纳税，才能既保证公平竞争，又促进国内经济发展。

2. 进口商品税征税的范围

根据《中华人民共和国增值税暂行条例》规定，除境内销售货物或提供加工、修理修配应税劳务外，进口货物也属于增值税征收的范围。在“营改增”后，把应税服务、销售不动产、无形资产也归入增值税征税范围。凡进入中国关境的货物（除免税的以外），进口者在报关进口时，有海关向其代征增值税。

根据《中华人民共和国消费税暂行条例》的规定，应征消费税的商品，包括用于生活消费的商品和用于生产消费的商品。纳入征收消费税范围的商品共 11 类，后扩大到 15 类。包括有害消费品、奢侈消费品、高耗能消费品、不可再生和替代的石油类消费品、具有财政意义的消费品。具体包括：烟、酒、高档化妆品、贵重首饰及珠宝玉石、鞭炮及焰火、成品油、汽车轮胎、摩托车、小汽车、高尔夫球及球具、高档手表、游艇、木制一次性筷子、实木地板、电池、涂料。以上商品在进口报关时，由海关向进口者代征消费税。

3. 进口商品税征税的征税对象

根据《中华人民共和国增值税暂行条例》规定，凡在中国境内销售货物或者提供加工、修理修配以及进口货物的单位和个人（包括在“营改增”后提供应税服务，销售不动产、无形资产的单位和个人），为增值税的纳税义务人。

根据《中华人民共和国消费税暂行条例》规定，消费税的纳税人是指在中国境内生产、委托和进口应税消费品的单位和个人。

根据上述两个条例，《国家税务总局、海关总署关于进口货物征收增值税、消费税有关问题的通知》进一步明确规定，申报进入中国海关境内的应税货物均应缴纳增值税、消费税。进口货物的收货人或办理报关手续的单位和个人，为进口货物增值税、消费税的纳税义务人。

4. 进口商品税征税的税目和税率

进口产品适用的税目和税率，是确定该项产品是否征税、征收何种税、征收多少税的重要标准。根据进口产品与国内产品同等纳税的原则，一般来说除国家另有规定外，进口产品适用的税目税率，都按照对国内征收增值税和消费税的税目和税率执行。

（二）出口商品税的退税制度

为了鼓励出口，大多数国家对出口货物都实行出口退税制度。出口退税是指在国际贸易中一个国家或地区对已报关离境的出口货物，由税务机关根据本国税法规定，将其在出口前生产和流通各环节已经缴纳的国内增值税或消费税等间接税税款，退还给出口企业的一项税收制度。其目的是使出口商品以不含税价格进入国际市场。

出口退税制度是世贸组织规则允许采用的促进出口贸易发展的手段。如果与其他税收制度比较，出口退税不被视为补贴行为。一般来讲，直接税，如所得税等应直接计入出口商的成本。对直接税减免，等同于政府财政补贴了出口成本，有直接促进出口的作用，有违于世贸组织维护自由市场经济、鼓励公平竞争的精神。但是流转税，如增值税等则是在每一道交易过程中转嫁给下一环节，并由最终消费者承受。这样在产品出口时，流转税就被转嫁到了外国消费者身上。所以，对间接税中的流转税在出口时退回，不被视为违反世贸组织有关出口补贴纪律的行为。

1. 出口退税的意义与作用

利用出口退税制度促进出口贸易发展，是当今世界许多国家普遍采用的贸易促进措施，其重要意义与作用具体表现为以下方面。

（1）出口退税是依据出口商品零税率原则所采取的一项鼓励出口贸易的措施。一方面，通过出口退税，把生产和流通环节已征收的税款退还给出口企业，企业可以价格优势参与国际竞争，占领国际市场；另一方面，由于一国商品出口到另一国，作为进口国要征收进口关税。而通过出口退税，实现出口零税率，可以很好地解决重复征税的问题。可见，出口退税作为价格竞争的有效手段，客观上必然起到积极鼓励与促进出口贸易发展的作用。

（2）出口退税是对出口货物的一种非歧视性赋税政策，是保证出口货物公平参与国际贸易竞争的基本要求。在国际贸易中，由于各国的税制不同而使得同一货物在不同国家的税收负担高低不等。这种国际间的税收差异，必然导致各国产品在国际市场上不能公平竞争。要消除这种不利影响，就必须使出口货物以不含税的价格进入国际市场。而出口退税正是依据出口产品零税率原则，使出口货物以不含税的价格进入国际市场的有效手段。

（3）调节出口规模，优化出口结构。就中国外贸实践看，我国自 1985 年实行出口退税政策以来，政策效果非常明显。例如，在 1998 年东南亚金融危机中，中国承诺保持人民币稳定、不贬值，使得出口面临巨大的困难。我国积极采用了出口退税的政策工具，调高部分出口商品的出口退税率，从而一定程度上减缓了出口的下滑。例如，进入 21 世纪，我国出口增长速度大幅提升，贸易顺差大幅增加，来自国际社会对人民币升值的压力陡增。对此，我国一方面进行汇率制度的改革，调整人民币汇率，使人民币汇率更富有弹性；另一方面，调整出口退税政策，取消或调低高耗能、高污染和资源性产品的出口退税率，以控制和减少这类产品的出口，从而起到调控出口规模、优化出口结构的作用。

2. 现行出口退税管理办法

从 1985 年全面实行出口退税政策至今，为了适应经济形势不断发展变化的需要，出口退税政策、管理规定经历了数次大规模调整，申报审核审批办法日趋完善，但是也存在着文件调整多、规定零散、管理不便等问题。2012 年，财政部、国家税务总局对出口退税政策和管理规定进行了清理整合，发布了《关于出口货物劳务增值税和消费税政策的通知》和《出口货物劳务增值税和消费税管理办法》，进一步明确了出口退税货物劳务的条件、范围、计税依据、退税率、认定、申报管理等内容，并废止了一些文件，构建起较为清晰完善的出口退税政策、管理体系。

《关于出口货物劳务增值税和消费税政策的通知》对出口企业和出口货物劳务的范围，退（免）税和免税的适用范围和计算办法做了详细说明。《出口货物劳务增值税和消费税管理办法》对出口退（免）税的资格认定、生产企业出口货物、外贸企业出口货物、视同出口货物及对外提供加工修理修配劳务等情形的退税申报（申报程序、申报期限、申报资料等）进行了具体规定。

2013 年，根据外汇管理部门对货物贸易外汇核销制度进行的改革以及执行过程中反映出的问题，国家税务总局制定发布了《国家税务总局关于〈出口货物劳务增值税和消费税管理办法〉有关问题的公告》（以下简称《公告》），对《出口货物劳务增值税和消费税管理办法》的有关条款进行了细化和完善。

以下仅对增值税的退（免）税管理办法和外贸企业出口货物免抵退税申报进行介绍。

（1）适用增值税退（免）税政策的出口货物劳务。第一，出口企业、出口货物的界定。① 公告中所称出口企业，是指依法办理工商登记、税务登记、对外贸易经营者备案登记，自营或委托出口货物的单位或个体工商户，以及依法办理工商登记、税务登记但未办理对外贸易经营者备案登记，委托出口货物的生产企业。② 本公告所称出口货物，是指向海关报关后实际离境并销售给境外单位或个人的货物，分为自营出口货物和委托出口货物两类。③ 本公告所称生产企业，是指具有生产能力（包括加工修理修配能力）的单位或个体工商户。

第二，出口企业或其他单位视同出口货物。具体是指：① 出口企业对外援助、对外承包、境外投资的出口货物。② 出口企业经海关报关进入国家批准的出口加工区、保税物流园区、保税港区、综合保税区、珠澳跨境工业区（珠海园区）、中哈霍尔果斯国际边境合作中心（中方配套区域）、保税物流中心（B 型）（以下统称特殊区域）并销售给特殊区域内单位或境外单位、个人的货物。③ 免税品经营企业销售的货物（国家规定不允许经营和限制出口的货物、卷烟和超出免税品经营企业《企业法人营业执照》规定经营范围的货物除外）。具体是指：中国免税品（集团）有限责任公司向海关报关运入海关监管仓库，专供其经国家批准设立的统一经营、统一组织进货、统一制定零售价格、统一管理的免税店销售的货物；国家批准的除中国免税品（集团）有限责任公司外的免税品经营企业，向海关报关运入海关监管仓库，专供其所属的首都机场口岸海关隔离区内的免税店销售的货物；国家批准的除中国免税品（集团）有限责任公司外的免税品经营企业所属的上海虹桥、浦东机场海关隔离区内的免税店销售的货物。④ 出口企业或其他单位销售给用于国际金融组织或外国政府贷款国际招标建设项目的中标机电产品（以下称中标机电产品）。上述中标机电产品，包括外国企业中标再分包给出口企业或其他单位的机电产品。⑤ 生产企业向海上石油天然气开采企业销售的自产的海洋工程结构物。⑥ 出口企业或其他单位销售给国际运输企业用于国际运输工具上的货物。上述规定暂仅适用于外轮供应公司、远洋运输供应公司销售给外轮、远洋国轮的货物，国内航空供应公司生产销售给国内和国外航空公司国际航班的航空食品。⑦ 出口企业或其他单位销售给特殊区域内生产企业生产耗用且不向海关报关而输入特殊区域的水（包括蒸汽）、电力、燃气（以下称输入特殊区域的水电气）。

第三，出口企业对外提供加工修理修配劳务。对外提供加工修理修配劳务，是指对进境复出口货物或从事国际运输的运输工具进行的加工修理修配。

（2）增值税退（免）税办法。适用增值税退（免）税政策的出口货物劳务，按照下列规定实行增值税免抵退税或免退税办法。

第一，免抵退税办法。生产企业出口自产货物和视同自产货物及对外提供加工修理修配劳务，以及列名生产企业出口非自产货物，免征增值税，相应的进项税额抵减应纳增值税额（不包括适用增值税即征即退、先征后退政策的应纳增值税额），未抵减完的部分予以退还。

第二，免退税办法。不具有生产能力的出口企业（以下称外贸企业）或其他单位出口货物劳务，免征增值税，相应的进项税额予以退还。

（3）增值税出口退税率。除财政部和国家税务总局根据国务院决定而明确的增值税出口退税率（以下称退税率）外，出口货物的退税率为其适用税率。国家税务总局根据上述规定将退税率通过出口货物劳务退税率文库予以发布，供征纳双方执行。退税率有调整的，除另有规定外，其执行时间以货物（包括被加工修理修配的货物）出口货物报关单（出口退税专用）上注明的出口日期为准。

（4）出口退税的基本程序。第一，出口退（免）税资格的认定。① 出口企业应在办理对外贸易经营者备案登记或签订首份委托出口协议之日起 30 日内，填报《出口退（免）税资格认定申请表》，提供下列资料到主管税务机关办理出口退（免）税资格认定：加盖备案登记专用章的《对外贸易经营者备案登记表》或《中华人民共和国外商投资企业批准证书》；《中华人民共和国海关进出口货物收发货人报关注册登记证书》；银行开户许可证；未办理备案登记发生委托出口业务的生产企业提供委托代理出口协议，不需提供第 1、2 项资料；主管税务机关要求提供的其他资料。② 其他单位应在发生出口货物劳务业务之前，填报《出口退（免）税资格认定申请表》，提供银行开户许可证及主管税务机关要求的其他资料，到主管税务机关办理出口退（免）税资格认定。③ 出口企业和其他单位在出口退（免）税资格认定之前发生的出口货物劳务，在办理出口退（免）税资格认定后，可以在规定的退（免）税申报期内按规定申报增值税退（免）税或免税，以及消费税退（免）税或免税。④ 出口企业和其他单位出口退（免）税资格认定的内容发生变更的，须自变更之日起 30 日内，填报《出口退（免）税资格认定变更申请表》，提供相关资料向主管税务机关申请变更出口退（免）税资格认定。⑤ 需要注销税务登记的出口企业和其他单位，应填报《出口退（免）税资格认定注销申请表》，向主管税务机关申请注销出口退（免）税资格，然后再按规定办理税务登记的注销。

出口企业和其他单位在申请注销认定前，应先结清出口退（免）税款。注销认定后，出口企业和其他单位不得再申报办理出口退（免）税。

第二，出口退（免）税申报。外贸企业出口货物免退税申报的相关规定如下：① 申报程序和期限。企业当月出口的货物须在次月的增值税纳税申报期内，向主管税务机关办理增值税纳税申报，将适用退（免）税政策的出口货物销售额填报在增值税纳税申报表的“免税货物销售额”栏。企业应在货物报关出口之日次月起至次年 4 月 30 日前的各增值税纳税申报期内，收齐有关凭证，向主管税务机关办理出口货物增值税、消费税免退税申报。经主管税务机关批准的，企业在增值税纳税申报期以外的其他时间也可办理免退税申报。逾期的，企业不得申报免退税。② 申报资料。外贸企业需要提交《外贸企业出口退税汇总申报表》、《外贸企业出口退税进货明细申报表》、《外贸企业出口退税出口明细申报表》、出口货物退（免）税正式申报电子数据。同时企业还要提交以下原始凭证：出口货物报关单；增值税专用发票（抵扣联）、出口退税进货分批申报单、海关进口增值税专用缴款书（提供海关进口增值税专用缴款书的，还需同时提供进口货物报关单，下同）；

出口收汇核销单（此条失效）；委托出口的货物，还应提供受托方主管税务机关签发的代理出口货物证明，以及代理出口协议副本；属应税消费品的，还应提供消费税专用缴款书或分割单、海关进口消费税专用缴款书（提供海关进口消费税专用缴款书的，还需同时提供进口货物报关单，下同）；主管税务机关要求提供的其他资料。

3. 出口退税机制的改革与完善

（1）出口退税制度存在的问题。自 1985 年实行出口退税制度以来，出口退税对促进外贸出口发展做出了重要贡献，但是由于受到中央财力、进出口税收征管及进出口贸易增长等因素的制约，使得在实行出口退税的过程中仍存在着不少问题。一是出口退税率政策不稳定。如前所述，虽然 1994 年对出口货物税收实行了零税率政策，但之后曾多次调整出口退税率。二是出口退税缺口严重。实际的出口退税数量并不是按照政府承诺的退税率进行及时的退税，能够退税的数量是按照财政预算给予的指标进行退税，按照退税率计算的应退税与实际退税数额之间存在很大缺口。三是拖欠企业的出口退税十分普遍。出口企业拿到出口退税款有很长的滞后期。这些都使出口退税政策促进企业扩大出口的效果大打折扣。

随着中国加入世贸组织后进出口贸易的高速增长，上述问题及引发的矛盾日益突出，已经造成企业经营中难以预计的政策风险和多方面的负面影响：

第一，使出口企业在一定时间内承担了额外的税收负担，与依法退税、税负公平的法律要求相悖，损害了税法执行的权威性和严肃性；损害了纳税主体依法申请退回多征税款的合法权利，形成了出口企业履行依法纳税义务与行使依法退税权利的不对等关系。

第二，巨大的欠退税直接导致外贸企业周转资金短缺，增加了企业出口成本，影响了企业的正常出口业务。

第三，快速增长的出口退税欠账已经形成了中央财政对企业的直接负债，而出口退税的拖欠实际上是一种隐形财政赤字，增加了政府的财政风险压力。

第四，出口退税还涉及中国经营环境的信誉，从而最终影响到引进外资的速度和效率。在出口企业中，有很多是外商投资企业，外商投资企业出口占我国外贸出口的很大比重，政府出口退税滞后，已严重影响到国家的信誉。

（2）出口退税机制的改革与完善。针对出口退税制度存在的问题，国务院发布了《国务院关于改革现行出口退税机制的决定》（国发〔2003〕24 号），实施出口退税机制改革，以进一步促进外贸和经济持续健康发展。改革的具体内容包括：

第一，适当降低出口退税率。本着"适度、稳妥、可行"的原则，调降部分产品出口退税率。1998 年以后，为应对亚洲金融危机，政府把平均出口退税率从 9.3% 提高到 15%。随着国内外环境发生变化，外有越来越大的人民币升值压力，内有通货紧缩可能卷土重来的威胁，出口退税率平均水平下调。

第二，区别不同产品调整退税率，对部分产品取消出口退税：对国家鼓励出口产品不降或少降；对一般性出口产品适当降低；对国家限制出口产品和一些资源性产品多降或取消退税。例如，将煤炭，钨、锡、锌、锑及其制品的出口退税率下调为 8%，取消原油、成品油、原木、铜金矿等资源性商品的出口退税。另外，对产自中国，具有相当的竞争力，又能影响国际市场价格走势的资源性商品，如山羊绒、稀土、钨等，也取消出口退税。

第三，出口退税由中央财政和地方财政共同负担。中国增值税收入实行中央与地方分享制，但出口退税原来完全由中央政府支付。因此，随着近年出口高速成长，中央财政的压力越来越大，需要建立中央和地方共同负担出口退税的新机制。从 2004 年开始，以 2003 年出口退税实退指标为基数，对超基数部分的应退税额，由中央和地方按 75∶25 的比例共同负担（2005 年该比例调整为 92.5∶7.5），以此解决中央与地方政府在增值税收入与出口退税上的责权不一致。

第四，累计欠退税由中央财政负担。对截至 2003 年年底累计欠企业的出口退税款，全部由中央财政负担，中央财政从 2004 年起采取全额贴息等办法予以解决。

第五，改变对出口退税的管理。从 2004 年开始，把出口退税指标下放到生产企业，加快推进生产企业自营出口，减少过去外贸公司代理做法。生产企业和外商直接见面，通过减少中间环节降低出口成本，从体制上减小出口退税的压力。

2015 年，在我国深化财税体制改革，外贸增速严重下滑等背景下，为深化财税体制改革，理顺中央与地方收入划分，促进外贸稳定发展，国务院发布了《关于完善出口退税负担机制有关问题的通知》，进一步完善了出口退税中央和地方负担机制，调整了消费税税收返还政策。具体内容如下：

第一，出口退税（包括出口货物退增值税和营业税改征增值税出口退税）全部由中央财政负担，地方 2014 年原负担的出口退税基数，定额上解中央。

第二，中央对地方消费税不再实行增量返还，改为以 2014 年消费税返还数为基数，实行定额返还。

第三，具体出口退税上解基数、消费税返还基数，由财政部核定。

2016 年，为进一步优化出口退税管理，更好地发挥出口退税支持外贸发展的职能作用，推进社会信用体系建设，国家税务总局修订发布了《出口退（免）税企业分类管理办法》。新办法对出口企业的分类认定标准进一步细化、明确，通过纳税信用级别、税收遵从、净资产等一条条“硬杠杠”，将出口退（免）税企业分为四类，有针对性地实施差别化管理和服务，提高管理效率、加快退税进度，发挥出口退税对外贸的促进作用。不仅如此，新办法根据不同外贸业态，区分生产企业、外贸企业、外贸综合服务企业，分别设定一类企业的评定标准，提高了分类标准的针对性。

对于符合条件的一类出口企业申报的出口退（免）税，国税机关经审核，应自受理企业申报之日起，5 个工作日内办结出口退（免）税手续。将二类、三类企业申报退税的审核办理时限，由原办法的 20 个工作日分别缩短至 10 个工作日、15 个工作日。对四类出口企业申报的出口退（免）税，按规定完成审核，并排除所有审核疑点后，应自受理企业申报之日起，20 个工作日内办结出口退（免）税手续。总体上，出口退税整体进度进一步加快。

第三节

汇率与汇率制度

汇率也称汇价，是指两国货币之间的交换比率或比价，也就是用一国的货币单位来表示另一国货币单位的价格。汇率是调控一国进出口总量平衡和优化进出口商品结构的主要经济杠杆，世界上许多国家都把汇率作为调节进出口贸易的重要手段。在中国，随着对外开放的深化和社会主义市场经济体制逐步确立，汇率已成为调节进出口贸易的主要经济杠杆之一。

一、汇率对进出口贸易的效应分析

汇率变动对进出口贸易的影响主要是通过价格机制实现的。本币汇率上升，即本币升值，意味着外汇汇率下降，表明一定数额的外国货币只能兑换较少的本国货币，必然会使以本国货币表示的进口商品价格降低，有利于扩大进口。同时，本币汇率上升会使以本币表示的出口商品成本价格上升，因而不利于出口。本币汇率下降，即本币贬值，意味着外汇汇率上升，一定数额的外国货币能够兑换更多的本国货币，必然会使以外币表示的出口商品价格降低，增强本国商品在国外市场的竞争力，从而有利于扩大出口。同时，本币汇率下降会使以本币表示的进口商品成本价格上升，相对降低了进口商品的竞争力，因而不利于进口贸易。

因此，许多国家在国际收支出现逆差时，利用汇率变动对进出口贸易的作用机制，通过利用本国货币贬值来促进本国商品出口，减少进口，从而缓解国际收支平衡压力。而当一国出口增长快、国际收支出现大量顺差时，其贸易伙伴往往会对其施加压力，促使其货币升值，从而增加该国出口商品的成本，抑制出口扩张，同时增加该国进口。一国的货币升值相对于其贸易伙伴来说，就是货币贬值，贸易伙伴的出口因此可望增加，进口得到抑制。

由于汇率贬值可刺激本国的出口发展，有些国家便通过干预汇率走势，利用汇率贬值扩大本国出口。但汇率贬值对出口的刺激是有条件的，在有些情况下汇率贬值并不能起到“奖出限入”的作用。

例如，贬值对国际收支的改善并不是立即奏效的，而是存在一个“时滞”。也就是说，汇率刚下跌时，由于进口合同早已签订，进口并不会马上下降，出口也不会立即增加，因此，在贬值初期，贬值国的国际收支状况不但不会立即改善，而且可能趋于恶化，只有经过一段时间后，进出口价格指数差距缩小，出口增长率才会大于进口增长率，逆差局面逐渐朝顺差方向发展。因此，通过调控汇率调控进出口贸易，必须充分考虑这种时滞效应。

又如，汇率贬值对出口贸易的促进作用取决于出口需求弹性与进口需求弹性。如果出口需求弹性和进口需求弹性较大，汇率贬值使出口价格下降，出口需求较大幅度增长，同时进口产品价格的上升使进口需求较大幅度下降，则货币贬值才使该国贸易收支状况好转。反之则不然。

此外，一国汇率贬值政策是否能奏效，会取决于贸易伙伴是否采取同样的贬值措施进行报复，以及本币对外贬值与对内贬值（通货膨胀）的关系。如果贸易伙伴同样实行货币贬值，则会抵消彼此货币贬值的效力，国内通货膨胀也会抵消货币对外贬值的效力。

总之，无论采取何种汇率安排，从长期看，汇率必须有利于保持国际收支的持续稳定。汇率应能够客观、真实地反映市场供求状况，并能起到调节国际收支作用，正确引导外汇资金合理配置的汇率。高估的汇率不利于对外竞争，会造成国际收支的困难。低估的汇率又会使国民经济需要进口的商品过于昂贵，造成投资、生产的困难。这些不平衡，反过来都会对国民经济产生不利影响。

二、我国汇率制度的演变

一国汇率的确定，除了同本国的货币制度和国内经济状况直接相关以外，还会随国际货币制度和国际市场外汇供求形势的变化而不断变化。因此，人民币汇率制度是随着国内经济制度改革和经济贸易发展需要不断调整，并受国际货币制度变动影响的。

（一）计划经济时期的汇率制度

改革开放前，中国实行的是全面计划经济体制，外汇管理体制是高度集中、以严格行政管理为主的，汇率水平长期基本不变，货币兑换受到严格限制，汇率高估现象十分严重。因此，此间汇率只在外贸企业中起统计折算工具的作用，汇率对进出口贸易的调节作用完全丧失。

（二）1979—1993 年的汇率制度

改革开放后，中国经济环境发生了重大变化，经济市场化程度大大提高。为了与整个经济体制改革相衔接，外贸体制改革也取得了重大进展，以往统收统支的高度集中的计划经济体制已被打破；经济杠杆的作用范围大大扩大，其调控能力逐渐加强；政府对微观经济的干预减少，外贸企业的独立竞争意识不断加强，企业行为积极向经济行为转化。为配合经济体制与外贸体制改革的顺利进行，国家对外汇体制进行了一系列改革。

这一阶段外汇体制改革的主要内容是：改革人民币汇率形成机制，变固定的、单一的官方汇率为可变的官方汇率与外汇调剂市场汇率并存的双重汇率。在汇率水平上则实行了以人民币贬值为主导的政策，而且突破了前一阶段被动调整的格局，开始依据国内经济形势与政策目标，主动对汇率进行调整，逐步恢复汇率对外汇收支及进出口贸易的调控作用。

在高度集中的计划经济体制向市场经济体制过渡时期，人民币汇率双轨制的存在很有必要，对促进贸易发展发挥了积极作用。

首先，人民币汇率双轨制的形成与发展，保证了外贸体制改革的顺利进行。伴随着每一轮外贸体制改革，外汇体制和汇率形成机制都进行了相应的改革与变动。如为配合1978—1987年的外贸体制改革，实行了外汇留成制度和开办了外汇调剂业务，从而孕育了人民币汇率双轨制。在改革开放之初需要大力发展对外贸易的情况下，它满足了创汇与用汇单位之间调剂外汇余缺的需要。1988—1990年外贸体制改革的重点是推行外贸承包经营责任制。在当时国内外价格尚未理顺和人民币官方汇率严重高估的情况下，建立外汇调剂中心，允许外汇调剂价格按市场供求状况变动。调剂价格合理地调整了创汇企业与用汇企业的经济利益，不仅为企业扩大出口创造了条件，而且保证了对外贸易承包经营责任制的顺利推行。1991—1993年，国家在彻底取消对外贸出口的财政补贴的同时，进一步扩大企业外汇留成，放开调剂市场价格，使外汇调剂价格在外贸企业实现自负盈亏的过程中发挥了更加积极的作用。

其次，人民币汇率双轨制缓冲了国家既要扩大对外贸易又要稳定国内物价的矛盾。官方汇率长期高估，但要使其贬值却处在两难之中。由于出口商品收购价格和进口商品销售价格是国内价格的重要组成部分，因此，官方汇率贬值时机选择不当或幅度掌握不好，有可能导致国内物价的全面上涨，进而引发物价和汇率的恶性膨胀，这会影响到外贸体制改革，甚至整个经济体制改革的成败。但如果汇率高估，显然不利于出口贸易的发展。采用官方汇率和外汇调剂市场汇率并存的双轨汇率制较好地应对了两难的选择。在出口方面，企业出口收汇中上缴国家的外汇按官方汇率折算，留成外汇按市场汇率折算，以鼓励出口贸易。在进口方面，关系国计民生的重要物资和必需品的进口，由国家批准按官方汇率折算，一般商品进口按市场汇率折算，以限制不必要的进口。可见，人民币汇率双轨制，不仅对保持物价的相对稳定，避免恶性通货膨胀的发生，而且对进出口贸易的顺利发展也起到了十分积极的作用。

但人民币汇率双轨制，也有很大的局限性：第一是形成人民币对外的两个核算标准，不利于外汇资源的有效配置和企业之间的公平竞争。由于双轨制下用汇成本高低不同，用官方汇率获取外汇的成本相对低廉，成为盲目引进与扩大投资规模和浪费外汇的一个潜在因素。这种差别不利于企业的成本核算和平等竞争，从而造成资源配置的不合理。第二是汇率双轨制成为阻碍我国恢复在关贸总协定席位和加入世贸组织的一大障碍。中国是国际货币基金组织的成员国，根据国际货币基金组织协定规定，禁止成员国实行歧视性汇率安排或采取复汇率制，而关贸总协定有关货币汇率制度的规定是以国际货币基金组织协定的有关条款为准的。双重汇率制往往被视为对外贸易补贴的一种政策，不利于实现贸易的自由化，不符合关贸总协定的宗旨。因此，人民币双重汇率的并轨成为改革开放进程中急需解决的问题。

（三）1994—2005年的汇率制度

1993年党的十四届三中全会通过的《中共中央关于建立社会主义市场经济体制若干问题的决定》中明确指出，“改革外汇管理体制，建立以市场供求为基础的、有管理的浮动汇率制度和统一规范的外汇市场，逐步使人民币成为可兑换货币”。这为外汇管理体制进一步改革明确了方向。

1. 改革的主要内容

1994 年起，围绕外汇体制改革的目标，主要进行了以下改革：

（1）进行汇率并轨，实行以市场供求为基础的、单一的、有管理的浮动汇率制度。运用汇率政策调控对外贸易主要是通过汇率的变动来影响贸易进出口和资金流动。为充分发挥汇率的调节作用，从 1994 年 1 月 1 日起，取消原来的人民币官方汇率和外汇调剂市场汇率并存的汇率制度，实行汇率并轨。并轨后的人民币汇率的形成，是由中国人民银行根据前一天银行间外汇市场形成的交易价格，并参照国际金融市场的变动情况，公布人民币对美元等主要货币的汇率；各外汇指定银行以此为依据，在中国人民银行规定的浮动幅度内自行挂牌，对客户买卖外汇；国家主要采用经济手段，对汇率进行必要的宏观调控，避免汇率的巨幅起落和投机行为的危害，以保证外汇市场和汇率的相对稳定。

（2）实行银行结汇、售汇制。从 1994 年 1 月 1 日起，取消各类外汇留成、上缴和额度管理制度，对境内机构经常项目下的外汇收支实行银行结汇和售汇制度。境内所有企事业单位、机关和团体的各类外汇收入必须及时调回国内，结售给外汇指定银行。境内企事业单位、机关和社会团体在经常项目下的对外支付用汇，可持有效的进口合同和支付通知书等凭证，用人民币到外汇指定银行办理兑付。

（3）建立统一的银行间外汇交易市场。从 1994 年 1 月 1 日起，取消国内企业的外汇调剂市场，代之以全国统一的银行间外汇交易市场。外汇指定银行是外汇交易市场的主体，外汇市场的主要职能是为外汇指定银行相互调剂外汇余缺和清算服务，并由中国人民银行通过国家外汇管理局监督管理。同时，建立统一的交易体系，运用计算机进行联网，将外汇指定银行之间的交易沟通起来，加快交易及清算速度。中国人民银行根据宏观经济政策目标，对外汇市场进行必要的干预，以调节市场供求，保持人民币汇率的稳定。

（4）实现人民币经常项目下的可兑换。为了进一步完善汇率制度，1996 年 4 月 1 日起，我国取消了若干对经常项目中的非贸易非经营性交易的汇兑限制；1996 年 7 月 1 日起，将外商投资企业外汇买卖纳入银行结售汇体系，外商投资企业的外汇账户区分为用于经常项目的外汇结算账户和用于资本项目的外汇专用账户；1996 年 11 月 27 日宣布，接受《国际货币基金组织协定》第 8 条规定的义务，实现人民币经常项目下的可兑换。

1994 年以来进行的汇率制度改革，无论从深度、广度，还是从影响来看，都比以往的改革更为彻底和全面，这次汇率制度的改革对对外贸易的发展起到了十分积极的促进作用。

由于实行以市场供求为基础的、单一的、有管理的浮动汇率制度，使汇率形成机制发生了重大变化，外汇市场的供求关系成为决定人民币汇率的基础，直接反映市场供求状况，汇率杠杆调节外贸的作用明显加大。

实行银行结汇售汇制，取消外汇留成和上缴，为各类外贸企业提供了相对平等的竞争环境，并促使企业按国际通行规则经营，提高竞争力，有利于出口贸易的发展。

取消国际收支经常性交易方面的外汇限制，实行货币的自由兑换，允许人民币在经常项目下有条件的可兑换，为企业提供了宽松的用汇条件，有利于进口贸易的发展。

建立统一的银行间外汇市场，通过市场信号调节进出口企业的行为，使市场机制在对外贸易宏观调控中发挥重要的作用。

2. 进一步改革的方向

经过1994年以来的汇率制度改革，中国已基本形成了符合世贸组织规则和国际惯例的汇率制度。在这一汇率制度下，人民币汇率保持了基本稳定，不仅有力地促进了外贸增长和外国直接投资的大量流入，保证了国家外汇储备的积累，而且成功地抵御了亚洲金融危机的冲击，维护了国内经济和金融稳定。但现行汇率制度仍有许多不足之处，还应不断加以改革与完善。

（1）实行真正的有管理的浮动汇率制。人民币汇率的形成采取了盯住美元的做法，汇率浮动区间狭窄，使得中国的汇率制度成了仅仅是名义上的有管理的浮动汇率制，而实际上是固定汇率制，政府调控的意志超过市场调节的力量。这种汇率制度安排，虽然与中国经济发展阶段、企业承受能力和金融监管水平相适应，是符合现实国情的制度选择，但存在明显缺陷。汇率作为一种价格信号，人为刚性控制，有悖于市场经济的原则。人民币汇率长期不变很可能扭曲汇率水平，可能会对资源配置发出错误信息，丧失汇率对国际经济交易的调节作用。尤其是在中国入世后，金融逐步开放的新形势下，资本流出入不断扩大，人民币汇率如继续固定不变，既不利于外汇市场机制的完善，也不利于培养企业汇率风险意识。因此，中国有必要进一步完善人民币汇率形成机制，尽量减少政府对对外经济交往及相关外汇收付的干预，让外汇供求关系在市场中得到更充分的反映，真正体现人民币汇率是以市场供求为基础，有管理的浮动汇率制度。

（2）逐步实行意愿结汇制。1994年起实行的结汇售汇制，其最大弊端是中央银行干预外汇市场的被动性。在结汇售汇制下，绝大多数国内企业的外汇收入必须结售给外汇指定银行，同时中央银行又对外汇指定银行的结售周转外汇余额实行比例幅度管理。也就是说，当银行持有的结售周转外汇超过最高限比例时，就必须通过银行间外汇市场出售，当不够时，必须从市场购进。上述管理办法，使中央银行干预成为必需行为。尤其是1994年后，我国国际收支出现大量顺差，银行结汇后，不得不在市场大量出售，如果中央银行不购入，必然引起美元汇率的下跌，迫使中央银行被动干预。这造成人民币汇率不完全由市场供求来决定，而在很大程度上受国家宏观经济政策制约。

强制性的银行结售汇制，使得市场参与者，特别是中资企业和商业银行，持有的外汇必须在市场上结汇，不能根据自己未来的需求和对未来汇率走势的预测，自主选择出售外汇的时机和数量，这种制度上的“强卖”形成的汇率，并不是真正意义上的市场价格。

因此，要逐步改革强制性的结汇售汇制，允许企业保留一定的外汇，并逐步提高其比例，最终实现完全的意愿结汇制。实行意愿结汇制，可以使中央银行摆脱其在外汇供求市场的被动地位，将外汇储备和汇率政策作为宏观调控的手段；可以提高企业的出口积极性，与外资企业享有同样的国民待遇；使企业、商业银行、中央银行各持有一定数量的外汇，可以加快外汇资金周转，提高外汇风险管理能力。

（3）培育健全的外汇市场。中国现行汇率制度虽是以市场供求为基础的，但外汇市场交易主体过于集中，交易品种和交易工具也不丰富。中国外汇市场的基础是中国外汇交易中心，这是一个全国统一的银行间外汇市场。该市场存在着严重的缺陷：从市场主体看，主要由国有商业银行、股份制商业银行、经批准的外资金融机构、少数资信较高的非银行金融机构和中央银行构成。中央银行虽以普通交易者的身份入市交易，但实际上对其他交易主体具有控制能力。从交易额来看，中央银行是最大的买方，一般占到总交易量的60%以上，使其垄断了外汇交易市场。由此导致了现期汇率明显地偏离竞争性市场上的公平价格，而远期汇率则人为地排除了市场风险因素。主体构成较为单一，交易相对集中，使得外汇交易带有“官方与民间”交易的色彩。从交易品种与方式看，仅限于美元、港币、日元、欧元几种货币的即期交易，而远期交易、掉期交易、回购交易、外币期货期权等交易手段没有得到充分发展。

因此，要建立真正的以市场供求为基础的有管理的浮动汇率制度，必须进一步完善外汇市场，要允许更多的主体进入国家外汇交易中心进行外汇交易，让更多的企业和金融机构直接参与外汇买卖，以避免大机构集中性的交易，垄断市场价格水平。同时要增加外汇交易品种和扩大交易范围，推行远期交易和风险低的衍生金融工具交易。远期交易等有助于人民币的币值稳定。

（四）2005年以来的汇率制度

完善人民币汇率形成机制的改革，是建立和完善社会主义市场经济体制、充分发挥市场在资源配置中的基础性作用的内在要求，也是深化经济金融体制改革、健全宏观调控体系的重要内容。

1. 完善人民币汇率改革的目标和原则

完善人民币汇率改革的总体目标是，建立健全以市场供求为基础的、有管理的浮动汇率体制，保持人民币汇率在合理、均衡水平上的基本稳定。

人民币汇率改革必须坚持主动性、可控性和渐进性的原则。主动性，就是主要根据我国自身改革和发展的需要，决定汇率改革的方式、内容和时机。汇率改革要充分考虑对宏观经济稳定、经济增长和就业的影响。可控性，就是人民币汇率的变化要在宏观管理上能够控制得住，既要推进改革，又不能失去控制，避免出现金融市场动荡和经济大的波动。渐进性，就是根据市场变化，充分考虑各方面的承受能力，有步骤地推进改革。

2. 完善人民币汇率改革的内容和特点

2005年7月21日，中国人民银行发布关于完善人民币汇率形成机制改革的相关事宜公告，其主要内容如下：

（1）自2005年7月21日起，我国开始实行以市场供求为基础、参考一篮子货币进行调节、有管理的浮动汇率制度。人民币汇率不再钉住单一美元，形成更富弹性的人民币汇率机制。

（2）中国人民银行于每个工作日闭市后公布当日银行间外汇市场美元等交易货币对人民币汇率的收盘价，作为下一个工作日该货币对人民币交易的中间价格。

（3）2005年7月21日19：00时，美元对人民币交易价格调整为1美元兑8.11元人民币，作为次日银行间外汇市场上外汇指定银行之间交易的中间价，外汇指定银行可自此时起调整对客户的挂牌汇价。

（4）每日银行间外汇市场美元对人民币的交易价仍在人民银行公布的美元交易中间价

上下千分之三的幅度内浮动，非美元货币对人民币的交易价在人民银行公布的该货币交易中间价上下一定幅度内浮动。

（5）中国人民银行将根据市场发育状况和经济金融形势，适时调整汇率浮动区间。同时，中国人民银行负责根据国内外经济金融形势，以市场供求为基础，参考篮子货币汇率变动，对人民币汇率进行管理和调节，维护人民币汇率的正常浮动，保持人民币汇率在合理、均衡水平上的基本稳定，促进国际收支基本平衡，维护宏观经济和金融市场的稳定。

这一次人民币汇率安排改革的核心是建立调节自如、管理自主、以市场供求为基础、更富有弹性的人民币汇率机制。此次人民币短期升值，也将有利于缓解国际收支失衡的巨大压力，同时，释放人民币潜在的升值压力，并能淡化人民币兑美元的国际矛盾。从长远战略来看，人民币汇率新机制的建立，将有利于推进人民币汇率安排的市场化改革进程，最终为人民币在资本项目下实现可兑换创造条件。

2005 年 7 月 21 日汇率形成机制的改革是人民币汇率制度改革系统工程的起点。2005 年以来，坚持人民币汇率市场化改革这一大方向不动摇，逐步完善人民币汇率市场化形成机制，一直是我国汇率形成机制改革工作所坚持的原则。此次汇率制度改革进程中的重要节点如下：2007 年 5 月，人民银行决定，银行间即期外汇市场人民币兑美元交易价浮动幅度，由 0.3%扩大至 0.5%。2008 年，受到美国金融危机的影响，人民币停止了升值走势，开始紧盯美元。2010 年 6 月，人民银行宣布，重启自金融危机以来冻结的汇率制度，进一步推进人民币汇率形成机制改革，增强人民币汇率弹性。2012 年 4 月，人民银行决定自 4 月 16 日起，银行间即期外汇人民币兑美元交易价浮动幅度，由 0.5%扩大至 1%。2014 年 3 月，人民币兑美元汇率浮动幅度由 1%扩大至 2%。2015 年 8 月，完善人民币汇率中间价形成机制。由做市商参考上日收盘汇率，综合考虑外汇供求情况以及国际主要货币汇率变化向中国外汇交易中心提供中间价报价。2016 年 12 月，中国外汇交易中心公布 CFETS 人民币汇率指数货币篮子的调整规则，并指出以后每年评估指数的货币篮子，有需要时会适时调整篮子的币种构成或其权重。

三、人民币国际化现状

2009 年以来，经国务院批准，人民银行逐步取消人民币用于跨境交易计价结算的限制，基本建立了人民币国际使用的政策框架，有力地促进了贸易投资便利化。人民币国际化是指人民币能够跨越国界，在境外流通，成为国际上普遍认可的计价、结算及储备货币的过程。当前，我国正在着力推进人民币国际化进程。

（一）人民币国际使用的政策框架

1. 经常项目跨境人民币业务政策

2009 年 7 月，跨境贸易人民币结算试点从上海市和广东省四城市（广州、深圳、珠海、东莞）起步。经 2010 年 6 月和 2011 年 8 月两次扩大试点，跨境贸易人民币结算境内地域范围扩大至全国，业务范围涵盖货物贸易、服务贸易和其他经常项目，境外地域范围没有限制。2012 年 6 月起，境内所有从事货物贸易、服务贸易及其他经常项目的企业均可选择以人民币进行计价结算。2013 年 7 月，经常项目跨境人民币结算业务办理流程进一步简化，相关业务办理效率切实提高。2013 年 12 月，人民币购售业务由额度管理调整为宏观审慎管理，有力地支持了货物贸易人民币结算业务发展。2014 年 3 月，人民银行会同相关部委下放了出口货物贸易重点监管企业名单审核权限，简化了管理流程。2014 年 6 月，在全国范围内开展个人货物贸易、服务贸易跨境人民币结算业务，支持银行业金融机构与支付机构合作开展跨境人民币结算业务。2014 年 11 月，跨国企业集团开展经常项目跨境人民币集中收付业务。

2. 资本项目跨境人民币业务政策

（1）直接投资人民币结算。2011 年 1 月，境内机构可以使用人民币进行对外直接投资。2011 年 10 月，境外投资者可以使用人民币到境内开展直接投资。2013 年 9 月，境外投资者可以使用人民币在境内设立、并购和参股金融机构。2014 年 6 月直接投资跨境人民币结算业务办理流程进一步简化。2014 年 11 月，符合一定条件的跨国企业集团可以开展跨境双向人民币资金池业务。

（2）人民币跨境融资。2011 年 10 月，境内银行可以开展境外项目人民币贷款业务。2013 年 7 月，境内银行可以开展跨境人民币贸易融资资产跨境转让业务，境内非金融机构可以开展人民币境外放款业务和对外提供人民币担保，放宽境内代理行对境外参加行的人民币账户融资期限和限额。2014 年 9 月，明确境外非金融企业在境内银行间债券市场发行人民币债务融资工具的跨境人民币结算政策。

（3）人民币证券投资。2010 年 8 月，境外中央银行或货币当局、境外人民币清算行和境外参加行等境外机构可以进入银行间债券市场投资。2011 年，出台了人民币合格境外机构投资者（RQFII）制度。2013 年 3 月，人民银行、证监会、外汇局修订 RQFII 试点办法，扩大试点机构范围，放宽投资比例限制。2014 年 11 月，出台人民币合格境内机构投资者（RQDII）制度，合格的境内机构投资者可以运用来自境内的人民币资金投资境外金融市场的人民币计价产品。同月，沪港股票市场交易互联互通机制正式启动，两地投资者可以买卖在对方交易所上市的股票。2015 年 5 月，已获准进入银行间债券市场的境外人民币清算行和境外参加行可以开展债券回购交易。

（二）人民币国际使用概况

人民币的国际使用主要包括人民币在跨境贸易、直接投资、储备货币、国际债券等方面的使用。中国人民银行发布的《2016 年人民币国际化报告》显示：

1. 人民币在我国跨境贸易和直接投资中的使用规模持续上升

2015 年，经常项目人民币收付金额为 7.23 万亿元，同比增长 10.4%。对外直接投资（ODI）人民币收付金额为 7 361.7 亿元，同比增长 228.1%；外商来华直接投资（FDI）人民币收付金额为 1.59 万亿元，同比增长 65.2%。

2. 人民币国际使用稳步发展

截至 2015 年年末，中国境内（不含港、澳、台地区，下同）银行的非居民人民币存款余额为 1.54 万亿元，主要离岸市场人民币存款余额约为 1.45 万亿元，人民币国际债券未偿余额为 5 900.7 亿元。据不完全统计，截至 2015 年年末，境外央行和货币当局在境内外市场上持有债券、股票和存款等人民币资产余额约为 8 647.0 亿元。

3. 人民币资本项目可兑换取得明显进展

2015 年，人民币资本项目可兑换程度进一步提高，从国际货币基金组织资本和金融项目交易分类标准下的 40 个子项来看，集体投资类证券项下 2 个子项由“不可兑换”变更为“部分可兑换”，目前中国达到可兑换和部分可兑换的项目已增加至 37 项。

4. 人民币国际合作成效显著

截至 2015 年年末，人民银行与 33 个国家和地区的中央银行或货币当局签署了双边本币互换协议，协议总规模超过 3.31 万亿元人民币；在 20 个国家和地区建立了人民币清算安排，覆盖东南亚、西欧、中欧、中东、北美、南美、大洋洲和非洲等地，支持人民币成为区域计价结算货币。

5. 人民币跨境使用基础设施建设取得新进展

人民币跨境支付系统（CIPS）一期建成并顺利上线运行。人民币跨境收付信息管理系统（RCPMIS）继续完善。

人民币成为 SDR 篮子货币是国际社会对人民币国际地位的认可，进一步提升了市场对人民币的信心。

展望未来，人民币国际使用的范围和规模有望继续稳步发展，人民币国际化将在服务实体经济、增强国际货币和金融体系活力等方面发挥更加积极的作用。

第四节

进出口信贷制度

进出口信贷，是指一国政府通过银行向进出口商提供贷款，以鼓励出口、确保进口的重要措施。在国际贸易中，机器、成套设备、船舶、飞机及其他一些商品的交易金额巨大，从订货到交付所需时间长，对进口商来说，一时难以筹措巨额货款；对出口商而言，垫支巨额款项虽可促成交易，但不利于资金周转。因此，需要银行贷款来资助它们进行进出口交易。尤其是近年来全球贸易自由化的发展，使得许多国家放弃过去财政补贴的方式，转而采用政策性金融手段，大力支持和促进本国产品，特别是资本货物的出口。

中国正在遵循国际经济通行规则，积极运用政策性金融工具，通过进出口信贷，支持国家鼓励产业的发展和产品的出口，支持对外承包工程和境外投资，使企业能在更大范围、更广领域和更高层次上参与国际经济合作和竞争。

一、进出口信贷特征

进出口信贷与一般银行信贷，从根本上来说并无本质上的差别。银行在经营进出口信贷业务时，同一般信贷业务经营与管理一样，都必须依据国家的法律法规要求，按照国家政策规定和信贷经营原则开展经营活动。但由于进出口信贷在经营对象、业务种类、利率政策等方面都有特殊要求和规定，所以进出口信贷又有其自身的一些特征。

（一）经营对象主要是进出口商

进出口信贷是专门为对外贸易提供信用融资的，因此，进出口信贷经营对象一般仅限于从事对外经济贸易活动的进出口商，主要包括外贸企业、外经企业、“三资”企业以及参与国际贸易的生产企业、科研院所等。

（二）业务有特定的范围

进出口信贷与一般银行的信贷不同，它有自己的特定经营范围，主要包括：用于支持出口贸易，特别是出口机电产品和成套设备出口的贷款；用于支持引进先进技术和设备、添置固定资产的贷款；用于支持引进外资和先进技术企业的贷款；用于支持对外承包工程和劳务输出、境外加工贸易、境外投资的贷款。

（三）对存贷款利率有特殊规定

银行经营进出口信贷业务，其存贷款利率与一般银行的存贷款利率有不同的管理规定。对于人民币的存贷款，统一按中央银行公布的利率标准执行；对于外币存贷款业务，则由各银行根据中央银行公布的外汇牌价，以及参照伦敦金融市场同业拆放的利率，并根据筹资成本加一定的银行管理费制定的利率标准执行。由于进出口信贷的目的是促进进出口贸易的发展，其利率一般低于相同条件资金贷方的市场利率，利差由国家补贴。

（四）国家设立专门信贷机构

为更好地贯彻国家的信贷政策，有效地促进对外贸易发展，各国大都设立专门发放进出口信贷的机构，来管理与分配国际信贷资金，并协调与其他国家之间的关系。

二、进出口信贷政策

中国进出口信贷的基本任务是按照国家发展社会主义市场经济的要求，遵循改革、开放的方针，根据国家有关政策和批准的信贷计划发放贷款，支持对外贸易的发展；同时发挥信贷的监督和服务作用，监督企业合理地使用信贷资金，协助外贸企业加强经济核算，提高经济效益。

在金融支持手段中，国家政策性金融支持具有核心作用。从外贸实践来看，对外贸易的发展，特别是机电产品和成套设备出口迅速增长，与国家政策性金融支持是分不开的。因此，要使进出口信贷更好地发挥对进出口贸易的促进作用，根据进出口信贷的基本任务，中国现行的进出口信贷政策包括以下方面。

（1）贯彻执行国家的产业政策、外经贸政策和金融政策。

（2）积极配合实施科技兴国战略，重点支持高技术、高附加值的机电产品、成套设备、高新技术产品的出口，促进经济结构的调整和出口商品结构的优化。

（3）重点支持有经济效益的大企业、大项目，同时兼顾经济效益好、产品附加值高、有还款保证的中小企业和中小项目。

（4）充分发挥政策性银行的综合优势，运用出口卖方信贷、出口买方信贷、外汇担保等多种政策性金融手段支持企业出口。

（5）积极配合实施出口市场多元化战略，支持企业全方位开拓国际市场。

（6）积极配合实施“走出去”的开放战略，支持企业开展带动机电产品出口的境外加工贸易、对外工程承包和海外投资活动，以投资带动贸易。

三、进出口信贷机构

中国进出口银行和中国银行是国家设立的经营进出口信贷业务的指定银行，是提供进出口信贷的主渠道。

（一）中国进出口银行

利用进出口银行支持本国商品出口、提高企业的国际竞争力，是世界大多数国家的通行做法。中国进出口银行于 1994 年 5 月成立，是直属国务院领导的、政府全资拥有的国家政策性金融机构。该银行作为机电产品、高新技术产品和境外承包工程项目以及各类境外投资项目的政策性融资主渠道、外国政府贷款主要转贷行和中国政府对外优惠贷款的唯一承贷行，已经成为外经贸支持体系的重要力量和金融体系的重要组成部分，为促进对外贸易持续、健康、迅速发展起着十分重要的作用。

中国进出口银行的主要职责是：贯彻执行国家产业政策、外经贸政策和金融政策，为扩大机电产品和高新技术产品出口、支持“走出去”项目以及促进对外经济技术合作与交流，提供政策性金融支持。主要业务范围包括：办理出口信贷；办理对外承包工程和境外投资类贷款；办理中国政府对外优惠贷款；提供对外担保；转贷外国政府和金融机构提供的贷款；办理本行贷款项下的国际、国内结算业务和企业存款业务；在境内外资本市场、货币市场筹集资金；办理国际银行间的贷款，组织或参加国际、国内银团贷款；经批准或受委托的其他业务等。

（二）中国银行

中国银行是中国政府授权经营外汇业务，办理进出口信贷的国有商业性银行，具有国家指定的外汇专业银行的性质和地位，并作为国家对外筹资的主渠道，在国内外开展包括传统的商业银行、投资银行和保险业务在内的全面的金融服务，支持对外贸易和社会经济的发展。

另外，一些国有商业银行、区域性商业银行及其他金融机构，经国家外汇管理局批准，也可以经营一定范围的外汇业务，并对进出口企业发放一定数量的外汇贷款及人民币贷款。

四、进出口信贷方式

进出口信贷方式主要包括出口信贷、进口买方信贷。

（一）出口信贷

出口信贷是指国家为了鼓励商品出口，加强商品竞争能力，对本国出口商和外国进口商提供优惠贷款，主要用于鼓励和支持一些金额较大、付款期限较长的成套设备和船舶等大型机械设备的出口。出口信贷不仅是进出口商进行融资的方式，而且还是各国家用来争夺市场，削弱竞争对手，扩大本国资本品及技术出口的强有力手段。出口信贷具体包括两种形式：

1. 出口卖方信贷

出口卖方信贷指进出口银行对我国境内（不包括港澳台地区）企业出口低技术含量和一般机电产品、成套和高技术含量产品、船舶以及农产品、文化产品等其他经批准的产品和服务所需资金提供的本、外币贷款。中国进出口银行提供的出口卖方信贷有：

（1）低技术含量和一般机电产品出口卖方信贷。是指进出口银行为支持我国境内企业出口劳动密集型产品和机电产品，对借款人在产品出口的采购、生产、运输、销售等环节所需资金提供本、外币贷款。

（2）成套和高技术含量产品出口卖方信贷。是指进出口银行为支持我国境内企业出口设备、对外提供设备相关技术服务及高新技术产品和“两自一高”产品，对借款人在产品的采购、生产、运输、销售或承接国际服务外包项目（含软件项目）的研发、场地及设备租用、材料采购、人员工资、税费支出、技术鉴定等环节所需资金提供本、外币贷款。利用世界银行和亚洲开发银行等国际金融组织贷款、外国政府贷款的国内项目进行国际招标，由我国企业中标提供设备的，适用本要求。

（3）船舶出口卖方信贷。是指进出口银行为支持我国境内企业出口船舶、改装或修理国外船舶、生产用于出口船舶的关键船用设备、开展船舶技术和工艺研发，对借款人所需资金提供本、外币贷款。远洋船和海洋工程结构物的内销视同出口。

2. 出口买方信贷

出口买方信贷指进出口银行向境外借款人提供的促进中国产品、技术和服务出口的本、外币贷款。

（二）进口信贷

进口信贷指进出口银行为保障国民经济发展所需的商品、服务和技术进口，向符合要求的境内借款人提供的本、外币贷款。

五、进出口信贷对象

为使进出口信贷的发放更具有针对性，能更好地体现国家的优惠信贷政策，各主要贷款机构对各类贷款的适用对象都做出了具体的规定。

（一）出口卖方信贷对象

中国进出口银行规定，凡在我国工商行政管理部门登记注册，具有独立法人资格的境内企业或具备借款资格的事业法人，均可向进出口银行申请出口卖方信贷。采用资金集中管理模式的集团企业，确保在进出口银行不重复融资的前提下，并在借款合同中约定贷款用于集团企业子公司出口业务时，可向进出口银行申请出口卖方信贷。具体申请条件如下：① 借款人经营管理、财务和资信状况良好，具备偿还贷款本息的能力；② 如借款人可按本行现行办法进行信用等级评定，借款人在进出口银行信用等级一般应在 BBB 级（含）以上；以银行、战略客户全额保证或变现能力强的抵押物、质物提供担保的，借款人信用等级可放宽至 BB 级；相关实施方案有特殊规定的，以实施方案为准；③ 提供进出口银行认可的还款担保（如涉及）；④ 在进出口银行认为必要时投保出口信用保险；⑤ 项目经我国及项目涉及的其他国家有权机关批准（如涉及）；⑥ 进出口银行认为必要的其他条件。

中国银行出口则要求卖方信贷业务的对象应是具有法人资格、经国家批准有权经营机电产品出口的进出口企业和生产企业。凡出口成套设备、船舶等及其他机电产品合同金额在五十万美元以上，并采用一年以上延期付款方式的资金需求，均可申请使用出口卖方信贷贷款。具体申请条件如下：① 借款企业经营管理正常，财务信用状况良好，有履行出口合同的能力，能落实可靠的还款保证并在中国银行开立账户；② 出口项目符合国家有关政策和企业的法定经营范围，经有关部门审查批准并有已生效的合同；③ 出口项目经济效益好，换汇成本合理，各项配套条件落实；④ 合同的商务条款在签约前征得中国银行认可；⑤ 进口商资信可靠，并能提供中国银行可接受的国外银行付款保证或其他付款保证；⑥ 出口合同原则上应办理出口信用保险；⑦ 借款企业原则上应提供中国银行认可的还款保证；⑧ 如果借款人申请了外汇贷款，则借款人必须落实相应的外汇还款来源。

（二）出口买方信贷对象

中国进出口银行规定，出口买方信贷对象为境外金融机构、进口国财政部或进口国政府授权的机构，以及进出口银行认可的进口商或境外业主。具体申请条件如下：① 借款人所在国经济、政治状况相对稳定，或项目所在国国别风险可控；② 借款人资信状况良好，具备偿还贷款本息能力；③ 出口产品、技术及服务符合我国及进口国有关规定，其中文化产品应列入我国有关部门颁布的《文化产品和服务出口指导目录》，或属于图书、报刊、电子音像制品、电影和电视剧版权出口和文化企业开展对外劳务合作等；④ 借款人提供进出口银行认可的还款担保（如涉及）；⑤ 在进出口银行认为必要时投保出口信用险；⑥ 借款人为国际多边金融机构时，如其成员国中有未与中国建交的国家，申请前应取得进出口银行同意；⑦ 借款人为境外金融机构时，其相关资信材料可通过银行家年鉴（Bankers Almanac）、全球银行与金融机构分析（Bank Scope）、穆迪（Moody's KMV）及其他专业信息渠道获得；⑧ 进出口银行认为必要的其他条件。

中国银行出口买方信贷业务的适用客户为我国机电产品、成套设备、对外工程承包等资本性货物和服务的出口商、中国银行认可的进口商、进口方银行（转贷行）或进口国法定主权级借款部门（财政部、中央银行等）。具体申请条件如下：① 商务合同总金额不低于 100 万美元；② 出口商品在中国制造部分的价值，在成套设备商务合同中一般应占 70%以上，在船舶、飞机商务合同中一般应占 50%以上，否则要适当降低贷款额占商务合同总价的比例；③ 进口商以现汇即期支付的比例，船舶不低于商务合同总价的 20%，成套设备不低于商务合同总价的 15%；④ 本贷款项下签订的商务合同必须符合贸易双方政府的有关法律规定；⑤ 本贷款项下的出口企业应根据中国银行要求，在出口信用保险机构办理出口信用保险；⑥ 满足中国银行要求的其他条件。

（三）进口信贷对象

中国进出口银行规定，凡在我国工商行政管理部门登记注册，具有独立法人资格的境内（不包括港澳台地区）企业及具备贷款资格的事业单位法人，均可向进出口银行申请进口信贷。采用代理方式进口的，在确保不重复贷款的前提下可纳入进口信贷支持范围。具体申请条件如下：① 借款人生产经营符合我国法律法规，信用状况良好，无重大不良记录；借款人为新设项目法人的，其控股股东或实际控制人有良好的信用状况，无重大不良记录。② 借款人经营管理、财务和资信状况良好（项目公司作为借款人的，项目公司发起人须具备上述条件），具备偿还贷款本息能力。③ 项目经我国及项目涉及的其他国家有权机关批准（如涉及）。④ 国别风险较高的租赁项目须按照进出口银行要求投保相应保险。⑤ 提供进出口银行认可的还款担保（如涉及）。⑥ 进出口银行认为必要的其他条件。

六、贷款币种、金额、期限和利率

（一）出口卖方信贷

中国银行出口卖方信贷业务的相关规定如下：

（1）贷款币种和金额。出口卖方信贷的币种可以为人民币或美元，贷款金额最高不超过出口成本的总值减去定金和企业自筹资金。

（2）贷款期限。自签订借款合同之日起，至还清贷款本息日止，最长不超过十年（含宽限期）。

（3）贷款利率。根据中国人民银行的有关规定执行优惠利率，如果中国人民银行调整利率则随之做相应变动。

（二）出口买方信贷

中国银行出口买方信贷业务的相关规定如下：

（1）贷款金额。成套设备及其他机电产品的贷款金额不超过商务合同总价的 85%，船舶不超过商务合同总价的 80%。贷款金额中可包括适当比例的技术服务费、当地费用和第三国采购费用。

（2）贷款期限。贷款期限的上限是自贷款协议签订之日起至还清贷款本息之日止，一般不超过十年。

（3）贷款利率。受借款人资信、借款金额、期限、担保形式等因素影响，一般以浮动利率表示，并按照外部监管部门有关贷款利率政策、我行贷款利率管理规定执行，在贷款协议中约定确认。

（4）相关费用。根据国际惯例，出口买方信贷需按照一定的费率征收管理费、承担费等相关费用。

第五节

出口信用保险

出口信用保险是国家为适应国际贸易惯例、灵活贸易做法而制定的一项由国家财政提供保险准备金的非营利性的政策性保险业务，其主要功能是推动出口、减少出口企业收汇风险。

一、出口信用保险的发展

我国的出口信用保险是在20世纪80年代末发展起来的。1989年，国家责成中国人民保险公司负责办理出口信用保险业务，当时是以短期业务为主，1992年开办了中长期业务。1994年，中国进出口银行作为进出口政策性银行成立，出口信用保险业务开始由中国人民保险公司和中国进出口银行两家机构共同办理。

2001年12月18日中国出口信用保险公司正式揭牌运营，该公司成为我国唯一的专业出口信用保险机构，其他机构停止办理出口信用保险业务。这是我国政府在中国加入世界贸易组织的全新经济环境下，参照国际惯例，深化金融保险与外贸体制改革，加大对出口贸易政策性支持力度的重大举措，标志着我国出口信用保险业进入了一个崭新的发展时期。

中国出口信用保险公司的任务是积极配合国家的外交、外贸、产业、财政、金融政策，通过政策性出口信用保险手段，加强对货物、技术和服务出口，特别是对技术含量高、附加值大的机电产品成套设备等资本性货物出口的支持力度，在信用保险、出口融资、信息咨询、应收账管理等方面为外贸企业提供快捷、完善的服务，为企业积极开拓海外市场提供收汇风险和出口融资保障，支持国内企业的国际化生存和发展。

我国出口信用保险业务自开办以来，有力地支持了我国机电产品、成套设备等商品的出口，在保证企业安全收汇方面发挥了重要作用。

二、出口信用保险的特点

（一）出口信用保险属于政策性的保险业务

出口信用保险是以国家为后盾的，出口信用保险公司是代表国家的政策性金融机构，其经营活动不以盈利为目的，其资金支持是来源于国家财政。

（二）出口信用保险承保的对象和风险与国际贸易中的商业性保险不同

出口信用保险承保的对象是出口企业的应收账款，承保的风险主要是人为原因造成的商业信用风险和政治风险。商业信用风险主要包括：买方因破产而无力支付债务；买方收货后超过付款期限四个月以上仍未支付货款；买方因自身原因而拒绝收货及付款。政治风险主要包括因买方所在国禁止或限制汇兑、实施进口管制、撤销进口许可证、发生战争、叛乱等卖方、买方均无法控制的情况，导致买方无法支付货款。而以上这些风险，是无法预计、难以计算发生概率的，因此也是商业保险无法承受的。

国际贸易中商业性保险承保的对象一般是出口商品，承保的风险主要是因自然原因在运输、装卸过程中造成的对商品数量、质量的损害。有的商业保险也承保人为原因造成的风险，但也仅限于对商品本身的损害。而对于这些风险，保险公司可以计算发生概率，根据概率制定保费以确保盈利。

出口企业为防范以上出口信用方面的风险，可向出口信用保险公司填写投保单、申请买方信用限额，并在出口信用保险公司批准后支付保费，保险责任即成立。企业按时申报适保范围内的全部出口，如发生保单所列的风险，企业可按规定向出口信用保险公司索赔。

三、出口信用保险的种类

中国出口信用保险公司提供如下保险产品，承保买家风险和政治风险，同时提供资信评估、商账追收、保单融资服务。

（一）短期出口信用保险

短期出口信用保险保障一年期以内，出口商以信用证（L/C）、付款交单（D/P）、承兑交单（D/A）、赊销（O/A）方式从中国出口或转口的收汇风险。中国出口信用保险公司承保商业风险和政治风险。目前共有 6 个短期险品种。

1. 综合保险

综合保险承保出口企业所有以信用证和非信用证为支付方式出口的收汇风险。它补偿出口企业按合同规定出口货物后，或作为信用证受益人按照信用证条款规定提交单据后，因发生政治风险或商业风险而直接导致的出口收汇损失。

2. 统保保险

统保保险承保出口企业所有以非信用证为支付方式出口的收汇风险。它补偿出口企业按合同规定出口货物后，因发生政治风险或商业风险而导致的出口收汇应收账款损失。

3. 信用证保险

信用证保险承保出口企业以信用证支付方式出口时面临的收汇风险，付款期限在 360 天以内。在此保险项下，出口企业作为信用证受益人，按照信用证条款要求，在规定时间内提交了单证相符、单单相符的单据后，由于商业风险、政治风险的发生，不能如期收到付款的损失由中国出口信用保险公司补偿。

4. 特定买方保险

特定买方保险承保企业对某个或某几个特定买方以各种非信用证支付方式出口时面临的收汇风险，付款期限 180 天以内（可延至 360 天）。

5. 买方违约保险

买方违约保险承保出口企业以分期付款方式出口因发生买方违约而遭受损失的风险，其中，最长分期付款间隔不超过 360 天。

6. 特定合同保险

特定合同保险承保企业某一特定出口合同的收汇风险，适用于较大金额（200 万美元以上）的机电产品和成套设备出口，以各种非信用证为支付方式，付款期限在 180 天以内（可延至 360 天）。

（二）中长期出口信用保险

中长期出口信用保险保障一年期以上、十年期以内的，100 万美元以上的出口（预付款或现金支付比例不低于合同金额的 15%，船舶出口的比例不低于 20%）。目前中国出口信用保险公司提供两个中长险品种。

1. 出口买方信贷保险

出口买方信贷保险是指在买方信贷融资方式下，中国出口信用保险公司向贷款银行提供还款风险保障的一种政策性保险产品。在本保险中，贷款银行是被保险人。投保人可以是出口商、贷款银行或借款人，但一般要求贷款银行直接投保。

2. 出口卖方信贷保险

出口卖方信贷保险承保的风险包括进口方破产；进口方拖欠商务合同项下的应付款项；进口国采取措施，使商务合同无法履行；进口国颁布法律或采取措施，使进口方不能以商务合同规定的货币偿还债务；进口国颁布延期付款令，使进口方无法履行还款义务；进口国发生战争、内乱等。

（三）投资保险

投资保险是为了支持中国企业到境外投资，鼓励外国投资者来中国投资而设立的。它包括海外投资保险、来华投资保险。投资保险的承保风险为政府强行征用、汇兑限制、战争以及政府违约。

（四）担保业务

为了提升企业信用等级，帮助企业解决出口融资困难，担保业务服务于国内出口企业和提供出口融资的银行。担保业务分为非融资类担保和融资类担保。

1. 非融资担保业务

非融资担保业务用于向进口方（受益人）担保出口商按进出口双方签订的合同约定履约。由于担保范畴不包括出口商的融资需求及还款风险，因此称作非融资担保。目前，中国出口信用保险公司非融资类担保业务提供的主要产品有：投标保函、履约保函、预付款保函、质量维修保函、海关免税保函、保释金保函和租赁保函。

2. 融资担保

融资担保是直接向为出口商发放出口贷款的银行提供担保，保证在贷款发生损失时予以赔偿。其担保范畴限于出口商的融资还款风险，因此称作融资担保。这种方式对银行来说比信用保险的保障更为全面，因为出口商转让保单权益是有条件的。在出口商按合同履约的情况下，由于进口方发生的商业风险或政治风险，而给融资银行贷款带来的损失，可以通过信用保险得到部分赔偿。但如果作为被保险人的出口商违反了保单条款的规定，保险人可以依据保单的除外责任条款拒赔，因此银行的贷款损失就不能得到补偿。而融资担保是无条件的，不管出口商在出口信用险保单项下是否存在违约行为，融资银行都可以获得即时赔偿。

（五）商账追收

中国出口信用保险公司与世界各地众多律师及债务追讨公司经常保持紧密联系，在解决付款困难方面经验丰富，可以协助出口企业解决买家拖欠款项的问题，并提供建议措施防止及减轻损失。

（六）资信评估

中国出口信用保险公司为国内外企业提供中国企业和海外企业资信调查与评估服务，以帮助从事商业贸易的企业规避和防范各种商业风险，提高企业的营销能力，扩大销售范围，全面提升企业的竞争力和盈利能力。

（七）保单融资

投保短期出口信用保险，出口企业可以凭借保险单、限额审批单到银行办理押汇和人民币贷款。它是解决出口企业资金需求、加速企业资金周转的有效途径。

四、出口信用保险的作用

出口信用保险因其商业化运作的特色为世界贸易组织规则所接受，已被许多国家争相采用，成为促进对外贸易发展的新兴手段之一。出口信用保险的作用主要体现在以下几个方面。

（一）推动对外贸易发展

出口信用保险公司可通过建立充足的风险准备金方式，来承保一般商业保险所难以承担的出口信用风险，在出口企业因进口方发生商业风险或政治风险而蒙受损失时，为其提供资金补偿。

投保出口信用保险由于可确保收汇的安全性，扩大企业国际结算方式的选择面（除信用证支付方式外，还可采用付款交单、承兑交单等），从而增加出口成交机会。

出口信用保险公司还利用与国内外合作伙伴建立的信息网络，帮助投保企业评定进口方资信等级，调查进口国国情状况，跟踪项目执行进度，识别可能面临的风险，提供专业化风险管理服务。这不仅有助于减少企业应收账款的拖欠率和坏死率，也为企业节约因自身进行风险管理而需付出的运营成本，有利于改善企业财务状况，提升出口企业的竞争力。同时，投保后可提高出口企业信用等级，有利于获得银行打包贷款、托收押汇、保理等金融支持，加快资金周转。

（二）推动出口结构升级

出口信用保险作为促进外贸的重要工具，对提升出口商品结构也有着积极作用。出口信用保险公司在实际承保过程中，常常将限额（包括国家限额、买家限额）和费率作为两个支点，在促进出口和保证本国资产安全之间进行动态调控，对于国家重点发展的产业，出口信用保险公司可适度扩大限额，在一定范围内降低保费，通过承担更多的风险来帮助这些重点产业在国际市场上赢得更多的发展机遇。

（三）推动出口市场多元化

出口信用保险可根据国家外贸和安全战略导向，利用自身优势，推动出口市场多元化战略的实施。一方面，出口信用保险公司可通过适度调控限额和费率两大支点，引导本国企业开拓新市场；另一方面，也可在风险能够控制的前提下，对某些有积极意义的项目进行特别处理，采取更加灵活的承保条件，如适度降低担保要求、放松付款条件等，推动企业开拓和占领风险较高，但发展潜力巨大的新兴市场，实现出口市场多元化。

（四）增强国家抵御海外经济危机的能力

出口信用保险可为防范外来经济危机的输入，维护本国经济安全，发挥有效作用。首先，出口信用保险的主要职责就是为本国企业在海外蒙受的损失提供经济补偿，因而有助于切断国外经济危机通过贸易等方式向国内传播的渠道，有利于避免因众多出口企业的资金链断裂而导致国内金融体系出现危机。

其次，出口信用保险公司会从控制风险总量角度出发，对世界各国进行风险综合评级，在此基础上设立国家限额，并根据该国形势变化和还款情况进行动态调整，循环使用，一旦限额用尽，便会暂停承保向该国的出口项目，这样既可为出口企业提供国情风险分析，指导其正确识别风险，也可避免对单个国家的债权过于集中，从而分散国别风险。

最后，出口信用保险公司还有多种分保和再保渠道，可将承保的高风险分散转移到国际再保险市场中，有效地减轻了国家承担的风险。

复习思考题

1. 经济调节手段具有哪些特点？为什么国家对对外贸易的宏观调控应以经济调节为主？

2. 为什么世贸组织规则允许成员采用出口退税制度，促进出口贸易发展？

3. 如何通过调控汇率来调节一国进出口贸易？

本章关键词

经济调控手段　外贸税收　汇率　进出口信贷　出口信用保险

拓展阅读

第六章　对外贸易行政管理

❖ 本章摘要及重点

本章主要内容：外贸行政管理手段的概念、对象及特点；中国运用行政手段管理对外贸易的必要性；对外贸易经营者资格管理措施；货物进出口管理措施；货物进出口主要环节管理措施。

本章学习重点：中国运用行政手段管理对外贸易的必要性；对外贸易经营者资格管理措施；货物进出口管理措施。

在社会主义市场经济体制下，对外贸易的宏观管理采取的是以法律手段为依据，以经济调控手段为主，辅之必要的行政手段的模式。世界贸易组织规则也允许成员采用某些行政手段进行对外贸易管理。

第一节

对外贸易行政管理概述

一、对外贸易行政管理的概念和特点

对外贸易行政管理手段是国家经济管理机关凭借行政组织权力，采取发布命令、制定指令性计划及实施措施、规定制度程序等形式，按照自上而下的组织系统对对外贸易经济活动进行直接调控的一种手段。对外贸易行政管理依托的是国家的行政权力，与对外贸易其他管理手段比较，具有统一性、速效性、强制性和规范性的特点。

二、对外贸易行政管理对象

我国对外贸易行政管理的对象包括：对外贸易经营管理、货物进出口管理、货物进出口配套环节管理等。具体管理手段有对外贸易经营资格登记管理、对重要货物实行国营贸易管理、进出口许可证管理、进出口配额管理、进出口商品检验、海关管理、进出口货物原产地管理、外汇管理等。

三、对外贸易行政管理的必要性

在建立社会主义市场经济体制的过程中，必须充分发挥市场在资源配置中的基础性作用，但市场存在着自发性、盲目性、滞后性的缺陷。运用行政管理手段，实施国家对市场活动的宏观指导和调控，能在一定程度上纠正市场机制的缺陷，使市场规则和秩序得以贯彻。保证市场机制的有效性和市场运行的有序性。

对外贸易是我国国民经济的重要组成部分，外贸体制也处在转轨的过渡时期。所以我国在完善外贸宏观调控体系的过程中，应根据市场经济和国际贸易规范的要求，辅以必要的行政手段来控制和调节对外贸易。

（一）对外贸易行政管理是市场经济体制下宏观调控必要手段之一

随着我国改革开放的推进，经济体制已由计划经济向市场经济转换。市场经济条件下的宏观调控并不排斥政府必要的直接调控，尤其在市场经济尚不发达，市场体系还不健全，价格扭曲比较突出的条件下，政府对市场直接调控的范围就更大一些。由于我国市场发育程度低，市场机制有待进一步完善，价格、汇率、税率、利率等经济手段的作用力度与成熟市场经济相比尚有差距，政府的行政直接控制必不可少。

（二）对外贸易行政管理是实施经济手段的保障

市场经济条件下，国家宏观调控的实施过程实际上是对宏观经济调控手段的协调运用过程。例如，经济调节手段的实施过程，是国家经济政策的具体化过程，它往往需要行政手段与其相配合，运用信贷、税收、利率、汇率等对外贸易经济杠杆离不开行政力量作为其保障。经济手段与行政手段充分的结合与密切协作，既可有效地保证国家对外贸经济的统一领导，维护国家的整体利益，又能保证微观个体的自主权，在经济杠杆的作用下，实现利益最大化。

（三）对外贸易行政管理可促进我国对外贸易持续稳定发展

我国正处于体制转轨时期，国内市场机制和法律法规也正处于不断建设完备的过程中，而随着外贸体制改革的不断深化，我国的贸易渠道增多、方式多样，越来越多的企业和部门参与到外贸活动，这一方面促进了我国对外贸易的发展，但同时也极易导致经营秩序的混乱，使国家经济利益受到严重损害。因此，我国一方面要坚持市场经济的原则，尽可能减少政府对外贸活动的干预，使市场在外贸活动中起基础性和主要的调节作用，保证国内企业能够根据自身需要，自主从事外贸活动；另一方面，也要建立必要的对外贸易行政管理体系，加强对外贸易经营者管理和货物进出口管理，避免外贸运行的严重失衡。在外贸运行失衡时，采用必要的行政手段进行干预，往往比其他方法具有更为直接的效力，能迅速克服失调，恢复正常的贸易秩序，提高国家经济效益，保证对外经济贸易的稳定持续发展。

（四）规范化对外贸易行政管理是与国际规则接轨的内在要求

经济全球化进程中还伴随着形式各异的贸易保护，世界贸易组织要求各成员按市场经济的规律，运用制度化、规范化和透明化的行政管理手段来管理自身的对外经济与贸易，要及时掌握国际经济贸易发展和市场变动情况，对自身经济政策的调整和变化带来的影响做出准确的判断，并及时对自身经济政策作出科学的决策，调整对外经贸发展战略和政策体系。我国作为世贸组织成员，有必要加强政府的宏观调控职能，规范我国的对外贸易行政管理，使之遵守世贸组织规则，与国际社会接轨。

我国经济体制改革的目标是建立社会主义市场经济体制，而建立完善的市场机制和进行必要的国家宏观管理，都是市场经济体制的重要组成部分，两者是相互结合，相辅相成，缺一不可的。

第二节

对外贸易经营管理

对外贸易经营管理，即对对外贸易经营者的资格和经营活动范围进行规范而实施的管理。根据《中华人民共和国对外贸易法》（以下简称《外贸法》）、《关于进出口经营资格管理的有关规定》及《对外贸易经营者备案登记办法》等法律法规，国家鼓励发挥各个方面的积极性，发展对外经济贸易，保障对外贸易经营者的经营自主权；同时对对外贸易经营者的资格和经营活动范围进行规范，实行对外贸易经营管理。

一、对对外贸易经营者的资格管理

（一）对外贸易经营者和对外贸易经营者资格

按照《外贸法》第 8 条规定，对外贸易经营者是指依法办理工商登记或者其他执业手续，依照本法和其他有关法律、行政法规的规定从事对外贸易经营活动的法人、其他组织或个人。根据上述法律规定，判断对外贸易经营者资格的标准是：是否“从事外贸经营活动”，是否“依法办理工商登记或者其他执业手续”。

（二）对对外贸易经营者的资格管理

《外贸法》将我国外贸经营者的主体范围分为从事货物或技术进出口、从事国际服务贸易以及从事对外工程承包或者对外劳务合的对外贸易经营者，并对不同类型的外贸经营者的资格作出了具体的规定。

1. 对从事货物与技术进出口经营者的管理

我国对货物或技术进出口实行备案登记制。根据《外贸法》第 9 条，从事货物进出口或技术进出口的对外贸易经营者，应当向国务院商务主管部门或者委托的机构办理备案登记，对外贸易经营者未按照规定办理备案登记的，海关不予办理进出口货物的报关验放手续。

2. 对从事国际服务贸易等经营者的管理

根据《外贸法》第 10 条，应根据本法及我国相关法律规则的规定赋予企业经营资格。从事对外劳务合作的单位，应当具备相应的资质或者资格。

二、对重要货物对外贸易经营者的管理

为了维护我国正常的贸易秩序、维持国计民生和维护国家经济安全，我国对某些重要

的、大宗的货物进出口限定经营者，实行国营贸易管理。我国在加入世贸组织的议定书中，对国营贸易的管理进行了具体承诺。承诺的内容包括：向世贸组织通知国营贸易的产品和经营国营贸易的企业目录。因此，国家对实行国营贸易的货物及经营企业均采取目录管理。

（一）对国营贸易企业的管理

国家在进行国营贸易管理时，需要依法给予某些企业具体授权，将某些特别重要的商品的进出口经营权划归国家指定的国营贸易企业，也就是说，只有被允许的国营贸易企业可以从事这部分商品的经营活动。国务院商务主管部门和国务院有关经济管理部门负责颁布和调整《出口国营贸易企业名录》和《进口国营贸易企业名录》。实际中，实行国营贸易管理的货物，国家也允许非国营贸易企业从事部分数量的进出口。

（二）对国营贸易货物的管理

国家只对部分货物，而不是全部货物实行国营贸易管理，这些货物的目录应是公开、透明的，应当为公众所知。国务院商务主管部门和国务院有关经济管理部门负责颁布和调整《出口国营贸易管理货物目录》和《进口国营贸易管理货物目录》，而只有国家指定的国营贸易企业才有权对目录中的商品进行经营。

中国加入世贸组织时，保留了对粮食、植物油、食糖、烟草、原油、成品油、化肥、棉花 8 种关系国计民生的大宗产品的进口和对原油、成品油、煤炭、大米、玉米、棉花、钨及钨制品、锑及锑制品、蚕丝、白银等商品的出口实行国营贸易管理的权利。

2005 年 1 月 1 日取消了废丝和非供零售用丝纱线出口的国营贸易管理，2006 年 1 月 1 日取消了植物油进口的国营贸易管理。

第三节

货物进出口管理

货物进出口管理，是国家对进出口货物本身的管理，也就是国家有关部门对进出境货物的实际管理。国家对货物进出口管理的目的是为了发展对外贸易，维护对外贸易秩序，促进社会主义市场经济健康发展，保护民族经济，维护国家安全。

一、货物进出口管理的依据

《外贸法》及其配套法规是我国实施货物进出口管理的主要依据。实行货物与技术自由进出口，是中国《外贸法》的基本原则之一。与此同时，在复杂多变的国际经济环境中，为了更好地利用国际市场，参与国际竞争，充分发挥我国的竞争优势，维护公平竞争环境，《外贸法》还确立了我国对某些货物实行自由、限制、禁止管理的原则和管理制度。

（一）限制和禁止进出口货物

国家基于下列原因，可以限制或者禁止有关货物的进口或者出口：

① 为维护国家安全、社会公共利益或者公共道德，需要限制或者禁止进口或者出口的；② 为了保护人的健康或者安全，保护动物、植物的生命或者健康，保护环境，需要限制或者禁止进口或者出口的；③ 为实施与黄金或者白银进出口有关的措施，需要限制或者禁止进口或者出口的；④ 国内供应短缺或者为有效保护可能用竭的国内资源，需要限制或者禁止出口的；⑤ 输往国家或者地区的市场容量有限，需要限制出口的；⑥ 出口经营秩序出现严重混乱，需要限制出口的；⑦ 为建立或者加快建立国内特定产业，需要限制进口的；⑧ 对任何形式的农业、牧业、渔业产品有必要限制进口的；⑨ 为保障国家国际金融地位和国际收支平衡，需要限制进口的；⑩ 依照法律、行政法规的规定，其他需要限制或者禁止进口或者出口的；⑪ 根据我国缔结或者参加的国际条约、协定的规定，其他需要限制或者禁止进口或者出口的。

国务院商务主管部门会同国务院其他有关部门，依照《外贸法》有关规定，制定、调整并公布限制、禁止进出口的货物目录。

（二）自由进出口货物

限制与禁止进出口以外的货物为自由进出口的货物。国务院商务主管部门基于监测货物进口情况的需要，可以对部分自由进出口的货物实行进出口自动许可制度。

（三）特殊进出口货物

国家对与裂变、聚变物质或者衍生此类物质的有关货物进出口以及与武器、弹药或者其他军用物资有关的进出口，可以采取任何必要的措施，维护国家安全。

在战时或者为维护国际和平与安全，国家在货物进出口方面可以采取任何必要的措施。

对文物和野生动物、植物及其产品等货物，其他法律、行政法规有禁止进出口或者限制进出口规定的，依照有关法律，行政法规的规定进出口。

我国对货物进出口实行的管理，是符合世贸组织的基本原则的。世贸组织的基本原则之一是对货物进出口取消数量限制，实现自由贸易，但允许成员在某些情况下对某些商品实施进出口限制。

二、货物进出口管理的主要手段

我国通过进出口许可证、进出口配额等手段对货物进出口实施管理。

（一）进出口许可证管理

1. 进出口许可证和进出口许可证管理

进出口货物许可证是国家管理货物出入境的法律凭证。

进出口许可证管理是指国家限制进出口目录项下的商品进出口，企业必须从国家指定的机关领取进出口许可证方可进行进出口业务，没有许可证一律不准进口或出口。

进出口许可证管理，是国家对外经济贸易宏观管理的重要措施，也是海关对进出口货物实施监管的重要依据。它是根据国家的法律、政策和国内外市场的需求，对进出口经营权、经营范围、贸易国别、进出口货物品种、数量、技术等实行全面管理、有效监测、规范货物进出口许可的制度。

2. 进口许可证管理

国家对限制进口的货物实行进口许可证制度，对部分自由进口的货物实行自动进口许可制度。

（1）进口许可证制度。国家实行统一的货物进口许可证制度，根据《外贸法》和《中华人民共和国货物进出口管理条例》（以下简称《货物进出口管理条例》），制定了《货物进口许可证管理办法》。

① 进口许可证管理体制。商务部是全国进口许可证的归口管理部门，负责制定进口许可证管理办法及规章制度，监督、检查进口许可证管理办法的执行情况，处罚违规行为。商务部会同海关总署制定、调整和发布年度《进口许可证管理货物目录》。商务部负责制定、调整和发布年度《进口许可证管理货物分级发证目录》。商务部授权配额许可证事务局统一管理、指导全国各发证机构的进口许可证签发工作，许可证事务局对商务部负责。许可证事务局及商务部驻各地特派员办事处和各省、自治区、直辖市、计划单列市以及商务部授权的其他省会城市商务厅（局）、外经贸委（厅、局）为进口许可证发证机构，在许可证事务局统一管理下，负责授权范围内的发证工作。

② 进口许可证的签发原则。第一，进口许可证签发实行分级管理原则。各发证机构不得无配额、超配额、超发证范围签发进口许可证。各发证机构应当严格按照商务部发布的年度《进口许可证管理货物目录》和《进口许可证管理货物分级发证目录》的规定，签发相关商品的进口许可证。经营者进口《进口许可证管理货物目录》中的商品，必须到《进口许可证管理货物分级发证目录》指定的发证机构申领进口许可证。

第二，进口许可证管理实行“一关一证”“一批一证”制。“一关一证”指进口许可证只能在一个海关报关。一般情况下进口许可证为“一批一证”。“一批一证”指进口许可证在有效期内一次报关使用。如要实行“非一批一证”，须同时在进口许可证备注栏内打印“非一批一证”字样。“非一批一证”指进口许可证在有效期内可多次报关使用，但最多不超过 12 次，由海关在许可证背面“海关验放签注栏”内逐批签注核减进口数量。

第三，进口许可证发放必须讲求时效性。进口许可证应当在进口管理部门批准文件规定的有效期内签发。凡符合要求的申请，发证机构应当自收到申请之日起 3 个工作日内发放进口许可证，特殊情况下，最多不超过 10 个工作日。进口许可证的有效期为一年。进口许可证当年有效，特殊情况需要跨年度使用时，有效期最长不得超过次年 3 月 31 日。进口许可证应当在有效期内使用，逾期自行失效，海关不予放行。进口许可证因故在有效期内未使用的，经营者应当在进口许可证有效期内向原发证机构提出延期申请，但只能延期一次，延期最长不超过三个月。

③ 进口许可证管理的商品范围。国家对限制进口的货物实行进口许可证管理。根据每年制定的《进口许可证管理货物目录》，实行进口许可证管理。《2017 年进口许可证管理货物目录》中的货物包括重点旧机电产品和消耗臭氧层物质两大类。

④ 发放进口许可证的依据。各发证机构按商务部制定的《进口许可证管理货物目录》和《进口许可证管理货物分级发证目录》范围，签发进口许可证，不同的进口许可证管理商品的发证依据有所差别：

第一，对监控化学品，发证机构凭国家履行禁止化学武器公约工作领导小组办公室批准的“监控化学品进口核准单”和进口合同签发进口许可证。

第二，对易制毒化学品，发证机构凭商务部“易制毒化学品进口批复单”签发进口许可证。

第三，对消耗臭氧层物质，发证机构凭国家消耗臭氧层物质进出口管理办公室批准的“受控消耗臭氧层物质进口审批单”签发进口许可证。

第四，对依照法律、行政法规的规定，其他需要限制进口的商品，发证机构按照国务院商务主管部门或者由其会同国务院其他有关部门签发的许可文件签发进口许可证。

（2）自动进口许可制度。基于监测货物进口情况的需要，国务院商务主管部门和国务院有关经济管理部门可以按照国务院规定的职责划分，对部分属于自由进口的货物实行自动进口许可管理。自动许可制度并不是对货物的进口进行实质性审查，许可部门无权对拟申请的许可予以否决。

为了规范货物自动进口许可管理，根据《外贸法》和《货物进出口管理条例》，制定了《货物自动进口许可管理办法》。

① 自动进口许可管理体制。商务部根据监测货物进口情况的需要，对部分进口货物实行自动许可管理，并至少在实施前 21 天公布其目录。实行自动进口许可管理的货物目录，包括具体货物名称、海关商品编码，由商务部会同海关总署等有关部门确定和调整。该目录由商务部以公告形式发布。

商务部授权配额许可证事务局、商务部驻各地特派员办事处、各省、自治区、直辖市、计划单列市商务主管部门以及部门和地方机电产品进出口机构负责自动进口许可货物管理和《自动进口许可证》的签发工作。

② 自动进口许可管理程序。进口属于自动进口许可管理的货物，进口经营者应当在办理海关报关手续前，向国务院商务主管部门或者国务院有关经济管理部门提交自动进口许可申请。

国务院商务主管部门或者国务院有关经济管理部门应当在收到申请后，立即发放《自动进口许可证》；在特殊情况下，最长不得超过 10 天。

进口经营者凭国务院商务主管部门或者国务院有关经济管理部门发放的《自动进口许可证》，向海关办理报关验放手续。海关凭《自动进口许可证》办理验放手续。银行凭《自动进口许可证》办理售汇和付汇手续。

③ 自动进口许可证管理一般实行“一批一证”制。商务部对《自动进口许可证》项下货物原则上实行“一批一证”管理，即同一份《自动进口许可证》不得分批次累计报

关使用；对部分货物也可实行“非一批一证”管理，即同一份《自动进口许可证》在有效期内可以分批次累计报关使用，但累计使用不得超过六次。

3. 出口许可证管理

国家实行统一的货物出口许可证制度，根据《外贸法》和《货物进出口管理条例》，制定了《货物出口许可证管理办法》。

（1）出口许可证管理体制。商务部是全国出口许可证的归口管理部门，负责制定出口许可证管理办法及规章制度，监督、检查出口许可证管理办法的执行情况，处罚违规行为。商务部会同海关总署制定、调整和发布年度《出口许可证管理货物目录》。商务部负责制定、调整和发布年度《出口许可证管理货物分级发证目录》。《出口许可证管理货物目录》和《出口许可证管理货物分级发证目录》由商务部以公告形式发布。

商务部授权配额许可证事务局统一管理、指导全国各发证机构的出口许可证签发工作，许可证事务局对商务部负责。

许可证事务局及商务部驻各地特派员办事处和各省、自治区、直辖市、计划单列市以及商务部授权的其他省会城市商务厅（局）、外经贸委（厅、局）为出口许可证发证机构，在许可证事务局统一管理下，负责授权范围内的发证工作。

（2）出口许可证的签发原则。

① 出口许可证签发实行分级管理原则。各发证机构不得无配额、超配额、越权或超发证范围签发出口许可证。许可证局、各特办和各地方发证机构应当严格按照商务部发布的《出口许可证管理分级发证目录》签发出口许可证。

经营者出口《出口许可证管理货物目录》中的货物，应当到《出口许可证管理货物分级发证目录》指定的发证机构申领出口许可证。

② 出口许可证管理实行“一证一关”制、“一批一证”制和“非一批一证”制。“一证一关”指出口许可证只能在一个海关报关；“一批一证”指出口许可证在有效期内一次报关使用。

“非一批一证”指出口许可证在有效期内可以多次报关使用，但最多不超过 12 次，由海关在“海关验放签注栏”内逐批签注出运数。下列情况实行“非一批一证”制：外商投资企业出口许可证管理的货物；补偿贸易项下出口许可证管理的货物；其他在《出口许可证管理货物目录》中规定实行“非一批一证”的出口许可证管理货物。

③ 出口许可证发放必须讲求时效性。各发证机构应当严格按照年度《出口许可证管理货物目录》和《出口许可证管理货物分级发证目录》的要求，自收到符合规定的申请之日起 3 个工作日内签发相关出口货物的出口许可证，不得违反规定发证。

各发证机构可自当年 12 月 10 日起，根据商务部或者各地方商务主管部门下发的下一年度出口配额签发下一年度的出口许可证，有效期自下一年度 1 月 1 日起。出口许可证的有效期不得超过 6 个月，且截止时间不得超过当年 12 月 31 日。

（3）出口许可证管理的商品范围。国家对限制出口的货物实行出口许可证管理。2016 年实行出口许可证管理的 44 种货物，分别属于出口配额或出口许可证管理。根据特殊货物进出口管理相关法规，我国还对部分两用物项和技术实行出口许可证管理。

（4）发放出口许可证的依据。各发证机构按照商务部制定的《出口许可证管理货物目录》和《出口许可证管理货物分级发证目录》范围，签发出口许可证。签发进口许可证，不同的出口许可证管理商品的发证依据有所差别：

① 实行配额许可证管理的出口货物，凭商务部或者各省、自治区、直辖市、计划。

单列市以及商务部授权的其他省会城市商务厅、局、委下达配额的文件和经营者的出口合同签发出口许可证。

② 实行配额招标的出口货物，凭商务部发布的中标经营者名单、中标数量、《申领配额招标货物出口许可证证明书》或者《配额招标货物转受让证明书》以及中标经营者的出口合同签发出口许可证。

③ 易制毒化学品的出口，凭“商务部易制毒化学品出口批复单”和经营者的出口合同签发出口许可证。

④ 计算机的出口，凭商务部批准的《出口计算机技术审查表》和经营者的出口合同签发出口许可证。

⑤ 监控化学品的出口，凭国家履行禁止化学武器公约工作领导小组办公室批准文件和经营者的出口合同签发出口许可证。

⑥ 消耗臭氧层物质的出口，凭国家消耗臭氧层物质进出口管理办公室下发的批准文件和经营者的出口合同签发出口许可证。

⑦ 其他实行出口许可证管理的出口货物，凭商务部批准文件及经营者的出口合同签发出口许可证。

经营者申领出口许可证时，应当按法规要求如实申报，不得弄虚作假，严禁以假合同、假文件等手段骗领出口许可证。

（5）纺织品临时出口许可证制度。根据世贸组织《纺织品与服装协议》，自2005年1月1日起，现行纺织品被动配额将全部取消，全球纺织品贸易实现一体化，原对我国纺织品出口设限的国家应取消对我国纺织品出口配额限制。但是，在我国与美国就中国加入世贸组织签署的协议中承诺，到2008年12月31日以前，出口到美国的纺织品服装数量的年增长率不得超过7.5%（毛纺产品为6%），否则美国可以单方面采取提高关税、设置配额等保护性措施。2005年11月8日，中美两国签署了《关于纺织品和服装贸易的谅解备忘录》，规定2006年1月1日到2008年12月31日，中国向美国出口的21类产品实施数量管理，每年的出口增长率分别为17%~125%，基数均为上一年度全年协议量。2005年6月11日，中国和欧盟签署了《中欧关于中国部分输欧纺织品和服装的谅解备忘录》，规定自2005年7月20日至2007年12月31日，对源自中国的10类纺织品合理确定基数，并按照每年8%~125%的增长率确定中国对欧盟的出口数量。这说明我国向设限国出口纺织品仍受到数量限制。因此，我国根据《外贸法》和《中华人民共和国行政许可法》制定了《纺织品出口临时管理办法》，规定对部分纺织品实行临时出口许可证管理制度。

（二）进出口货物配额管理

《外贸法》第19条规定，国家对限制进出口的货物实行配额管理，对部分进口货物可以实行关税配额管理。

配额管理，是指国家在一定时期内对某些货物的进出口数量或金额直接加以限制的管理措施。

关税配额管理是对货物进口的绝对数额不加限制，对在一定时期内，在规定的关税配额内进口的货物，按照配额内税率征收关税；超过关税配额的进口货物，按照配额外税率征收关税。

通过出口配额管理，有利于外贸出口秩序的调整，控制重要物资和敏感商品的出口数量，并保证部分出口配额商品数量符合我国与他国签订的贸易协定的要求；通过进口配额管理，有利于对进口商品及其数量的宏观控制，有效防止因盲目进口造成的对国内各项产业的严重冲击，保证国家经济发展计划和产业政策的顺利实施。

配额管理往往与许可证管理结合在一起使用，我国目前采用的就是配额与许可证结合使用的管理方式，即需要配额管理的货物必须申领许可证，这种管理方式有利于对配额数量的控制。

1. 进口货物配额管理

为促进对外贸易健康发展，贯彻国家产业政策，维护市场秩序，我国对部分进口货物实行关税配额管理，对限制进口的机电产品，实行配额管理。

（1）关税配额管理。

① 关税配额管理体制。我国实施关税配额管理的商品主要是农产品。为有效实施农产品进口关税配额管理，建立统一、公平、公正、透明、可预见和非歧视的农产品进口关税配额管理体制，有关部门根据《外贸法》和《货物进出口管理条例》制定了《农产品进口关税配额管理暂行办法》。依据上述法律、法规，在公历年度内，国家根据中国加入世贸组织货物贸易减让表所承诺的配额量，确定实行进口关税配额管理的农产品的年度市场准入数量，配额量内的农产品进口适用于关税配额内税率，配额量外的农产品进口适用于关税配额外税率。

② 关税配额的分类。我国农产品进口关税配额为全球配额，并分为国营贸易配额和非国营贸易配额。国营贸易配额需通过国营贸易企业进口，非国营贸易配额，可以通过国营贸易企业或有贸易权的非国营贸易企业进口，有贸易权的最终用户也可以直接进口。

③ 关税配额管理的商品范围。我国实行进口关税配额管理的农产品为小麦、玉米、大米、豆油、菜籽油、棕榈油、食糖、棉花、羊毛以及毛条，此外，还包括工业品中的化肥。

我国对关税配额实行贸易方式全口径管理，即所有贸易方式进口的实行进口关税配额管理的产品，均纳入关税配额管理范围。

④ 关税配额的分配。小麦、玉米、大米、棉花进口关税配额由国家发展和改革委员会会同商务部分配；豆油、菜籽油、棕榈油、食糖、羊毛、毛条、化肥进口关税配额由商务部分配。

进口关税配额将根据申请者的申请数量和以往进口实绩、生产能力、其他相关商业标准或根据先来先领的方式进行分配。

（2）配额管理。根据商务部、海关总署、质检总局 2008 年颁布的《机电产品进口管理办法》，我国对限制进口的机电产品实行配额管理。

商务部会同海关总署、质检总局制定、调整并公布《限制进口机电产品目录》。实行配额管理的限制进口机电产品，依据国务院颁布的有关进口货物配额管理办法的规定实施管理。

2. 出口货物配额管理

为规范出口商品配额管理，保证出口商品配额管理工作符合效益、公正、公开和透明的原则，维护配额管理商品的正常出口，根据《外贸法》和《货物进出口管理条例》，制定了《出口商品配额管理办法》。

（1）出口配额管理体制。

商务部负责全国出口商品配额管理工作，各省、自治区、直辖市及计划单列市外经贸委（厅、局）根据商务部的授权，负责本地区出口商品配额管理工作。

实行配额管理的出口货物，货物目录由商务部制定、调整并公布。

出口商品配额总量，由商务部综合考虑以下因素确定并公布：保障国家经济安全的需要；保护国内有限资源的需要；国家对有关产业的发展规划、目标和政策；国际、国内市场的需求及产销状况。

（2）出口配额管理的商品范围。

我国对部分限制出口的货物，实行配额管理，由商务部会同海关总署制定与发布的《出口许可证管理货物目录》列明具体商品范围。

（3）出口配额的申请。

近三年内在经济活动中无违法、违规行为的出口企业可以申请出口商品配额。地方管理企业向地方商务主管部门提出配额申请；地方商务主管部门对本地区企业的申请审核、汇总后，按商务部的要求，上报商务部。中央管理企业直接向商务部申请出口商品配额。出口企业应当以正式书面方式提出配额申请，并按要求提交相关文件和资料。

（4）出口配额的分配。

出口配额可以通过直接分配的方式分配，也可以通过招标等方式分配。

① 直接分配。出口配额管理的部分商品，其配额实行直接分配。由地方管理企业向地方商务主管部门提出配额申请；地方商务主管部门对本地区企业的申请审核、汇总后，上报商务部。中央管理企业直接向商务部申请出口商品配额。商务部充分考虑申请企业或地区最近三年内该项商品的出口业绩、配额使用率、经营能力、生产规模、资源状况后将出口商品配额分配给各地方商务主管部门和中央管理企业；各地方商务主管部门在分配给本地区的配额数量内，按出口商品配额管理办法及国家关于货物出口经营的有关规定，及时将配额分配给本地区提出申请的出口企业。出口配额管理部门应当在每年12月15日前将下一年度的配额分配给配额申请人。

当国际市场存在不稳定因素时，商务部可将下一年度出口配额分两次分配。如果国际市场或国内资源状况发生重大变化，以及在各地区或中央管理企业配额使用进度明显不均衡的情况下，商务部可以对已分配给各地方外经贸主管部门或中央管理企业的配额进行调整。

② 招标分配。为了建立公平竞争机制，保障国家的整体利益和出口企业的合法权益，维护对外贸易的正常秩序，我国对部分出口商品配额实行招标分配。

在实行出口配额管理的商品中，确定部分商品实行招标分配，由出口企业通过自主投标竞价，取得和使用国家确定的出口商品配额。

确定招标分配商品的原则是：属不可再生的大宗资源性商品；属在国际市场上占主导地位且价格变化对出口量影响较小的商品；属供大于求，经营相对分散，易于发生低价竞销，招致国外反倾销诉讼的商品；属我国与设限国家签订的多、双边协议中规定需要实行出口配额管理的商品。

商务部遵循效益、公正、公开、公平竞争的原则，统一管理出口商品配额招标工作，负责确定并公布招标商品种类及招标商品的配额总量。出口商品配额招标采取公开招标、协议招标等方式。对于不同的商品可采取不同的招标方式，有关不同商品的公开招标、协议招标方法，由商务部确定。

第四节

货物进出口主要环节管理

货物进出口环节管理是指对货物进出口过程中涉及的主要配套环节的管理，即除了对进出口货物本身的管理外，还对货物的检验、货物的通关、进出口外汇等进行管理。

一、进出口商品检验管理

进出口商品检验，是指在国际贸易中对买卖双方达成交易的进出口商品，由法定商检机构依法对其品质、数量、规格，包装、安全、卫生、装运条件等进行检验的活动。为了加强进出口商品检验工作，规范进出口商品检验行为，维护社会公共利益和进出口贸易有关各方的合法权益，促进对外经济贸易关系的顺利发展，中国依据世贸组织规则和《中华人民共和国进出口商品检验法》（以下简称《商检法》）等国内法律法规，对进出口商品检验活动进行管理。

（一）进出口商品检验制度

国家进出口商品检验制度是指国家管理进出口商品检验工作的组织形式和基本制度，包括商检机构的设置、职责范围的确定和管理职权的划分，是国家进出口商品检验法律法规、方针政策得以贯彻落实的组织保障和制度保障。根据《商检法》的规定，中国进出口商品检验制度由三个层次组成。

1. 国家商检部门

国务院设立进出口商品检验部门——国家市场监督管理总局，主管全国进出口商品检验工作。其主要职责是：组织起草与商检相关的法规和规章，拟定商检工作的方针和政策，组织实施进出口商品法定检验和监督管理，审批法定检验商品免验，组织办理进出口商品复验，组织进出口商品认证管理，监督管理进出口商品鉴定和外商投资财产价值鉴定，垂直管理出入境检验检疫机构，审批并监督管理从事进出口商品检验鉴定业务的机构，管理国家认证认可监督管理委员会和国家标准化管理委员会等。

2. 各地商检机构

国家市场监督管理总局设立出入境检验检疫机构——设在省、自治区、直辖市以及进出口商品的口岸、集散地的出入境检验检疫局及其分支机构，管理所负责地区的进出口商品检验工作。其主要职责是：贯彻执行进出口商品检验方面的法律、法规及政策规定，实施进出口商品的法定检验和监督管理，负责进出口商品鉴定管理工作，实施外商投资财产鉴定，办理进出口商品复验，实施进出口商品认证工作，实施对进出口食品及其生产企业的卫生注册登记，实施民用商品入境验证工作，管理进出口商品检验证单、标志及签证、标识、封识等。

3. 检验机构

经国家商检部门许可的检验机构——从事检验鉴定业务的机构，可以接受对外贸易关系人或者外国检验机构的委托，办理进出口商品检验鉴定业务。检验机构是社会中介服务机构，经国家商检部门许可才具备从事委托的进出口商品检验鉴定业务的资格。检验机构从事进出口商品检验鉴定业务属于商业性委托检验。

（二）进出口商品检验原则

我国《商检法》对进出口商品检验原则做出了与世贸组织《技术性贸易壁垒协定》相同的规定，即进出口商品检验应当根据保护人类健康和安全，保护动物或者植物的生命和健康，保护环境，防止欺诈行为，维护国家安全的五项原则进行。

（三）进出口商品检验分类

我国进出口商品检验分为法定检验和抽查检验。

1. 法定检验

对进出口商品划定一个必须进行检验的范围，对属于这个范围内的商品所实施的检验称为法定检验。必须实施检验的进出口商品目录（以下简称目录）由国家商检部门依据前述五项法定目标制定、调整、公布实施。凡是列入目录的进出口商品，属于必须实施检验的商品，由商检机构实施检验。进口商品应当检验而未经检验的，不准销售、使用；出口商品应当检验而未经检验合格的，不准出口。商检机构对列入目录的进出口商品实施法定检验，不同于其他检验鉴定活动，它是一种行政执法行为，是强制实施的，是国家管理权在进出口商品检验活动中的体现。

2. 抽查检验

抽查检验是指按照法律规定对法定检验的商品以外的进出口商品由商检机构实施抽查检验。抽查检验的组织实施原则是：国家商检部门对抽查检验实行统一管理，负责确定相应的商品种类加以实施；各地商检机构根据商检部门确定的抽查检验的商品种类，负责抽查检验的具体组织实施工作。

抽查检验的主要方式是：在口岸进出口环节实施抽查检验，对出口生产企业的出口商品实施出厂前的抽查，会同有关部门对销售、使用的进口商品实施抽查。

（四）进出口商品检验内容

《技术性贸易壁垒协定》适用检验的用语，即为合格评定，是指任何直接或者间接用以确定是否满足技术法规或标准中的相关要求的程序。我国《商检法》第6条据此做出相应的规定：必须实施的进出口商品检验，是指确定列入目录的进出口商品是否符合国家技术规范的强制性要求的合格评定活动。可见，进出口商品商检的内容在法律上被界定为合格评定活动。合格评定活动是指直接或者间接地确定必须实施检验的进出口商品是否满足国家技术规范的强制性要求的活动，具体包括是否符合安全、卫生、健康、环境保护、防止欺诈等要求以及相关的品质、数量、重量等项目。

（五）进出口商品检验依据

根据《技术性贸易壁垒协定》中表述的技术法规和《中华人民共和国标准化法》中表述的强制性标准，以及中国的对外承诺，《商检法》对进出口商品检验依据做出了明确的规定。

1. 国家技术规范的强制性要求

列入目录的进出口商品，按照国家技术规范的强制性要求进行检验。国家技术规范的强制性要求，是指规定必须强制执行的产品特性或其相关工艺和生产方法，可以在法律、法规、规章以及强制执行的规范性文件中规定。列入目录的进出口商品，商检机构必须按照国家技术规范的强制性要求进行检验，检验的内容包括涉及安全、卫生、健康、环境保护的要求，以及相应的数量、重量、包装等。

2. 国家商检部门指定的国外有关标准

尚未制定国家技术规范的强制性要求的，应当依法及时制定，未制定以前，可以参照国家商检部门指定的国外有关标准进行检验。但是这种参照的标准不是自行选择的，而是由国家商检部门在可参照的标准中进行指定。

二、海关管理

海关是国家进出关境的监督管理机关，其基本职能是：进出关境监管，征收关税和其他税费，查缉走私，编制海关统计，办理其他海关业务。海关通过这些职能的履行，达到实施国家法律，维护进出关境秩序，保证国家税收，打击违法犯罪行为，保障国家利益的目的。因此，海关管理也是中国货物进出口管理环节中的重要组成部分。

（一）海关管理体制

国家管理海关工作的组织形式、机构设置、职权配置等方面的制度称为海关管理体制。我国实行集中统一的、垂直的海关管理体制，即海关的隶属关系，不受行政区划的限制；海关依法独立行使职权，向海关总署负责。我国实行集中统一的垂直管理体制，有力地保证了海关工作对内、对外的统一性和海关监督管理职能的充分发挥和行使，适应了海关代表国家行使主权，维护国家整体利益的需要。

国务院设立海关的最高管理机关——海关总署，统一管理全国海关。海关总署与全国的海关是领导与被领导，管理与被管理的关系。

《中华人民共和国海关法》（以下简称《海关法》）就海关设立的原则做出了明确的规定：一是在国家对外开放的口岸设立海关，二是在海关监管业务集中的地点设立海关。海关设置分为直属海关和隶属海关两个层级，直属海关直接由海关总署领导，隶属海关由直属海关领导。海关行使职权向海关总署负责，同时由海关总署监督和保障海关依法独立行使职权。

（二）海关监管制度

海关监管是指海关依据国家法律、法规对进出关境的货物、物品、运输工具实施报关登记、审核单证、查验放行、后续管理、查处违法的行政监督管理职能。

1. 监管任务

海关监管的基本任务是代表国家依照《海关法》和其他有关法律、行政法规，对进出关境的活动实施有效的监督管理，具体包括：执行国家外贸管制法规，监督管理运输工具、货物、物品合法进出境，保证国家对外经济贸易政策的贯彻实施；加强海关对市场经济的宏观监控，维护国家主权利益，促进经济、科技、文化交流；为海关征税、统计、稽查和查私及时提供原始单证、资料和线索。

2. 监管对象与分类

中国海关监管对象为货物、物品和运输工具。

（1）货物监管。在海关监管中，对货物的监管数量最多、涉及面最宽、情况最复杂。《海关法》对不同性质、不同状态的货物规定了不同的海关监管措施。

一般贸易货物进出境监管。包括对进口与出口货物、许可证管理货物、应税货物、限制进出口货物、禁止进出口货物的监管。

特殊贸易货物进出境监管。包括加工贸易货物，保税货物（保税区、保税仓库、保税工厂、保税商店的货物），暂时进出口货物，过境、转运、通运货物的监管。

（2）物品监管。进出境物品通常是非贸易性物品，所以应当以自用、合理数量为限。携带、邮寄国家限制进出境物品、应税物品的，应当向海关申报，接受海关查验。任何人不得携带、邮寄国家禁止进出境物品出入关境。

（3）运输工具监管。进出境运输工具是指用以载运人员、货物、物品进出境的各种船舶、车辆、航空器和驮畜。进出境运输工具必须向海关申报，并接受海关检查。

3. 监管程序

海关监管程序，是指海关办理进出境监管手续的步骤。在海关监管程序中，由于监管对象不同，监管措施不同，因而监管程序上也有所差别。进出境货物和物品的监管程序是：从申报开始，然后接受海关查验，接着就是依法征税，最后由海关签印放行。对进出境运输工具的监管程序为：从如实申报开始，然后交验单证，最后接受监督检查。特殊的监管对象还有一些特定的监管程序，如对保税货物的监管等。

4. 监管制度

为了更好地发挥海关监管职能，《海关法》还按照海关业务制度的分类，确立了对各种进出口货物在不同的时间和空间适用的海关监管制度，如：报关制度、保税制度、海关事务担保制度、许可证制度、外汇管理制度、进出口商品检验制度、原产地规则制度、知识产权海关保护制度、固体废料污染环境防治制度、文物进出境管理制度、机电设备进出境管理制度，以及麻醉品、精神药物、濒危物种、金银及其制品进出境管理制度等。

（三）海关征税制度

征收关税和其他税费是海关的基本职能之一。关税是海关代表国家按照国家制定、公布、实施的税法，对进出境的货物、物品征收的一种流转税。关税不仅是国家财政收入的重要来源，也是国家实现对外经济政策和其他政治、经济目的的重要工具，是世界贸易组织允许各缔约方采取的保护本国经济的主要手段。

1. 关税稽征制度

《海关法》、《中华人民共和国进出口关税条例》（以下简称《进出口关税条例》）、《中华人民共和国海关进出口税则》（以下简称《海关进出口税则》）等法律法规，就关税稽征制度做出了明确规定，以规范海关稽征关税的行为。

（1）征税对象和纳税义务人。根据《海关法》规定，海关征收关税的对象是准许进出口的货物和进出境物品。进口货物的收货人、出口货物的发货人、进出境物品的所有人，应当按照规定对应当缴纳关税的货物、物品进行申报，并缴纳关税，不得逃避海关监管，偷逃关税。

（2）征税机关。海关是关税的法定征收机关，海关征收关税应当依法进行。海关在征收关税时，应当严格按照规定的程序、要求，做到依法计征、依法减免，在单证审核、货物查验、价格审定、税则归类、税款计征等环节上做到准确无误，不漏征、不少征、不多征。

（3）纳税义务人。《海关法》规定，进口货物的收货人、出口货物的发货人、进出境物品的所有人，是关税的纳税义务人。关税的纳税义务人负有向海关缴纳关税的义务，如果其不依法缴纳关税，应当承担相应的法律责任。

（4）税则税率。中国从 2002 年起实行新的进口税则税率栏目。进口税则分设最惠国税率、协定税率、特惠税率和普通税率 4 个栏目。最惠国税率适用原产于与中国共同适用最惠国待遇条款的世贸组织成员的进口货物；或原产于与中国签订有相互给予最惠国待遇条款的双边贸易协定的国家或地区的进口货物；协定税率适用于原产于中国参加的含有关税优惠条款的区域性贸易协定的有关缔约方的进口货物；特惠税率适用于原产于与中国签订有特殊优惠关税协定的国家或地区的进口货物；普通税率适用原产于上述国家或地区以外的国家和地区的进口货物。

（5）纳税环节。关税缴纳环节有两种情况：一是通关征税环节，指征税对象进入关境后，在海关结关放行之前缴纳关税。二是稽查征税环节，指征税对象入境后，未办结海关手续，经海关许可放行，在海关稽查环节按规定时间或者规定情形缴纳关税。

（6）纳税期限。纳税期限是对纳税义务人缴纳税款的时间限制，是保证关税及时入库，防止偷漏关税的重要措施。《海关法》规定，纳税义务人应当从海关填发税款缴纳证之日起 15 天内，向指定银行缴纳税款。

（7）违章处罚。违章处罚是关税法律制度不可缺少的部分，是法律强制性的直接表现。《海关法》《中华人民共和国刑法》《进出口关税条例》等法律、法规，对于欠税、漏税、偷逃税、抗税等违法行为的处罚做出了规定。

2. 完税价格制度

完税价格是由海关审核确定的，用以计算应税商品税款的货物物品价格，是海关征税的基础。《海关法》规定："进出口货物的完税价格，由海关以该货物的成交价格为基础审查确定。成交价格不能确定时，完税价格由海关依法估定。"这一规定使完税价格的计算有了法律依据，不仅保护了国家的利益，而且也保护了纳税人的合法权益。

（1）成交价格。进出口货物的完税价格，由海关以该货物的成交价格为基础审查确定，这是国际上通行的确定关税完税价格的方式。所谓成交价格是指一般贸易项下进出口货物的买方为购买该项货物，向卖方实际支付的价格。

作为进出口货物完税价格基础的成交价格，必须是由海关审定认可的成交价格。根据《中华人民共和国海关审定进出口货物完税价格办法》规定，进出口货物收发货人和代理人应负责向海关提供反映买卖双方成交活动的一切真实资料，以证明其向海关申报的价格是正常成交价格，或者是其他公平价格。海关有权检查买卖双方的有关合同、发票、账册、单据、业务函电、文件和其他资料，以确认其申报价格的真实性。

（2）海关估价。进出口货物的成交价格不能确定时，完税价格由海关依法估定。

进口货物的成交价格不能确定时，海关应当依次以下列价格为基础估定完税价格：从该项进口货物同一出口国或者地区购进的相同或者类似货物的成交价格；该项进口货物的相同或者类似货物在国际市场上的成交价格；该项进口货物的相同或者类似货物在国内市场上的批发价格，减去进口关税、进口环节其他税收以及进口后的运输、储存、营业费用及利润后的价格；海关用其他合理方法估定的价格。此外，对于一些特殊的进口货物，采用特殊的估价方式。

出口货物的成交价格不能确定时，海关依次以下列价格为依据审查确定完税价格：同一时期内向同一国家或者地区销售出口的相同商品的成交价格；同一时期内向同一国家或者地区销售出口的类似商品的成交价格；根据境内生产相同或类似商品的成本、储运和保险费用、利润及其他杂费计算所得的价格；如果按照以上方法仍不能确定的，由海关用其他合理方法审定价格。

3. 商品归类制度

商品归类是指海关按照《商品名称及编码协调制度》中既定的原则和方法将进出境商品准确地归入某一商品编号（在关税税则中即为税号），以确定该商品进出境应当适用的税率、贸易管制及其他进出口管理政策；同时，海关可以据此编制海关统计。

商品归类是海关对货物实施管理的一项重要的技术性基础工作，由于贸易管制的实施和关税税率的设定都是以商品目录为基础的，商品归类的结论将直接影响到商品的进口条件和关税税率的适用，因此，商品归类也是涉及海关管理相对人权利义务的执法行为。为了准确确定进出口货物的商品归类，保护国家利益和有关当事人的合法权益，《海关法》对商品归类做出如下规定：

（1）进出口货物的商品归类按照国家有关商品归类的规定确定。《海关法》只是对商品归类做了原则性规定，具体内容还要遵守国家有关商品归类的规定，即《进出口关税条例》和《海关进出口税则》。

（2）海关可以要求进出口货物的收发货人提供确定商品归类所需要的有关资料；必要时，海关可以组织化验、检验，并将海关认定的化验、检验结果作为商品归类的依据，以确保商品归类的准确性。

4. 关税减免制度

《海关法》规定，关税减免包括法定减免税、特定减免税和临时减免税。

（1）法定减免税是指依照《海关法》和有关法律、行政法规的规定，应当予以减免进出口关税的项目。主要有：无商业价值的广告和货样；外国政府、国际组织无偿赠送的物资；在海关放行前遭受损害或损失的货物；规定数额以内的物品等。

（2）特定减免税是指在法定减免之外，国家对特定地区、特定企业或特定用途的进出口货物给予关税减免。如对进出经济特区、技术产业开发区、对外开放地区、高新技术产业开发区的商品的关税减免等。

（3）临时减免税是在法定减免和特定减免之外，国家为照顾某些纳税人的特殊情况和临时困难或者支持社会公益事业而给予的关税减免。

（四）查缉走私

查缉走私是海关的基本职能之一。走私是指逃避海关监管，进行非法的进出境活动，偷逃关税，非法牟取暴利，扰乱破坏社会经济秩序，严重危害国家主权和国家利益的违法犯罪行为。为了严厉打击走私犯罪活动，加强海关的监督管理，更有力地维护国家的主权和利益，《海关法》对中国查缉走私体制做出了明确规定。

1. 设立专门侦查走私犯罪的公安机构

国家在海关总署设立专门侦查走私犯罪的公安机构，配备专职缉私警察，负责对其管辖的走私犯罪案件的侦查、拘留、执行逮捕、预审。这一查私体制的确立，适应了海关实现其基本职能的要求，同时也是遏制走私犯罪行为，强化打击走私工作的必要的制度保障。

2. 实行联合缉私、统一处理、综合治理的缉私体制

国家实行联合缉私、统一处理、综合治理的缉私体制，海关负责组织、协调、管理查缉走私工作。

走私是一种综合性的、危害面很广的经济犯罪，涉及多个领域和管理环节，必须在强化进出境监督管理，规范对外经济贸易行为，整治进出口贸易秩序和国内市场秩序，加强金融监管等方面实行联动，施行综合治理，这样才能有效地打击走私活动。统一处理，是指查获的走私案件，必须依照法律的规定，实行统一处理；各部门查获的走私货物、物品和价款，依法交由海关统一处理，由海关按照国家的有关规定，及时足额上缴国库，任何人不得坐支截留，不得侵害依法归国家所有的财物，这可以更好地保护国家的利益。

海关负责组织、协调、管理查缉走私工作，这是由海关的基本职能所决定的。在缉私工作中，海关负责具体的组织、应有的协调、所需的管理，可以使缉私工作责任明确，有秩序地进行。

（五）编制海关统计

海关统计是指海关运用各种科学方法，对进出境的货物进行统计调查、统计分析的活

动。编制海关统计，是海关的基本职能之一。

海关统计的基本任务是：对进出关境的货物以及有关的贸易事项进行统计调查和统计分析，科学、准确地反映国家对外贸易的运行态势；提供统计资料和统计咨询服务；实行统计监督，通过审核海关统计，对货运监管、征税等业务环节起监督把关作用；开展国际贸易统计的交流与合作，为系统研究比较中国对外贸易和国际经资贸易关系提供资料，促进对外经济贸易的健康发展。

海关按照“准确及时、科学完整、国际可比、服务监督”的方针进行海关统计工作。国家海关统计资料由海关总署统计机构管理；地方海关统计资料由各地海关统计机构管理。

三、进出口货物原产地管理

我国《外贸法》第 22 条规定：国家对进出口货物进行原产地管理。

近年来，随着跨国生产合作和贸易联系的日益紧密，一件产品从原材料采购，到生产加工、产品销售，往往涉及多个国家和地区，国际贸易中的绝大多数货物包含了多个国家和地区的原材料和加工增值。因此，制订合理科学的原产地规则不仅可以准确认定进出口货物的“国籍”，加强对外贸易的规范化管理，明确国别贸易结构，而且还是有效实施反倾销、反补贴、保障措施等救济措施不可缺少的工具，以保护国内产业免遭进口商品不公平竞争的损害。只有对货物的原产地做出准确判断，国家的贸易措施才能真正发挥作用。

（一）原产地规则概述

1. 原产地及原产地规则的含义

原产地是指货物的生产地，在国际贸易中原产地的概念是与原产国通用的，也就是国际贸易中交易货物的生产地（国）。原产地被称为国际贸易中货物的“经济国”。

按照世贸组织《原产地规则协议》的规定，原产地规则是指：各国为确定货物原产地而实施的普遍适用的法律、法规和行政裁定。由于各国通常依据进口货物原产国的不同，而提供不同的待遇。因此，原产地规则是国际贸易的一项重要规则，是涉及各个国家的经济利益，体现各国对外贸易政策的一项重要法规，是各国确定货物生产地或制造地，发放产地证的法律依据。

2. 原产地规则的分类

原产地规则由国家或单独关税区政府制定，按照适用范围不同，分为非优惠原产地规则和优惠原产地规则。

世贸组织《原产地规则协议》所规定的就是非优惠性的原产地规则，其适用范围包括：最惠国待遇、反倾销税和反补贴税、保障措施、原产地标记要求、歧视性数量限制或关税配额，以及政府采购和贸易统计等。优惠性原产地规则则是在最惠国原则以外由一国单方面实施，或由两个以上国家或地区通过谈判达成协议后相互适用的原产地规则。简单地说，非优惠原产地规则适用于所有贸易对象国或地区，优惠原产地规则只适用于签订协定或由协定规定的贸易对象国或地区。

3. 原产地确定标准

原产地规则的核心内容是确定货物原产地的判断标准。判断进出口货物原产地，以货物是否含有非本国原产的原材料、半成品和零部件为标准分两种情形：完全在一个国家（地区）获得的货物，以该国为原产地；两个以上国家（地区）参与生产的货物，以最后完成实质性改变的国家（地区）为原产地。

（二）中国对货物进出口原产地的管理

鉴于原产地规则的重要作用，世界各国政府对原产地规则都十分重视，以国内法的形式建立各自的原产地规则。为了正确确定进出口货物的原产地，有效实施各项贸易措施，促进对外贸易发展，我国根据《外贸法》和世贸组织《原产地规则协议》，制定了《中华人民共和国进出口货物原产地条例》（以下简称《原产地条例》），明确规定了我国对进出口货物运用原产地手段进行管理，体现了我国对外贸易制度的统一。

1. 原产地确定标准

根据《原产地条例》，我国将完全获得标准和实质性改变标准作为判定进出口货物原产地的共同标准。

（1）完全获得标准。完全在一个国家（地区）获得的货物是指：在该国（地区）出生并饲养的活的动物；在该国（地区）野外捕捉、捕捞、搜集的动物；从该国（地区）的活的动物中获得的未经加工的物品；在该国（地区）收获的植物和植物产品；在该国（地区）采掘的矿物；在该国（地区）获得的上述范围之外的其他天然生成的物品；在该国（地区）生产过程中产生的只能弃置或者回收用作材料的废碎料；在该国（地区）收集的不能修复或者修理的物品，或者从该物品中回收的零件或者材料；由合法悬挂该国旗帜的船舶从其领海以外海域获得的海洋捕捞物和其他物品；在合法悬挂该国旗帜的加工船上加工前项所列物品获得的产品；从该国领海以外享有专有开采权的海床或者海床底土获得的物品；在该国（地区）完全从上述各项所列物品中生产的产品。从关于完全原产的规定可以看出，完全原产的货物主要是从自然界直接取得的物质，体现在出口结构中就是初级产品。

在确定一个货物是否在某一个国家完全获得时，对微小的加工处理应不予考虑。所谓微小的加工和处理是指对货物的主要特点或特性并无影响或影响很小的操作，不能导致货物原产地的变更，是一种不能改变货物原产地的加工或处理。这种微小的加工或处理无论是单个进行或进行了几个微小的加工或处理，在没有进行其他操作的情况下，都不会使货物取得加工国家的原产地资格。

（2）实质性改变标准。实质性改变的确定标准，以税则归类改变为基本标准；税则归类改变不能反映实质性改变的，以从价百分比、制造或者加工工序等为补充标准。

① 税则归类改变，是指在某一国家（地区）对非该国（地区）原产材料进行制造、加工后，所得货物在《中华人民共和国进出口税则》中某一级的税目归类发生了变化。

② 从价百分比，是指在某一国家（地区）对非该国（地区）原产材料进行制造、加工后的增值部分，超过所得货物价值一定的百分比。

③ 制造或者加工工序，是指以产品生产过程中的某些加工阶段为最低的加工要求，非原产材料必须完成这些规定的加工工序才能获得原产地资格。

确定进出口货物原产地实质性改变的具体标准，由海关总署会同商务部、国家市场监督管理总局根据实际情况另行制定。

2. 出口货物原产地证书管理

原产地证书，是指出口国（地区）根据原产地规则和有关要求签发的，明确指出该证中所列货物原产于某一特定国家（地区）的书面文件。如果原产地是货物的“经济国籍”，原产地证书就是在进口报关时伴随货物的护照或身份证。

（1）原产地证书管理签发体制。海关总署负责全国出口货物原产地的协调管理工作，出口货物原产地证书的签发机构是国家市场监督管理总局及其所属的各地出入境检验检疫局和中国贸促会及其分会。目前我国签发的原产地证书包括优惠性原产地证书、非优惠性原产地证书以及专用原产地证书等。优惠性原产地证书主要是普惠制产地证书和各类区域性优惠原产地证书。非优惠性原产地证书主要有一般原产地证书，加工装配证书以及转口证书。专用原产地证明书主要是烟草真实性证书和啤酒花证书。

（2）出口货物原产地证书的申领与核查。出口货物发货人申请领取出口货物原产地证书，应当在签证机构办理注册登记手续，按照规定如实申报出口货物的原产地，并向签证机构提供签发出口货物原产地证书所需的资料。

签证机构接受出口货物发货人的申请后，应当按照规定审查确定出口货物的原产地，签发出口货物原产地证书；对不属于原产于中华人民共和国境内的出口货物，应当拒绝签发出口货物原产地证书。

应出口货物进口国（地区）有关机构的请求，海关、签证机构可以对出口货物的原产地情况进行核查，并及时将核查情况反馈给进口国（地区）有关机构。

3. 进口货物原产地预确定制度

根据《原产地条例》规定，国家对进口货物原产地实行预确定管理办法。

进口货物的收货人按照《海关法》及有关规定办理进口货物的海关申报手续时，应当依照《原产地条例》规定的原产地确定标准，如实申报进口货物的原产地。根据对外贸易经营者提出的书面申请，海关可以依照《海关法》第 43 条的规定，对将要进口的货物的原产地预先作出确定原产地的行政裁定，并对外公布。

进口货物进口前，进口货物的收货人或者与进口货物直接相关的其他当事人，在有正当理由的情况下，可以书面申请海关对将要进口的货物的原产地作出预确定决定。申请人应当按照规定向海关提供作出原产地预确定决定所需的资料。海关应当在收到原产地预确定书面申请及全部必要资料之日起 150 天内，依照《原产地条例》的规定对该进口货物作出原产地预确定决定，并对外公布。

海关接受申报后，应当按照《原产地条例》的规定审核确定进口货物的原产地。已作出原产地预确定决定的货物，自预确定决定作出之日起 3 年内实际进口时，经海关审核其实际进口的货物与预确定决定所述货物相符，《原产地条例》规定的原产地确定标准未发生变化的，海关不再重新确定该进口货物的原产地；经海关审核其实际进口的货物与预确定决定所述货物不相符的，海关应当按照《原产地条例》的规定重新审核确定该进口货物的原产地。

海关在审核确定进口货物原产地时，可以要求进口货物的收货人提交该进口货物的原产地证书，并予以审验；必要时，可以请求该货物出口国（地区）的有关机构对该货物的原产地进行核查。

4. 原产地标记管理

根据《原产地条例》规定，国家对原产地标记实施管理。

原产地标记，是指在货物或者包装上用来表明该货物原产地的文字和图形。为保护消费者对产品生产国的知情权，进口国要求在进口货物及其外包装上应标注原产地，原产地标记是进出口贸易商应依法履行的一种法定义务。使用原产地标记的货物必须符合有关国家的原产地标准，即必须是完全原产的货物或者经实质性改变的货物。实施原产地标记管理，旨在防止不法商人通过虚假的原产地标记达到伪报货物原产地或者在消费领域进行欺诈的目的。

进出口贸易经营商在对外贸易活动中，不得伪造变造进出口货物原产地标记。货物或者其包装上标有原产地标记的，其原产地标记所标明的原产地应当与依据《原产地条例》所确定的原产地一致。进口货物的原产地标记与依照《原产地条例》所确定的原产地不一致的，由海关责令改正；出口货物的原产地标记与依照《原产地条例》所确定的原产地不一致的，由海关和出入境检验检疫局责令改正。

5. 保密原则

世贸组织《原产地规则协议》第 2 条规定：为适用原产地规则，凡在性质上属于秘密的或在保密的基础上提供的所有信息，原产地资格认定当局都应作为严格的秘密对待，没有提供信息的当事人或政府机构的特别允许，不得对外披露，除非在司法审查程序中要求提供，而且仅限于司法审查实际需要的程度，司法审查机关也应尽可能地保护所获得的机密信息。据此，《原产地条例》设置了保密原则，即用于确定货物原产地的资料和信息，除非按照有关司法程序的规定可以提供或者经提供该资料和信息的单位、个人的允许，否则海关、签证机构应当对该资料和信息予以保密。

6. 处罚规定

对外贸易经营者在对外贸易经营活动中，不得骗取、伪造、变造、买卖或者盗窃进出口货物原产地证书。

申报进口货物原产地违反《原产地条例》规定的，由海关依据《外贸法》《海关法》和《中华人民共和国海关行政处罚实施条例》进行处罚。

确定进出口货物原产地的工作人员违反《原产地条例》规定的程序确定原产地的，或者泄露所知悉的商业秘密的，或者滥用职权、玩忽职守、徇私舞弊的，依法给予行政处分；有违法所得的，没收违法所得；构成犯罪的，依法追究刑事责任。

四、外汇管理

外汇管理是指一国政府授权国家的货币管理当局或其他机构，对外汇的收支、买卖、借贷、转移以及国际结算、外汇汇率和外汇市场等实行的控制和管制行为。一国实施外汇管理主要是为了平衡国际收支，保持汇率稳定，维护国家经济安全，促进对外贸易和经济的健康发展。

外汇交易行为形式多样，在各国的经济交往中既有外汇与外汇的交易，也有外汇与商品劳务的交易，因此外汇管理的内容也非常广泛，不仅包括对国际收支的管理，也涉及对外汇市场的管理，具体可分为：经常项目管理、资本项目管理、储备项目管理、汇率管理、外汇市场管理等。经常项目管理又包括贸易外汇管理和非贸易外汇管理。由于本节所阐述的是货物进出口环节的管理，因此，与其密切相关的是经常项目下的贸易外汇管理。

随着我国汇率制度改革的逐步推进，我国逐步放开了对经常项目下贸易外汇收支的管理。2012 年，为进一步深化外汇管理体制改革，促进贸易便利化，国家外汇管理局、海关总署和国家税务总局决定自 2012 年 8 月 1 日起在全国实施货物贸易外汇管理制度改革。国家外汇管理局制定了《货物贸易外汇管理指引》等具体的实施办法。

《货物贸易外汇管理指引》第一章第 2 条明确，国家对贸易项下国际支付不予限制。出口收入可按规定调回境内或存放境外。

1. 实行企业名录管理

企业依法取得对外贸易经营权后，需持《货物贸易外汇收支企业名录登记申请书》、法定代表人签字并加盖企业公章的《货物贸易外汇收支业务办理确认书》（以下简称《确认书》）及其他规定资料，到所在地外汇局办理“贸易外汇收支企业名录”（以下简称名录）登记手续。

外汇局通过“货物贸易外汇监测系统”（以下简称“监测系统”）向金融机构发布全国企业名录。金融机构不得为不在名录的企业直接办理贸易外汇收支业务。不在名录的企业应当到外汇局办理名录登记手续。

2. 贸易外汇收支业务审核

企业应当按国际收支申报和贸易外汇收支信息申报规定办理贸易外汇收支信息申报，并根据贸易外汇收支流向填写下列申报单证：

（1）向境外付款（包括向离岸账户、境外机构境内账户付款）的，填写《境外汇款申请书》或《对外付款/承兑通知书》；

（2）向境内付款的，填写《境内汇款申请书》或《境内付款/承兑通知书》；

（3）从境外收款（包括从离岸账户、境外机构境内账户收款）的，填写《涉外收入申报单》；

（4）从境内收款的，填写《境内收入申报单》。

金融机构为企业办理贸易外汇收支业务时，应当通过监测系统查询企业名录状态与分类状态，按本细则规定对其贸易进出口交易单证的真实性及其与贸易外汇收支的一致性进行合理审查。金融机构应当按照国际收支申报和贸易外汇收支信息申报规定审核企业填写的申报单证，及时向外汇局报送信息。

企业贸易外汇收入应当先进入出口收入待核查账户（以下简称待核查账户）。待核查账户的收入范围限于贸易外汇收入（含转口贸易外汇收入，不含出口贸易融资项下境内金融机构放款及境外回款）；支出范围包括结汇或划入企业经常项目外汇账户，以及经外汇局登记的其他外汇支出。待核查账户之间资金不得相互划转，账户资金按活期存款计息。

企业可以根据其真实合法的进口付汇需求提前购汇，存入其经常项目外汇账户。金融机构为企业办理付汇手续时，应当审核企业填写的申报单证，并按以下规定审核相应有效凭证和商业单据：

（1）以信用证、托收方式结算的，按国际结算惯例审核有关商业单据；

（2）以货到付款方式结算的，审核对应的进口货物报关单或进口合同或发票；

（3）以预付货款方式结算的，审核进口合同或发票。

因合同变更等原因导致企业提前购汇后未能对外支付的进口货款，企业可自主决定结汇或保留在其经常项目外汇账户中。

办理外汇局登记的贸易外汇收支业务，金融机构应当凭外汇局签发的《货物贸易外汇业务登记表》（以下简称《登记表》）办理，并通过监测系统签注《登记表》使用情况。金融机构按规定审核相关单证后，应当在单证正本上签注收付汇金额、日期并加盖业务印章，并留存相关单证正本或复印件备查。金融机构在办理贸易外汇收支业务过程中，发现企业存在异常或可疑贸易外汇收支行为的，应当及时向外汇局报告。

3. 出口收入存放境外管理

符合外汇局要求的企业可将具有真实、合法交易背景的出口收入存放境外。但是，企业年度累计存放境外资金不得超出已登记的出口收入存放境外规模。需提高存放境外规模的，企业应向外汇局进行变更登记。境外账户发生收支业务的，企业应当在发生收支当月结束之日起10个工作日内通过监测系统如实向外汇局报告出口收入存放境外收支情况。存放境外资金运用出现重大损失的，企业应及时报告外汇局。

4. 非现场总量核查与现场核查

外汇局不再对企业贸易项下的收付汇实行收付汇核销管理。外汇局通过建立进出口货物流与收付汇资金流匹配的核查机制，对企业贸易外汇收支进行非现场总量核查和监测，对存在异常或可疑情况的企业进行现场核实调查，对金融机构办理贸易外汇收支业务的合规性与报送相关信息的及时性、完整性和准确性实施非现场和现场核查。

外汇局定期或不定期对企业一定期限内的进出口数据和贸易外汇收支数据进行总量比对，核查企业贸易外汇收支的真实性及其与货物进出口的一致性。外汇局可对企业非现场核查中发现的异常或可疑的贸易外汇收支业务实施现场核查。外汇局根据非现场或现场核查结果，结合企业遵守外汇管理规定等情况，对企业进行分类管理。

5. 企业分类管理

外汇局根据企业贸易外汇收支的合规性及其与货物进出口的一致性，将企业分为A、B、C三类。核查期内企业遵守外汇管理相关规定，且贸易外汇收支经外汇局非现场或现场核查情况正常的，可被列为A类企业。A类企业进口付汇单证简化，可凭进口报关单、合同或发票等任何一种能够证明交易真实性的单证在银行直接办理付汇，出口收汇无须联网核查；银行办理收付汇审核手续相应简化。对B、C类企业在贸易外汇收支单证审核、业务类型、结算方式等方面实施严格监管，B类企业贸易外汇收支由银行实施电子数据核查，C类企业贸易外汇收支须经外汇局逐笔登记后办理。

外汇局根据企业在分类监管期内遵守外汇管理规定情况，进行动态调整。A类企业违反外汇管理规定将被降级为B类或C类；B类企业在分类监管期内合规性状况未见好转的，将延长分类监管期或被降级为C类；B、C类企业在分类监管期内守法合规经营的，分类监管期满后可升级为A类。

复习思考题

1. 我国对外贸易行政管理的对象和特点是什么？
2. 我国在进行对外贸易管理时为什么要辅以必要的行政手段？
3. 我国在对外贸易管理中运用的主要行政手段有哪些？
4. 我国货物进出口管理的依据和原则是什么？
5. 我国对重要货物对外贸易经营者的管理措施是什么？
6. 进出口许可证的签发原则是什么？
7. 出口许可证管理的商品范围及其管理措施是什么？
8. 配额管理与关税配额管理的区别是什么？我国实施关税配额管理的主要商品都有哪些？
9. 自动进出口许可管理制度的性质与特点是什么？
10. 货物进出口环节管理包括哪些内容？
11. 简述我国进出口商品检验体制、检验原则、检验制度及监督管理制度。
12. 简述海关监管的基本任务、监管对象与分类。
13. 我国关税税率是如何设置的？
14. 简述我国的完税价格制度和海关估价制度。
15. 商品归类制度的作用及主要内容是什么？

本章关键词

外贸行政管理手段　直接调控　强制性

拓展阅读

第七章　国际技术贸易

❖ 本章摘要及重点

本章主要内容：国际技术贸易的相关概念，中国技术引进的发展及成就、引进技术的作用、引进技术的原则，中国技术出口的现状及发展趋势，技术出口的作用，中国现行技术进出口的管理制度。

本章学习重点：技术贸易的概念；中国引进技术的特点和引进技术的基本原则；中国技术出口的发展趋势；中国技术进出口管理制度。

20 世纪七八十年代以来，国际贸易发展最重要的特征之一是国际技术贸易的加速发展。以信息技术为主导的新技术革命突飞猛进，知识经济蓬勃兴起，经济全球化加速发展，世界各国之间的经济竞争更加激烈。技术水平、科技竞争力的较量成为经济竞争的重要决定因素，谁拥有的高新技术最多，谁也就取得了未来经济社会的领先地位。因而，技术贸易已成为国际贸易的重要组成部分。

主要工业化国家成为高技术产品的主要出口国，是国际技术贸易的重要推动力。2016 年，英、法、德、日、美五国的高技术产品出口额达到 6 069. 23 亿美元，占世界高技术产品出口额的 28. 22%。而从世界平均水平看，高技术产品出口在工业制成品出口中的份额已经达到 18. 5%，如表 7-1 所示。

表 7-1　2016 年主要工业化国家高技术出口情况

国家	高技术产品出口额（百万美元）	在世界高技术产品出口额中的占比
美国	153 526	7. 14
法国	104 340	4. 85
德国	185 556	8. 63
英国	69 096	3. 21
日本	94 405	4. 39

资料来源：根据世界银行世界发展指数数据库计算得出。

随着科学技术的飞速发展，高新技术产业逐渐成为发达国家的主导产业，发达国家将低端制造技术加速向发展中国家转移，如传统的劳动密集型产品（如纺织服装、消费类电子产品）、低端资本密集型制造业（如中低档汽车制造）和低端技术密集型产品制造（如消费类电子产品和计算机的外部设备）等，发达国家跨国公司也开始逐渐将一些成熟的高端技术向发展中国家转移。发达国家的产业转移和发展中国家的赶超战略，使世界技术贸易加速发展。国际技术贸易的飞速发展，使其在国际贸易中的地位不断提升，成为国际贸易的一个重要组成部分。

第一节

国际技术贸易概述

一、技术和国际技术贸易的概念

联合国技术转移行动守则会议（1983 年 11 月 4 日第五届会议）对技术的定义为：技

术是关于制造一种产品，应用一项工艺或提供一项服务的系统知识，但不包括只涉及货物出售或只涉及货物出租的交易。根据这一定义，技术应具有以下三层含义：（1）技术是生产活动中或与生产有关的知识和技能。当然，这里所说的生产是指包括农业、工业和服务业在内的广义生产活动。（2）技术是一整套的系统知识，零星的知识不能称为技术。（3）技术具有可传授性。技术无论是以文字、配方等有形形态存在，还是以实际生产经验、个人技能或头脑观念等无形形态存在，都必须能通过一定方式进行传授或传播。

若拥有技术的一方通过某种方式将技术的所有权或使用权出让给另一方，这种行为被称为技术转让。国际技术转让则是指一国的技术所有者以某种方式将技术的所有权或使用权转让给另一国的其他人。国际技术转让的方式有两种：一种是无偿的非商业性技术转让，是指通过技术援助、技术情报交换、学术交流或技术考察等形式进行的技术让渡；另一种是有偿的商业性技术转让，它实质上是一种贸易活动，通常被称为国际技术贸易。

由此可以看出，国际技术贸易是指不同国家的经济组织、企业或个人通过贸易、投资或者经济技术合作等方式，进行的跨国界的有偿技术转让行为。一个国家从外国购买技术称为技术进口或技术引进；一个国家向外国出售技术则称为技术出口或技术输出。

从定义来看，技术进出口一般是指无形的工艺操作技术、管理经验或知识等“软件”的交易。但在实践中，技术进出口往往会包含一些机器设备的买卖，这些为实施技术进出口而必须同时进出口的机器设备，是技术实施必不可少的物质条件，因而是技术进出口的必要组成部分。事实上，广义的国际技术贸易对象除了包括软件技术和作为技术载体的成套设备、关键设备等资本货物外，还涵盖了高新技术产品。这是由于高新技术产品通常是高技术含量的产品，因而高新技术产品的进出口贸易也常归类于国际技术贸易。

二、国际技术贸易的内容

国际技术贸易的内容包括：工业产权的转让与许可、专有技术和商业秘密的转让、技术服务贸易。

（一）工业产权的转让与许可

专利权与商标专用权合称工业产权。

1. 专利权

专利权，是指经国家专利主管部门授权专利权人对其发明创造在专利法规定的地域范围内和期限内所享有的独占制造、使用和销售的权利。如果某项发明创造符合专利法规定的条件，国家专利主管部门按法定程序审查批准后，有关当事人就成为专利权人，取得对该发明创造在一定期限内的专有权，非经专利权人同意，其他人不得使用该项技术，否则就属于侵权。

专利权除了具有专有性的特征，还具有地域性和时间性特征。其地域性是指一国授予的专利权原则上只在本国有效，一国专利主管部门授予、拒绝授予、变更、撤销或者宣告专利权无效的决定，对其他国家不发生影响；其时间性是指专利权有明确的保护期限，超过规定的保护期限，原来享有专利权保护的技术就不再受专利法保护。了解专利技术的不同层次、形式及其特性，对于技术进出口以及进行价格、合同期限谈判非常重要。

2. 商标专用权

商标是商品生产者或经销者用以标明自己所生产或经销的商品的一种特定标志，以便与其他生产者或经营者所生产或经销的同类同种商品加以区别。

有商标就有商标权。商标权即商标专用权，是指商标注册人依法在一定期限内将其注册商标用于其商品或服务上的一种独占权。商标专用权排除了其他人在同一商品和类似商品或者服务上使用相同或近似的商标，因而商标专用权也具有独占性、地域性和时间性的特点。不过由于商标可以多次申请续展注册，只要依法申请续展注册，商标专用权可以一直存在，因而可以说商标专用权具有有条件的无期限性。

在市场经济条件下，商标的作用越来越重要，商标已成为识别商品来源、宣传商品和促进销售的重要手段。因而，商标专用权也成为技术贸易的对象。在商标权转让问题上，各国的法律规定可分为两种：一种是商标专用权必须连同企业或与商标有关的那部分企业一起转让，不得单独转让商标专用权；另一种是允许商标专用权单独转让，但前提是不会造成公众有误认的危险，如要求商品或包装上要注明产地和厂商名称，要保证商品质量等。我国商标法允许单独转让商标专用权，但要求受让人应当保证使用注册商标的商品质量。

（二）专有技术和商业秘密的转让

专有技术是指未公开过、未取得工业产权法律保护的制造某种产品或者应用某项工艺以及产品设计、工艺流程、配方、质量控制和管理等方面的技术知识。在技术交易中，专有技术可以单独作为标的转让，但一般常常与工业产权结合在一起转让。

商业秘密，是指不为公众所知悉，能为权利人带来经济利益、具有实用性并经权利人采取保密措施的技术信息和经营信息。它与专有技术的性质是一样的，即都是没有取得专利保护的、处于保密状态的未公开信息。

涉及专有技术或者商业秘密的技术贸易数量很大，在技术贸易中占有很重要的地位，因为：

（1）相当多的专利申请对其中的一些关键性技术往往不写进专利申请说明书中。当然，这种保留以不妨碍专利申请通过专利管理部门审查为限。专利权人未公开的这部分技术，可构成专有技术。专利权所有者以此取得掌握转让技术的主动权。

（2）一些未达到专利保护所要求的新颖性、创造性和实用性标准的技术，或者因种种原因不能申请专利技术，但可以作为技术转让的对象。

（3）在尚未实行专利制度的国家，一项发明创造如果要进行技术转让，就必须是专有技术。因此，需要使用技术的一方只能通过与技术所有者签订协议的方式取得使用权。

（三）技术服务

技术服务是指提供技术以解决他人的特定的技术问题。技术服务的内容广泛，一般包括：工程可行性研究、技术设计、工程承包、聘请专家任职、人员培训以及技术和投资咨询、市场调查等。

三、国际技术贸易的方式

由于国际技术贸易标的的特殊性，目前国际技术贸易采用的方式主要有许可证贸易、技术服务和咨询、国际直接投资、特许经营、国际工程承包、含有知识产权和专有技术的设备贸易等。

（一）许可证贸易

许可证贸易是技术贸易中最常见、使用最广泛的交易方式，是技术有偿转让的主要形式。此处所称许可证是指拥有工业产权或拥有某项专有技术的一方，许可另一方使用该工业产权或专有技术的权利，其中一方为许可方，另一方为被许可方。许可证贸易是指许可方将自己的工业产权、专有技术或其他技术知识的使用权提供给被许可方，允许被许可方使用，并收取相应的许可使用费的技术贸易。

许可证贸易的交易双方是一种买卖关系。许可证的主要义务是提供技术和有关资料，负责培训引进方的技术人员和生产操作人员，提供必要的技术指导，处于卖方的法律地位；被许可方的主要义务是支付技术的价款，处于买方的法律地位。

根据使用技术的地域范围和使用权的大小，许可证贸易合同可以分为：

（1）独占许可合同，是指被许可方在合同规定的期限和地域内对被许可的技术享有独占使用权，许可方不得在合同规定地域内向第三人出售同样的许可证，就连许可方本人也无权在该地域内使用此项技术制造和销售产品。

（2）排他许可合同，是指被许可方在合同规定的期限和地域内对被许可的技术享有排他性的权利，许可方不得把相同技术在该地域内向任何第三人出售许可证，但许可方自己仍有权在该地域内使用此项技术。

（3）普通许可合同，是指被许可方在合同规定的期限和地域内对被许可的技术享有使用权，许可方不仅仍可在该地域内自己使用这项技术，且可以将技术再许可给该地域内的其他人。

（4）分许可合同，也称“可转让许可合同”，是指被许可方不仅享有在规定地域内的技术使用权，且有权将使用权转让给第三人，使第三人在该地域内也享有这项技术的使用权。

（5）交叉许可合同，是指合同双方以价值相当的技术，相互交换使用权。

在市场规模不大的情况下，许可方往往出售独占许可证。如出售普通许可证，被许可方之间势必会在该狭小的市场空间相互竞争，从而影响许可证的价格。出售使用范围有限的技术，一般也选择独占许可证，因为根据这种许可证生产的商品（如某些药品），其销售量在最广的市场上也不会太大。对批量生产的、需求量大的商品，则适合出售普通许可证。至于排他许可证在实践中用得不多，跨国公司和一般生产企业不会采用这种许可方式。只有大学、研究所、实验室等科研机构虽拥有技术，但没有制造条件，则多采取这种许可方式转让技术，以达到既可获得较高收入，又可继续使用该技术进行科研的目的。

（二）技术服务和咨询

技术服务和咨询，是指独立的专家、专家小组或咨询机构作为服务方，应委托方的要求，就某一个具体的技术课题向委托方提供高知识性服务，并由委托方支付一定数额的技术服务费的活动。技术服务和咨询的范围与内容相当广泛，包括产品开发、成果推广、技术改造、工程建设、科技管理等方面，大到大型工程项目的工程设计、可行性研究，小到对某个设备的改进和产品质量的控制等。企业利用“外脑”或外部智囊机构，帮助解决企业发展中的重要技术问题，可弥补自身技术力量的不足，减少失误，加速发展自己。例如，我国“二汽”委托英国的工程咨询公司改进发动机燃烧室形腔设计，合同生效半年内就取得了较好的技术经济效果。

技术服务和咨询与许可证贸易不同，主要表现为以下两个方面：① 许可证贸易是以技术成果为交易对象的，而技术服务和咨询则是以技术性劳务为交易对象的。② 许可证贸易的技术提供方所提供的技术是被其垄断的新的独特的技术，这些技术属于知识产权或专有技术。而在技术服务和咨询中，服务方所提供的技术多是一般技术，即知识产权和专有技术以外的技术。

在国际技术贸易实践中，许可贸易特别是专有技术许可中常含有技术服务和咨询（如设备安装调试、人员培训）的内容。而在技术服务和咨询活动中，也有服务的提供方以其专利或专有技术完成其服务任务的。

许可证贸易和技术服务与咨询是国际技术贸易的两种基本的贸易方式，其他技术贸易形式一般都是这两种方式在特殊情况下的运用或是包含了这两种方式。

（三）国际直接投资

国际直接投资作为国际技术贸易的一种方式，主要是指外国企业或个人与东道国企业或个人建立合资经营企业、合作经营企业或者合作进行资源开发，一方或双方以技术作为投入，在合资或合作经营过程中实现技术的转移，即实现技术的进口或出口。

以国际直接投资实现国际技术的转移，主要有两种方式：一是以技术作为股本投入，即技术的资本化，并按技术股本在投资中的比例分取利润，作为转移技术的补偿；另一种是采用通常技术贸易的形式，投资者向合资或合作经营企业提供先进技术并取得报酬。投资者为技术的出口（许可）方，合资或合作经营企业为技术的进口（被许可）方，双方签订许可贸易合同或协议。

一般来说，投资方向和技术转移的方向是一致的，即资本的输出（入）和技术的输出（入）同方向。但在一些情况下，可以实现投资方向与技术转移方向的异向，如向一些国家的技术密集型产业直接投资，可以取得技术。

（四）特许经营

特许经营是近二三十年迅速发展起来的一种新型商业技术转让方式。它是指由一家已经取得成功经验的企业，将其商标（服务标志）、商号名称、专利、专有技术以及经营管理的方式或经验等全盘地转让给另一家企业使用，由后一企业（被特许人）向前一企业（特许人）支付一定金额的特许费的技术贸易行为。

特许经营的受方与供方经营的行业、生产和出售的产品、提供的服务、使用的商号名称和商标（服务标志）都完全相同。

特许经营类似许可，但它的特许方和一般的许可方相比要更多地涉及对方的业务活动，从而使其符合特许方的要求。因为全盘转让，特别是商号、商标（服务标志）的转让关系到特许方的声誉。

特许经营的被特许方与特许方之间仅是一种买卖关系。各个特许专营企业并不是由一个企业主营的，被特许人的企业不是特许人企业的分支机构或子公司，也不是各个独立企业的自由联合，它们都是独立经营、自负盈亏的企业。特许人并不保证被特许人的企业一定能盈利，对其盈亏也不负责任。

特许经营合同是一种长期合同，它可以适用于商业和服务业，也可以适用于工业。特许经营是发达国家的厂商进入发展中国家的一种非常有用的形式。由于风险小，发展中国家的厂商也乐于接受。

（五）国际工程承包

国际工程承包是指一个国家的政府部门、公司、企业或项目所有人（一般称工程业主或发包人）委托国外的工程承包人，由其负责按规定的条件承担完成某项工程任务。国际工程承包是一种综合性的国际经济合作方式，是国际技术贸易的一种方式，也是国际劳务合作的一种方式。国际承包工程项目建设过程中，会包含大量的技术转让内容，特别是项目建设的后期，承包人要培训业主的技术人员，提供所需的技术知识（专利技术、专有技术），以保证项目的正常运行。

（六）含有知识产权和专有技术的设备贸易

含有知识产权和专有技术的设备交易中，交易标的一般包含两方面内容：一是硬件，即设备本身；二是软件，即设备中包含的或与设备有关的技术知识。这些技术知识又分为两部分：一部分属于一般的技术知识；另一部分属于专利技术或专有技术。这种设备的成交价格中不仅包括设备的制造成本和预期利润，还包括有关的专利或专有技术的价值。而这种设备的买卖合同中，也会包含专利或专有技术的许可条款以及技术咨询和服务条款。

四、国际技术贸易的特点

国际技术贸易与一般商品贸易相比较，具有以下特点：

（1）技术是没有特定形状的商品，在技术贸易行为发生之前，技术的拥有方往往不披露技术的真实内容，其技术的潜在的效益具有不确定性，只有实施技术并生产出产品之后，才能最终判断技术的特性。

（2）技术贸易通常为技术使用权以及使用该技术生产产品、销售产品权利的转移，很少发生技术所有权的转移，而商品贸易则多为所有权的转移。

（3）技术贸易往往不是一次性的简单的交易行为，而是伴随着长期的合作关系。

（4）技术贸易的双方，往往是同一技术产品的生产者、销售者，既是合作伙伴，又是竞争对手，潜伏着利益冲突。

（5）技术贸易受诸多条件的制约，特别是技术拥有方是否愿意提供先进技术，技术进口方能否消化吸收该技术，这是实施技术贸易的先决条件。出于国家安全与经济利益考虑，国际技术贸易还往往受到技术拥有方国家政策的限制，这更增加了技术贸易的难度。

第二节

我国的技术引进

新中国成立初期，我国就开始了大规模的技术引进工作。改革开放以来，在经济全球化和世界科技革命迅速发展的背景下，中国的技术引进也实现了快速的增长，成为加速中国技术升级和经济发展的重要推动力量。

一、我国技术引进的发展历程

我国的技术引进始于1950年，引进技术的发展历程可分为以下三个阶段。

（一）第一阶段：20世纪50年代

这一阶段，我国主要从苏联、东欧国家进口了包括冶金、动力、机械、航空等方面的成套设备项目。这些项目围绕着发展国民经济的156项主体工程进行，共签订合同约450项，合同金额37亿美元。我国在进口成套设备的同时，还进口了相当多的技术资料，并结合项目建设要求，培训了技术干部和工人。这一阶段实现了我国技术进步的第一次飞跃，使技术水平由新中国成立前的落后于发达国家半个世纪，发展到发达国家20世纪40年代的水平，也为我国技术创新奠定了一定的基础。

（二）第二阶段：20世纪60—70年代

20世纪60年代，由于和苏联关系破裂，我国开始面向西方发达国家引进技术，共签订合同84项，合同金额145亿美元。20世纪70年代，我国进一步加大了对技术和设备的引进力度，先后与日本、德国、英国、法国、美国等十几个国家签订了技术引进合同521项，合同金额达到1 106亿美元。这一阶段引进的重点是石油、化纤、冶金、电子和精密机械等方面的设备和技术，提高了这些行业的产出能力，促进了生产的发展，加快了我国的工业化建设。

（三）第三阶段：改革开放以来

1978 年改革开放以后，我国对技术引进工作提出新的要求，强调和鼓励采用多种方式进口国外先进技术，特别是生产制造技术，从而加快了我国技术引进工作的步伐，开创了技术引进的新局面。具体表现在以下几个方面：

1. 技术引进规模不断扩大

1978 年以来，随着对内改革、对外开放的逐步深入，经济发展对先进技术的需求大为增加，而出口贸易的迅速扩张，也大大增强了我国的外汇支付能力。我国的技术引进规模不断扩大，技术进口的项目数和合同金额都呈上升态势。进入 20 世纪 90 年代，我国技术引进规模开始快速扩张。1992 年，我国正式提出“市场换技术”的技术引进策略，通过向外国产品出让国内市场份额以换得国外先进技术。1978—1998 年的 20 年间，我国共引进技术项目 27 829 个，合同金额达 10 548 亿美元。技术进口的项数和合同总额分别是改革开放前 30 年的 3 293 倍和 88 倍。1999 年年初，我国提出“科技兴贸”战略，在国家政策的扶持、鼓励下，我国技术引进得到了长足的发展。从表 7-2 可以看出，2000—2013 年，我国共引进技术项目 13 万多个，合同金额达 3 000 多亿美元。

表 7-2　1981—2013 年中国技术引进情况

年份	技术引进合同数（个）	合同金额（亿美元）
1981—1985	1 552	51.92
1986—1990	2 326	151.93
1991—1999	30 419	980.14
2000—2005	42 961	910.06
2006—2010	51 698	1 217.84
2011	12 202	321.6
2012	12 988	442.74
2013	12 449	433.65

资料来源：1990 年以前数据来自对外经济贸易大学技术贸易课题组《中国技术贸易 50 年》，《国际贸易问题》，1999 年第 10 期。1991—2007 年数据来自《中国科技统计年鉴》，2008—2013 年数据来自《中华人民共和国年鉴》。

2. 技术引进方式科学化

传统的以关键设备、成套设备为主的技术引进格局已被打破，取而代之的是专有技术许可或转让、技术咨询、技术服务等多种技术引进方式相互交织的新局面。专有技术、专利技术、技术咨询、技术服务等软技术引进占据了主导地位。例如 1998 年成套设备和关键设备在技术引进费用中所占的比重高达 68.6%，2000 年也高达 57.2%，但是 2013 年，这一比重已降到 1.68%。专有技术、专利技术、技术咨询、技术服务等软技术引进所占比重显著上升。2013 年技术引进中专有技术占比 37.02%，技术咨询和技术服务占比 30.77%（见表 7-3 和表 7-4）。

表 7-3　1998—2000 年技术引进方式

年份	1998		1999		2000	
引进方式	金额（亿美元）	占比（%）	金额（亿美元）	占比（%）	金额（亿美元）	占比（%）
总计	163.75	100	171.62	100	181.76	100
技术转让	25.97	15.86	32.06	18.68	15.36	8.45
技术许可	16.06	9.81	38.23	22.28	33.94	18.68
技术咨询	0.77	0.47	5.94	3.46	4.32	2.38
技术服务	8.11	4.95	24.11	14.05	21.08	1.16
成套设备	5.43	33.16	26.55	15.47	34.85	19.17
关键设备	58.09	35.47	42.67	24.87	69.19	38.06
直接投资	0.45	0.28	2.06	1.19	3.02	1.66

资料来源：根据《中国对外经济贸易白皮书 2001 年》数据整理。

表 7-4　技术引进按方式统计（2003—2013 年）①

年份	2003		2005		2007	
引进方式	金额（亿美元）	占比（%）	金额（亿美元）	占比（%）	金额（亿美元）	占比（%）
专利技术	13.25	9.85	12.78	6.7	16.83	6.6
专有技术	44.33	32.96	50.95	26.7	85.94	33.8
技术咨询、技术服务	35.44	26.35	47.36	24.9	64.94	25.6
计算机软件	3.9	2.9	4.33	2.3	8.74	3.4
商标许可	1.12	0.84	2.72	1.4	1.72	0.7
合资生产、合作生产	1.27	0.95	17.23	9	8.58	3.4
成套设备、关键设备、生产线	29.66	22.05	53.33	28	66.32	26.1
其他方式	5.53	4.11	1.80	0.9	0.11	0.4

① 2001 年商务部对技术引进的统计口径做了调整，因此，表 7-3 和表 7-4 的技术引进方式分类不同。

续表

年份	2009		2011		2013	
引进方式	金额（亿美元）	占比（%）	金额（亿美元）	占比（%）	金额（亿美元）	占比（%）
专利技术	18.21	8.4	25.65	7.97	63.69	14.69
专有技术	95.63	44.3	119.41	37.13	160.54	37.02
技术咨询、技术服务	66.03	30.6	115.3	35.85	133.44	30.77
计算机软件	10.88	5.0	29.74	9.25	30.89	7.12
商标许可	1.42	0.7	3.24	1.01	4.33	1
合资生产、合作生产	6.19	2.9	8.02	2.5	20.11	4.64
成套设备、关键设备、生产线	15.00	7.0	9.15	2.84	7.29	1.68
其他方式	2.36	1.1	11.08	3.45	13.36	3.08

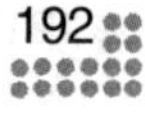

资料来源：数据来自商务部网站以及各年份《中华人民共和国年鉴》。

3. 技术引进向高技术密集行业以及需求增长快的行业倾斜

电子信息、冶金、交通运输、化工、能源是我国近年技术引进的重点行业。如表 7-5 所示，2001—2010 年技术引进最多的 5 个行业变化不大，都集中在电力、热水、蒸汽生产与供应业，交通运输设备制造业，电子与通信设备制造业，黑色金属冶炼及压延制造业和化学原料及化学制品制造业。近几年，服务业领域的技术引进有较快增长。2011 年，计算机服务业进入技术引进前五大行业，2013 年，房地产业的技术引进排名第三，技术引进金额同比增加 139.93%，如表 7-5 所示。

表 7-5 2001—2013 年技术引进最多的行业（按引进技术金额计）

2001 年	2005 年
1 电力、热水、蒸汽生产与供应业	1 铁路运输业
2 交通运输设备制造业	2 电子与通信设备制造业
3 电子与通信设备制造业	3 黑色金属冶炼及压延制造业
4 黑色金属冶炼及压延制造业	4 交通运输设备制造业
5 化学原料及化学制品制造业	5 电力、热水、蒸汽生产与供应业
2010 年	**2011 年**
1 电子与通信设备制造业	1 通信设备、计算机及其他电子设备制造业
2 交通运输设备制造业	2 交通运输设备制造业

续表

2010 年	2011 年
3　电力、热水、蒸汽生产与供应业	3　化学原料及化学制品制造业
4　化学原料及化学制品制造业	4　电力、热力的生产与供应
5　专用设备制造业	5　计算机服务业
2012 年	2013 年
1　通信设备、计算机及其他电子设备制造业	1　交通运输设备制造业
2　交通运输设备制造业	2　通信设备、计算机及其他电子设备制造业
3　电气机械及器材制造业	3　房地产业
4　化学原料及化学制品制造业	4　化学原料及化学制品制造业
5　计算机服务业	5　计算机服务业

资料来源：数据来自商务部网站以及各年的《中华人民共和国年鉴》。

4. 外资企业、国有企业是我国技术引进的主体

近年来，外资企业是引进技术的各类企业中引进额最多的一类企业，其中跨国公司集团内部的技术转移占有重要地位。国有企业位居第二，也占有较大比重。2013 年，外资企业引进技术金额为 268.39 亿美元，占全国技术引进总额的六成多。国有企业技术引进总额达到 48.69 亿美元，同比下降 3.91%，占全国技术引进总额的 11.23%。自 2006 年以来，民营企业技术引进增长较快，2013 年，民营企业技术引进金额为 80.13 亿美元，同比增长 101.1%，占全国技术引进总额的 18.48%，超过国有企业成为中国技术引进第二大企业类型（见表 7-6）。

表 7-6　2003—2013 年外资企业和国有企业引进技术占比　　单位：%

年份	2003	2005	2007	2009	2011	2012	2013
外资企业	56.6	43.4	47.4	61.1	62.9	65.32	61.89
国有企业	34.6	48.4	44.2	25.7	20.5	11.45	11.23

数据来源：2003—2007 年数据来自商务部科技司、服务贸易司，2008 年以后数据来自各年的《中华人民共和国年鉴》。

5. 技术引进来源集中于欧盟、美国、日本等发达国家和地区

我国引进技术来源地主要集中于发达国家和地区，欧盟、美国、日本为主要技术来源地。韩国等新兴工业化国家和地区也占有一定比例。欧盟是 2013 年我国技术引进的最大来源地，我国与欧盟签订技术引进合同 3 504 份，合同金额达 133.38 亿美元，占技术引进合同总金额的 30.8%，同比增长 27.54%。欧盟成员国在我国技术引进来源地中占据重要位置。从单一国别地区排位来看，中国技术引进主要来源地中，有 4 位是欧盟成员国，分别为瑞典、德国、荷兰和法国（见表 7-7 和表 7-8）。

表 7-7　2005—2013 年中国技术引进主要来源地

2005			2010			2013		
国家或地区	金额（亿美元）	占比（%）	国家或地区	金额（亿美元）	占比（%）	国家或地区	金额（亿美元）	占比（%）
总计	190.43	100	总计	256.36	100	总计	433.65	100
德国	49.96	26.2	美国	57.42	22.4	美国	117.72	27.15
日本	38.54	20.2	日本	45.63	17.8	日本	72.26	16.66
美国	33.95	17.8	韩国	28.71	11.2	韩国	56.24	12.97
法国	13.54	7.1	德国	21.02	8.2	瑞典	43.18	9.96
韩国	8.92	4.7	俄罗斯	17.43	6.8	德国	42.65	9.83
意大利	5.53	2.9	瑞典	9.23	3.6	荷兰	9.9	2.28
瑞士	4.16	2.2	芬兰	8.72	3.4	法国	8.64	1.88
英国	3.94	2.1	荷兰	6.92	2.7	瑞士	6.56	1.51
芬兰	3.67	1.9	法国	6.66	2.6	中国台湾	5.89	1.36

资料来源：数据来自各年的《中华人民共和国年鉴》。

表 7-8　2013 年中国技术引进主要来源地

国家或地区	合同数量（份）	合同金额（亿美元）	技术费（亿美元）	金额占比（%）
总计	12 447	433.65	410.96	100
美国	2 279	117.72	113.78	27.15
日本	2 761	72.26	68.3	16.66
韩国	740	56.24	56.21	12.97
瑞典	102	43.18	43.17	9.96
德国	1 726	42.65	35.78	9.83
荷兰	198	9.9	7.27	2.28
法国	350	8.64	7.33	1.88
瑞士	173	6.56	6.42	1.51

资料来源：数据来自 2014 年《中华人民共和国年鉴》。

为了充分利用各国的技术优势，拓展技术引进渠道，打破少数国家对我国的技术封锁，我国力图实现引进国别和地区多元化。2013 年，我国的技术引进来源国家和地区达到 87 个。合同金额排在前列的来源地依次是美国、日本、韩国、瑞典、德国、荷兰、法国、瑞上。

二、技术引进的作用

世界经济发展史表明，后进国家积极引进发达国家的先进技术，能够实现经济跳跃式发展。中国作为一个发展中国家，起步较晚，技术水平较低，缺少资金。我国在自主开发技术的同时，必须充分利用技术引进，加速技术进步。技术引进的积极作用主要表现在以下几个方面：

（一）快速提高技术水平

技术引进与商品进口有质的区别，商品进口是以满足部分国内需求为目的，技术引进则是增强企业的科技创新能力和产业化能力，提高企业的技术改造能力和扩大高新技术产品生产能力。特别是技术比较落后的地区，引进高新技术是一条提高其自身技术水平的捷径。根据一般规律，一项较重大的基础科研成果，从研究、试验、设计到投入生产，技术创新国需要 10 年到 15 年的时间。随着技术在创新国的日益成熟和标准化，技术相对落后的国家掌握该技术变得相对容易，技术引进国进口该技术后只需两三年时间就可以投入生产，提高国内生产技术水平。例如，我国的计算机软件、新能源、先进医疗技术、现代环保技术、空间技术、复合材料等行业，在引进技术后，同世界先进水平的差距显著缩小。

（二）节约技术开发经费

自主开发技术不但投入高、开发时间长，而且风险巨大，有可能是高投入、零回报，特别是发展中国家，资金短缺，承受高投入、高风险的能力差。引进技术可以克服这一困难，虽然引进技术需要支付一定的费用，但是购买现成的技术，还是要比自主开发所花费的资金要少得多，风险也小得多。

（三）加速产业结构调整

产业结构转变取决于劳动力、资本和技术进步等生产要素在不同产业部门之间的配置与调整，引进先进技术和现代化管理知识促进了我国工业部门的技术进步和劳动生产率的提高，也推动了我国产业结构的优化和升级。

（四）扩大出口，提升出口商品结构

技术引进促进了我国出口的快速增长。一方面，利用国外先进的技术和设备，改造我国传统产业，形成新的技术能力，提高传统出口产品的技术含量和附加值，发展新产品，提高产品国际竞争力，从而扩大出口。另一方面，通过引进技术，发展新兴产业，

“以进口促出口”，发展高新技术产品出口，使高新技术产品逐步成为扩大出口、提升出口商品结构的杠杆。

（五）加速人力资源积累

技术引进不但可以得到别人先进适用的技术，而且因为技术出口方要对引进方技术人

员进行必要的培训，技术引进方人员可借此机会学习先进技术。同时在利用引进的技术进行生产和试验中，引进方人员在长期的工作中摸索、了解和吸收引进技术的相关知识，从而促进技术进步。

三、技术引进的基本原则

根据我国技术引进的现状与国家科学技术发展规划，我国在大力推进自主创新的基础上，将进一步加大技术引进力度，着力调整技术引进的方式和结构，提高技术引进的效益。为了实现上述目标，我国技术引进应遵循以下原则：

（一）扩大技术引进，充分利用技术外溢

尽管我国研发经费支出总额在2013年达到11 846.6亿元人民币，占国民生产总值的2.08%，研发经费投入强度居发展中国家首位，但同发达国家相比，我国在研发上的投入还显不足。以电子工业为例，发达国家电子工业企业研究开发费用支出占销售收入的比重平均在3%以上。2011年，微软公司的研究开发费用支出达到90.4亿美元，占总营业额的12.9%。三星、诺基亚和英特尔公司的研发资金分别为79.9亿美元、74.7亿美元和65.8亿美元。而中国企业华为的研究投入为24.5亿美元。虽然我国电子信息百强企业研发投入不断提升，但与当前全球一流跨国公司相比仍存有差距。因此，我国应该充分利用国际技术转让和技术外溢来促进技术进步，鼓励企业直接参与国际技术交流和竞争，利用技术外溢促进技术进步。

（二）扩大引进软件技术

长期以来，我们往往把引进技术片面地理解为进口设备，而进口设备又局限于进口成套设备。在新中国成立初期缺乏生产能力和技术力量的情况下，较多地进口成套设备是必要的，它为改变我国落后的经济结构、增强经济实力、建立工业化基础起到了积极作用。但是，在有了一定的工业基础的条件下，则应该多引进软件技术。进口成套设备，从短期看，可以提高企业的技术水平；从长期看，由于磨损，这些设备总要老化。为了使企业技术水平能够相对地居于先进地位，不得不再次进口更先进的设备。这样，只会越来越依赖外国，而且总是处于落后地位。

虽然我国近年来软件技术进口比重逐年上升，但总体来看技术软件引进仍不足。从长期看，这不利于技术进步。因为软件技术被物化在硬件技术中，企业如果只引进硬件，技术引进企业要真正理解和改进所引进的技术，还需要做大量的后续研究工作，这既费力又费时，还有可能无法破解其技术诀窍。但如果引进的是软件技术，如专利技术或专有技术，技术引进方才有可能了解引进技术的设计原理，技术出口方培训引进方技术人员时，也会帮助技术引进方学习领会所引进技术。为此，我国企业应树立软件技术优先的意识，在技术引进时要多家比较，在条件允许时尽量选择关键的软件技术。如果对方不愿意出口软件技术，也应要求对方在出口硬件技术时，对我方技术人员就其核心技术进行必要的培训。

当然，我们也不是完全排斥硬件进口，因为有一些高、精、尖设备和仪器，其专有技

术并没有从硬件中分离出来成为独立的商品，软件仍然物化在硬件中。同时，我们也不可能只靠引进别国的软件就可以生产出来所有技术产品。

（三）引进适用技术

我们引进技术更要注意适用。适用技术既可以是尖端技术，也可以是中等技术，甚至可以是初级技术，这要视各部门的技术构成而定。有的技术虽然先进，但不适用于某一特定条件，也不能视为适用技术。目前我国的适用技术表现在：能符合整个国民经济发展阶段的要求；能提高劳动生产率，提高产品质量，改善产品结构；能加快我国基础设施的建设；能充分合理地利用我国的自然资源；能尽可能多地提供就业机会；能积极促进经营管理水平的提高和人力资源开发；能较好地服务于我国现有企业的技术改造；以及能减少和避免环境污染和保持生态平衡。我国政府鼓励企业引进国外先进适用技术和关键设备，并且出台了一些技术引进方面的税收优惠政策，如《中华人民共和国外商投资企业和外国企业所得税法实施细则》。

（四）避免大规模重复引进

所谓重复引进，是指一国在一定时期内多次重复引进功能、规格、标准相同或相似的技术和设备。重复引进在一定范围内不可避免甚至是合理的。例如处于同一市场的同类企业，为了取得市场竞争的有利地位，相继引进同类技术，并竞相消化、吸收和改进所引进的技术。这样的重复引进，只要对其加以引导和控制，将有利于企业之间展开必要的竞争，克服技术垄断行为，推动企业技术进步。我国是一个大国，企业众多，市场庞大，适当重复引进有利于形成良性市场竞争，有利于先进技术的迅速推广。

但是，我国某些行业大规模地重复引进，尤其是设备的大规模重复引进，远远超出了竞争的需要，超过了技术推广的需要，投产后生产能力大量闲置，造成了极大的浪费。例如，仅 1983—1985 年，我国各地区竞相引进的彩色电视机生产线达 133 条，电冰箱生产线 70 条，复印机生产线 15 条，西装生产线 30 条，铝型材加工生产线 35 条，集成电路生产线 22 条。许多项目建成后实际产量大大低于设计产量，形不成规模效益。所以，应克服大规模地重复引进，树立起社会化大生产的观念，加强社会化的分工协作，健全引进技术的管理，制定技术引进的指导性计划，提高引进技术可行性研究的科学性。

（五）加强技术引进后的消化、吸收、推广和创新

利用对外贸易促进技术进步的关键在于要通过对外贸易引进先进技术，并消化、吸收和创新，这样才能从根本上推动本国技术进步，缩短与世界先进水平的差距，并进一步赶超世界先进水平。不消化就不能真正为己所用；不吸收就无法使其成为经济发展的动力；不创新，就不能摆脱对技术先进国家的依赖，必然陷入“引进—落后—再引进—再落后”的恶性循环之中。对于发展中国家和地区而言，参与国际贸易的主要目的除了获得直接的贸易利益外，更为重要的是通过国际交流实现跳跃式发展，在经济技术各个方面赶超发达国家。

我国引进技术长期存在重硬件轻软件、重引进轻消化吸收的倾向，技术改造又往往

强调技术装备的更新，而忽视引进技术的消化吸收和创新。例如，近 20 年来，我国化肥生产企业先后进口了 31 套合成氨装置、26 套尿素装置、47 套磷肥装置，总计耗资 48 亿美元；乙烯生产企业先后进口了 18 套乙烯装置，总计耗资 200 亿美元。但由于对引进的技术消化、吸收不够，创新乏力，使国内高技术难度的大型化工装置仍是外国产品的天下。因此，我国要想发展对外贸易，促进技术进步，必须建立引进技术的消化、吸收、推广和创新机制，以技术引进带动技术自主开发，促进引进技术融入国内技术进步进程。

加强引进技术后的消化、吸收、推广、创新，应采取以下措施。

（1）要建立起以企业为中心的技术开发主体。研发投入要以生产企业为主，政府公共财政为辅。从主要发达国家科研基金来源情况来看，科研基金大部分来自生产企业。企业应具备进行技术开发的各项条件，包括吸引人才以及建立机构、增加研究开发资金投入。

（2）要建立能够吸引人才、留住人才并且激励技术创新的分配制度。应逐步推行认股权、技术入股及其他技术参与分配的方式，调动技术人员的积极性，吸引留学生回国服务。同时，应加强对技工的培养和鼓励，以保证设计与制造两个环节的相互适应。

（3）建立支持技术创新的投融资体系，加大风险投资的规模和力度。要学习国际经验，分散技术创新的投资风险。

（4）要把引进技术与自主开发技术结合起来。引进国外技术一定要消化、吸收，同时加强自主开发才能打破技术垄断，逐步缩小与国际先进水平的差距。组织消化、吸收引进技术主要由企业承担，政府或行业协会应起到必要的协调作用，注重为中小企业提供信息、技术、咨询和人才培训等服务。

第三节

我国的技术出口

作为发展中国家，我国技术贸易的主要任务是技术引进。但随着我国经济水平和科学技术的不断发展，目前我国已拥有大量成熟的技术，其中不少已达到世界先进水平。鼓励成熟的产业化技术出口，不仅可以进一步促进技术开发，还可以通过转让技术带动我国生产线、成套设备的出口，扩大出口规模。

一、技术出口发展概况

我国技术出口的发展大体可划分为以下几个阶段。

（一）改革开放前

自20世纪60年代初期开始，我国在对外经济技术援助中，向受援国提供了许多技术装备和技术服务。这些技术装备与技术服务是非商业性质的、无偿提供的，因此还不属于真正意义上的技术出口。

（二）改革开放后20年（1978—1998年）

随着我国对外开放、对内搞活经济和科技体制改革的深入发展，技术是无形商品的观念逐步被人们认识，一些技术开始进入国际技术贸易市场。如杂交水稻、高炉喷煤粉、顶燃式热风炉、板翅式换热器、无起爆雷管、VC二步发酵法等生产和制造技术，都是在这个时期出口的。这个时期的技术出口，基本上处于自发状态。1980—1985年，我国签订技术出口合同仅40项，合同金额为0.68亿美元。

1985年9月，党中央在《关于制定国民经济和社会发展第七个五年计划的建议》中，首次提出要积极扩大技术出口。1986年10月，国务院批复了对外经济贸易部和国家科委《关于开拓国外技术市场，加强技术出口管理的指示》，批复中指出了技术出口的重要性，明确了技术出口应遵循的原则和确定了技术出口的管理体系。这标志着技术出口进入了有组织、有领导和积极稳妥的发展阶段。从1986年至1998年，经审查批准的技术出口合同有9 158项，合同金额达282.22亿美元。

（三）1999年“科技兴贸”战略实施以来

我国1999年开始实施“科技兴贸”战略，“科技兴贸”战略的核心就是大力促进高新技术产品出口和利用高新技术改造传统产业，优化出口商品结构，提高出口商品的质量、档次和附加值，增强国际竞争力。实施科技兴贸战略以来，我国技术出口，尤其是高新技术产品出口高速增长，成为推动我国出口贸易持续发展的主要力量。

根据商务部服务贸易司网站提供的数据（见表7-9），1997年我国专有权利使用费和特许费收入为0.5亿美元，2012年达到10.4亿美元。而以技术服务与技术咨询方式获得的出口收入增长更为显著，1997年咨询费收入为3.5亿美元，2014年就达到429亿美元，在我国当年服务贸易出口额中的占比也从1.4%提高到19.8%。更值得一提的是，在我国服务贸易整体逆差局面下，从2007年开始，我国技术服务与技术咨询实现了从逆差到顺差的转变，当年实现贸易顺差7.2亿美元，2014年该项目的贸易顺差达到166亿美元。

这一阶段，技术出口的另一个重要特征就是高新技术产品成为我国出口增长的重要力量。1999年我国高技术产品出口额为247.04亿美元，2011年则达到5 488亿美元。1999年高技术产品出口在整个商品出口额中所占的比重为12.7%，2010年这一比重则上升为31.2%，高新技术产品出口对我国出口的贡献率在不断提高。

表 7-9 1997—2014 年专有权利使用费和特许费、技术服务与咨询概况

单位：亿美元

年份		1997	2001	2005	2007	2009	2012	2013	2014
专有权利使用费和特许费	出口	0.5	1.1	1.6	3.4	4.3	10.4	8.9	6.3
	进口	5.4	19.4	53.2	81.9	110.7	177.5	210.3	226
	差额	-4.9	-18.3	-51.6	-78.5	-106.4	-167.1	-201.4	-219.7
技术服务与技术咨询	出口	3.5	8.9	53.2	115.8	186.2	334.5	405.4	429
	进口	4.7	15.0	61.8	108.6	134.2	200.2	235.8	263
	差额	-1.2	-6.1	-8.6	7.2	52	134.3	169.6	166

资料来源：根据商务部服务贸易统计数据整理。

二、技术出口的作用

我国的技术出口起步较晚，规模还不大，经济技术水平与发达国家还有差距。但是自改革开放以来，我国通过自主创新和对引进技术的消化吸收，已形成了较为完整的工业体系，拥有大量成熟的产业化技术。这些技术可以适应发达国家和发展中国家不同层次的需要。20 世纪 90 年代以来，我国已成功实现电力、通信、建材生产、石油勘探、汽车制造、化工和冶金行业的技术出口并带动了大量的成套设备出口，对提高产业技术水平，推动出口结构优化，促进经济社会发展发挥了重要作用。

（一）以技术出口带动机械设备出口，改善出口商品结构

从发达国家的经验来看，技术出口能够带动相当于几十倍技术价值的机电设备出口，我国应借鉴国际上的经验，进行新的探索。在实际工作中，我们已经有了技术出口带动机电设备出口的实例，并取得了相当可观的经济效益，今后更应增强技术出口意识，实现技术、设备、产品乃至劳务的综合出口，给出口商品结构注入新的血液。

（二）以技术出口促进技术开发、技术进步

在国际上，科学技术的发展日新月异。我国的技术要想进入国际技术市场并保持发展的趋势，必须大力促进国内的技术开发，不断提高技术水平，并应用新技术开发新产品，因此，技术出口又是推动我国技术向深度和广度扩展的动力。没有新技术作为后盾，就难以保持自己的技术优势，难以稳固和提高自己在国际技术市场中的地位。

（三）发展技术出口，增加外汇收入

我国的技术在一些发达国家和发展中国家是很有市场的。由于技术交易的特殊性，一项技术往往可以多次出售，可创造大量外汇收入。

（四）提升在国际分工中的地位

发展中国家能否最大程度分享参与国际分工所带来的利益，从根本上取决于能否

尽快提高对外贸易的技术含量和附加值，实现出口商品结构的升级。世界高技术产业和知识经济的发展使传统的比较优势、国际分工格局和国际贸易结构发生了重大变化，高新技术产品出口已成为国际贸易最富生命力的带动力量和各国必争的制高点。发展高新技术产品出口，就要依靠技术创新建立我国出口产业和动态比较优势，从而在未来的国际分工和国际贸易中争取到较为有利的位置，增强抵御各种外部风险与冲击的能力。

三、我国的高新技术产品出口

“高新技术产业”是通过高新技术的产业化发展起来的新兴产业，国际上对此尚没有一个统一的界定。按照我国的产业分类方法，高新技术产业包括航空航天制造业、计算机与办公设备制造业、电子与通信设备制造业和医药制造业。高新技术产品分类则依据《中国高新技术产品出口目录》，主要包括计算机与通信技术、电子技术、生命科学技术、计算机集成制造技术、航空航天技术、光电技术、生物技术、材料技术、其他技术九个技术领域的产品。

进入 20 世纪 80 年代以来，世界高新技术产品的生产与贸易比其他制造业产品的增长速度都快，高新技术产业推动了国际贸易高速发展，贸易格局由美、日等发达国家主导，东亚在全球高新技术对外贸易中的地位正日益提升。这一阶段，我国高新技术产业发展也非常迅速。从高新技术产业角度看，1995 年我国高技术产业工业总产值为 4 098 亿元，2010 年总产值达到 74 709 亿元。1995—2010 年的 15 年间，我国高新技术产业总产值的年均增长速度达到 21. 35%。2010 年高新技术产业产值占我国制造业总产值的 12. 3%。高新技术产业的快速发展有力带动了高新技术产品的出口，高技术产品出口也迅速增加，成为近年来推动我国外贸发展，促进出口商品结构转型升级的重要力量。

（一）高新技术产品出口贸易保持高速增长，在对外贸易中的地位不断提高

20 世纪 90 年代以来，我国高新技术产品出口额增长迅速，在商品出口和制成品出口中的比重也不断上升。2001 年，我国高新技术产品出口额为 464. 5 亿美元，2003 年出口额突破千亿美元，此后每隔一两年出口额增长近千亿美元，到 2013 年高新技术产品出口额达到 6 603 亿美元，年均增长 28%（见表 7-10）。近年来，高新技术产品出口占我国制成品出口中的比重一直保持在 30%以上，表明我国出口商品结构得到较大提升（见表 7-11）。

表 7-10　1992—2016 年我国高技术产品进出口概况　　单位：亿美元

年份	1992	1994	1996	1998	2000	2001	2002	2003	2004	2005
出口额	40	63. 4	126. 6	202. 5	370. 4	464. 5	678. 6	1 103. 2	1 653. 6	2 182. 5
进口额	107. 1	206	224. 7	292	525. 1	641. 1	828. 4	1 193	1 613. 4	1 977. 1
差额	−67. 1	−142. 6	−98. 1	−89. 5	−154. 7	−176. 6	−149. 8	−89. 8	40. 2	205. 4

续表

年份	2006	2007	2008	2009	2010	2011	2012	2013	2014	2015	2016
出口额	2 814.5	3 478.2	4 156	3 769	4 924	5 488	6 012	6 603	6 605	6 553	6 042
进口额	2 473	2 869.8	3 418.2	3 099	4 127	4 632	5 069	5 582	5 514	5 493	5 237
差额	341.5	608.4	737.8	670	797	856	943	1 021	1 091	1 060	805

资料来源：根据中国科技统计网站数据整理。

表 7-11 1992—2016 年我国高技术产品贸易额占商品和工业制成品贸易额的比重（不包括 2010 年和 2012 年数据）

单位：%

年份		1992	1994	1996	1998	2000	2001	2002	2003	2004
占商品	出口	4.7	5.2	8.4	11.0	14.9	17.5	20.8	25.2	27.9
	进口	13.3	17.8	16.2	20.8	23.3	26.3	28.1	28.9	28.7
占工业制成品	出口	5.9	6.3	9.8	12.4	16.6	19.4	22.8	27.3	29.9
	进口	15.9	20.8	19.8	24.9	29.4	32.4	33.7	35.1	36.3
年份		2005	2006	2007	2008	2009	2011	2013	2015	2016
占商品	出口	28.6	29	28.6	29.1	31.4	28.9	29.9	28.8	28.8
	进口	30	31.2	30	30.2	30.8	26.6	28.6	32.7	33.0
占工业制成品	出口	30.6	30.7	30.1	30.8	33.1	30.5	31.4	30.2	31.4
	进口	38.6	40.9	40.3	44.4	43.3	40.7	43.2	45.4	45.6

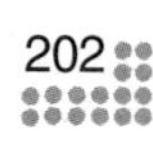

资料来源：根据中国科技统计网站数据整理。

我国高新技术产品贸易多年以来呈现逆差局面，这与我国在国际分工中的地位密切相关。虽然我国已成为全球重要高新技术产品的组装加工基地，但高附加值的技术与资本密集型产品的生产仍在国外，高新技术配套产品主要依赖进口。但是从 2004 年起，我国高技术产品贸易长期逆差的局面扭转，实现贸易顺差 402 亿美元，此后，高技术产品贸易顺差一直得以保持，且贸易顺差逐年扩大。2014 年，我国高技术产品贸易顺差为 1 091 亿美元。但到 2016 年，高科技产品贸易顺差有所收窄。

（二）我国高新技术产品的出口市场进一步多元化

我国高新技术产品出口正积极稳妥地贯彻市场多元化战略，全方位拓展国际市场，传统出口市场得到进一步巩固，新兴市场开拓力度不断加大。对美国、欧盟、日本传统重点出口市场的出口规模持续增长。同时，东欧、拉美、印度和非洲等新兴市场也得到进一步开拓。印度近年来逐渐成为我国高新技术产品的主要出口市场，巴西、墨西哥、俄罗斯等也成为我国具有自主知识产权的高新技术产品，特别是技术含量高、附加值高和加工度高的大型成套设备出口的主要市场，发展潜力巨大。

2016 年，我国高技术产品出口的前 4 大贸易伙伴分别是美国、韩国、日本和荷兰，所占比重分别为 27.1%、18.9%、6.0%、5.6%和 4.3%。高技术产品进口排前 4 位的国家分别是韩国、美国、日本和马来西亚，所占比重分别是 18.9%、9.3%、8.4%和 6.0%。

“一带一路”倡议的实施对我国高技术产品贸易带来了明显的增长效应。2016 年我国对“一带一路”沿线国家的高技术产品出口额为 1 160.3 亿美元，占我国高技术产品出口总额的 19.2%。从“一带一路”沿线国家进口 849.0 亿美元，占我国高技术产品进口额的 16.2%。

（三）外资企业是我国高新技术产品出口的主力军

从表 7-12 可以看出，外资企业是我国高新技术产品出口的绝对主力军。2002 年以来，外商独资企业和中外合资企业在高新技术产品出口中的份额一直保持在 80%左右。近年来外商独资企业占比开始出现下降，2012 年为 60.7%，2013 年则进一步降为 54.7%。而国有企业在高新技术产品出口中所占份额不断被压缩，2002 年国有企业出口占比为 15.1%，2013 年减少至 5.6%。2016 年略有回升至 7.2%。以私营企业为主的其他类型企业高新技术产品出口占比逐渐增加，2012 年占比为 16.9%，2013 年提高到 22.2%。2016 年进一步提高到 26.4%。

表 7-12　2002—2016 年高新技术产品出口按企业类型占比　　单位:%

年份	2002	2004	2006	2007	2008	2009	2010	2011	2012	2013	2016
国有企业	15.1	8.5	6.9	7.3	7.4	6.9	6.9	5.8	5.7	5.6	7.2
外商独资企业	55.4	65.0	68.6	68.2	67.6	67.5	66.5	67.0	60.7	54.7	51.3
中外合资企业	23.9	20.6	17.6	17.0	16.3	15.7	15.7	14.5	16.8	17.4	15.1
其他	5.6	5.9	6.9	7.5	8.7	9.9	10.9	11.7	16.9	22.2	26.4

资料来源：根据中国科技统计网站数据整理。

（四）进料加工贸易、来料加工装配贸易是高新技术产品出口的主要方式

从表 7-13 可以看出，加工贸易是我国高新技术产品出口的主要方式。2002—2009 年，按进料加工贸易方式和来料加工装配贸易方式出口的高新技术产品占比一直保持在 80%以上，按一般贸易和其他贸易方式出口的高新技术产品占比不到 20%。但是，随着我国高新技术产业的发展，尤其是科技自主创新水平的逐步提升，一般贸易方式出口的高新技术产品占比在逐步提升，2013 年我国以一般贸易方式出口高新技术产品达 1 100 多亿美元，占同期高技术产品出口额的 16.8%。此后四年，一般贸易出口比重继续稳步提升，2016 年一般贸易出口占我国高技术产品出口贸易比重为 26.1%，创历史新高。而进料加工方式出口的比例降为 57.4%，来料加工装配方式出口降幅更大，2002 年高新技术产品出口的 15.1%采用的是来料加工装配方式，2013 年这一比例降低为 4.3%，2016 年这一比例为 4.7%。

表 7-13　2002—2016 年高新技术产品出口按贸易方式占比　　单位:%

年份	2002	2004	2006	2007	2008	2009	2010	2011	2012	2013	2016
一般贸易	7.6	7.4	9.8	11.2	13.5	13.7	15.2	16.4	15.7	16.8	26.1
进料加工	74.2	76.0	74.4	72.5	71.7	72.4	69.7	69.7	66.2	61.0	57.4
来料加工装配	15.1	13.3	12.9	12.9	10.8	9.1	9.1	7.2	5.6	4.3	4.7
其他	3.1	3.3	2.9	3.4	4.0	4.8	6.0	6.7	12.5	17.9	12.8

资料来源：根据中国科技统计网站数据整理。

四、扩大技术出口的政策措施

我国要进一步扩大技术出口规模，提升技术出口层次，重点要做好以下几方面的工作。

（一）发展重点产业和技术领域的产品出口

根据技术预测和国际市场需求预测，我国应在优势技术领域培育一大批在国际市场占有较大份额的、有自主知识产权的出口产品，针对提高出口产品竞争力的要求，组织重点出口产品关键技术开发，力争在软件、生物医药、通信产品等领域取得技术突破，提高高新技术产品和传统出口产品的国际竞争能力和持续出口能力；积极培育新材料、汽车、船舶、航空航天等领域的出口增长点；推动数字电视、新一代通信产品、新型显示器、半导体等产业的技术进步与产业升级；培育一批具有国际竞争意识，熟悉和遵守国际贸易规则，善于开拓国际市场的高新技术产品出口企业和跨国公司；鼓励企业在国外设立技术研究开发中心，促进我国高新技术产业研究与开发的国际化。

（二）积极鼓励成熟的产业化技术出口

支持企业通过贸易、投资或者经济技术合作的方式出口技术（指未列入《中国禁止出口限制出口技术目录》的技术），包括专利权转让、专利申请权转让、专利实施许可、技术秘密许可、技术服务、技术咨询等。

（三）落实现行财税政策，积极提供金融保险支持

落实好现行支持技术出口的财税政策，充分运用相关外经贸支持政策、支持技术出口。居民企业通过技术出口实现的技术转让所得，按照税法有关规定享受免征或减征企业所得税优惠。研究制订符合技术出口企业特点和实际需要的信贷产品和保险险种，拓宽企业融资渠道，扩大融资能力。采取政府支持、市场化运作、产业化导向的方式促进新兴技术产业化，加强贸易、科技与产业的有机结合。支持技术出口企业开展知识产权质押贷款业务，建立知识产权质押融资服务机制，解决企业，尤其是科技型中小企业融资困难问题，利用质押贷款贴息专项资金，降低企业融资成本。鼓励保险公司为技术出口，特别是附带成套设备的技术出口提供收汇保障、商账追收服务和保险项下的贸易融资便利，简化理赔手续，加快理赔速度，化解企业收汇风险，加快企业资金周转速度。

（四）加强技术出口服务体系建设

建立技术出口服务平台，通过信息收集、政策咨询、发布技术资源和技术供给，帮助企业获取国际技术市场信息。鼓励和支持相关中介机构的发展，为企业技术出口提供人才信息、法律咨询、翻译、报关、专利申报、展会服务、培训等综合服务。

（五）进一步完善技术贸易法律法规和体系建设

2002 年开始实施的《中华人民共和国技术进出口管理条例》，是在总结多年来我国对外技术贸易的理论和实践经验的基础上，在技术贸易领域制定的第一部统一的技术进出口管理综合性法规。其宗旨是：根据社会主义市场经济体制要求，建立起一套国家关于技术进出口方面的宏观运行机制，便利企业，促进技术进出口发展。与之配套的一系列技术贸易法律法规的修订和实施，明确了国家鼓励、限制出口的技术及管理规范，对于促进技术出口有着重要的意义。今后，我们要适应新的形势，进一步修订该条例，完善技术出口法律法规，充分利用信息化手段，推行政务公开，探索网上申报、网上领证业务，方便企业在线办理登记手续，鼓励在机构、人员、信息化等方面具备条件的省（市）进一步下放技术出口管理权限。

此外，应进一步推动国际技术合作，将多双边技术合作与援外、对外投资、境外承包工程等工作结合起来。同时，还要利用各种促进平台，组织举办技术出口推介和洽谈会，宣传我国优势技术。支持科研机构承接境外研发项目，鼓励科技型企业走出去，通过多种方式开展对外合作业务，鼓励科技型企业并购境外高新技术企业、设立境外研发机构，带动我技术及服务出口。

第四节

技术进出口管理

我国对技术进出口实行统一的管理制度，依法维护公平、自由的技术进出口秩序。

一、技术进出口管理依据

改革开放以来，我国在技术进出口管理方面公布过三个行政法规：一是 1985 年 5 月 24 日国务院发布的《中华人民共和国技术引进合同管理条例》，二是 1987 年 12 月 30 日国务院批准、1988 年 1 月 20 日对外经济贸易部发布的《中华人民共和国技术引进合同管理条例施行细则》，三是1990年5月25日国务院批准、6月26日对外经济贸易部和国家科委下发执行的《技术出口管理暂行办法》。随着我国对外技术贸易的发展，这三个行政法规已不能适应技术进出口管理工作的需要。为了规范技术进出口管理，维护技术进出口秩序，促进国民经济和社会发展，根据《中华人民共和国对外贸易法》及其他有关法律的相关规定，我国制定了《中华人民共和国技术进出口管理条例》，于2002年1月1日开始实施。有关部门还制定了《中华人民共和国禁止进口限制进口技术管理办法》《中华人民共和国禁止出口限制出口技术管理办法》《中华人民共和国禁止进口限制进口技术目录》《中华人民共和国技术进出口合同登记管理办法》等一系列配套规章，形成中国技术贸易管理的完整体系。上述法律、法规的制定和实施为保护我国成熟的产业化技术出口，鼓励先进、适用的国外先进技术和设备进口，发展民族科技，促进我国的科学技术水平进入世界先进行列起到保障作用。

二、技术进出口管理制度

技术进出口，是指从中华人民共和国境外向中华人民共和国境内，或者从中华人民共和国境内向中华人民共和国境外，通过贸易、投资或者经济技术合作的方式转移技术的行为。这些规定的行为包括专利权转让、专利申请权转让、专利实施许可、技术秘密转让、技术服务和其他方式的技术转移。

技术进出口应当符合国家的产业政策、科技政策和社会发展政策，有利于促进我国科技进步和对外经济技术合作的发展，有利于维护我国经济技术权威。

技术进出口管理的基本原则有技术进出口管理共同适用的原则，也有分别适用于出口和进口的专门规定。

（一）实行有管理的自由进出口原则

除法律、行政法规另有规定的，国家准许技术的自由进出口。我国鼓励先进、适用的技术进口，也鼓励成熟的产业化技术出口；同时对危害国家安全或者社会公共利益的、危害人的生命或者健康的、破坏生态环境的、违反国家的缔结或参加的国际条约和协定规定的，禁止进口。

（二）对进出口技术实行分类管理

我国将进出口技术分为禁止、限制、自由进出口三大类，按目录进行禁止、许可、登记管理。

《中华人民共和国对外贸易法》在第三章“货物进出口与技术进出口”中，将进口或出口的技术分为“禁止进口或者出口、限制进口或者出口、允许自由进口或者出口”三大类，并依此分别制定禁止或限制进口货物与技术目录、禁止或限制出口货物与技术目录，按照不同的目录，“对限制进口或者出口的货物与技术，实行许可证管理”。这也为技术进出口管理条例将技术进行分类，并按类别不同施于不同的管理，确立了立法依据。

凡列入《中华人民共和国禁止进口限制进口技术目录》及《中华人民共和国禁止出口限制出口技术目录》中禁止进出口的技术，不得进出口。

目录中限制进出口的技术，应当向国务院外经贸主管部门提出申请并附有关文件，技术进出口申请经批准的，由国务院外经贸主管部门发给技术进出口许可意向书。申请人取得技术进出口许可意向书后，方可对外进行实质性谈判，签订技术进出口合同。技术进出口经许可的，由国务院外经贸主管部门颁发技术进出口许可证。技术进出口合同自技术进出口许可证颁发之日起生效。

对属于自由进出口的技术，实行合同登记管理。进出口属于自由出口的技术，合同自依法成立时生效，不以登记为合同生效的条件。

申请人凭技术出口许可证或者技术出口合同登记证办理外汇、银行、税务、海关等相关手续。

从上述管理制度来看，我国对进出口技术采取的是一种宽严结合的管理模式，即在对进出口的技术进行分类的基础上，对属于禁止和限制类技术的进口或出口，采取了严格的禁止和审批或核准的做法；而对属于禁止和限制进口或出口技术以外的技术，则采取较为宽松的做法，仅对合同进行必要的登记。

（三）关于法律责任

进口或者出口属于禁止进出口的技术的，或者未经许可擅自进口或者出口属于限制进出口的技术的，依照刑法关于走私罪、非法经营罪、泄露国家秘密罪或者其他罪的规定，依法追究刑事责任；尚不够刑事处罚的，区别不同情况，依照海关法的有关规定处罚，或者由国务院外经贸主管部门给予警告，没收违法所得，处违法所得 1 倍以上 5 倍以下的罚款；国务院外经贸主管部门并可以撤销其对外贸易经营许可证。擅自超出许可的范围进口或者出口属于限制进出口的技术的，其他处罚同上，处违法所得 1 倍以上 3 倍以下的罚款。

变造或者买卖技术进出口许可证或者技术进出口合同登记证的，依照刑法关于非法经营罪或者伪造、变造、买卖国家机关公文、证件、印章罪的规定，依法追究刑事责任；尚不够刑事处罚的，依照海关法的有关规定处罚；国务院外经贸主管部门并可以撤销其对外贸易经营许可证。

（四）技术出口管制

为了保证国家秘密技术安全以及履行国际义务，我国对敏感物质和技术的出口实施出口管制。敏感物质和技术是指《中华人民共和国核两用品及相关技术出口管制条例》《中华人民共和国生物两用品及相关设备和技术出口管制条例》《中华人民共和国有关化学品及相关设备和技术出口管制办法》《中华人民共和国导弹及相关物项和技术出口管制条例》等相关出口管制法规所附出口管制清单中所涵盖的物项和技术。

为了世界和平与发展，为了维护我国的国家安全，在和平共处五项原则的基础上，我国对外签署了《关于禁止发展、生产、储存和使用化学武器及销毁此种武器的公约》，参加了《不扩散核武器条约》。实施对敏感物项和技术的出口管制是我国履行国际义务的必要手段。对上述技术的出口适用专门的管理办法。

（五）限制出口技术的审查管理

对《中华人民共和国禁止出口限制出口技术管理办法》项下限制出口的技术，实施出口许可管理，由商务部会同科学技术部进行贸易审查和技术审查，并决定是否准予出口。

限制出口技术的贸易审查应包括以下主要内容：

（1）是否符合我国对外贸易政策，并有利于促进外贸出口；

（2）是否符合我国产业出口政策，并有利于促进国民经济发展；

（3）是否符合我国对外承诺的义务。

限制出口技术的技术审查应包括以下主要内容：

（1）是否危及国家安全；

（2）是否符合我国科技发展政策，并有利于科技进步；

（3）出口成熟的产业化技术是否符合我国的产业政策，并能带动大型和成套设备、高新技术产品的生产和经济技术合作。

（六）限制进口技术的审查管理

对《中华人民共和国禁止进口限制进口技术管理方法》项下的限制进口的技术由国家主管部门分别对技术进口项目进行贸易审查和技术审查，并决定是否准予进口。

限制进口技术的贸易审查应包括以下内容：

（1）是否符合我国对外贸易政策，有利于对外经济技术合作的发展；

（2）是否符合我国对外承诺的义务；

（3）是否对建立或加快建立国内特定产业造成不利影响。

限制进口技术的技术审查应包括以下内容：

（1）是否危及国家安全、社会公共利益或者公共道德；

（2）是否危害人的健康或安全和动物、植物的生命或健康；

（3）是否破坏生态环境；

（4）是否符合国家产业政策和经济社会发展战略，有利于促进我国技术进步和产业升级，有利于维护我国经济技术权益。

（七）自由进出口技术合同的管理

对属于自由进出口的技术，实行合同登记管理，具体依据为商务部2009年公布的修订后的《技术进出口合同登记管理办法》。技术进出口合同包括专利权转让合同、专利申请权转让合同、专利实施许可合同、技术秘密许可合同、技术服务合同和含有技术进出口的其他合同。

我国商务部负责对《政府核准的投资项目目录》和政府投资项目中由国务院或国务院投资主管部门核准或审批的项目下的技术进口合同进行登记管理。各省、自治区、直辖市和计划单列市商务主管部门负责对本办法第四条以外的自由进出口技术合同进行登记管理。中央管理企业的自由进出口技术合同，按属地原则到各省、自治区、直辖市和计划单列市商务主管部门办理登记。各省、自治区、直辖市和计划单列市商务主管部门可授权下一级商务主管部门对自由进出口技术合同进行登记管理。

国家对自由进出口技术合同实行网上在线登记管理。技术进出口经营者应登录商务部政府网站上的“技术进出口合同信息管理系统”进行合同登记，并持技术进（出）口合同登记申请书、技术进（出）口合同副本（包括中文译本）和签约双方法律地位的证明文件，到商务主管部门履行登记手续。商务主管部门在收到上述文件起3个工作日内，对合同登记内容进行核对，并向技术进出口经营者颁发《技术进口合同登记证》或《技术出口合同登记证》。自由进出口技术合同登记的主要内容为：合同号、合同名称、技术供方、技术受方、技术使用方、合同概况、合同金额、支付方式和合同有效期。

复习思考题

1. 国际技术贸易与一般商品贸易相比具有哪些特点？
2. 近年来，我国技术引进呈现出哪些特点？
3. 我国技术引进的发展方向与基本原则是什么？
4. 技术出口的作用表现在哪些方面？

本章关键词

国际技术贸易　技术引进　技术出口　技术进出口管理

拓展阅读

第八章　国际服务贸易

❖ 本章摘要及重点

本章主要内容：国际服务贸易概念、特点、方式和分类；国际服务贸易的发展特点、政策与措施；中国服务出口发展特点、发展服务出口的必要性与可能性；中国服务进口发展特点，加入世贸组织与服务贸易自由化对中国的影响；中国服务贸易竞争力分析；《服务贸易发展“十三五”规划纲要》的主要内容；中国服务贸易管理体制、管理原则与措施。

本章学习重点：中国发展服务出口的必要性与可能性；加入世贸组织与服务贸易自由化对中国的影响；中国服务贸易竞争力分析；《服务贸易发展“十三五”规划纲要》的主要内容。

随着经济全球化和信息技术的蓬勃发展，以及世界经济结构的调整和经济服务化程度的加深，服务业在世界经济中的作用越来越重要，国家竞争优势不仅体现在制造业，而且还体现在服务业。因此，一个国家的国际经济地位的确立和提升不仅可以通过货物贸易，而且还可以通过服务贸易来实现。随着国际服务贸易的迅速崛起，全球经济竞争的重点也从货物贸易转向服务贸易，服务贸易的竞争力将影响着一国未来国民经济与对外贸易的发展前景。因此，扩大服务贸易，积极参与国际服务市场竞争，是加快我国产业升级和结构调整，提升国际竞争力，转变外贸增长方式，保持对外贸易持续发展的必然选择。

第一节

国际服务贸易概述

服务贸易的概念产生于20世纪70年代，三十多年来，由于新科技革命的发展，世界产业结构的调整，国际货物贸易量的增加，以及国际资本向服务业的倾斜，国际服务贸易得以迅速发展。

一、国际服务贸易的基本概念

（一）国际服务贸易的含义

服务是相对于产品的一个经济学概念，是指以提供劳动形式满足他人某种需要并取得报酬的活动。服务贸易与商品贸易的区别是，商品贸易交换的是物化为产品的劳动，而服务贸易所交换的是服务者所提供的劳动本身。

服务贸易同样可分为国内服务贸易和国际服务贸易。根据《服务贸易总协定》的定义，国际服务贸易是服务提供者从一国境内，通过商业现场或自然人现场向消费者提供服务并获得外汇收入的交易过程。

（二）国际服务贸易的特征

国际服务贸易与一般商品贸易相比，具有其独特之处。

（1）国际服务贸易标的一般具有无形性，服务提供者通常无法向顾客介绍空间形态确定的服务样品；服务消费者在购买服务之前，往往不能感知服务，在购买之后也只能觉察到服务的结果而不是服务本身。

（2）国际服务贸易所提供的服务往往是生产、销售与消费同时进行，因此具有同时性、非储存性、非转移性和异质性等特征。

（3）国际服务贸易更多地依赖于生产要素的国际移动和服务机构的跨国设置，国际间的服务交换无论采取什么形式，它都与资本、劳动力和信息等生产要素的跨国界移动密切相关。

（4）国际服务贸易的壁垒不同于货物贸易，服务贸易自由化的关键是要逐步取消各国在管理模式和法令上的限制。

（5）国际服务贸易的统计数据在各国国际收支表中显示，而在各国海关进出口统计上没有显示。

由于服务门类众多，形式差异很大，上述特性都有例外现象。例如，有些服务是有形的；有些服务的生产与消费可以间隔相当一段时间；有些服务还涉及所有权的转移。

（三）国际服务贸易的方式

《服务贸易总协定》界定了国际服务贸易的四种方式。

（1）跨境交付（cross border supply），即服务提供者自成员领土向任何其他成员领土提供服务。

（2）境外消费（consumption abroad），即服务提供者在一成员领土内向来自任何其他成员的服务消费者提供服务。

（3）商业存在（commercial presence），即一成员的服务提供者通过在任何其他成员领土内设立商业机构或专业机构，为后者领土内的消费者提供服务。

（4）自然人流动（movement of natural persons），即一成员的服务提供者在任何其他成员领土内以自然人的存在提供服务。

（四）国际服务贸易的分类

由于服务贸易的多样性和复杂性，目前尚未形成一个统一的分类标准。许多经济学家和国际经济组组织为了分析方便和研究需要，从各自选择的角度对服务贸易进行了划分。《服务贸易总协定》提出了以部门为中心的服务贸易分类方法，将服务贸易分为 12 大类 142 个服务项目。12 大类是：商务服务、通信服务、建筑服务、销售服务、教育服务、环境服务、金融服务、健康及社会服务、旅游及相关服务、文化、娱乐及体育服务、交通运输服务、其他服务。

二、国际服务贸易政策与措施

由于国际服务贸易的迅速发展及其在各国经济发展中的影响日益加强，各国都十分重视国际服务贸易政策措施的研究与制定。

（一）国际服务贸易政策的特点

国际服务贸易政策具有二重性的特点。

长期以来，国际服务贸易领域存在较强的贸易壁垒。由于发达国家和发展中国家的服务业及国际服务贸易发展水平具有较大差距，加上服务市场的开放会涉及国家主权与安全、政治与文化等敏感问题，因此国际服务贸易市场显示出很强的垄断性。由于服务业的这种垄断性、敏感性和发展的不平衡性，为了自身利益，无论是发展中国家还是发达国家都以种种理由和方法，对服务贸易实行不同程度的贸易保护主义政策和措施，形成较强的服务贸易壁垒，使国家对国际服务贸易领域的保护程度远远超过了国际货物贸易领域。

20世纪80年代中后期起，在多边贸易体制的推动下，全球出现了服务贸易自由化趋势，国际服务贸易壁垒有所降低。发达国家在许多服务贸易项目上都具有绝对优势和相对优势，世界范围内服务贸易壁垒的普遍存在，对其服务业的出口造成了严重的威胁。为此，发达国家在积极要求贸易伙伴国降低服务贸易壁垒、扩大服务市场的开放度的同时，也对自己的服务贸易壁垒进行了某些削减。发展中国家，尤其是一些新兴的工业化国家和地区在某些服务行业已取得相当的优势，这些国家和地区希望通过服务贸易自由化来扩大本国占据优势的服务行业的出口，获得服务贸易自由化的利益。同时适度开放国内服务市场，引进一定数量的外国服务和服务提供者，可以使发展中国家获得发展新兴服务行业所必需的资金、技术，并促进其服务业的市场化，从而为发展中国家的服务业及经济发展做出贡献。故而发展中国家也对服务贸易政策进行了必要的调整，适当地开放本国服务市场，使服务贸易壁垒程度有所降低。

（二）国际服务贸易壁垒

国际服务贸易壁垒指一国政府对国外生产的服务销售所设置的有障碍作用的政策措施，以增加国外服务生产者的成本从而达到限制外国服务进入的目的，是国际服务贸易政策中贸易保护主义措施的体现。

1. 国际服务贸易壁垒的主要形式

由于服务贸易基本上属于无形贸易，服务的跨国流动不需要海关登记，所以无法用关税壁垒的形式对其进行限制。因此，在国际服务贸易领域中被广泛使用的是非关税壁垒。

对国际服务贸易的限制可以分为两类，一类是市场进入限制，指政府对外国服务的进入设置的障碍；另一类是经营限制，指对外国服务提供者在该国境内从事服务活动的阻碍。具体可以将国际服务贸易壁垒划分为以下几种形式。

（1）资本移动壁垒。主要涉及的是商业存在问题，即东道国是否允许外国企业在本国设立机构开展业务。

（2）人员流动壁垒。主要涉及各国移民限制的法律，通过各种措施对外国劳动力进入本国工作或就业进行限制。由于各国移民法及工作许可、专业许可的规定不同，限制的内容和方式也不同。

（3）服务产品移动壁垒。这是涉及市场准入的限制，即东道国允许外国服务者进入本国市场的程序。这类限制常规定服务供给的最高限度，当外国服务者提供的服务超过限度时，东道国完全阻止外国服务产品进入国内市场，只允许使用本国服务。

（4）信息移动壁垒。由于信息传递模式涉及国家主权、垄断经营和国家公用电信网、私人秘密等敏感性问题，因此各国普遍存在各种限制，如技术标准、网络进入、价格与设备的供应、数据处理及复制、储存、使用和传送、补贴、税收与外汇控制和政府产业控制政策等限制或歧视性措施。而这些措施还不只阻碍信息服务贸易的发展，因信息流动又是金融、旅游、运输、仓储、建筑、会计、审计、法律等服务者提供服务的先决条件，故其同时制约着其他服务贸易的进行。

（5）经营限制壁垒。这是通过对外国服务实体在本国的活动权限进行规定，以限制其经营范围、经营方式等，甚至干预其具体的经营决策。

2. 国际服务贸易壁垒的特点

如果说货物贸易主要是凝结的劳动跨越国境流动，那么，服务贸易则基本上是以劳动的提供者（或购买者）跨越国境实现的，与此相适应，服务贸易壁垒必将与货物贸易壁垒有所不同，其基本特点是：

（1）是以国内法律法规和规章制度为主，而不是以关税为主。

（2）是以对人（自然人、法人及其他经济组织）的资格与活动的限制为主而不是以对商品的数量、质量等为主。

（3）政策与措施由国内各个不同部门掌握制定，庞杂繁复，缺乏统一协调。

（4）灵活隐蔽、选择性强，而不是固定公开、统一透明的。

（5）不仅以商业利益为目标，还以国家安全、政治稳定为目标。

（三）国际服务贸易自由化措施

国际服务贸易自由化，是指在减少以至消除各国妨碍服务贸易自由、公平进行的法律法规，扩大本国服务市场的准入程度，最终使服务业在各国或各地区间无障碍地自由流动。

1993 年 12 月关贸总协定达成的《服务贸易总协定》，1997 年世贸组织通过的《基础电信协议》《金融服务协议》和《信息技术协议》三项行业协议，规定了各国在国际服务贸易中应遵循的原则与规则，旨在解决服务业的开放和服务贸易自由化的问题。

1.《服务贸易总协定》

《服务贸易总协定》（以下简称《总协定》）是世贸组织第一个有关国际服务贸易的框架性法律文件，它将成员方政府对服务贸易的管理措施置于国际纪律约束之下。

2. 三项行业协议

服务贸易涉及众多行业，一些行业在经济发展中具有至关重要的作用，其贸易自由化直接关系到国家安全与社会稳定。因此，各国对某些服务行业的开放十分慎重，谈判一直存在较大分歧，直到乌拉圭回合签订《总协定》时，各方也未能达成一致意见。乌拉圭回合后，世贸组织各成员方就一些服务行业的贸易自由化进行了进一步的磋商与谈判，作为《总协定》的后续谈判成果，于 1997 年通过了三项行业协议，即《基础电信协议》、《金融服务协议》和《信息技术协议》，要求各成员向外国公司开放其电信市场，结束垄断行为；将主要技术产品的关税降为零；开放本国金融市场等。这不仅有利于缔约方的人员交往和信息流通，而且特别有利于有关知识产权、技术转让、通信和数据处理、金融行业的贸易自由化，加速各国经济发展和世界服务贸易的不断扩大。

除此之外，欧盟、北美自由贸易区、东盟等区域性经济合作组织也制定了许多开放服务市场的举措。一系列国际性和区域性制度安排加速了各成员方服务市场开放的进程，极大地推动世界服务贸易的自由化。

三、国际服务贸易发展概况

国际服务贸易与国际货物贸易密切相关，国际货物贸易必然会引发国际货物运输、仓储、通信、金融保险等服务活动的产生。因此，国际运输业、跨国销售业、国际劳务输出等服务贸易的发展历史，可以说和国际货物贸易一样久远，但这种经济活动作为国际服务贸易的一个概念正式提出，历史并不长。美国在 1974 年贸易法中首次使用“世界服务贸易”的概念。服务贸易概念的正式诞生，实际上反映了第二次世界大战后国际贸易对象格局的变化。

（一）当代服务贸易发展特点

从 20 世纪 80 年代起，经济全球化迅猛发展，全球产业结构加快调整，有力地推动了全球服务业的发展，服务贸易发展不断呈现新的特征。

1. 服务贸易规模

由于国际分工的深化，产业结构的不断调整，科技革命的加剧，促使服务贸易的绝对值不断增加，以高于货物贸易增长的速度迅速发展，占国际贸易的份额不断上升。1980—2014 年，世界服务贸易进出口总额已从 7 707 亿美元扩大到 96 020 亿美元，增长了 11.5 倍。其中出口总额从 3 671 亿美元扩大到 48 615 亿美元，增长了 12.2 倍（见表 8-1），而同期世界货物贸易出口则从 19 880 亿美元增加到 232 885 亿美元，增长了 10.7 倍，服务贸易出口占世界贸易出口的比重从 15.2%增长到 20.9%。

表 8-1　1980—2014 年世界服务贸易进出口额　　单位：亿美元

年份	出口				进口			
	总额	运输	旅游	其他	总额	运输	旅游	其他
1980	3 671	1 339	1 035	1 297	4 036	1 681	1 082	1 273
1981	3 773	1 370	1 041	1 362	4 198	1 768	1 047	1 383
1982	3 682	1 276	1 013	1 393	4 039	1 632	1 007	1 400
1983	3 571	1 205	1 007	1 359	3 845	1 534	972	1 339
1984	3 683	1 225	1 101	1 357	3 976	1 555	1 071	1 350
1985	3 835	1 245	1 160	1 430	4 022	1 518	1 126	1 378
1986	4 525	1 334	1 423	1 768	4 578	1 592	1 374	1 612
1987	5 367	1 544	1 748	2 075	5 439	1 849	1 703	1 887
1988	6 046	1 786	2 015	2 245	6 256	2 117	2 022	2 117
1989	6 625	1 926	2 194	2 505	6 859	2 309	2 182	2 368
1990	7 887	2 227	2 632	3 028	8 230	2 628	2 635	2 967
1991	8 326	2 280	2 750	3 296	8 532	2 693	2 711	3 128
1992	9 318	2 433	3 171	3 714	9 492	2 876	3 140	3 476

续表

年份	出口				进口			
	总额	运输	旅游	其他	总额	运输	旅游	其他
1993	9 500	2 430	3 212	3 858	9 628	2 885	3 085	3 658
1994	10 426	2 651	3 492	4 283	10 472	3 159	3 356	3 957
1995	11 782	3 020	4 005	4 757	11 952	3 649	3 795	4 508
1996	12 629	3 084	4 314	5 231	12 599	3 667	3 999	4 933
1997	13 157	3 155	4 344	5 658	12 941	3 739	4 021	5 181
1998	13 537	3 149	4 410	5 978	13 221	3 701	4 069	5 451
1999	14 021	3 216	4 582	6 223	13 742	3 774	4 243	5 725
2000	14 909	3 464	4 762	6 683	14 638	4 192	4 412	6 034
2001	14 919	3 392	4 666	6 861	14 822	4 106	4 330	6 386
2002	15 965	3 547	4 863	7 555	15 613	4 166	4 559	6 888
2003	18 498	4 008	5 432	9 058	17 925	4 783	5 102	8 040
2004	22 475	5 020	6 480	10 975	21 457	5 991	5 996	9 470
2005	25 121	5 691	7 003	12 427	23 837	6 815	6 520	10 502
2006	28 417	6 357	7 591	14 469	26 596	7 586	6 939	12 071
2007	34 173	7 661	8 728	17 784	31 738	9 003	8 015	14 720
2008	38 442	8 903	9 587	19 952	36 330	10 516	8 678	17 136
2009	34 953	6 935	8 729	19 289	32 923	8 314	7 918	16 691
2010	38 352	8 067	9 495	20 790	36 133	9 806	8 595	17 732
2011	42 743	8 793	10 669	23 281	40 422	11 177	9 453	19 792
2012	43 516	8 919	11 107	23 490	41 523	11 431	9 946	20 146
2013	46 250	9 000	11 750	25 500	43 400	11 719	10 514	21 167
2014	48 615	9 411	12 343	26 861	47 405	12 126	11 479	23 800

资料来源：数据来自商务部网络商务数据中心。

2. 服务贸易商品结构

新兴服务贸易发展尤为迅速。尽管国际运输、旅游等传统产业依然在世界服务贸易中占据重要地位，但由于发达国家以知识创新为动力的新经济正在取代传统的工业经济，发达国家服务业的内部结构也越来越多地体现新经济的特征。因此，全球服务贸易正从以自然资源或劳动密集型为基础的传统产业转向以知识、技术或资本密集型为基础的现代服务产业，国际服务贸易对象的技术含量越来越高。从世界服务贸易出口结构变化看，1980—2014 年，运输服务占世界服务贸易的比重从 36.5%下降到 19.3%，旅游服务占比从 28.2%下降到 25.4%，而以通信、计算机和信息服务、金融、保险、专有权利使用费和特许费为代表的其他服务类型占比则从 35.3%逐步增长到 55.3%。同期，世界服务贸易进口结构变化也呈现出相同的特点。

3. 服务贸易地区分布

虽然国际服务贸易发展迅速，然而其分布却极不平衡，发达国家在国际服务贸易中一直处于绝对优势。从服务贸易出口总量来看，美国、英国、德国、法国、日本等一直是传统的服务贸易出口大国。2014 年，这五个国家服务贸易出口额合计占全球服务贸易出口总额的 35.1%。服务贸易前十位国家中仅有中国和印度是发展中国家（见表 8-2）。

表 8-2　2014 年全球服务贸易进出口前十位国家

排名	出口国家和地区	金额（亿美元）	比重（%）	增长率（%）	排名	进口国家和地区	金额（亿美元）	比重（%）	增长率（%）
1	美国	6 860	14.1	3	1	美国	4 540	9.6	4
2	英国	3 290	6.8	4	2	中国	3 820	8.1	16
3	德国	2 670	5.5	5	3	德国	3 270	6.9	1
4	法国	2 630	5.4	4	4	法国	2 440	5.1	6
5	中国	2 222	4.6	8	5	日本	1 900	4.0	12
6	日本	1 580	3.3	19	6	英国	1 890	4.0	-1
7	荷兰	1 560	3.2	11	7	荷兰	1 650	3.5	8
8	印度	1 540	3.2	4	8	爱尔兰	1 420	3.0	16
9	西班牙	1 350	2.8	5	9	新加坡	1 300	2.7	0
10	爱尔兰	1 330	2.7	9	10	印度	1 240	2.6	-1

资料来源：数据来自商务部网站商务数据中心。

发展中国家的服务贸易不仅在规模上与发达国家有相当的差距，总体呈逆差状态，而且在结构上也有较大差异。发达国家主要输出技术、知识和资本密集型服务，发展中国家则主要发展劳动密集型服务，现代服务项目不具有竞争优势。但近几年，国际服务业通过项目外包、业务离岸化①、外商直接投资等方式，向一些技术、经济实力较强的发展中国家转移的趋势明显加强。

4. 服务贸易主体

跨国公司在资金、技术和信息上的巨大优势和跨国公司在全球范围内配置资源的经营行为，不仅使其在国际货物贸易与国际直接投资中占据主导地位，而且也使其在服务领域中占据主导地位。由于新兴服务业的知识化和信息化特征，服务业跨国公司比制造业跨国公司的资本密集度更高，技术优势更强，也更易形成对世界市场的垄断局面。

5. 服务贸易方式

通过商业存在实现的服务贸易规模日益扩大。由于服务产品的无形性、不可储存性，在消费国内部通过商业存在服务，有利于服务提供者的批量生产，取得规模效益，

① 即跨国公司将一部分服务业务转移到低成本国家或地区。

降低成本和价格，因此，由外国直接投资产生的，通过外国商业存在所实现的国际服务贸易规模迅速扩大，以商业存在方式进行的服务贸易，在数量上相对于其他三种传统的服务贸易方式，已占据绝对优势。据世贸组织统计，商业存在、跨境交付、境外消费、自然人流动等服务贸易方式，2006 年占国际服务贸易总额的比重分别为 50%、35%、10%~15%和 1%~2%。从发展态势上来看，商业存在的方式亦具有十分广阔的前景。2006 年《世界投资报告》资料显示，世界新增直接投资和累计直接投资额的 60%以上流向了服务业领域。

服务外包作为新兴的服务贸易方式，发展势头十分迅猛。20 世纪 90 年代以来，随着经济一体化、专业分工的日益细化，以及市场竞争程度的不断提高，越来越多的企业纷纷将非核心服务活动外包给其他企业，以降低成本，优化产业链，提升企业核心竞争力。全球服务外包进入快速发展时期，已成为国际服务贸易的重要形式。据联合国贸发会议统计，2007 年全球服务外包总值已达 12 万亿美元。不仅服务外包的金额越来越大，而且业务范围不断拓宽，已广泛应用于产品制造、IT 服务、人力资源管理、金融、保险、会计服务等多个领域。与此同时，服务外包的承接国家也越来越多，以美国为代表的发达国家，正在把外包服务转移到低成本国家，一些发展中国家和地区纷纷参与到承接国际服务外包的行列中来，如印度、中国等。迅速发展的服务外包，是经济全球化背景下国际分工的表现形式，是跨国公司追求利益最大化的必然结果。

（二）国际服务贸易迅速发展的原因

随着科学技术的发展，人类进入了一个以信息、文化和知识为主要生产资料的时代。这一时代的重要特征是，资本和劳动从物质生产向服务领域的转移加速，从而使得社会分工更加深化，也使国际服务贸易得以迅速发展。

1. 新科技革命是推动服务贸易迅速发展的基本动因

科学技术的发展，特别是 20 世纪 60 年代兴起的信息技术革命，导致国际间可利用的服务项目和种类发生了巨大的变革，把服务的成果输出到任何国家成为可能。一方面，高新技术被广泛地应用于服务产业，使许多原先“不可贸易”的服务转化为“可贸易”的服务，从而使国际服务贸易的种类增加，范围扩大，一批基于新技术、新管理方式、新经营模式而形成的新兴服务行业崭露头角，如以商务服务、健康、教育、法律、咨询等为主的知识服务业、专业服务业开始出现，并正在发挥日益重要的作用；另一方面还使高新技术向传统服务业产业不断渗透，高新技术被广泛用于改造传统服务业，如运输、旅游等传统服务业由于采用了先进技术手段，被赋予了新的内涵，获得进一步发展的机会。此外，随着科学技术的进步，使生产资料的投入越来越少，而技术性服务越来越多，因而在第二次世界大战后货物贸易发展的同时，服务贸易也相应不断扩大。

2. 世界产业结构的调整是促进服务贸易迅速发展的主要原因

20 世纪 60 年代以来，随着科技革命的发展，主要发达国家已基本上完成了本国的工业化进程，国内经济开始步入后工业化阶段，世界经济结构的重心转向以服务业为主，各经济体服务业的产值比重逐渐上升，服务业成为经济增长的主要动力。进入 21 世纪以来，全球经济向服务经济转型趋势进一步加快。服务业对于 GDP 的贡献情况是，在发达国家占73%，在发展中国家占52%[①]。服务业在各国经济中的重要性日益上升的趋势，必然推动国际服务贸易的增长。

3. 货物贸易量的增加是服务贸易迅速发展的基础

货物贸易的急剧扩张是服务业产生和发展的重要前提条件，因为货物贸易需要服务业的进入才能得以完成，最典型的例子就是货物进出口离不开运输、通信、金融和保险业务。尤其是在现代，服务业已成为许多制成品生产和销售过程中不可分割的一部分，它们能向制造业提供从工程设计到数据处理等多种必要的投入，并能以售后服务等方式促进产品销售。这些都导致货物和服务的相互关系日趋紧密，使许多国家的货物贸易都需要投入和进口越来越多的服务，以增强其竞争地位，从而有力地推动了国际服务贸易的增长。从近些年来世界货物出口贸易与服务出口贸易的发展看，其增长趋势基本上是一致的（见图8-1）。

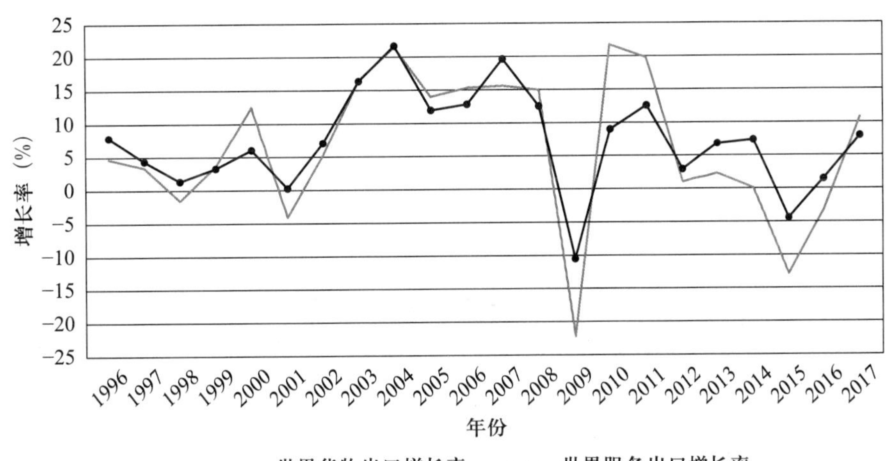

图8-1 1996—2017年世界服务出口贸易与货物出口贸易增长率

数据来源：根据世界贸易组织发布的《国际贸易统计》中的数据整理绘制。

4. 国际直接投资向服务业倾斜的必然结果

20世纪80年代以前，国际直接投资主要集中在原材料、其他初级产品产业，以及以资源为基础的制造业。随着经济全球化的纵深发展，技术革命引致全球产业结构向服务业转移，服务业管制放松，服务贸易自由化的制度安排以及服务业的特殊性质使得国际直接投资的重点已转向服务业。根据联合国贸发会议《2013年世界投资报告》，截至2011年年底，全球服务业外国直接投资存量占全世界外国直接投资存量的67.4%，而20世纪80年代初期这一比例仅为25%，1990年这一占比不到一半。在同一时期，初级部门占全球外国直接投资存量的比例由9.3%下降到7.3%，而制造业降幅更大，由41.5%降至20.5%。国际直接投资的迅速扩大和向服务业倾斜，带动了服务贸易的快速增长。

5. 各国在服务业的比较优势差异是服务贸易发展的前提

比较优势原理同样适应于跨国服务企业。由于服务部门的多样性，它的范围从高技术

① 联合国贸发会议米娜·玛莎耶希（Mina Mashayekhi）女士在首届中国服务贸易大会上的演讲。

行业如信息、数据处理，到简单的劳动力输入与输出，技术含量差异很大，这就使发展程度不同的国家都可能在某些服务的生产上拥有比较优势。一般来说，实物资本与运输服务的优势直接相关；人力资本与保险、金融，信息、咨询等优势有较密切联系；而旅游优势则在较大程度上取决于自然资源和国内的交通条件。各国输出具有比较优势的服务，进口本国处于劣势的服务，形成了巨大的服务需求与供给，加速了服务贸易市场体系的发育。同时，这一市场体系的发育又反过来促进了服务贸易的发展。比较优势是动态变化的，不同国家可以在全球服务市场中开辟出自己的竞争领域和比较优势。

第二节

中国服务贸易发展概况

改革开放后，中国服务业的发展日益受到重视，不仅恢复了传统的服务业，还积极拓展了新的服务领域。在服务业发展的同时，服务贸易也有了较快的发展，但同服务贸易先进国家相比还存在较大差距，总体发展水平落后。这不仅直接影响我国贸易结构的优化，而且影响我国在国际经济交往中的地位。因此，在我国转变对外贸易增长方式的过程中，要大力发展服务业，有重点地扩大我国部分领域的服务贸易，以提高我国对外贸易的综合竞争力。

一、中国服务出口贸易

（一）服务出口贸易发展特点

20 世纪 90 年代以来，中国服务业出口增速加快，不仅明显超过了世界服务出口贸易的平均增长速度，而且贸易领域不断拓宽，贸易结构也发生很大变化。但在中国服务贸易出口发展过程中，仍存在规模较小、内部结构失衡、落后于货物贸易出口发展等问题。从服务出口占贸易出口总额的比重和服务出口占世界服务出口总额比重来看，中国依然是服务贸易小国。

1. 服务出口发展速度较快但规模较小

我国服务贸易起步于 20 世纪 80 年代，虽然起步较晚但发展速度较快。1982 年，中国服务出口仅有 27 亿美元，2017 年已达到 2 281 亿美元，35 年间增长到 84.48 倍（见表 8-3）；2005—2013 年，我国服务出口平均增速为 14%，远高于世界同期 8%的服务出口增速，是全球服务贸易主要出口国家（地区）增速的两倍左右。服务出口占全球服务出口总额的比重由 1982 年的 0.7%增长到 2013 年的 4.5%；服务出口的世界排名由 1982 年的第 28 位上升到 2013 的第 5 位（见表 8-2），服务出口规模居发展中国家之首。

虽然中国服务出口有了较大的增长，但是与服务贸易强国相比仍存在较大差距。2014 年，中国服务出口占世界服务出口总额的比重为 4.6%，明显低于美国的 14.1%、英国的 6.8%和德国的 5.5%（见表 8-2）。可见，中国服务出口规模仍然相对较小。

表 8-3　1982—2017 年中国服务进出口情况

年份	世界进出口	世界出口	世界进口	中国进出口额			中国出口额			中国进口额		
				金额（亿美元）	同比增长（%）	占世界比重（%）	金额（亿美元）	同比增长（%）	占世界比重（%）	金额（亿美元）	同比增长（%）	占世界比重（%）
1982	7 721	3 682	4 039	47	—	0.6	27	—	0.7	20	—	0.5
1983	7 417	3 572	3 845	48	1.4	0.6	28	3.6	0.8	20	-1.5	0.5
1984	7 658	3 682	3 976	59	24.9	0.8	31	11.7	0.8	29	43.3	0.7
1985	7 857	3 835	4 022	56	-5.5	0.7	31	0.3	0.8	25	-11.7	0.6
1986	9 103	4 525	4 578	61	9.2	0.7	39	24.6	0.9	23	-9.8	0.5
1987	10 806	5 367	5 439	66	7.0	0.6	41	5.7	0.8	25	9.2	0.5
1988	12 303	6 047	6 256	87	32.5	0.7	51	24.9	0.8	36	45.0	0.6
1989	13 484	6 625	6 859	101	16.2	0.7	62	21.6	0.9	39	8.5	0.6
1990	16 117	7 887	8 230	124	22.8	0.8	81	30.0	1.0	44	11.3	0.5
1991	16 858	8 326	8 532	137	10.1	0.8	95	18.4	1.1	41	-5.3	0.5
1992	18 810	9 318	9 492	220	61.0	1.2	126	31.7	1.4	94	128.9	1.0
1993	19 127	9 500	9 627	266	20.9	1.4	146	15.9	1.5	120	27.6	1.2
1994	20 897	10 425	10 472	365	37.1	1.7	202	38.5	1.9	163	35.4	1.6
1995	23 733	11 781	11 952	496	36.0	2.1	244	20.9	2.1	252	54.7	2.1
1996	25 228	12 629	12 599	506	1.9	2.0	280	14.6	2.2	226	-10.5	1.8
1997	26 098	13 157	12 941	622	23.0	2.4	342	22.4	2.6	280	23.8	2.2
1998	26 758	13 537	13 221	519	-16.6	1.9	251	-26.8	1.9	268	-4.0	2.0
1999	27 763	14 021	13 742	610	17.6	2.2	294	17.2	2.1	317	17.9	2.3
2000	29 548	14 910	14 638	712	16.7	2.4	350	19.3	2.3	362	14.3	2.5
2001	29 743	14 921	14 822	784	10.2	2.6	392	11.8	2.6	393	8.6	2.7
2002	31 582	15 969	15 613	928	18.2	2.9	462	18.0	2.9	465	18.5	3.0
2003	36 425	18 500	17 925	1 066	15.0	2.9	513	11.0	2.8	553	18.9	3.1
2004	43 935	22 478	21 457	1 452	36.2	3.3	725	41.3	3.2	727	31.5	3.4
2005	48 964	25 127	23 837	1 683	15.9	3.4	843	16.3	3.4	840	15.5	3.5
2006	55 014	28 418	26 596	2 038	21.1	3.7	1 030	22.1	3.6	1 008	20.1	3.8

续表

年份	世界进出口	世界出口	世界进口	中国进出口额			中国出口额			中国进口额		
				金额（亿美元）	同比增长（%）	占世界比重（%）	金额（亿美元）	同比增长（%）	占世界比重（%）	金额（亿美元）	同比增长（%）	占世界比重（%）
2007	65 941	34 203	31 738	2 654	30.2	4.0	1 353	31.4	4.0	1 301	29.0	4.1
2008	74 795	38 464	36 331	3 223	21.4	4.3	1 633	20.7	4.2	1 589	22.1	4.4
2009	67 848	34 973	32 875	3 025	-6.1	4.5	1 436	-12.1	4.1	1 589	0.0	4.8
2010	74 535	38 434	36 101	3 717	22.9	5.0	1 783	24.2	4.6	1 934	21.7	5.4
2011	83 029	42 780	40 249	4 489	20.8	5.4	2 010	12.7	4.7	2 478	28.2	6.2
2012	84 526	43 469	41 057	4 829	7.6	5.7	2 016	0.3	4.6	2 813	13.5	6.9
2013	89 650	46 250	43 400	5 376	11.3	6.0	2 070	2.7	4.5	3 306	17.5	7.6
2014	96 020	48 615	47 405	6 520	21.3	6.8	2 191	5.9	4.5	4 329	30.9	9.1
2015	85 260	44 160	41 100	6 542	0.3	7.7	2 186	-0.2	5.0	4 355	0.6	10.6
2016	94 150	47 700	46 450	6 616	1.1	7.0	2 095	-4.2	4.4	4 521	3.8	9.7
2017	105 000	53 000	52 000	6 957	5.1	6.6	2 281	8.9	4.3	4 676	3.4	9.0

资料来源：根据商务部商务数据中心网站数据计算得出。

2. 服务出口远落后于货物出口

从出口绝对数值看，中国服务贸易落后于货物贸易，且二者差距有扩大的趋势。如表8-4数据所示，2000年货物出口额是服务出口额的8.28倍，2017年已扩大到10.08倍。从在世界贸易中所占比重看，2017年中国服务出口占世界服务出口总额的比重为4.3%，而货物出口占世界货物出口总额的比重为11.48%；从排名上看，2017年我国在世界服务出口中名列第5位，与货物出口居世界第1位相比亦有较大差距。2017年美国服务贸易出口总额为7 808亿美元，而我国仅为2 281亿美元，绝对差距非常显著。上述情况说明，中国服务出口对整体贸易的贡献较小，服务出口在增加外汇收入、平衡国际收支以及促进有形商品贸易发展等方面的作用，尚未充分发挥出来。服务出口水平的偏低，与国民经济发展和在全球货物贸易中的地位极不相称。

表8-4　2000—2017年中国服务出口额与货物出口额比较

年份	货物贸易出口额（亿美元）	服务贸易出口额（亿美元）	货物/服务
2000	2 492	301	8.28
2001	2 661	329	8.09
2002	3 256	394	8.26
2003	4 382	464	9.44
2004	5 933	621	9.56
2005	7 620	739	10.31

续表

年份	货物贸易出口额（亿美元）	服务贸易出口额（亿美元）	货物/服务
2006	9 690	914	10. 60
2007	12 205	1 216	10. 04
2008	14 307	1 465	9. 77
2009	12 016	1 286	9. 34
2010	15 778	1 702	9. 27
2011	18 984	1 821	10. 43
2012	20 488	1 905	10. 75
2013	22 090	2 106	10. 49
2014	23 427	2 191	9. 35
2015	22 749	2 186	9. 61
2016	20 981	2 095	9. 99
2017	22 635	2 281	10. 08

资料来源：商务部、统计局网站。

3. 服务出口规模小于服务进口规模

与中国货物贸易连年顺差态势形成鲜明对比的是，由于中国服务业基础相对薄弱，出口竞争力不强，我国服务贸易近些年来一直处于逆差状态。如表 8-5 数据显示，近年来我国服务贸易逆差呈逐年扩大趋势，尤其是 2009 年后，我国服务贸易逆差迅猛增长，2013 年逆差达 1 184. 6 亿美元，2014 年逆差达 1 599 亿美元。从逆差的来源构成看，逆差主要集中于旅游、运输服务、保险服务、专有权利使用费和特许费领域，2014 年逆差额分别为 1 078 亿美元、579 亿美元、179. 4 亿美元、219. 7 亿美元。旅游服务贸易从 2009 年由顺差转为逆差后，在短短五年时间内，逆差额迅速突破千亿美元。而咨询、建筑服务、计算机和信息服务是我国前三大顺差部门，2014 年顺差额分别为 166 亿美元、104. 9 亿美元和 98. 6 亿美元。2017 年我国服务贸易逆差继续扩大，达到 2 395 亿美元。其中，逆差最大部门依然是旅游服务，达到 2 161 亿美元。

表 8-5　1997—2017 年中国服务贸易差额　　单位：亿美元

项目	1997	2000	2003	2006	2009	2012	2013	2014	2015	2016	2017
总计	-32. 2	-57. 1	-84. 8	-89. 1	-295. 1	-897. 0	-1 184. 6	-1 599	-2 169	-2 426	-2 395
运输服务	-69. 9	-67. 3	-103. 3	-133. 5	-230. 1	-469. 5	-566. 8	-579	-469	-468	-558
旅游服务	39. 4	31. 2	22. 2	96. 3	-40. 3	-519. 5	-769. 2	-1 078	-2 048	-2 167	-2 161
通信服务	-0. 2	11. 0	2. 1	-0. 3	-0. 1	1. 4	0. 3	-4. 9	—	—	—
建筑服务	-6. 2	-3. 9	1. 1	7. 0	36. 0	86. 3	67. 7	104. 9	65	44	151
保险服务	-8. 7	-23. 6	-42. 5	-82. 8	-97. 1	-172. 7	-181	-179. 4	-38	-87	-64

续表

项目	1997	2000	2003	2006	2009	2012	2013	2014	2015	2016	2017
金融服务	-3.0	-0.2	-0.8	-7.5	-2.9	-0.4	-5.0	-9.0	-3	12	21
计算机和信息服务	-1.5	0.9	0.7	12.2	32.8	106.1	94.5	98.6	146	139	86
专有权利使用费和特许费	-4.9	-12.0	-34.4	-64.3	-106.4	-167.1	-201.5	-219.7	-209	-228	-238
咨询	-1.2	-2.8	-15.6	-5.6	52.1	134.3	169.5	166.0	—	—	—
广告、宣传	0.0	0.2	0.3	4.9	3.6	19.8	17.7	12.0	—	—	—
电影、音像	-0.3	-0.3	-0.4	0.2	-1.8	-4.3	-6.4	-7.2	-12	-14	-20
其他商业服务	24.3	9.7	85.9	84.3	59.2	88.6	195.5	97.4	189	145	186

注：遵循 WTO 有关服务贸易的定义，中国服务进出口数据不含政府服务。

资料来源：中国商务部，2015 年开始，商务部调整统计口径，如将“保险服务”改为“保险与养老金服务”，将“通信服务”与“计算机和信息服务”合并为“电信、计算机与信息服务”等。

4. 服务出口优势集中在传统领域

近年来，由于高科技产业、现代工业的迅猛发展，中国服务业内部结构发生巨大变化，行业范围不断扩大，但服务出口优势仍主要集中于三大传统领域，即旅游服务、运输服务和其他商业服务，2014 年三个项目出口额占中国服务出口总额的比重分别是 25.6%、17.7%和 15.5%。值得一提的是，咨询服务出口近年来增长迅速，2014 年在服务贸易出口中占 19.8%，成为继旅游服务之后我国第二大服务贸易部门。而金融、保险、通信服务等现代服务业的国际竞争力还很低，在服务出口中所占比重较小。在具有更高附加值的软件外包等国际服务项目外包市场上，我国企业所占份额很小。2015—2017 年，我国服务贸易出口依然集中在旅游、运输、其他商业服务等传统领域。我国服务出口还主要集中在劳动密集型部门和资源禀赋优势部门等传统服务业上，而在全球贸易量最大的技术密集和知识密集服务行业，我国仍处于初步发展阶段。

（二）中国发展服务出口的必要性

服务贸易发展水平是衡量一国对外贸易以及国民经济实力的重要标志。扩大服务出口，不仅有利于国民经济持续健康发展、促进产业结构调整，而且对于改善我国在国际分工中的地位，优化我国外贸整体结构，转变外贸增长方式，以及实现充分就业都具有重大意义。

1. 保持国民经济持续增长

出口对中国经济增长的贡献是一个不容忽视的重要因素。从出口与中国经济增长的相关性看，进一步扩大服务出口具有十分重要的意义。20 世纪 90 年代以来，在新科技革命的作用下，服务的可贸易性不断提高，各种服务业的市场不断形成，服务贸易已成为国际信息、技术、资本流动和再分配的渠道，是各国进行商品生产和销售，实现商品价值，进行扩大再生产的不可缺少的环节。尤其是一系列新兴服务业正在迅速崛起，成为各国国民经济发展的主要支柱和强大动力，知识型服务也将形成各国经济发展的新的增长点，对各国经济增长的贡献会越来越大。因此，对于中国来说，发展服务出口，积极参与国际服务市场竞争，其意义已远远超出了传统竞争所追求的目标，最根本的目的是要以此加快本国的产业升级和结构调整，推动自身的技术进步和结构优化，不断壮大信息产业及相关的新兴服务业，进一步提高自身的经济素质和国际竞争力，带动国民经济的持续增长。可见，发展服务贸易对于国民经济持续、快速、健康发展有着深远的意义，服务贸易市场是中国参与国际竞争的新焦点，中国应该重视发展服务出口。

2. 提高国际竞争能力

服务贸易构成一国的竞争优势，是衡量一个国家是否为贸易强国的重要标志。随着世界经济进入服务经济时代，国际市场竞争已从物质资源依赖型的货物贸易，向依靠智力资源的服务贸易转变。新科技革命所带动的新兴服务业的迅速发展，致使世界需求转向新的主导产业，对传统的主导产品的需求下降，大部分原材料和工业制成品处于国际买方市场，服务逐渐成为多数产品增值的主要来源，诸如金融、运输、通信、信息等生产性服务上升为服务贸易的主体。同时，在科技水平不断提高、竞争日益激烈的情况下，服务贸易可以改善和创造要素配置，为本国产业和企业提供低廉的有效服务，降低生产成本，提高产品在国内外市场的竞争力。可见，服务贸易不仅成为国际贸易越来越重要的领域，而且也成为一国国际竞争力强弱的一项标准，一国服务业和服务贸易的发展水平，对该国在国际经济生活中的参与程度和国际竞争力有着重大影响。因此，中国若要在国际市场新的竞争形势下取得对外贸易的竞争优势，就必须按照知识经济的要求，大力发展服务出口，尤其是知识技术型的服务出口，使外贸增长从传统的主要依靠物质资源投入的增长模式，转为主要依靠智力资源投入的增长模式。

3. 转变外贸出口增长方式

改革开放以来，中国货物出口迅速发展，已成为世界出口大国，但是外贸出口产品大多处于国际分工价值链的低端，土地、劳动力、资源等要素投入较多，产品技术含量和附加值低而出口效益不高的问题突出。国内能源和重要资源对经济增长的约束，决定了中国无法支撑一个高耗能、高投入、高污染、低效率、低产出、低质量的粗放式外贸增长方式。同时，国内发展与对外开放之间的不协调性越来越突出，这种粗放型的外贸出口增长方式造成中国贸易摩擦不断，出口产品遭遇大量反倾销和反补贴、技术性贸易壁垒等问题，严重影响出口贸易持续、健康、稳定发展。

判断一国对外贸易增长方式合理与否的关键，是看其是否与该国所面临的内外部条件相适应。从中国外贸增长所面临的资源、环境条件及国际背景来看，转变外贸出口增长方式已成为当务之急。因此，大力发展服务贸易，促进服务出口，扩大服务业对外开放，提高服务贸易在对外贸易中的比重是明确的发展目标。在稳定和拓展旅游、运输、劳务等传统服务出口的同时，必须努力扩大文化、中医药、软件和信息服务、商贸流通、金融保险等新兴服务出口。必须大力发展服务外包，建设若干服务外包基地。必须扩大金融、物流等服务业对外开放，稳步开放教育、医疗、体育等领域，引进优质资源，提高服务业国际化水平。

发展服务出口则是调整和优化出口结构，转变外贸出口增长方式的行之有效的战略措施。相对货物出口来说，服务出口需要的资源、土地等要素投入较少，而产品技术含量、附加值则相对较高，特别是文化、中医药、软件和信息服务、商贸流通、金融保险等新兴服务业领域。发展服务出口，提高服务贸易在对外贸易中的比重，可有效改变货物贸易与服务贸易发展不平衡的局面，对于转变外贸增长方式、缓解环境和资源压力、较少贸易摩擦、保证外贸出口的可持续发展具有重大的现实意义。

4. 缓解就业压力

中国人口众多，就业压力大将是长期面对的问题。扩大服务出口，无疑是解决劳动人口就业的重要途径。服务出口涉及的行业多，劳动密集、技术密集、智力密集的行业并存，可以吸纳不同层次、不同素质的劳动力就业，所以就业带动效应较大。特别是运输、旅游、其他商业服务等传统服务贸易出口项目多为劳动密集型行业，需要的劳动投入量则更多。另外，对外劳务输出、承包工程等服务出口也可以直接带来就业机会。因此，发展服务业扩大服务出口，对缓解就业压力、保持社会稳定具有决定性意义。

二、中国服务进口贸易

由于中国服务业发展相对落后，竞争力较弱，因此服务进口规模总体上超过服务出口规模。服务贸易自由化在给中国服务贸易发展带来机遇的同时，也带来一系列的压力和挑战。因此，我们必须稳步开放教育、医疗、体育等领域，引进优质资源，提高服务业国际化水平。提高服务贸易竞争力，缩小与发达国家的差距，从而最终改变在国际服务贸易中的不利地位，促进服务贸易的发展。

（一）服务进口贸易发展概况

1. 服务进口规模

20 世纪 80 年代中国服务进口贸易进展不大。据国家外汇管理局统计，中国服务进口 1982 年为 18.7 亿美元，1990 年增加到 41.1 亿美元，年均增长率为 10.9%，在世界服务总进口中所占比重为 0.49%，居第 32 位。

进入 20 世纪 90 年代，中国服务进口获得较快发展。服务进口额从 1991 年的 39.4 亿美元，扩大到 2014 年的 3 820 亿美元，增长了 96 倍。随着服务进口规模的不断扩大，中国在世界服务总进口中所占比重不断提升，2014 年占世界进口总额的比重为 8.1%，居全球第 2 位（见表 8-2）。2017 年中国服务进口总额为 4 676 亿美元，同比增长 3.4%。2017 年，中国服务进口比加入世界贸易组织时增长了 11 倍，占世界服务贸易进口总额的比重从 2.6%提升至 9%，位列全球第二位。中国服务进口对全球服务进口增长的贡献率达 25.8%。中国服务进口将为全球经济增长提供新动力，为世界带来“中国机遇”。

2. 服务进口结构

从中国服务进口结构看，传统行业进口持续增长，在服务贸易进口总额中占有较高份额，其中运输、旅游及其他商业服务三项占到了总进口份额的 70%以上。随着我国服务贸易的开放，近年来新兴领域的进口增长显著，其中咨询、广告宣传、保险服务、专有权使用费和特许费的增长较为迅速，服务进口结构逐步优化。

（二）入世与中国服务业的开放

2001 年年底，中国正式加入世界贸易组织，开始全面履行根据《服务贸易总协定》所作的承诺，逐步扩大服务市场的开放。作为一个服务业相对落后和服务贸易逆差的国家，服务市场的开放将产生重大影响。

1. 中国服务业的开放

服务业对外开放的实质是服务进口的扩大，具体包括两个层次：一个层次是允许外国服务产品的进口，另一个层次是给予外国服务提供者市场准入的权利。加入世贸组织前中国无论是对服务贸易的开放度，还是对外资的开放度都相对较低。外资进入中国服务业要面对外资准入资格、进入形式、股权比例和业务范围等较多的限制。

中国在申请恢复关贸总协定缔约国地位和加入世贸组织的过程中，服务业市场开放问题始终是谈判的焦点之一。1999 年 11 月和 2000 年 5 月，中美和中国与欧盟之间达成了关于中国加入世贸组织的双边协议，2001 年 11 月在多哈签署了《加入世界贸易组织议定书》，中国就服务业的对外开放做出了广泛的承诺，包括从跨境交付、境外消费、商业存在到自然人流动等方面，并拟定了开放时间表。据世界银行专家计算，中国对 142 种服务活动市场准入承诺的百分比达到 55%，除视听、邮政、通信、基础电信、运输服务等 46 个敏感部门，中国的承诺比例可达到 63%。与世贸组织 25 个发达经济体、77 个发展中经济体和 4 个转型经济体相比，从总体水平上看，中国对服务业的具体承诺与转型国家相似，明显高于发展中国家，而较低于发达国家。

加入世贸组织以来，中国根据开放服务市场方面所作的承诺，在修改和完善国内相关法律法规的基础上，加快了服务业对外开放的步伐。从中国服务业的开放程度看，现在已经接近发达国家水平，涵盖了《服务贸易总协定》12 个服务大类中的 10 个，涉及 160 个小类中的 100 个。包括银行、保险、证券、电信、分销等在内的服务贸易部门已全部向外资开放，占服务部门总数的 62.5%。同时，中国政府积极参与多哈发展议程的服务贸易谈判，对商业服务和交通运输两个大部门又做出了新的开放承诺，并在一些部门和领域进一步改善了现有的承诺。

综上所述，中国服务业的对外开放已由过去的个别领域、少数部门发展到了多领域、多部门，基本形成了服务业整体开放的新格局。开放的服务贸易领域，已经构成了中国多层次、全方位对外开放体系的有机组成部分。

2. 中国服务业开放的影响

加入世贸组织后，服务业市场的开放一方面将加快中国服务业的市场化进程，激励中国企业不断奋进，向更高的层次迈进；另一方面，由于服务业总体发展水平较低，大量国外先进服务企业的涌入必将对国内服务业产生巨大的冲击。

（1）积极影响。

加入世贸组织后，中国服务业的开放，不仅对服务贸易的发展，而且对整个国民经济的发展都具有积极的正面效应。① 对国民经济发展具有积极意义。促进国民经济的迅速发展。开放服务贸易市场，由于外资进入国内服务市场，可以对本国服务业起到示范作用并带来一定的竞争压力，加速形成服务业内部的竞争机制，促使中国服务业企业在良性刺激的竞争环境中提高服务水平和改造服务设施，为中国经济的发展带来巨大的促进作用。同时，通过服务业对外开放，可以引进国外先进技术与知识，促进技术和知识密集型服务业的建立和发展，不仅能创造要素禀赋，推动经济的增长，而且还能优化经济结构，缓解经济生活中的深层次矛盾，协调社会再生产过程，提高国家综合实力，对提高整个经济的运行效率和效益都具有举足轻重的作用。

优化国民经济结构。一方面，开放服务业，有利于中国在更深的层次上参与世界性经济结构的调整，促进改善本国的经济结构。服务业在经过半个世纪的大发展后，在经济全球化趋势的推动下，也在酝酿着世界范围的结构调整。放宽外资进入国内服务业的限制，有利于中国借助发达国家向海外转移劳动密集型、资本密集型服务业之机，吸引外国投资，改善服务业的内部结构。另一方面，通过服务业的开放，引进国外服务业的现代化理念、先进的经营管理经验、服务技术标准和技术手段，以及现代化的市场运作方式，以促进和培育服务业比较优势的形成，提高服务业的水平，从而带动整个经济结构的优化。

带动相关产业的发展。服务业的加快发展将为农业和工业提供优质高效的金融、市场、交通、信息等方面的服务，有利于提高中国所有物质生产部门的劳动生产率及其经济效益。需要特别指出的是，服务业和制造业已经进入关系密切和相互补充的阶段。服务和制造部门间复杂的相互作用决定了服务业的开放所带来的服务质量的提高，必然有利于制造业的进一步发展；当然，服务业竞争的加剧也将加剧与服务高度相关的制造业的竞争，因而服务业开放的作用与影响绝不仅限于服务业本身。

② 为服务业和服务贸易发展带来新的机遇。有利于中国服务业企业公平参与国际服务市场竞争。《服务贸易总协定》依据权利与义务平等的原则，要求各缔约方承担服务贸易自由化的义务。因此，中国在承诺国内服务贸易市场准入的前提下，可以依协定享受他国的无条件最惠国待遇和国民待遇，使中国服务贸易进入国际市场的机会不低于别国，在未来的竞争中就有可能公平地参与国际市场竞争，还可利用多边规则解决双边贸易摩擦，促进服务贸易的发展。

中国具有比较优势的服务业出口将得到更多的机会。中国服务贸易在劳动密集型、资源密集型的行业存在着比较优势，如对外工程承包及劳务输出、远洋运输服务、人造卫星发射服务，以及旅游服务等。服务贸易自由化将会带动上述服务业的进一步发展。因为通过开放国内服务市场可以换取其他国家对中国占优势的服务市场的进一步开放，中国的这些行业凭借已有的优势和今后的发展潜力，可以在进一步减少外国市场准入限制的条件下争取到更多的市场份额，为中国服务业打入国际市场提供新的机会。

有利于打破国内部分行业的垄断局面，增强国内服务市场的竞争性，提高服务质量和水平。放宽限制、开放市场是服务业发展的关键。加入世贸组织后，中国服务业部分行业的市场准入将不再受国内有关部门的控制，而是要执行中国政府对世贸组织的承诺，这将有利于打破国内部分行业的垄断局面，增强国内服务市场的竞争性，有利于国内行业学习国外先进经验，促使国内服务业提高服务质量和水平，从而进一步推动国内服务业的发展和国际竞争力的提高。同时，入世导致服务市场开放度加大，外资企业逐步进入中国市场，也会打破原有的行政性行业垄断，这将促使原垄断经营者逐步参与市场化竞争，改进旧的经营管理体制，提高企业资本运营效率。此外，外国服务业提供者进入中国市场后，带来的先进服务产品、服务理念与管理经验，将使国内服务业者在与外资服务业者的竞争与合作中，通过学习提高我国服务业的整体水平。

有利于引入新的服务种类。中国服务业的落后，在很大程度上表现为服务种类、品种的缺乏。在世贸组织划分的 142 个行业中，中国商业化的税务服务、民意测验服务、安全调查服务、信用查询与分析服务等行业，基本上处于空白状态。在许多行业具体的服务领域、服务品种也存在大量空白。服务市场的开放和外资的进入，将在相当程度上弥补国内服务业发展中的各种空白，使服务业得到全面的发展，满足国内经济发展和人民生活的各种需要，国内服务市场消费结构将发生变化。

（2）消极影响。

中国作为服务业起步较晚的发展中国家，在服务贸易自由化的进程中，将有可能付出较大的成本。也就是说，在享受世界服务贸易自由化机遇的同时，也面临着挑战。

① 对国内技术知识密集型服务部门的挑战。服务贸易自由化是大势所趋，中国将逐步开放国内服务市场。服务业是中国加入世贸组织面临压力最大的行业，尤其是技术知识密集型服务业的国际竞争力较低，基础落后，与发达国家有较大差距。而且有些行业是一直受到高保护的，国内市场是非完全竞争的，因而适应市场的能力和提高竞争优势的自身能力有限。这些部门的迅速开放不仅有可能导致服务贸易的大量逆差，且有可能导致中国在未来的国际分工中处于不利地位，甚至影响到国家的经济安全。如，中国对于外资金融机构的市场准入、经营地域、经营对象和经营业务一直有较多的限制，加入世贸组织后开放金融市场可能带来的潜在风险和弊端尚未充分显现，但可以肯定，金融业开放的潜在风险至少包括以下三个方面：债务风险；对本币的稳定产生影响；引入国际金融市场的波动。

技术知识密集型服务业对于中国来说还处于新兴阶段，它们的建立和发展需要有一定的时间来学习技能、降低成本、提高效率、形成竞争优势。服务贸易自由化后，我国新兴服务业必须与外国同类型成熟服务业进行竞争，可能给我国新兴高技术服务业的成长带来不利影响。

② 对服务管理体制及国家宏观调控能力的挑战。《服务贸易总协定》所要求的服务贸易自由化并不是直接针对私人的商业行为，而是针对各国政府的。它不仅对政府管理对外经济贸易的方式有严格约束，为政府与企业的关系提供某种规范，而且在贸易和投资市场准入的扩大方面，要求政府其他相关的管理权限和管理方式也要相应变化。《服务贸易总协定》所带来的制度传递效应，必将促进政府职能转变。因此，服务贸易自由化最大的成本在于政府的损失，在服务贸易自由化和服务业开放的进程中，政府将失去对许多服务部门的控制权。

加入世贸组织后，政府对服务贸易的管理将置于世贸组织的框架下，这要求政府必须改革原有管理体制，建立符合国际通行规则的新型的管理模式和措施。从实践看，处在经济转型期的中国对外服务贸易管理体制仍存在许多不足，如，中央与地方在服务业对外贸易政策和规章方面还存在着一定的差别，服务业多头管理等问题还没有完全解决；某些职能政府虽在履行，但力度不够，监管不到位；服务业的统计也不规范，在行业划分标准、服务标准等方面有许多不符合国际惯例，未形成健全的法制体系等。在新的管理体制尚未完全建立起来的条件下，目前的情况势必会影响政府的管理水平与管理效率，从而进一步影响到服务业的整体竞争力。

从宏观角度看，中国加入世贸组织及服务业开放所面临的巨大挑战是，能否尽快建立起一个符合国际通行规则的新型的服务贸易管理体制，以及政府职能的转换及管理能力的提升。只有这样，才能比较好地适应世贸组织的要求，在全球竞争中立于不败之地。

③ 对国有服务企业制度、经营机制、管理水平的挑战。中国服务业长期实行的是高度集中的计划管理体制和高度垄断的经营体制，过于封闭，缺乏竞争机制。改革开放以来，虽然国内服务业的经营和管理体制都发生了重大变化，但国有服务企业在市场经济体制下经营的时间很短，经营机制还不能完全适应市场经济的要求。如，至今还存在着企业产权结构不明晰、产权制度不合理、缺乏完善的激励和约束机制的情况；企业的销售管理、信息管理、财务管理、客户关系管理及商业智能管理等系统的发展和使用都需要进一步完善，缺乏对市场、资金流、物流的总体控制能力；加之技术装备有待提高、人员素质参差不齐、工资福利待遇达不到外资企业的水准等实际情况，决定了国有服务企业总体竞争力较弱。可以说相当一部分企业很难适应服务业开放竞争的环境。

从微观角度看，在服务贸易自由化进程中，外国服务提供者的冲击将会给正在进行改革的中国服务企业形成极大压力，一些行业的市场份额将被挤占，一些企业的生存将受到威胁，一部分优秀人才将会流向外资企业，一些领域将减少就业机会等。

三、中国服务贸易竞争力分析

随着服务贸易的快速发展和它在各国经济中重要性的日益提高，国际服务贸易市场的竞争日益加剧，因此，我国应正确认识和客观评价本国服务贸易的比较优势和国际竞争力。以下将在服务贸易总体和行业层次上选用贸易竞争力指数（TC 指数），对中国服务贸易竞争力状况进行定量分析，并对 2013 年中国服务贸易的竞争力与世界其他国家进行比较，对我国服务贸易的比较优势和国际市场竞争力进行定位。

（一）竞争力指数分析

服务贸易竞争力指数（TC），是表示一国进出口贸易的差额占其进出口贸易总额的比重，常用于测定一国某一产业的国际竞争力。该指标剔除了经济膨胀、通货膨胀等宏观方面波动的影响，即无论进出口的绝对量是多少，竞争力指数均在±1 之间：指数值越接近 0，表示竞争力越接近于平均水平；指数值越接近于 1，则竞争力越大；等于 1 时表示该产业只出口不进口；指数值越接近于-1，表示竞争力越薄弱；等于-1 表示该产业只进口，不出口。

从表 8-6 可以看出，从整体上来看，我国服务贸易竞争力较弱，中国服务贸易竞争力指数一直为负数，这表明中国服务贸易整体上处于比较劣势。

表 8-6　2001—2013 年中国服务贸易行业竞争力指数

行业	2001 年	2002 年	2003 年	2004 年	2005 年	2006 年	2007 年	2008 年	2009 年	2010 年	2011 年	2012 年	2013 年
总体	-0.08	-0.08	-0.08	-0.07	-0.05	-0.05	-0.03	-0.04	-0.10	-0.09	-0.13	-0.19	-0.22
运输	-0.42	-0.41	-0.40	-0.34	-0.29	-0.24	-0.16	-0.13	-0.33	-0.30	-0.39	-0.38	-0.43
旅游	0.12	0.14	0.07	0.15	0.15	0.17	0.11	0.06	-0.05	-0.09	-0.20	-0.34	-0.43
通信服务	-0.17	0.08	0.20	-0.03	-0.10	-0.02	0.04	0.02	-0.01	0.04	0.18	0.04	0.01

续表

行业	2001 年	2002 年	2003 年	2004 年	2005 年	2006 年	2007 年	2008 年	2009 年	2010 年	2011 年	2012 年	2013 年
建筑服务	-0. 01	0. 13	0. 04	0. 05	0. 23	0. 15	0. 30	0. 41	0. 23	0. 48	0. 60	0. 54	0. 47
保险服务	-0. 85	-0. 88	-0. 86	-0. 88	-0. 86	-0. 88	-0. 84	-0. 80	-0. 75	-0. 80	-0. 73	-0. 72	-0. 69
金融服务	0. 12	-0. 28	-0. 21	-0. 20	-0. 04	-0. 72	-0. 41	-0. 28	-0. 29	-0. 02	0. 06	-0. 01	-0. 08
计算机和信息服务	0. 14	-0. 30	0. 03	0. 13	0. 06	0. 26	0. 33	0. 33	0. 34	0. 51	0. 52	0. 58	0. 44
专有权利使用费和特许费	-0. 89	-0. 92	-0. 94	-0. 90	-0. 94	-0. 94	-0. 92	-0. 90	-0. 93	-0. 88	0. 90	-0. 89	-0. 92
咨询	-0. 26	-0. 34	-0. 22	-0. 20	-0. 07	-0. 03	0. 03	0. 15	0. 16	0. 20	0. 21	0. 25	0. 26
广告、宣传	-0. 04	-0. 03	0. 03	0. 10	0. 20	0. 20	0. 18	0. 06	0. 07	0. 17	0. 18	0. 26	0. 22
电影、音像	-0. 21	-0. 53	-0. 35	-0. 62	-0. 06	0. 06	0. 35	0. 24	-0. 05	-0. 50	-0. 53	-0. 62	-0. 69
其他商业服务	0. 12	0. 28	0. 40	0. 31	0. 28	0. 27	0. 19	0. 06	0. 14	0. 21	0. 28	0. 18	0. 32

资料来源：2001—2006 年数据来自商务部 2007 年《中国服务贸易发展报告》，2007 年后数据根据《2014 年度中国统计年鉴》计算得出。

从各个具体行业看，2001—2013 年中国服务贸易进出口结构不平衡，只有其他商业服务的贸易竞争力指数一直保持在正数状态，具有一定的竞争力；旅游在 2009 年前也一直保持着较强的竞争力，但在国际金融危机和欧债危机的影响下，发达国家赴中国旅游的人数和消费都有所下降，而我国居民赴境外旅游的人数和消费却在逐年增加，导致 2009 年以来旅游服务贸易的竞争力指数由正转负。随着我国政府对服务贸易的重视程度不断提升，建筑、计算机和信息服务的贸易竞争力不断得到提升，2011 年 TC 指数均已超过 0. 5，具有了较强的国际竞争力。而一向被认为属于劳动密集型的运输服务的贸易竞争力指数却一直呈负数状态。在保险、金融、专有权利使用费和特许费、咨询与电影音像等高附加值的服务贸易领域，贸易竞争力指数绝大多数为负数，反映出中国资本和技术密集型服务贸易的国际竞争力水平比较低，特别是专有权利使用费和特许费 10 年间的 TC 指数平均值超过-0. 90，反映该行业对进口的依赖很大。

（二）国际竞争力比较

2017 年，按各国服务贸易出口总额排名，中国列第 5 位，按服务贸易进口总额排名，中国列第 2 位。表 8-7 以 2017 年服务贸易额排名前 15 位的国家数据为依据，从服务出口额、服务进口额、服务出口占该国贸易出口总额的比重、服务出口占全球服务出口的比重等方面对中国与世界主要服务贸易大国和地区进行比较。

表 8-7 2017 年中国服务贸易国际竞争力比较

国家和地区	服务出口额（亿美元）	服务进口额（亿美元）	服务出口占该国贸易出口总额的比重（%）	服务出口占全球服务出口总额的比重（%）
美国	7 808	5 381	33.93	14.69
中国	2 281	4 676	9.33	4.20
德国	3 040	3 236	17.84	5.66
英国	3 506	2 149	45.01	6.57
法国	2 494	2 404	33.22	5.07
荷兰	2 183	2 108	29.48	4.01
爱尔兰	1 864	1 988	45.29	3.32
日本	1 847	1 908	21.30	3.43
印度	1 839	1 540	37.86	3.41
新加坡	1 646	1 707	30.15	3.18
比利时	1 188	1 166	28.26	2.21
意大利	1 107	1 149	18.34	2.05
瑞士	1 206	1 014	27.84	2.24
西班牙	1 390	762	30.65	2.55
韩国	874	1 219	13.10	1.61

资料来源：根据联合国贸发会议数据库数据整理得出。

2017 年，全球服务贸易出口额占货物与服务贸易出口总额的比重为 23.75%，而中国服务出口占贸易出口总额的比重仅为 9.33%，在 15 个经济体中居末位，不及世界平均水平的 1/2，不到美国的 1/3。英国、印度、爱尔兰、西班牙占比分别为 45.01%、37.86%、45.29%、30.65%，相当于中国的三四倍。

2017 年，中国服务贸易出口占全球服务贸易总出口的 4.2%，位居第五，而美国占全球的比重为 14.69%，是中国的 3.5 倍；英国、德国、法国占比均高于中国，说明中国与发达国家相比还存在很大差距。1985 年，中国服务贸易出口额占全球服务贸易出口总额的比重是 0.77%，说明 1985—2017 年，中国服务贸易出口额占全球的比例一直是稳步上升的，但由于基数小，所以即使有一定的增速，其份额仍与中国经济发展速度和中国整体的贸易地位不相匹配。

通过以上分析可知，中国服务贸易总体竞争力较弱，但相比之下，服务贸易在劳动密集型部门具有较强的国际竞争力，而资本技术密集型服务部门的出口竞争力极弱。中国应抓住产业革命和国际产业转移的趋势，积极推动服务业“走出去”，大力发展服务贸易。

第三节

中国服务贸易发展战略与措施

随着全球步入服务经济时代，服务业和服务贸易战略地位在各国经济社会发展中的地位越来越重要。党中央、国务院高度重视发展服务贸易，《中共中央国务院关于构建开放型经济新体制的若干意见》要求“提升服务贸易战略地位”。为落实国家“十三五”规划纲要，推动服务贸易迈向新台阶，商务部会同国务院服务贸易发展部际联席会议其他38个成员单位，联合编制了《服务贸易发展“十三五”规划》，于2017年3月2日正式发布。《服务贸易发展“十三五”规划》对“十三五”期间我国服务贸易发展的指导思想、基本原则、发展目标、战略任务及具体措施做出了明确规定。

一、发展理念

（一）坚持创新发展

全面贯彻创新驱动发展战略，积极推动服务贸易技术创新和商业模式创新。拓展服务贸易发展领域，提升传统服务的可贸易性。大力发展跨境电子商务、供应链管理、服务外包和众包等新型服务。推动服务业与制造业、服务贸易与货物贸易融合发展。加快形成人力资源、技术、品牌、知识产权、标准、市场网络等综合竞争新优势。

（二）坚持协调发展

注重服务贸易与服务业、货物贸易、国际投资合作协调发展，不断夯实服务贸易发展的产业基础和国际经贸合作基础。努力扩大服务出口，促进服务出口与进口协调发展，缓解服务贸易逆差。突出各地服务贸易优势和特色领域，着力培育服务贸易中心城市，带动各地服务贸易协调发展。推进服务贸易各领域协调发展，大力促进知识技术密集型服务出口，着力优化服务贸易结构。

（三）坚持绿色发展

把绿色发展理念贯穿服务贸易发展各领域、各环节。积极推进服务贸易数字化。鼓励服务贸易企业绿色采购和销售，推动服务贸易企业节能减排，大力发展绿色低碳型服务贸易。鼓励和推动绿色低碳型服务贸易企业国际化发展。

（四）坚持开放发展

推进服务领域有序开放，放宽投资准入，全面实行准入前国民待遇加负面清单管理模式，打破地区封锁和行业垄断，破除服务业发展的体制机制障碍。加强服务贸易领域多边、区域和双边合作，努力开拓国际市场。支持企业和公共服务机构走出去开展全球市场网络布局，积极利用自由贸易协定等加强重点国别市场的开拓。

（五）坚持共享发展

要牢固树立共享发展理念，充分发挥服务贸易对稳增长、扩就业的作用。支持电子商务、服务外包等领域创新创业。加快发展生活性服务贸易，着力提高养老、医疗、教育等与人民群众紧密相关的服务品质，增进社会福利。

二、发展目标

服务贸易大国地位进一步巩固，服务贸易强国建设加快。“十三五”期间力争服务贸易年均增速高于全球服务贸易平均增速。技术、知识密集型和高附加值服务出口占比持续提升，人力资源密集型和中国特色服务出口优势进一步巩固，服务贸易在开放型经济发展中的战略地位显著提升。

三、两大战略布局

统筹利用国际国内两个市场两种资源，着力优化境外市场布局、境内区域布局，形成内外联动、开放发展的服务贸易新格局。

（一）优化境内布局

围绕国家区域发展总体战略，打造北京、上海、广东服务贸易核心区和环渤海、长三角、珠三角服务贸易集聚圈，在此基础上积极发展“两横一纵”服务贸易辐射带，努力形成三核引领、区域集聚、纵横辐射、全面发展的服务贸易地域布局。

（二）优化境外布局

开拓“一带一路”沿线市场。进一步提升与港澳台服务贸易合作水平。加强与发达国家服务贸易合作。深化与周边国家服务贸易合作。加强与具有独特产业优势国家的服务贸易往来。积极发展与拉美服务贸易。以中非十大合作计划带动中非服务贸易发展。

四、六大战略任务

（一）完善发展体制

加快完善服务贸易管理协调机制，统筹服务业对内对外开放，促进产业政策、贸易政策、投资政策的良性互动。加快推进服务贸易创新发展试点，推进服务贸易领域供给侧结构性改革，探索适应服务贸易创新发展的管理体制、促进机制、政策体系、监管模式，打造服务贸易制度创新高地。

（二）优化行业结构

稳步提升传统服务出口，着力增强传统服务贸易国际竞争力。积极扩大新兴服务出口，培育服务贸易竞争新优势。继续提升服务进口质量，为促进重要服务进口创造便利化环境。

（三）壮大市场主体

打造影响力大、国际竞争力强的服务贸易领军企业，做强主业突出、国内领先的服务贸易企业中间梯队，积极扶持特色明显、善于创新的服务贸易中小型企业。

（四）培植创新动力

推动服务贸易交易模式创新，打造新型服务贸易促进和交易平台。加快服务贸易发展业态创新，积极培育新的增长点。

（五）扩大开放合作

积极推进对外开放，提升服务市场国际化新水平。积极稳妥“走出去”，拓展服务贸易发展新前沿。积极参与规则制定，主动融入国际服务贸易新格局。

（六）健全监督体系

创新监管举措，完善事中事后监管体系。加强信用监督体系建设，建立服务贸易市场主体信用评价体系及相应守信激励、失信惩戒机制。

五、五项保障措施

（一）优化营商环境

优化服务贸易法制化环境，推动服务领域市场化改革，激发市场主体活力，破除制约服务业发展的体制机制障碍。

（二）完善促进体系

完善服务贸易财税、金融、外汇、便利化等政策，健全服务贸易促进平台。

（三）健全合作机制

开展与主要服务贸易伙伴的对话与磋商，推动开展互利共赢合作，加快推进我国与自由贸易伙伴国之间的服务贸易自由化进程。

（四）强化人才支撑

创新服务贸易人才培养模式，加大人才培育与引进力度，加强服务贸易战略研究和智库建设，为服务贸易发展提供智力支撑。

（五）加强统计考核

完善统计体系，建立以服务贸易综合监管服务平台数据为基础、以各部门行业数据为参考、以重点领域调查为依托、以专家学者研判为补充的服务贸易统计分析体系。加强规划实施监督，分解任务、落实责任，强化考核评估。

第四节

中国服务贸易管理

由于服务贸易的标的具有无形性的特点，各国政府对本国服务业的保护，无法采取货物贸易上惯用的关税壁垒和非关税壁垒的办法，而只能采取在市场准入方面予以限制或进入市场后不给予国民待遇等方式，这种保护常以国内立法的形式加以施行。

一、服务贸易管理依据

中国目前没有统一调整服务贸易管理方面的基本法。对服务贸易管理的基本原则规定在《中华人民共和国对外贸易法》（以下简称《外贸法》）第四章“国际服务贸易”中，包括了服务贸易管理的原则、主管机构、禁止和限制服务贸易的范围和市场准入目录等总体要求。服务贸易市场准入的具体规定主要见于各服务行业的基本法律、法规和规章。

二、服务贸易管理体制

国务院商务主管部门和国务院其他有关部门，依照《外贸法》和其他有关法律、行政法规的规定，对国际服务贸易进行管理。商务部作为我国对外服务贸易归口协调管理部门，面对门类繁多的服务领域，其宏观管理主要表现为制定或参与制定相关贸易法律法规；拟订服务贸易发展规划、政策并组织实施；参加国际服务贸易的多双边谈判，对外协调与其他国家的关系并落实《服务贸易总协定》的有关条款；会同国务院其他有关部门，依照《外贸法》和其他有关法律、行政法规的规定，制定、调整并公布国际服务贸易市场准入目录，牵头承担服务贸易统计工作。

由于国际服务贸易涉及众多领域，因此，服务贸易管理在中国还由不同的具体行业管理部门进行。行业管理部门的管理主要侧重于：提出市场准入的行业方案，促进国内相关产业的发展，推动优势产业走向国际市场；按照中国有关法律、法规和达成的国际协议，对开放的服务贸易市场进行监督管理；统计和掌握国内服务贸易量的基本数据和服务贸易的市场状况等。

三、开展服务贸易的原则

（一）国民待遇与市场准入原则

《外贸法》规定，中国在国际服务贸易方面根据所缔结或者参加的国际条约、协定中所作的承诺，给予其他缔约方、参加方市场准入和国民待遇。就目前我国的实际情况，在服务贸易领域给予市场准入和国民待遇的情况主要有以下几个方面：

（1）根据加入世贸组织议定书和报告书的规定，给予世贸组织成员在服务贸易方面的市场准入和国民待遇。这方面的具体规定，主要见之于中国加入世贸组织议定书附件 9《中华人民共和国服务贸易具体承诺减让表》。

（2）根据中国与其他非世贸组织成员达成的双边经贸协定，而给予非世贸成员在服务贸易方面的市场准入和国民待遇。

（3）根据签订的自由贸易协定给予的市场准入和国民待遇。由于世贸组织规则允许在自由贸易协定或关税同盟的基础上给予特定国家或地区特别优惠，而不受最惠国待遇原则的约束，因此，我国在自由贸易协定的基础上给予有关缔约方的市场准入和国民待遇，可以区别于其他世贸组织成员。

（二）例外原则

根据世贸组织贸易自由化的原则，作为世贸组织成员不得任意对进出口实施限制，从而对他国形成不必要的壁垒。然而贸易自由化在特定的情况下有可能为一国的经济安全、国家安全带来某些弊端，甚至是危害。因此，《服务贸易总协定》又为其缔约方或成员方设计了一般例外和安全例外的条款，授权世贸组织成员可以在符合条件的情况下对贸易进行必要的限制或禁止。

1. 一般例外的规定

根据《服务贸易总协定》一般例外的规定，中国《外贸法》规定了世贸组织规则允许限制或禁止国际服务贸易的事项。国家基于下列原因，可以限制或者禁止有关的国际服务贸易：

（1）为维护国家安全、社会公共利益或者公共道德，需要限制或者禁止的；

（2）为保护人的健康或者安全，保护动物、植物的生命或者健康，保护环境，需要限制或者禁止的；

（3）为建立或者加快建立国内特定服务产业，需要限制的；

（4）为保障国家外汇收支平衡，需要限制的；

（5）依照法律、行政法规的规定，其他需要限制或者禁止的；

（6）根据我国缔结或者参加的国际条约、协定的规定，其他需要限制或者禁止的。

2. 安全例外的规定

在由主权国家组成的国际社会里，对一个国家来说，国家安全比经济利益重要得多。

因此，世贸组织在规定自由贸易原则的同时，规定了若干有关国家安全的例外。修改后的《外贸法》新增加了关于国际服务贸易安全例外的规定。

（1）对于两类特殊的服务贸易，即与军事有关的国际服务贸易，以及与裂变、聚变物质或者衍生此类物质的物质有关的服务贸易，国家可以采取任何必要的措施，维护国家安全。即国家可以基于安全利益的考虑而进行限制或禁止，无须考虑是否符合市场准入的承诺。

（2）在战时或者为维护国际和平与安全，国家在国际服务贸易方面可以采取任何必要的措施。即各国为维护国家或国际安全利益需要，可以采取任何必要措施，而不论是否背离世贸组织基本规则。

四、服务贸易统计管理

服务贸易统计是国家制定服务贸易政策以及科学发展服务贸易的重要基础性工作，制定服务贸易统计制度是大力发展服务贸易的必要条件。

（一）服务贸易统计管理依据

为了建立符合国际规范的中国服务贸易统计体系，科学、有效地开展服务贸易统计工作，为国家制定服务贸易政策提供数据信息服务，商务部和国家统计局遵循国际标准，并结合近年来我国服务贸易的发展情况和特点，以《外贸法》和《中华人民共和国统计法》及其实施细则为依据，于 2007 年 11 月联合制定发布了《国际服务贸易统计制度》（以下简称《统计制度》），于 2008 年 1 月 1 日起实施。2010 年，结合近年来我国服务贸易发展的实际情况和特点，商务部、国家统计局又对《统计制度》进行了修订，并于 2010 年 8 月 1 日起实施。

（二）服务贸易统计的基本任务

《统计制度》明确规定，服务贸易统计的基本任务是对我国国际服务贸易情况进行统计调查、统计分析，提供统计信息与咨询，实行统计监督。

（三）服务贸易统计范围和内容

《统计制度》采纳了联合国等六大国际组织共同编著的《国际服务贸易统计手册》中所建议的服务贸易统计基本框架。根据《国际服务贸易统计手册》的基本原则，遵循《服务贸易总协定》关于国际服务贸易的定义，《统计制度》规定：中国居民与非居民之间的服务贸易统计范围，包括作为中国境内服务贸易出口的中国居民对非居民提供的服务，以及作为中国境内服务贸易进口的中国居民从非居民处获得的服务；外国附属机构服务贸易统计范围，包括内向外国附属机构的服务贸易和外向外国附属机构的服务贸易两部分。《统计制度》所统计的服务贸易包括跨境提供、境外消费、商业存在和自然人移动等内容。同时，为结合中国的实际情况，中国的服务贸易统计细化了服务贸易的国别（地区）和省市分类，提供了交易性质、国别（地区）、省市等多维分组的国际收支项下服务贸易和外国附属机构服务贸易统计数据框架，从而满足了国际谈判与中国各级政府管理和决策的需要。

（四）服务贸易统计数据来源、报送和公布方式

《统计制度》规定中国服务贸易统计数据的来源分为两个主要渠道。一是服务贸易相关部门依照本部门职能分工向商务部提供相关数据，二是由各省（市、区）商务部门向商务部核转上报部分数据。由商务部负责全国服务贸易总体统计数据的汇总。

商务部负责中国服务贸易总体统计数据的发布。其中，以年度《中国服务贸易统计》报告形式公布服务贸易统计数据，以年度《中国服务贸易发展报告》形式公布中国服务贸易发展的总体情况。

复习思考题

1. 简述国际服务贸易概念、特点、方式和分类。
2. 国际服务贸易发展特点及其迅速发展的原因是什么？
3. 比较国际货物贸易壁垒与服务贸易壁垒的异同。
4. 《服务贸易总协定》的宗旨及主要原则是什么？
5. 中国服务贸易发展特点是什么？
6. 分析中国发展服务出口贸易的必要性及可能性。
7. 中国扩大服务出口应采取的措施是什么？
8. 分析并说明服务贸易自由化对中国的影响及对策。
9. 选用 TC、RCA、CA 和 NRCA 指数，以当年中国服务贸易数据，分析中国服务贸易竞争力的变化。
10. 中国服务贸易管理原则与措施是什么？
11. 简述我国国际服务贸易统计范围和内容。

本章关键词

国际服务贸易　服务出口　服务业开放　服务贸易管理

拓展阅读

第九章 对外贸易与国际直接投资

❖ 本章摘要及重点

本章主要内容：中国吸收外商直接投资和中国对外直接投资的发展概况；对外贸易与国际直接投资的关系；世界贸易组织《TRIMs 协议》与中国外资政策调整。

本章学习重点：探讨了国际直接投资与对外贸易之间的关系及其在中国的实践，中国加入世界贸易组织后吸收外商投资与对外直接投资的法律与制度方面的建设。

改革开放以来，利用外资成为我国对外开放的基本内容之一。利用外资，尤其是吸引外商直接投资，与对外贸易一起，构成了我国对外经济交往的主渠道，二者相辅相成，相互促进。随着中国加入世界贸易组织，我国改革开放与现代化进程进入新的发展阶段，我国利用外资也正从资本内流为主向"引进来"与"走出去"并举的模式转换。实施"走出去"战略，发展境外投资，是对外开放向纵深发展的重要步骤。可以说，中国对外贸易所取得的举世瞩目的成就与国际直接投资的快速发展有着直接而紧密的联系，国际直接投资已成为中国对外贸易发展的重要推动力量。

第一节

中国吸收外商直接投资概况

作为对外开放的重要内容，中国在利用外资方面取得了巨大的成绩。根据联合国贸发组织发布的《2012 年世界投资报告》中的数据，中国吸引外商直接投资已经连续 20 年居发展中国家首位，2009 年以来，中国吸收外商直接投资流量一直排在世界第二位。近年来，我国利用外资的结构也不断得到优化，高附加值、高新技术行业逐渐成为外商投资的热点领域。改革开放的实践证明，外资对促进国民经济发展、增强我国综合国力发挥了重要作用。

一、中国吸收外商直接投资的历程

从新中国成立至改革开放前，囿于当时的历史条件，我国利用外商直接投资基本上是空白；1978 年以来，积极利用外资成为我国改革开放的重要组成部分，外商对华直接投资从无到有，规模不断扩大。概括而言，改革开放以来，中国吸收外商直接投资的发展大致经历了以下几个发展阶段：1978—1987 年的起步阶段；1988—1995 年的稳步发展阶段；1996—2000 年的调整提高阶段；2001 年以来的稳健发展阶段。1988—1995 年，年均吸收外商直接投资的项目数为 31 091. 88 个，年均实际利用外资额为 155. 31 亿美元，2001—2015 年，年均吸收外商直接投资的项目数为 31 503. 13 个，年均实际利用外资额则达到 860. 88 亿美元。2016—2017 年，年均吸收外商直接投资项目 31 476 个，年均实际利用外资额为 2 570. 36 亿美元。1978—2015 年我国利用外商直接投资情况如表 9-1 所示。

表 9-1　1978—2015 年我国利用外商直接投资情况　　单位：亿美元

年度	外商投资项目累计（个）	年均项目数（个）	协议金额（亿美元）	年均协议规模（亿美元）	实际金额（亿美元）	年均实际规模（亿美元）
1978—1987 年	10 528	1 052. 8	231. 22	23. 12	106. 18	10. 62
1988—1995 年	248 735	31 091. 88	3 729. 92	466. 24	1 242. 5	155. 31
1996—2000 年	104 806	20 961. 2	2 802. 65	560. 53	2 135. 37	427. 07
2001—2013 年	422 194	32 476. 46	—	—	10 453. 46	804. 11
2014—2015 年	50 353	25 177	—	—	2 459. 72	1 229. 86
2016—2017 年	62 952	31 476	—	—	2 570. 36	1 285. 18

资料来源：根据历年《中国统计年鉴》及商务部统计数据计算而得。

（一）1978—1987 年的起步阶段

以 1979 年 7 月我国颁布《中华人民共和国中外合资经营企业法》为开端，以 1980 年中央先后批准广东、福建两省在对外经济活动中实行特殊政策和灵活措施，在深圳、珠海、汕头和厦门四个城市设立经济特区为契机，外商对华直接投资正式起步。1984 年以后，国家又先后开放了沿海 14 个港口城市和 13 个沿海经济开发区，对其利用外资实行优惠政策，同时采取了扩大地方外商投资审批权限等一系列有力措施，外商对华直接投资逐步发展起来。但由于 70 年代末 80 年代初正是我国实行改革开放的初期，投资环境不是很理想，在利用外资上也处于起步和摸索阶段，缺乏引资经验。因此，1978—1987 年，我国利用外资的规模不大，基本上处于起步状态。截至 1987 年年底，共批准设立了 10 528 家外商投资企业，合同投资金额为 231. 22 亿美元，实际利用外资额为 106. 18 亿美元。

（二）1988—1995 年的稳步发展阶段

1987 年以后，外商对华直接投资的环境得到进一步改善。1986 年 4 月，《中华人民共和国外资企业法》颁布，同年 10 月国务院又颁布了《关于鼓励外商投资的规定》及若干实施办法，改善了外商投资企业的生产经营条件，并对外商投资企业中的产品出口企业和先进技术企业给予更多优惠待遇。1987 年 12 月，国家有关部门制定了《指导吸收外商投资方向暂行规定及其目录》。1988 年 4 月，《中华人民共和国中外合作经营企业法》颁布，同年将辽东半岛、山东半岛及其他沿海地区的一些市、县相继辟为沿海经济开放区，批准海南建省及设立海南经济特区。1990 年，国家又决定开发和开放上海浦东新区。自 1992 年邓小平南方谈话以后，外商对华直接投资的发展步入快车道。由于国务院进一步开放了 6 个沿江港口城市、13 个内陆边境城市和 18 个内陆省会城市，我国出现了多层次、全方位、有重点的对外开放的新格局，我国利用外商直接投资无论是广度还是深度，均取得新的突破和重大进展。上述规定和一些重大政策与措施的出台，旨在框定一个适当的外资产业、地区投资范围和构筑一个较为宽松的外商直接投资环境，从而带来了外商对华直接投资的持续稳步发展。从 1988 年至 1995 年的 8 年间，共批准设立了 248 735 家外商投资企业，合同投资金额为 3 729. 92 亿美元，实际利用外资额为 1 242. 5 亿美元。按年平均指标衡量，1988 年至 1995 年外商投资的年均项目数是 1978 年至 1987 年的年均项目数的 29. 5

倍，年均协议投资金额是 1978 年至 1987 年的 20.1 倍，年均实际投资金额是 1978 年至 1987 年的 14.6 倍。

这一阶段，中国引进的外国直接投资呈现的特征有：投资规模急剧增加；投资来源迅速扩大，美国、欧盟等国的大型跨国公司纷纷涌入中国市场；外国直接投资的产业结构也开始呈现高级化发展趋势，外国直接投资对中国对外贸易增长的贡献日益突出。

（三）1996—2000 年的调整提高阶段

1995 年 6 月，国家计委、国家经贸委、外经贸部联合颁布《指导外商投资方向暂行规定》和《外商投资产业指导目录》。进入 1997 年，我国的引资工作遭遇极为严峻的挑战：一方面，亚洲金融危机爆发后，美欧资本向预期投资收益相对更高、更保险的发达国家及亚洲以外的区域转移；另一方面，我国不少周边国家（地区），包括受金融危机冲击较严重的国家（地区）为规避国际游资的危害，不约而同地将利用外资的重点转向吸收外商直接投资。此外，我国国有商业银行的巨额不良资产，中创、海发、广投等金融机构的相继破产，以及有增无减的“资本外流”现象，对我国吸收外资产生了不容忽视的影响。

这一时期，中国利用外资的重点开始由注重数量扩张转向注重质量提高。为此，中国利用外资的政策也做出了相应的调整，主要表现在：采取更加优惠的政策，扩大投资领域，允许外国投资者在金融、保险、商业、电信、教育等领域进行投资；鼓励外资企业在华设立研究与开发机构；合理引导投资流向，资金与技术密集型大型项目和基础设施项目不断增加；鼓励外资参与西部大开发，使中西部地区利用外资的落后状况有所改善；中国还对外商投资逐步实行国民待遇原则，对原有的利用外资的税收和外汇等方面的政策做了一些调整，更好地改善了投资环境。1996—2000 年的 5 年间，共批准设立了 104 806 家外商投资企业，合同投资金额为 2 802.65 亿美元，实际利用外资额为 2 135.37 亿美元。

这一阶段，中国吸引外资呈现的特征有：首先，外资的质量明显提高，资金的到位率也大幅度提高。从表 9-1 可以看出，在 1988—1995 年，外资的协议金额为 3 729.92 亿美元，实际利用外资金额为 1 242.5 亿美元，实际利用率仅为 33.3%；而 1996—2000 年，这一比例提高到 76.2%。其次，外国直接投资的地区分布和行业分布更加趋于合理，西部地区开始受到关注；投资来源更加广泛，欧美等发达国家的投资不断增加；中国在跨国公司全球战略体系中的地位进一步加强，已有不少跨国公司在北京、上海等地设立了地区总部。

（四）2001 年以来的稳健发展阶段

2001 年至今是中国吸收外商直接投资与国际接轨的阶段。按照世界贸易组织《与贸易有关的投资措施协议》和中国加入世贸组织的承诺，中国对《中华人民共和国中外合作经营企业法》《中华人民共和国中外合资经营企业法》和《中华人民共和国外资企业法》的部分内容进行了修订，取消了外汇自行平衡的限制、修改了国内采购比例的规定、取消了产品必须部分或全部外销的规定等，投资环境得到很大改善。虽然 2008 年金融危机导致世界经济增速放缓，随后的欧债危机又进一步恶化了国际投资环境，中国的外商直接投资却在这种不确定性中稳健发展，除个别年份实际利用外资额同比略有下降外，整体利用外资额一直稳步增长。2001—2015 年，我国共批准设立了 472 547 家外商投资企业，实际利用外资额为 12 913.18 亿美元。2016 年实际利用外资 1 230.01 亿美元，2017 年，实际利用外资额为 1 340.35 亿美元。截至 2017 年年底，我国共批准设立 900 165 家外商投资企业。

二、2001 年加入世贸组织后我国吸收外商直接投资的特点

（一）外商投资总量稳健增长的同时，单个项目的平均规模明显扩大

从表 9-2 可以看出，随着加入世贸组织后中国投资环境的改善，外商对华投资规模逐年扩大，呈现良好发展态势，实际利用外资额稳健增长。同时，我们也发现，年均批准设立的项目数没有显著增长，2006 年以后项目数还明显减少，基本维持在每年 20 000 多个项目的水平。在我国政府持续对利用外资的规模和结构进行宏观调控情况下，单个项目的平均规模明显扩大。1988—1995 年，年均吸收外商直接投资的项目数为 31 091.88 个，年均实际利用外资额为 155.31 亿美元。而 2001—2017 年，年均实际利用外资额则达到约 910 亿美元。

表 9-2　2001—2017 年我国利用外商直接投资情况

年份	项目数（个）	实际外资金额（亿美元）	实际外资金额增长率（%）
2001	26 139	468.78	15.14
2002	34 171	527.43	12.51
2003	41 081	535.05	1.44
2004	43 664	606.30	13.32
2005	44 001	603.25	-0.50
2006	41 485	630.21	4.47
2007	37 888	747.68	18.64
2008	27 514	923.95	23.58
2009	23 435	900.33	-2.56
2010	27 406	1 057.35	17.44
2011	27 712	1 160.11	9.72
2012	24 925	1 117.16	-3.70
2013	22 773	1 175.86	5.25
2014	23 778	1 195.62	1.77
2015	26 575	1 262.66	5.6
2016	27 900	1 260.01	-0.21
2017	35 652	1 310.35	3.99

资料来源：根据《2018 年中国外资统计公报》。

（二）外商直接投资产业结构逐步优化

进入新世纪的前 5 年，外商在华直接投资主要投向第二产业尤其是制造业，每年流入第二产业的外资占我国全年吸收外商直接投资额的 70%以上，其中 90%流入制造业，特别

是一般加工业和劳动力密集型制造业。导致中国制造业的许多产品相对过剩，而能源、重要原材料、农业和现代服务业投资明显偏低，一定程度上制约了我国产业结构的调整升级。2007 年 10 月国家发改委和商务部修订了《外商投资产业指导目录》，明确提出要大力推进产业结构优化升级，将现代农业、现代服务业和基础设施领域列入鼓励类。2010 年 4 月，国务院出台《关于进一步做好利用外资工作的若干意见》，鼓励外资投向高新技术产业、现代服务业和节能环保产业。从 2006 年开始，外商在第二产业的投资比重逐步降低，第一和第三产业投资比重逐渐上升。2007 年外商在第二产业的投资比重为 57.33%，2012 年这一比重下降为 49.96%，2015 年降到 32.16%，2017 年进一步降到 31.33%。

与此同时，第三产业吸收外资迅速上升，成为这一阶段外商在华直接投资的新亮点。外资涉足领域不断扩大，目前已涵盖《服务贸易总协定》12 大类中的 10 个大类，160 个小类中的 100 个，银行、保险、证券、电信、分销等部门均已经对外资开放。2011 年服务业利用外资额首次超过制造业，当年服务业实际利用外资 552.43 亿美元，制造业实际利用外资 521.01 亿美元，2012 年服务业实际利用外资 538.4 亿美元，而制造业实际利用外资 488.7 亿美元。2015 年服务业实际利用外资额达到 904.48 亿美元。2001—2015 年我国利用外商直接投资产业结构如表 9-3 所示。2016 年和 2017 年服务业实际利用外资额分别达到 838.91 亿美元和 889.12 亿美元，占比分别上升到 66.58% 和 67.85%。

表 9-3 2001—2017 年我国利用外商直接投资的产业结构 单位：亿美元

年份	实际利用外资总额	第一产业		第二产业		第三产业	
		金额	占比（%）	金额	占比（%）	金额	占比（%）
2001	468.78	9.00	1.92	347.98	74.23	111.57	23.80
2002	527.43	10.28	1.95	394.68	74.83	122.47	23.22
2003	535.05	10.01	1.87	397.11	74.22	127.93	23.91
2004	606.30	11.16	1.84	454.60	74.98	140.54	23.18
2005	603.25	7.18	1.19	446.92	74.09	149.12	24.72
2006	630.21	6.00	0.95	425.07	67.45	199.15	31.60
2007	747.68	9.24	1.24	428.61	57.33	309.83	41.44
2008	923.95	11.91	1.29	532.56	57.64	379.48	41.07
2009	900.33	14.29	1.59	500.76	55.62	385.28	42.79
2010	1 057.35	19.12	1.81	551.14	52.12	487.09	46.07
2011	1 160.11	20.09	1.73	587.59	50.65	552.43	47.62
2012	1 117.16	20.6	1.84	558.16	49.96	538.4	48.19
2013	1 175.86	18.0	1.53	495.69	42.16	662.17	56.31
2014	1 195.62	15.22	1.27	439.4	36.75	741.0	61.98
2015	1 355.77	15.34	1.13	435.95	32.16	904.48	66.71
2016	1 260.01	18.98	1.51	402.12	31.91	838.91	66.58
2017	1 310.35	10.75	0.82	410.48	31.33	889.12	67.85

资料来源：《中国统计年鉴 2018》。

（三）亚洲仍是我国吸收外商直接投资的最大来源地

这一时期的外资来源地继续扩展，来华投资的国家和地区已经超过 190 个，但仍以亚洲为最主要投资来源地。2017 年对中国实际投资额排名前列的国家和地区有新加坡、英属维尔京群岛、韩国、日本、美国、开曼群岛、荷兰、德国。外商直接投资的来源分布与我国自身经济发展水平和地缘因素有关。日本、韩国、新加坡等东亚国家和地区与我国的距离较近，文化差异较小，运输成本较低，更倾向于来我国投资，如表 9-4 所示。

表 9-4　2017 年中国利用外资国家/地区分析表

国家/地区	实际投资金额（亿美元）	占外资总额比重（%）
新加坡	47.63	3.5
英属维尔京群岛	39.91	2.9
韩国	36.72	2.7
日本	32.61	2.4
美国	26.49	1.9
开曼群岛	21.77	1.6
荷兰	21.74	1.6
德国	15.42	1.1
总计	1 205.1	88.3

资料来源：《2018 年中国外资统计公报》。

（四）外商独资作为中国吸收外资主要方式的地位得到进一步巩固

20 世纪 90 年代中期以前，由于我国相关法规的限制以及外商普遍持观望态度，外商投资主要采取合资和合作经营方式。外商采取这些方式的主旨在于利用中方优惠政策、公共关系、国内销售渠道等方面的优势，降低其在中国生产经营的风险。随着我国投资环境逐步完善，市场前景日趋看好，外商独资经营方式份额的增长速度开始加快，1997 年中国新批外商独资企业首次超过合资企业数，2000 年，外商独资企业实际投资额首次超过合资和合作企业投资额。2001 年加入世贸组织以来，外商以独资企业形式的对华投资额在整个对华投资额中的比重持续提高，2006 年这一比例为 72.73%，2012 年这一比例达到 81.65%。

外商选择独资化的经营方式，是跨国公司有效实现其全球战略的必然选择。跨国公司有效实施其全球战略的重要前提之一是要对其子公司进行有效的控制，确保母公司的经营战略能够有效地在东道国实施。与合资经营方式相比，外商独资经营企业是跨国公司全部拥有股权的企业，受其完全控制，它可以独立经营自己的业务，可以自主地决定企业的组织形式，可以自行聘用国内外职工，也可以按劳动合同规定解雇职工，可以大胆地投入尖端的技术和先进的设备，而不用担心这些高端技术会落入当地企业之手，可以抛弃传统的研究开发方式，在全球范围内建立起自己的全球研发网络。正是独资企业的这些优势才能够更有效地确保跨国公司实现其全球战略，因此独资成为跨国公司的首选也就不足为奇。另外，加入世界贸易组织后，中国逐步取消了外资在部分行业的股权限制，使外商独资经营成为可能，加之中国国内经济形势的稳定和投资环境的改善，大大降低了投资风险，增强了外国投资者的投资信心，使独资这种投资方式的优势得到充分发挥。

（五）跨国企业对华研发投资继续增长

自 20 世纪 90 年代以来，对华设立研发机构成为跨国公司对华投资的新动向，进入 21 世纪以来，这一趋势继续保持。截至 2015 年年底，外商在华设立的研发机构已经超过 2 400 家，主要来自美、日、德、法、加、荷等数十个高技术发达国家的跨国公司。行业集中在计算机、集成电路、家用电器、光纤电缆、移动通信、精细化工、汽车制造、生物医药等领域，以信息行业为主。投资地主要集中在以北京为中心的环渤海地区、以上海为中心的长三角地区和以深圳为中心的珠三角地区。

第二节

中国对外直接投资概况

对外直接投资作为中国企业参与国际竞争与合作的重要方式，是在 1978 年我国确立改革开放战略之后开始的。在改革开放的总方针指导下，1979 年国务院提出了 15 项经济改革措施，其中第 13 项明确提出“要出国开办企业”。这是中国第一次把对外直接投资作为政策正式确定下来。这项政策的确立，为我国企业跨国投资开辟了道路。1979 年 11 月，北京市友谊商业服务总公司同日本东京丸一商事株式会社合资在东京开办了“京和股份有限公司”，建立起中国对外开放第一家国外合资企业，拉开了中国企业对外直接投资跨国经营的序幕。

一、中国对外直接投资的发展历程

中国对外直接投资经历了一个从限制到鼓励、从无到有的发展过程。政府部门的鼓励和支持、国内及国际市场竞争的加剧以及企业自身发展的需要等因素使得中国对外直接投资经过多年的发展已初具规模。由 1979 年的 4 家企业发展到 2014 年的 18 500 家企业，投资额也由 1979 年的 0.01 亿美元增长到 2017 年的 1 582.88 亿美元，累计投资额达到 18 090.4 亿美元。从改革开放至今，中国对外直接投资可以划分为四个阶段。

（一）1979—1984 年的谨慎的国际化阶段

中国实行改革开放政策，对外直接投资被视为开放和参与全球经济一体化的途径之一。1979 年 8 月，国务院颁布了 15 项经济改革措施，第 13 项明确规定“允许出国办企业”，但须一律报请国务院审批。在这一方针推动下，一些长期从事进出口业务的专业外贸公司和具有对外经济合作经验的企业，凭借其丰富的涉外经验以及稳定的进出口渠道等优势，首先跨出国门到海外投资，在国外开设海外代表处或海外贸易公司。但由于改革开放初期，我国对外开放的重点是扩大出口和利用外资，因此这一时期参与对外直接投资活动的企业为数不多。1979—1984 年，我国企业在国外投资兴办非贸易性企业 113 家，总投资额 1 亿多美元。对外投资主体主要是中央和地方外贸专业公司、省市国际经济合作公司，如中国化工进出口公司、中国五金矿产进出口总公司等。投资领域主要集中在餐饮、承包建筑工程、咨询服务、贸易等服务行业。投资区位也主要分布在港澳地区和周边发展中国家。

（二）1985—1991 年的放松限制起步阶段

这一时期，政府开始放松限制性规定，鼓励更多企业到海外设立分支机构。以 1985 年颁布的《关于在国外开设非贸易性合资经营企业的审批程序和管理办法》为代表，相关政策法规开始放松对对外投资主体范围的限制，并尝试简化对外投资的审批程序。一些有实力的大型生产企业和综合型国际信托投资公司等非贸易性企业开始加入对外直接投资行列，100 万美元以下的一般性投资项目可以由省、市、自治区的人民政府和国务院各部委直接审批。

在利好政策的影响下，1985—1987 年，我国出现了第一次对外直接投资高潮。1985—1991 年，我国新增海外投资的非贸易性企业 895 家，协议投资总额 12.68 亿美元。投资主体向大中型生产企业和综合金融企业扩展，如首都钢铁公司、中国国际信托投资公司等。投资领域逐步向资源开发、制造加工、交通运输等 20 多个行业延伸，投资区位开始扩展到部分发达国家。

（三）1992—1998 年的稳步调整、积极推进阶段

受邓小平南方谈话以及企业国际化被纳入国家经济发展战略的激励，全国各级部门纷纷推动自己所属企业的国际化进程。但与此同时，也有一些境外投资企业由于盲目发展而导致效益低下，甚至出现持续亏损。还有的企业以开展跨国经营为借口，大肆抽逃资金，中国的对外直接投资有进入无序状态的危险。因此，1993 年，国务院颁发了《关于暂停收购境外企业和进一步加强境外投资管理的通知》，并要求对境外投资企业进行清理整顿，对新设境外企业实施严格的审批登记制度，对原有的境外企业进行重新登记。随着国家对企业对外直接投资审批的加强，对外直接投资规模在一定程度上有所回落。

1997 年党的十五大明确提出“鼓励能够发挥我国比较优势的对外投资，更好地利用国内国外两个市场、两种资源”的战略方针，中国对外直接投资开始恢复增长。1992—1998 年，中国新增非贸易性海外投资 11.89 亿美元。

（四）1999 年至今的加速发展阶段

1998 年十五届二中全会明确指出，在积极扩大出口的同时，要有领导、有步骤地组织和支持一批有实力有优势的国有企业走出去，到国外主要是到非洲、中亚、中东、中欧、南美等地投资办厂。1999 年 4 月国务院办公厅转发的外经贸部、国家经贸委、财政部《关于鼓励企业开展境外带料加工装配业务意见的通知》，规范了中国境外加工贸易的发展，为我国企业到境外投资办厂，开展境外加工贸易提供一系列的优惠政策。2000 年，党的十五届五中全会正式提出“走出去”的开放战略，指出“既要对外开放我们的市场，同时也要开拓国际市场”。党的十六大报告又进一步指出，要坚持“引进来”和“走出去”相结合，全面提高对外开放水平，在更大范围、更广领域和更高层次上参与国际经济技术合作和竞争。

2001 年，中国加入世界贸易组织。外部制度变迁推动中国进一步提高对外开放水平，中国的对外直接投资面临更为宽松的国内和国际环境，再加上政府的鼓励和支持以及企业自身发展的需要等因素，我国对外直接投资继续保持快速、健康发展的势头。同样在 2001 年，“走出去”战略被正式写入国家“十五”计划。实施“走出去”战略的核心内容是：国家鼓励各类有条件的国内企业，积极地以不同形式“走出去”，开展战略资源开发和能够发挥我国比较优势的对外投资，开拓市场，扩大工程承包和劳务合作，带动产品、设备和技术出口，弥补国内资源不足，促进经济结构调整，拓展我国经济发展的空间，同时发展我国具有国际竞争力的跨国公司。“走出去”战略的实施，是为了适应经济全球化趋势和世界经济结构加快重组的新形势，在更大的范围内和更高的层次上发展开放型经济。

为了推进对外投资便利化进程，2003 年商务部先后下发了《关于境外投资开办企业核准事项的规定》《关于内地企业赴香港、澳门特别行政区投资开办企业核准事项的规定》等，下放了境外投资核准权限，简化手续，为企业境外投资创造了良好的服务环境。与此同时，还分别于 2004 年、2005 年和 2007 年发布了《对外投资国别产业导向目录（一）》《对外投资国别产业导向目录（二）》和《对外投资国别产业导向目录（三）》，以鼓励和引导我国企业有针对性地开展对外投资活动。2006 年我国还开创了政府主导下的“境外经贸合作区”这一全新的境外投资合作模式。目前，我国已经在 14 个国家建立了 16 个境外经贸合作区。政府提供信贷支持、税收优惠、信息服务、人员培训、保险、政策协调等一系列扶持措施，为我国企业走出去扫清了障碍。[①] 2009 年，为加快实施“走出去”战略，支持我国企业积极稳妥开展对外投资合作，为企业跨国经营提供更加全面、权威的信息服务，商务部发布了《对外投资合作国别（地区）指南》。国家“十二五”规划中继续强调利用外资和对外投资并重，要求加快实施“走出去”战略。

这些举措有利促进了企业的对外直接投资活动，这一阶段中国的对外直接投资开始进入迅猛增长期。中国商务部、国家统计局和外汇管理局联合发布的《2015 年度中国对外直接投资统计公报》显示，截至 2015 年年底，中国 2.02 万家境内投资者已在境外设立企业 3.08 万家，分布在全球 188 个国家（地区），年末境外企业资产总额 4.37 万亿美元。对外直接投资累计净额（以下简称存量）达 10 978.6 亿美元。中国对外直接投资流量由

① 商务部网站，2012 年 10 月 5 日。

2002 年的 25.2 亿美元扩大到 2015 年的 1 456.7 亿美元。中国在全球直接投资国家（地区）流量和存量的排名，分别从 2002 年的第 25 位和第 24 位，上升到 2015 年的第 2 位和第 8 位，截至 2017 年年底，中国 2.55 万家境内投资者在境外共设立对外直接投资企业 3.92 万家，分布在全球 189 个国家（地区），年末境外企业资产总额 6 万亿美元，对外直接投资累计净额达 18 090.4 亿美元。如表 9-5 所示。

表 9-5　1999—2017 年中国对外直接投资状况

年份	当年设立企业数（家）	当年投资额（亿美元）	累计境外企业数（家）	累计投资额（亿美元）
1999	220	5.91	2 616	31.74
2000	243	5.51	2 859	37.25
2001	232	7.80	3 091	43.33
2002	350	25.2	6 960	299.0
2003	—	28.5	—	332.0
2004	5 163	55.0	—	448.0
2005	6 426	122.6	—	572.0
2006	5 000 多	211.6	10 000	906.3
2007	7 000	265.1	10 000	1 179.1
2008	8 557	559.1	12 000	1 839.7
2009	12 072	565.3	13 000	2 457.5
2010	13 000	688.1	16 107	3 172.1
2011	13 500	746.5	18 000	4 247.8
2012	16 000	878.0	22 000	5 319.4
2013	15 300	1 078.4	25 400	6 604.8
2014	18 500	1 231.2	29 700	8 826.4
2015	20 200	1 456.7	30 800	10 978.6
2016	24 400	1 961.5	37 200	13 573.9
2017	25 500	1 582.9	39 200	18 090.4

注：这一时期中国对外直接投资统计口径有重大调整，2003 年以前数据为商务部核准或登记备案数据，2003 年开始企业按照《对外直接投资统计制度》的要求报送对外直接投资统计数据。其中，2003—2005 年数据为非金融类对外直接投资数据，2006 年及以后为全口径对外直接投资统计数据。

数据来源：2003 年以前数据来自《中国对外经济贸易年鉴》（2000—2003），中国对外经济贸易出版社。2003 年及以后数据来自商务部各期《中国对外直接投资统计公报》。

二、中国对外直接投资的特点

（一）中国对外直接投资的行业结构特征

1. 第三产业成为我国对外直接投资的主力军

截至 2017 年年末，第三产业在我国对外直接投资存量中所占比例达到 79.2%，第二产业投资额仅占 19.9%，第一产业投资存量则为 0.9%。我国对外直接投资存量主要分布在第三产业的租赁和商务服务业、金融业、批发和零售业等领域。三大产业在存量中的比例分布近年来一直保持稳定。

2. 第三产业境内投资者以及新设境外企业数量增长迅速

2006 年我国参与对外直接投资的境内投资者中，第二产业投资者占比为 65.4%，企业数量是第三产业企业数量的一倍多。但到了 2009 年，第三产业参与对外直接投资的企业数量就超过了第二产业，4 年间企业数量增加了 5 480 家。而第一产业的投资者占比则基本维持在 5%以内。从所设立的境外企业数量角度来看，结论基本一致。截至 2016 年，第三产业企业占境外企业总数的 62.8%，从事第二产业的企业占 32.5%，从事第一产业的企业占 4.7%。

3. 我国对主要经济体投资的行业分布具有较高的聚集度

我国对外投资的行业分布聚集性高。2016 年从中国境外企业分布的主要行业情况看，批发和零售业、制造业、租赁和商务服务业依然是境外企业最为聚集的行业，累计数量超过 23 000 万家，占境外企业总数的 62.7%。其中批发和零售业超过 10 000 万家，占中国境外企业总数的 28.7%；制造业 7 700 多家，占 20.8%；租赁和商务服务业近 4 900 家，占 13.2%；建筑业占 6.4%；信息传输/软件和信息技术服务业占 4.7%；农/林/牧/渔业占 4.7%；科学研究和技术服务业占 4.3%；采矿业占 4.1%；交通运输/仓储和邮政业占 2.7%；居民服务/修理和其他服务业占 2.5%；房地产业占 2.4%；金融业占 1.3%。

（二）中国对外直接投资的主体特征

1. 中国对外直接投资境内参与主体的行业分布较狭窄

从 2014 年年末对外直接投资存量境内行业分布数据可以看到，中国境内对外投资主体十分集中，企业行业分布狭窄，仅制造业、批发零售业以及租赁与商务服务业三个行业的企业数就占了对外投资企业总数的 75.69%。从行业技术特征上看，这些企业多集中在劳动密集型产业和资本密集型产业，如纺织服装、鞋帽、电子电器设备制造等，技术密集型产业所占比例较少。2016 年批发业和零售业、制造业、租赁和商务服务业依然是境外企业最为集中的行业，累计超过 2.3 万家，占境外企业总数的 62.7%。

2. 对外直接投资境内参与主体构成不平衡

从所有制角度看，中国民营企业对外直接投资主体所占比例相当低。这个特点从中国开始对外直接投资到目前一直没有较大改变。截至 2014 年年末，对外直接投资存量中，国有与集体企业对外直接投资所占比例为 53.7%，而私营企业对外直接投资存量只有

1.6%。2016年以来，在对外非金融类直接投资11 800.5亿美元存量中，国有企业占54.3%，其中私营企业占8.7%。

从境内不同类型对外投资主体实现的对外投资额来看，国有企业尤其是中央所属国有及国有控股企业，完成的对外投资仍占中国全部对外直接投资的绝大部分比例。仅就非金融类投资金额计算，2003年中央所属企业实现的对外直接投资流量和存量，分别占中国全部流量和存量的73.5%和85.5%，到2016年这两项指标虽有所下降，但仍分别占54.3%和68%。由此可以看出，我国的对外直接投资表现出明显有别于其他发展中国家（地区）的、以实现国家或民族利益为主要动机的“政府推动型”增长特征。

3. 对外直接投资境内主体的区域分布差异显著

从中国对外直接投资境内参与企业的地区分布上看，中国参与对外直接投资的企业主要集中在东部沿海地区，且自东向西依次呈梯度下降。东部沿海地区企业对外直接投资占2014年地方对外直接投资流量的81.8%。中部地区6个省份占地方对外直接投资流量的6.3%，西部地区12个省份仅占11.9%。中西部地区合计对外直接投资仅占18.2%，尚不足1/4。2016年年末，地方企业对外非金融类直接投资存量达到5 240.5亿美元，占全国非金融类存量的44.4%，较上年增加7.7个百分点。其中东部地区4 232.9亿美元，占80.7%；西部地区428.1亿美元，占8.2%；中部地区356亿美元，占6.8%，中西部地区合计对外直接投资仅占15%。

从母公司所在省份看，浙江、江苏、山东、广东等沿海省份是主要的对外直接投资来源地，这与这些省份经济相对发达有关。此外，另一个可能的原因是由于外资在我国主要集中于沿海地区，这些省份的企业有更多机会接触跨国企业及其先进的投资理念。它们不仅比内地企业具有更强的竞争力，也积累了更丰富的海外关系资源，因而更有优势走出去。

4. 对外直接投资主体的总体投资规模小，国际化程度不高

相比投资存量而言，2014年国有企业在境外设立企业的数量只占总企业数的15%。从境内投资者数量角度看，2014年29 699家境内投资者中，国有企业占6.7%，而私营企业占8.2%。2016年以来，中国对外直接投资者2.44万家，国有企业占5.2%，较上年下降0.6%，私营企业占26.2%。数量与投资额的巨大反差恰恰印证了国有企业与私营企业在对外直接投资中相差甚远的投资实力。

根据中国贸促会发布的《2010中国企业对外投资现状及意向调查报告》对1 377家企业进行的海外投资现状的问卷调查，其中参与对外直接投资的企业有344家，比例约为25%。在进行对外直接投资的企业中，61%的企业对外直接投资规模小于100万美元，20%的企业投资规模在100万~500万美元，金额在500万~1 000万美元和1 000万~1亿美元的企业各占12%和6%，超过1亿美元的仅为1%，反映出企业总体投资规模偏小的特点。

该调查报告还尝试对样本企业的跨国经营程度进行衡量。其计算结果显示：受访企业海外资产占总资产比例为22.7%，受访企业海外销售收入占总收入的比例为21.9%，反映地理分布多样化程度的网络分布指数为2.15。而根据联合国贸发会议的数据，世

界跨国公司经营指数 TNI 值大多数在 50%以上。[①] 发达国家跨国公司大都在 60 个左右国家经营，发展中国家的大型跨国公司一般在 11 个左右。与此进行对比，我国企业的跨国经营程度只有 20%左右，而对外投资的国家数平均仅为两三个，国际化水平远远低于国际平均水平。

（三）中国对外直接投资的地区分布特征分析

随着中国对外投资规模的扩大，投资的地理分布也日趋广泛。从国别（地区）覆盖率变化来看，2003—2015 年中国在世界六大洲的投资国别（地区）覆盖率均有不同程度提高，使得中国对外直接投资在全球的整体国别（地区）覆盖率，从 2003 年的 60%上升到 2014 年的 79.8%。但从投资金额的地理分布来看，中国投资的地域分布却具有显著的有别于发展中国家对外直接投资地理分布规律的特征。

1. 中国对外直接投资主要投向具有国际“避税地”属性的开曼群岛和英属维尔京群岛

根据商务部 2016 年对外直接投资统计公报，截至 2016 年年末，在我国 13 573.9 亿美元对外直接投资存量中，英属维尔京群岛占 6.5%，开曼群岛占 7.7%。

2. 中国对外直接投资的路径经历了从发达国家向发展中国家的转变

在 1995 年之前，中国的直接投资都高度集中于发达国家。具体来看，1979—1990 年，中国对外直接投资流量的 67%以上进入了发达国家，而发展中国家只获得了 33%。美国、加拿大和澳大利亚三个发达国家在 1979—1990 年吸纳了中国 63%的直接投资。其中澳大利亚最多，占中国对外直接投资额的 30%。从 1979 年到 1998 年，中国对发达国家的直接投资总体上超过对发展中国家的投资，如果不考虑对三大避税地的投资，中国对发达国家的直接投资比例更高。从 1999 年开始，中国对发展中国家和地区的投资首次超过对发达国家和地区的投资，并开始快速增长。这一现象与中国开始更加注重增强在发展中国家中的经济政治影响力是一致的。

---

① 跨国经营指数（Tran Nationality Index，简称 TNI）是联合国贸发会议采用的计算企业跨国经营程度的一种方法，其数值系一家企业的国外资产比重、对外销售比重和国外雇员比重这几个参数的算术平均值。跨国经营指数可以衡量一个跨国公司对国外资产、国外销售和国外雇员的依赖程度。跨国程度指数高，表明海外企业相对于母国企业，在跨国公司中的地位更重要；跨国程度指数低，表明这个公司虽然也有海外投资企业，但对母国的资产、市场和雇员依赖性更大。TNI 用公式表示如下：

$$TNI=(\text{国外资产}/\text{总资产}+\text{国外销售收入}/\text{总销售收入}+\text{国外雇员数}/\text{雇员总数})\div 3\times 100\%$$

第三节

对外贸易与国际直接投资的关系

对外贸易与外国直接投资是发展中国家对外经济活动的两大支柱，二者对国内经济的影响在有些方面类似，但二者对经济的作用点、作用方式、作用力度存在很大差别。众多的研究成果从不同的角度、运用不同的理论框架和分析工具探索对外贸易与外国直接投资的关系，得出的结论各异，但至少在一点上可以达成共识：对外贸易与外国直接投资虽然是两种不同形式、不同内容的对外经济活动，但彼此不是独立的，二者之间存在很强的相关性。

一、对外贸易与国际直接投资相互关系的理论溯源

在传统国际贸易理论框架下，国与国之间的商品贸易不存在障碍，无贸易壁垒，生产要素在各国内部可充分自由流动，一国出口较密集地使用其丰裕生产要素制造的商品，进口较密集地使用其稀缺生产要素制造的商品，从而达到资源上的优势互补，实现国际生产要素价格均等化。均衡的价格比率使厂商没有必要进行生产要素的直接跨国流动，即无资本流动。传统国际贸易理论没有给国际直接投资理论留下任何生长空间。

但是，若一国存在国际贸易的壁垒，使出口国成本递增，而进口国的该商品价格上升，从而刺激生产，使得进口国的生产要素报酬率提升，投资便会替代贸易。

早在 1957 年，蒙代尔（Mundell）就提出了著名的贸易与投资替代模型理论。该理论是建立在两个产品和两种生产要素的标准国际贸易模型基础之上的。利用标准的国际贸易模型，他考察了贸易和投资相互替代的两种极端情况，即禁止性投资如何刺激贸易，即禁止性贸易如何刺激投资。在生产要素不能在两个国家之间自由流动，而同时又不存在任何贸易障碍的情况下，只要存在资源禀赋的相对差异，两个国家之间就必然会发生贸易，贸易的结果会达到均衡并实现商品价格进而是要素价格的均等。假如由于某种外部原因使得资本在两个国家之间的流动障碍全部消除，但同时存在贸易障碍，这必然引起资本边际收益的差异，资本的国际流动就必然会产生。资本的流动同样会达到均衡并导致资本要素价格和商品价格的均等化。因此，蒙代尔实际上是使用要素比例理论解释商品的国际流动。由于贸易障碍会对两个国家之间的资本边际收益产生影响，因此贸易障碍在一定条件下会导致资本的国际流动或直接投资。由于这种投资的目的是为了绕过关税壁垒以便克服贸易障碍对资本效率的抵消作用，因此一般被称为关税引致的投资。

蒙代尔贸易与投资替代模型的理论框架非常完美，论证推理严密，但是它却是必须在满足一系列的严格假设的理论前提下才得以成立的。在现实经济中，尽管这种直接投资对国际贸易的替代现象确实存在，然而其替代的程度却跟蒙代尔模型相距甚远。

首先对蒙代尔的贸易与投资替代模型提出挑战的是日本一桥大学的小岛清（Koyimo）

教授。20 世纪 70 年代后期到 80 年代中期，小岛清发表了国际直接投资和国际贸易方面的大量论著，他强调了国际分工原则的重要作用，认为国际分工既能解释国际贸易，也能解释国际直接投资，因此国际直接投资和国际贸易可以统一在国际分工原则的基础上。

与蒙代尔一样，小岛清的边际产业扩张理论（亦称切合比较优势原理）也继承了赫克歇尔-俄林理论的传统，不同在于，他还引入了宏观经济因素来分析国际直接投资。他把赫克歇尔-俄林模型中的劳动和资本要素用劳动和经营资源来替代，资本的范围扩大到包含资产、技术和人力资本等要素。使国际直接投资不再是简单的资本流动，而是包括资本、技术、经营管理和人力资本的总体转移。他认为，各国的劳动与经营资源的比率存在差异，这种差异导致了比较成本的差异，比较成本的差异使比较利润率出现差异，因此，对外贸易和对外投资可以建立在比较成本和比较利润率的基础之上。

依据这一原理，一国应大力发展拥有比较优势的产业，并出口该产业生产的产品，同时，缩减比较劣势的产业，进口该产业的产品，这样可以获得贸易利益。并结合日本的实践经验，小岛清提出投资国的对外直接投资应从本国比较优势小或已处于比较劣势的边际产业开始依次进行：由于这些产业与东道国的技术差距较小，技术就容易为东道国所吸收和普及，进而就可以把东道国潜在的比较优势挖掘出来；通过产业转移，投资国可以集中力量创造和开发出新的技术和比较优势，使两国间的比较成本差距扩大，为更大规模的贸易创造条件。由此可见，国际直接投资并不是对国际贸易的简单替代，而是存在着一定程度上的互补关系；在许多情况下，国际直接投资可以创造和扩大对外贸易。

无论是蒙代尔的贸易与投资替代模型，还是小岛清的互补模型，都是从传统理论的分析框架上衍生出来的，并没有经过实证的检验。这既有统计数据残缺不全的限制，也有统计方法与工具上的限制。

20 世纪 80 年代以来，贸易和直接投资的实证研究取得了突破性进展。研究结果表明，战后的资本流动，尤其是国际直接投资的迅速增加，并没有影响到国际贸易的发展；相反，大量的经验统计显示，贸易与直接投资是互相促进、互相补充的。

李普西和韦斯（Lipsey and Weiss）研究了 20 世纪 70 年代美国跨国企业在发展中国家所设立的子公司的生产和出口行为。他们选取了一系列样本商品作为研究对象，发现这些子公司的相应产品的年产量，与美国同年向这些发展中国家出口的同一商品的出口总量呈显著正相关。李普西等的进一步研究还发现，对外贸易与贸易的这种正相关或不相关广泛存在于美国近 80%的产业部门中。也就是说，美国的对外直接投资对同行业的国际贸易更多地显示的是正面的积极影响。胡弗鲍尔等（Hufbauer，et al）重点研究了美国 20 世纪 80 年代以来的情况，他们将美国 1980 年、1985 年和 1990 年的对外直接投资总量与出口总量做比较，结果发现，在整个时间跨度中，出口总量与对外直接投资总量 ·直保持着正相关关系。格拉汉姆（Gramham）更近期的研究也证实了这一点。与此同时，许多学者关于日本、德国以及瑞典等国的实证研究也得出了类似的结论。

二、国际直接投资的贸易效应

根据对外贸易与国际直接投资相互关系的理论，国际直接投资会对贸易产生影响。国际直接投资会因投资动因、行业与产品特性、各国政策的不同，对资本输入国（东道国）

与资本输出国（母国）产生不同的贸易效应。

（一）国际直接投资对资本输出国（母国）的贸易效应

一国在进行对外直接投资时，会对其本国的对外贸易产生影响。对外投资的贸易效应主要通过以下四个方面来体现。①

1. 出口引致效应

出口引致效应，即由于对外直接投资而导致的原材料、零部件或设备等出口的增加。这些增加的出口可能来自跨国公司总公司对其国外分支机构的出口，也可能来自投资国其他供应商对跨国公司国外分支机构的出口。

2. 出口替代效应

出口替代效应，即由于对外直接投资而导致的出口减少，跨国公司将某产品的生产基地转移到国外后，东道国当地企业通过技术扩散或模仿，也开始生产该产品，替代进口或出口该产品，导致投资国出口减少。

3. 反向进口效应

反向进口效应，即由于对外直接投资而导致的进口增加。投资国通过对外直接投资的方式将某产品的生产基地转移到国外，再从国外分支机构进口该产品，进而导致投资国进口增加。

4. 进口转移效应

进口转移效应，即由于对外直接投资而导致的进口减少。某些产品原本由投资国生产，其生产所需要的投入品从国外进口。当通过对外直接投资方式将生产基地转移到国外后，投资国该产品的生产将减少，投入品的进口也相应减少，投入品的进口相应转移到新的国外生产基地。

一国对外直接投资对其对外贸易的影响的程度将由这四种效应相互作用的净效应所决定。直接投资的不同类型、投资项目所处的不同阶段，各种贸易效应的强弱可有显著差异。根据国际直接投资的投资动机，可按出口导向型和进口替代型直接投资两类来分析。

对于出口导向型直接投资，出口引致效应、反向进口效应和进口转移效应较强，出口替代效应较弱，主要表现为资本输出国生产设备、原料出口量增加；同时，对生产所需的进口中间投入品的需求减少，从而引起资本输出国的进口减少。另外，由于海外分公司在当地生产的产品返销到投资国，会引起投资国进口增加。

对于进口替代型的直接投资，出口引致效应、出口替代效应和进口转移效应较强，反向进口效应较弱，主要表现为资本输出国生产设备、原料出口量增加；同时，对生产所需的进口中间投入品的需求减少，从而引起资本输出国的进口减少。另外，由于海外分公司产品在当地销售并被出口到第三国，从而引起的总公司的出口减少。

根据海外直接投资在投资的不同阶段，各种贸易效应也有明显差别，一般来说，这四种效应并不是同时出现的，较早开始发挥作用的是出口引致效应。随后，当国外分支机构的生产开始取得规模经济效益以后，出口替代效应开始出现；产生作用的是进口转移效应和反向进口效应，表 9-6 举例说明了对外直接投资对母国的贸易效应。

---

① 李东阳. 国际直接投资与经济发展. 北京：经济科学出版社，2002：134。

表 9-6　对外直接投资对母国的贸易效应

效应类型	对外直接投资对母国的贸易效应	举例说明
出口引致效应	海外生产基地建设工厂所需要的生产设备以及生产所需要的原材料和零件，从投资国进口，增加投资国的出口	如作为初始投资的设备等的输出，原材料和零部件等中间投入物的输出
出口替代效应	海外分公司产品在当地销售并被出口到第三国，引起的总公司的出口减少	如将原出口型产业通过对外直接投资的方式转移到国外，替代了本国该产业的出口
反向进口效应	海外分公司在当地生产的产品返销到投资国，引起投资国进口增加	如通过对外直接投资的方式将某产品的生产基地转移到国外，再从国外进口该产品
进口转移效应	随着生产设备向国外转移，对生产所需的进口中间投入品的需求减少，从而引起投资国的进口减少	如将需进口原材料的产品的生产基地转移到国外，减少本国原材料的进口

（二）国际直接投资对东道国的贸易效应

资本输入国即东道国在引进国际直接投资时，对本国的贸易也会产生影响，其贸易效应可分解为以下三个方面。

1. 进口替代效应

进口替代效应，即由于投资国的跨国公司将某产品的生产基地转移到东道国后，东道国当地企业通过技术扩散或模仿也开始生产该产品，从而减少该产品的进口，替代进口。

2. 出口创造效应

出口创造效应，即由于跨国公司在东道国投资办厂，促进东道国的生产能力的提高和生产的扩大。跨国公司利用自己遍布世界各地的销售网，将产品输送到国际市场，从而也可以带动东道国的产品出口，形成出口创造效应。

3. 进口引致效应

进口引致效应，即由于东道国吸引外国直接投资在当地投资建厂，而导致其对生产该产品所需的原材料、零部件或设备等进口需求的增加。这些增加的进口可能来自跨国公司总公司对其国外分支机构的出口，也可能来自投资国其他供应商对跨国公司国外分支机构的出口。

外国直接投资对东道国的贸易总效应是上述三种贸易效应综合作用的结果。一般来说，产品面向国外市场的出口导向型外国直接投资有利于增加东道国出口，而产品面向国内市场的进口替代型外国直接投资则有利于扩大生产能力，满足国内需求，丰富国内市场，减少东道国同类产品进口。但无论是出口导向型外国直接投资，还是进口替代型外国直接投资，只要它们在生产过程中依赖国外生产设备或原材料，也会增加东道国进口。

三、国际直接投资在我国对外贸易中的作用

（一）外商直接投资在我国对外贸易中的作用

改革开放后外资的进入使我国迅速进入全球分工体系中，利用我国在劳动力等资源上的优势，出口迅速增长。此外，外资在优化我国的对外贸易结构、促进我国对外贸易方式的改变、推动我国外向型经济发展方面都发挥了重要作用。

1. 外国直接投资促进了我国对外贸易规模的迅速扩大

（1）弥补国内生产要素的不足，提供必要的物质补充。出口贸易主要受国内生产要素供给的制约和世界市场需求的影响。我国作为一个发展中国家，资本、技术短缺是长期存在的制约因素，外国直接投资的流入大大增加了我国生产要素的供给，改善了生产资源的配置，扩大了生产能力。

（2）外商投资企业担当我国对外贸易的生力军。从外商投资企业进出口与我国国有企业进出口规模的比较来看，自 1999 年起，外商投资企业的进出口总额已超过国有企业，占据我国进出口贸易额的半壁江山。而国有企业进出口在全国进出口额中的比重则开始逐年下滑，从 1997 年的 50. 3%降至 2016 年 15. 64%。国有企业出口在我国出口总额中的比重下滑更加明显，1997 年国有企业出口在全国的比重为 56. 20%，2017 年则下滑至 10. 22%。通过表 9-7 的数据可以看出，外商投资企业的进出口贸易对我国对外贸易发展的促进作用已大大超过国有企业。

表 9-7　我国历年外资企业和国有企业进出口规模对比　　单位:%

年份	进出口		出口		进口	
	国有企业占全国比重	外资企业占全国比重	国有企业占全国比重	外资企业占全国比重	国有企业占全国比重	外资企业占全国比重
1997	50. 30	47. 00	56. 20	41. 00	42. 80	55. 00
1998	52. 70	48. 70	52. 70	44. 10	42. 80	54. 70
1999	47. 90	50. 80	50. 50	45. 50	44. 80	51. 80
2000	45. 40	49. 90	46. 70	47. 90	43. 90	52. 10
2001	42. 50	50. 80	42. 50	50. 10	42. 50	51. 70
2002	38. 20	53. 20	37. 70	52. 20	38. 80	54. 40
2003	32. 95	55. 48	31. 48	54. 83	34. 51	56. 17
2004	28. 58	57. 43	25. 88	57. 07	31. 43	57. 81
2005	25. 74	58. 48	22. 15	58. 30	29. 87	58. 70
2006	23. 66	58. 86	19. 74	58. 18	28. 45	59. 70
2007	22. 75	57. 73	18. 46	57. 10	28. 22	58. 53
2008	23. 85	55. 07	18. 00	55. 34	31. 22	54. 72

续表

年份	进出口		出口		进口	
	国有企业占全国比重	外资企业占全国比重	国有企业占全国比重	外资企业占全国比重	国有企业占全国比重	外资企业占全国比重
2009	21.72	55.16	15.89	55.94	28.69	54.22
2010	20.92	53.83	14.86	54.65	27.79	52.91
2011	20.88	51.07	14.07	52.42	28.29	49.60
2012	19.44	48.98	12.51	49.91	27.25	47.93
2013	17.98	46.13	11.27	47.25	25.59	44.86
2014	17.37	46.11	10.95	45.87	25.05	46.39
2015	16.43	46.3	10.65	44.13	24.25	49.33
2016	15.64	45.78	10.28	43.71	22.73	48.52
2017	16.29	44.81	10.22	41.73	23.76	46.80

资料来源：根据历年《中国统计年鉴》及商务部网站统计数据计算而得。

进一步从外资企业对我国进出口贸易的绩效分析来看（见表 9-8），1992—2007 年，除个别年份外，外资企业对外贸易额的年增长率都高于同期全国对外贸易额的年增长率。外资企业对对外贸易规模的贡献率从 1992 年至今始终保持在高水平，贡献率几乎年年超过 40%，1996 年贡献率更是高达 150.61%。可见，外资企业极强的外向拓展能力和惊人的进出口绩效，对我国对外贸易的保持长期高速增长起到了举足轻重的作用。但是从 2008 年开始，受到全球金融危机和欧债危机影响，外资企业进出口增长率有下滑趋势，也低于同期全国进出口的增长率。2011 年，全国进出口总额增长率为 22.5%，外资企业进出口总额增长率为 16.2%，比全国水平低 6.3 个百分点。2012 年，在全国进出口额增速进一步下降情况下，外资企业进出口增速降幅更大，全年仅增长 1.8%，比全国的 6.2%的增速低 4.4 个百分点。2015 年和 2016 年，全国进出口、外资企业进出口出现两年负增长。2017 年外贸进出口形势好转，全国进出口和外资企业进出口分别增长 11.39%和 9.02%。

表 9-8　1992—2017 年外资企业进出口贸易绩效分析　　单位：亿美元

年份	全国进出口总额	外企进出口总额	外企占全国进出口总额比重	全国进出口总额增长率	外企进出口总额增长率	外企的贡献率
1992	1 655.3	437.2	26.42	22.0	51.02	49.54
1993	1 957.0	671.2	34.27	18.2	53.50	77.56
1994	2 366.2	923.0	39.01	20.9	37.52	61.53
1995	2 808.6	1 098.2	39.10	18.7	18.98	39.60
1996	2 989.8	1 371.1	47.30	3.2	24.85	150.61
1997	3 251.6	1 526.2	46.95	12.2	11.31	59.24
1998	3 239.5	1 576.8	48.68	-0.4	3.32	—

续表

年份	全国进出口总额	外企进出口总额	外企占全国进出口总额比重	全国进出口总额增长率	外企进出口总额增长率	外企的贡献率
1999	3 606.3	1 813.3	50.78	11.3	15.00	64.48
2000	4 743.0	2 367.4	49.91	31.5	30.56	48.75
2001	5 097.7	2 591.0	50.83	7.5	9.5	63.04
2002	6 207.9	3 302.2	53.19	21.77	27.45	64.06
2003	8 512.1	4 722.5	55.48	37.12	43.01	61.64
2004	11 548.0	6 632.0	57.43	35.67	40.43	62.90
2005	14 221.2	8 317.2	58.48	23.15	25.41	63.04
2006	17 606.8	10 364.5	58.87	23.81	24.62	60.47
2007	21 738.3	12 549.3	57.73	23.47	21.08	52.88
2008	25 616	14 106	55.07	17.8	12.4	40.14
2009	22 072	12 174	55.16	-13.9	-13.7	—
2010	29 728	16 003	53.83	34.7	31.5	50.01
2011	36 421	18 601	51.07	22.5	16.2	38.82
2012	38 668	18 939	48.98	6.2	1.8	15.04
2013	41 603	19 191	46.13	7.6	1.3	8.59
2014	43 030	19 840	46.11	3.4	3.4	45.48
2015	39 586	18 346	46.3	-8	-7.5	—
2016	36 849	16 871	45.78	-6.76	-8.04	—
2017	41 045	18 392	44.81	11.39	9.02	79.19

资料来源：根据历年《中国统计年鉴》和商务部网站统计数据计算而得。

说明：外资企业贡献率=外资企业进出口增长量/全国进出口增长总量×100%。

（3）增辟销售渠道，扩大出口贸易市场。实践表明，通过与外商举办合资合作企业，国内企业借助外商原有的国际销售网络和先进的销售经验与技巧，能使合资企业商品较快进入国际市场，从而扩大出口规模，增强国内商品的国际竞争力。同时，越来越多的跨国公司来华进行大规模直接投资，改善了我国对外贸易的市场结构，分散了市场风险，增强了企业的应变能力，缓解了我国出口市场过于集中的现状，有助于我国出口市场多元化战略的实施，适应了我国外贸不断扩张的需求。

2. 外国直接投资推动了我国出口商品结构的改善和优化

出口贸易结构是一国产业国际竞争水平的直接反映。改革开放以来，我国对外贸易商品结构，尤其是出口商品结构发生了显著变化。在改革开放初期，我国出口商品以石油、煤炭、农产品等原材料和初级产品为主，1980 年工业制成品出口所占比重不足 50%。但自 20 世纪 90 年代以来，在我国对外贸易规模迅速扩大的同时，对外贸易的出口商品结构不断改善和优化，实现了从初级产品为主向以工业制成品为主的根本性转变，特别是机电产品在我国出口商品中的比重逐渐提升。到 2011 年，工业制成品出口达 17 978.4 亿美元，占出口总额的 94.7%，制成品中机电产品出口 10 855.89 亿美元，占出口总额的 57.18%。进入 21 世纪以来，高新技术产品出口开始迅速增长，2011 年，高新技术产品出口额占外贸出口总额的比重提高到 28.91%。

我国出口贸易结构迅速优化升级是伴随着外商直接投资的迅猛增长，而且外商投资的产业分布与出口产业分布的重叠较显著，出口结构变化与外商直接投资产业流向呈现跟踪性变化。例如，我国出口商品中，机电产品、服装纺织和皮革、文化用品、家用电器、塑料及金属制品和电子通信设备等所占比重上升较快，而这些行业也正是外资进入较密集，且外资企业出口比重高的行业。外资企业出口商品结构中机电产品的占比要远高于全国同期水平。从 2004 年以来，70%以上的机电产品出口由外资企业完成，外资企业在中国出口商品结构升级中所发挥的重要作用可见一斑。

近年来我国高新技术产品出口突飞猛进的增长，外资企业在其中的贡献更加突出。中国科技统计网站数据显示，2002 年以来，外商独资企业和中外合资企业在高新技术产品出口中的份额一直保持在 80%以上。2013 年，外商独资企业和中外合资企业在高新技术产品出口中的份额达到 72.1%，而国有企业占比只有 5.6%。

3. 外商直接投资促进了我国对外贸易方式的多样化

外商直接投资改变了我国长期以一般贸易为主的格局，极大地带动了加工贸易的发展，使加工贸易成为我国对外贸易的半壁江山。从我国对外贸易方式的发展情况看，20 世纪 80 年代末期，尽管在外商投资企业中加工出口贸易方式已占其出口总额的近 79%，但由于其间外商投资企业出口只占中国出口总额的约 10%，中国对外贸易的主要方式仍然是一般贸易形式。90 年代以来，随着外商投资的快速发展，我国对外贸易中一般贸易的比例逐年下降，加工贸易比例不断上升。据统计，我国加工贸易出口占总出口的比重，1981 年仅为 4.81%，1990 年增至 40.94%，2000 年上升到 57.8%，超过了一般贸易方式而成为中国对外贸易的主要形式。虽然近年来加工贸易方式所占比重略有下降，仍然是我国对外贸易的主要形式之一。

外商直接投资企业从事加工贸易的比例远高于国内一般企业，外商直接投资的发展成为我国加工贸易扩张的主要推动力。自 2004 年以来，外资企业在我国加工贸易出口和加工贸易进口中所占的比重一直保持在 80%以上。加工贸易的发展，改变了传统的以单一的一般贸易为主的格局，呈现一般贸易与加工贸易并举的新格局。这有利于更充分发挥中国的比较优势，为中国更广泛参与国际生产体系提供了机遇，同时贸易方式的多样化也有利于规避国际市场波动的风险。

4. 外商直接投资推动了我国外向型经济的发展

外商投资企业的对外贸易活动还通过间接方式对我国对外贸易的总体发展产生积极的外部经济效应。如带动国内配套及相关产业产品出口，提高相关产品出口的竞争力；帮助拓展国内产品出口的国际市场规模和销售渠道；通过与国内出口企业的竞争来促进国内企业深化内部改革，提高经营管理水平；为国内企业提供营销经验示范效应，等等。总之，利用外商直接投资和发展对外贸易在相互联系和相互促进中，外商直接投资推动了我国外向型经济的发展。外商直接投资所带进的资本、技术和先进的管理方式，推动了中国对外贸易规模的扩大和进出口结构的改善，促进了中国经济与世界经济的联系与分工合作，加速了中国经济与世界经济融合的。中国经济离不开世界，世界经济更需要中国。中国已成为世界贸易大国和国际直接投资的主要目的地。

但值得注意的是，外商直接投资在对对外贸易及国民经济产生积极影响的同时，也存在负面影响和隐忧。比如，外商直接投资企业从 20 世纪 90 年代以来，其进出口总额占全国进出口总额比例迅速上升，其出口额所占比例从 1990 年的 12.58%上升到 2001 年 50.06%。近几年外资企业出口占比略有回落，2013 年外资企业进出口占全国进出口总值的 46.13%，其中出口占比为 47.25%，进口占比为 44.86%。这些数据说明目前我国的出口对外资企业依赖程度仍然相当高。如果如此庞大的外商投资额从国内抽走，则对国民经济将会是沉重打击。另外，我国外资高度集中在第二产业，外资带来的积极效应如资本积累效应、技术进步效应、国际竞争力提高效应等主要集中在第二产业，具有强化我国经济二元结构倾向的作用，使第二产业的发展脱离第一产业、第三产业的支撑。因此，我国引进外资的行业重点应从第二产业转移到第一产业和第三产业，对外资的鼓励政策应向第一产业和第三产业倾斜，这样才能进一步与我国国民经济相协调。

同时，部分外商投资企业产品国内销售比例过大，冲击了民族工业市场，并形成局部垄断局面。在外国企业与本土企业的竞争中，由于外商投资企业往往具有较强的资本、技术实力和较丰富的销售经验，因而一般都处于优势地位。这势必对国内有发展潜力的、需要扶持的民族产品的销售产生冲击。而且，部分外商投资企业通过增资扩股取得对合资企业的控制权，导致中方利益受损和国有资产流失；通过兼并收购的方式，较大规模地与国有企业合资，形成对我国部分国有企业的控制局面，从而对我国民族工业发展形成又一轮冲击。最后，引资过程中部分淘汰产业和污染行业的进入，也会对我国的环境保护和经济可持续发展产生不利影响。

（二）对外直接投资在我国对外贸易中的作用

1. 有效利用国外资源，保障国内资源的供应

任何一个国家都不可能拥有经济发展所需要的全部资源，都会遇到资源约束的问题。中国虽然地大物博，但人均资源短缺，随着经济规模和生产能力的不断扩大，我国的资源短缺问题日益显现，对国外资源供给的依赖程度将不断增加。据预测，在我国已探明的 45 种矿产中，到 2020 年，可以满足国内需求的仅剩下 6 种；到 2020 年我国的石油、天然气对外依存度将分别达到 70%与 50%，其他重要矿产资源如铁、铜、铝等也将面临供应的巨大缺口。资源，特别是关系到国计民生的战略资源，仅依靠传统的贸易渠道获得是不稳定的。而通过对外投资，直接参与和控制某些短缺的战略性资源的生产，对于保证战略性资源的稳定供应具有不可替代的作用。如我国在国外开办矿产开采、林业开发等投资企业，对满足国内这方面的资源需求已经起到了很好的作用。

2. 规避贸易壁垒，确保出口持续增长

随着国际竞争的日益激烈，形式各异的贸易保护措施盛行，这些以绿色壁垒、技术壁垒、反倾销等为主要手段的贸易保护主义措施，给我国出口贸易造成了巨大威胁。通过对外直接投资，在当地设厂、生产、销售，一方面可以合法避开某些国家对制成品进口的关税和非关税限制壁垒，变国内生产国外销售为国外生产国外销售，使中国企业获得国际分工带来的好处；另一方面，可以利用对外直接投资的出口引致效应，带动国产机械设备、

原材料、零部件和技术等相关产品的出口，实现出口的长期持续增长。

3. 有助于实施市场多元化战略

目前中国出口主要还是集中在欧美等发达国家，而要改变中国出口市场过度集中的状况，途径之一就是向亚洲周边国家、拉丁美洲、非洲等地进行投资，通过在这些地区建立贸易企业以及零部件组装和加工企业，从而扩大中国产品在该地区的销售。

4. 促进国外工程承包的发展，扩大劳务输出

有些国家规定，国外承包公司只有与本国公司在当地依法登记注册成立合作承包公司，才能够在当地开展工程承包任务。中国的国际经济技术合作公司与国外资信好、有能力的承包商组成合作承包公司，有助于中国对外工程承包的发展，有助于中国发挥技术和劳动力方面的比较优势。

当然，由于中国对外直接投资起步较晚，投资实践中也存在着一些问题，如：投资决策管理不够科学，合作伙伴的选择往往不尽如人意；对外直接投资企业目标管理不够明确，具体的考核指标不尽合理；财务管理不够规范；经营管理机制不够完善，人事管理制度不健全，等等。这些企业层面的问题如果解决不好，会直接导致对外直接投资的失败，从而无法达到预计的投资目标，更谈不上对中国对外贸易的作用。

第四节

世贸组织《与贸易有关的投资措施协议》与中国的外资政策调整

《与贸易有关的投资措施协议》（简称《TRIMs 协议》）是国际上第一个专门规范贸易与投资之间关系的国际性协议，它将关税与贸易总协定体制内的一些基本法律原则引入投资领域，使传统国际投资法发生了深刻变革。《TRIMs 协议》为各成员方管制其与贸易有关的投资措施提供了一套统一的国际准则，并以此约束各成员方的外资立法，要求限期取消有关的投资措施。这就使以各种鼓励、限制措施作为外资法主要内容的国家（尤其是发展中国家）的外资立法面临严峻的挑战。我国作为世界贸易组织的新成员，也要受到《TRIMs 协议》的约束。

一、世界贸易组织《TRIMs 协议》

《TRIMs 协议》是世界贸易组织就投资问题达成的第一个协议，该协议仅适用于与货物有关的特定投资措施。作为世界上第一个专门规范贸易与投资关系的国际性协议，该协议将

长期在关贸总协定体制内采用的一些基本法律原则引进了投资领域，使得传统的国际投资法发生了深刻的变革，《TRIMs 协议》也因此被视为当今世界最有影响的国际投资法典。

《TRIMs 协议》是一个篇幅简短的框架性文件，由序言、正文和附录三个部分组成。

（一）序言部分

《TRIMs 协议》的序言部分明确了协议的宗旨是“避免投资措施给贸易带来限制和扭曲影响，以此推动世界贸易的扩展和逐步自由化，并促进跨国投资，从而达到在确保自由竞争的同时；增进所有贸易伙伴，尤其是发展中国家成员方的经济增长的目的。”

（二）正文部分

《TRIMs 协议》的正文部分包括 9 个条文，对投资措施问题做出了具体规定也对各国的投资立法提出了相应的要求。

1. 适用范围

《TRIMs 协议》第 1 条规定“本协议仅适用于与贸易有关部门的投资措施”。即不适用于与服务贸易有关或与技术贸易有关的投资措施。但协议并未规定到底何为“与贸易有关的投资措施”。

2. 国民待遇和数量限制

《TRIMs 协议》第 2 条是该协议最重要的条款，对该协议所规范的“与贸易有关的投资措施”作了概括性的规定：在不损害《关贸总协定（1994）》项下的其他权利与义务的前提下，任何一成员方不得实施与《关贸总协定（1994）》关于国民待遇和取消数量限制的规定不相符的任何与贸易有关的投资措施。因此从技术上讲，这反映出《TRIMs 协议》从属于《关贸总协定（1994）》，并没有超出其纪律的范围。该条第 2 款则与附录相呼应，进一步说明第 1 款所指的“与贸易有关的投资措施”列于附录解释性清单内。

3. 例外规定

《TRIMs 协议》第 3 条为“例外条款”，规定“《关贸总协定（1994）》项下的所有例外均应适用于本协议的规定”。这些例外包括诸如幼稚工业的建立与发展、国家政治稳定与安全、保障人类及动植物的生命或健康需要、边境贸易优惠以及为保障国际收支而实施的数量限制等。这些例外措施是关贸总协定灵活性的体现，将它们适用于《TRIMs 协议》，是该协议易为众多成员接受，并在实践上更加可行。

4. 发展中国家成员

《TRIMs 协议》第 4 条规定，发展中国家根据《关贸总协定（1994）收支平衡条款的谅解》以及 1979 年 11 月 28 日采纳的《关于收支平衡的贸易措施的 1979 年宣言》规定的范围和方式，有权暂时背离《TRIMs 协议》第 2 条所规定的义务。

5. 通知与过渡性安排

《TRIMs 协议》第 5 条规定了各成员方取消与贸易有关的投资措施的具体期限、步骤和方法。这一条保证了成员方对实施《TRIMs 协议》所造成的政策、法律上的巨大变动有个适应的过程。

6. 透明度要求

《TRIMs 协议》第 6 条规定，有关各成员方应重申其在《关贸总协定（1994）》下承诺的透明度和通知义务，并遵守1979年11月28日实施的《关于通知、协商、争议解决与监督协议》以及《通知程序部长决议》中所包含的“通知”义务。但各成员方可以不公开有碍法律实施并对公共利益及特定企业的合法商业利益造成损害的信息。

7. 建立与贸易有关的投资措施委员会

《TRIMs协议》第7条规定，应设立一个对世界贸易组织所有成员方开放的“与贸易有关的投资措施委员会”，以强化该协议的执行。

8. 磋商与争端解决

《TRIMs协议》第8条规定，《关贸总协定（1994）》第22条和第23条，世界贸易组织的《关于争端解决规则与程序的谅解》详细阐述的规则应适用于本协议项下的磋商和争端解决。

9. 货物贸易理事会的审查

《TRIMs协议》第9条规定，在《世界贸易组织协定》生效的5年内，货物贸易理事会应审查本协议的运行情况，并在适当的时候向部长会议提交文本的修改建议。在审查中，货物贸易理事会应考虑是否需要对有关投资政策和竞争政策做补充规定。

（三）附录部分

《TRIMs协议》附录为解释性清单，列举了与《关贸总协定（1994）》第3条、第4款、第11条第1款不符的五项与贸易有关的投资措施。这五项为协议明确禁止，而不管采用这些措施是否造成损害后果，也不管外国投资者是否接受了这些措施，都不允许在成员方实行。

为使本国的外资立法、政策与《TRIMs协议》接轨，国际社会出现了按《TRIMs协议》的原则重塑外资立法的浪潮。与此同时，各成员方按照《TRIMs协议》的要求，不断提高外资立法的透明度。《TRIMs协议》在促进各国外资立法统一性、公开性方面，起到了重要的导向作用。

二、中国利用外资的立法、政策及其调整

1979年7月，第五届人民代表大会第二次全体会议颁布了《中华人民共和国中外合资经营企业法》，开启了中国利用外资立法的先河。此后中国陆续颁布了《中华人民共和国中外合作经营企业法》和《中华人民共和国外资企业法》，中国外资立法的基本框架逐步形成。40多年来，全国人大、国务院、各部委以及地方政府又陆续颁布了外资企业审批、税收、外汇、经营等方面的系列法律、法规和规章，逐渐形成了较完整的外资立法的法律体系。加入世贸组织后，我国依照世贸组织规则，尤其是《TRIMs协议》的规定和我国的承诺，对外资法律法规中的一些内容进行了相应的整理和修订，利用外资的法律法规正在进一步完善和规范。

（一）中国利用外资立法的框架

自从我国实行改革和对外开放以来，我们先后制定和颁布的外商投资法律法规主要有

以下几个方面：

第一，关于外商投资企业的三部基本法律，即《中华人民共和国中外合资经营企业法》《中华人民共和国中外合作经营企业法》和《中华人民共和国外资企业法》及其实施细则，以及其他配套立法。

第二，关于对外商投资企业登记管理方面的立法，如《关于中外合资经营企业的登记审批程序》《中华人民共和国公司登记管理条例》《中华人民共和国企业法人登记管理条例》等。

第三，关于鼓励外商投资及外商投资企业管理方面的立法，如《国务院关于鼓励外商投资的规定》等。

第四，关于外商投资企业税收方面的立法，如《中华人民共和国外商投资企业和外国企业所得税法》及其实施细则，以及 2008 年 1 月 1 日起实施的《中华人民共和国企业所得税法》等。

第五，关于金融、外汇管理方面的立法，如《中国银行对外商投资企业贷款办法》及其实施细则，《外商投资企业境内外汇账户管理暂行办法》等。

第六，关于财政、审计、价格管理方面的立法，如《中华人民共和国外商投资企业财务管理规定》《中华人民共和国外商投资企业会计制度》《中外合资合作经营企业审计办法》等。

第七，关于劳动和社会保障方面的立法，如《中外合资经营企业劳动管理规定》及其实施办法，《外商投资企业劳动管理规定》等。

（二）加入世贸组织后我国利用外资立法的调整与完善

为了适应社会主义市场经济发展的需要，进一步与国际规则接轨，中国 2000 年以来对利用外资的法律法规进行了一系列的建设和修改。

1. 修订对外商投资的基本法律法规

《中华人民共和国中外合资经营企业法》《中华人民共和国中外合作经营企业法》《中华人民共和国外资企业法》及其实施细则（或实施条例）是我国关于外商投资企业的三部基本法。

修订前的上述法规分别制定于 1979 年、1988 年、1986 年，在改革开放初期，它们为我国吸引外资、保持外汇收支平衡做出了巨大的贡献。2001 年前后，我国根据《TRIMs 协议》有关规定，对这三个法律进行了修订，修订主要集中在五个方面：

（1）关于外汇平衡条款：第一，删除了《中华人民共和国中外合作经营企业法》第 20 条："合作企业应当自行解决外汇收支平衡。合作企业不能自行解决外汇收支平衡的，可以依照国家规定申请有关机关给予协助。"

第二，删除了《中华人民共和国外资企业法》第 18 条第 3 款："外资企业应当自行解决外汇收支平衡。外资企业的产品经有关主管机关批准在中国市场销售的，因而造成企业外汇收支不平衡的，由批准其在中国市场销售的机关负责解决。"

取消对外商投资企业的关于外汇自行平衡的限制的原因是：一方面，对外商投资企业外汇自行平衡的限制不符合我国外汇管理体制和社会主义市场经济的新形势。1996 年中国实现人民币经常项目可兑换，企业外汇自行平衡的规定已无必要。另一方面，规定也与世界贸易组织规则不符，按照世贸组织《TRIMs 协议》规定，不得通过外汇平衡的要求限制企业的进口，即不得对外商投资企业的进口做出一般的规定，或规定不得超过该企业出口量或出口值的一定比例。取消对外商投资企业外汇自行平衡，也不会对我国国际收支平衡产生不利影响。虽然外商投资企业的外汇平衡情况会对我国国际收支平衡状况产生重要影响，但是自 1986 年以来，我国对外商投资企业的强制性规定事实上已弱化了。目前外商投资企业已完全进入外汇市场结售汇，并没有出现外汇收支状况恶化或者大幅逆差的现象，且每年均保持外汇总体自行平衡有余。随着外商在华投资的稳步增加，外商投资企业外汇收支顺差的走势不会出现重大的逆转。

（2）关于当地含量条款：第一，《中华人民共和国外资企业法》第 15 条修改为“外资企业在批准的经营范围内所需的原材料、燃料等物资，按照公平合理的原则，可以在国内市场或者在国际市场购买”，删除了关于“在同等条件下，应当尽先在中国购买”的规定。

第二，删除了《中华人民共和国中外合资经营企业法》中关于“合资企业所需原材料、燃料、配套件等，应当尽先在中国购买”的规定。

修改关于尽先在中国购买的规定，是因为这一规定既不符合市场经济的规律，也不符合世界贸易组织的规则。在社会主义市场经济条件下，企业如何采购，应由企业根据市场情况自主决定，政府不应干预。外商投资企业同国内其他各类企业一样，均享有自由采购权。《TRIMs 协议》规定，不得对企业提出当地含量的要求，即不得要求外商投资企业生产的最终产品中必须有一定比例的零部件是从东道国当地购买或者是当地生产的。要对各类企业给予国民待遇，《TRIMs 协议》第 2 条规定，“在不妨碍 1994 年关贸总协定中其他权利和义务的情况下，各成员国不应适用与 1994 年关贸总协定第 3 条规定（国民待遇）不相符的任何与贸易有关的投资措施。”

（3）关于出口业绩要求：《中华人民共和国外资企业法》第 3 条第 1 款修改为：“设立外资企业，必须有利于中国国民经济的发展。国家鼓励举办产品出口或者技术先进的外资企业。”删除了关于设立外资企业，必须“采用先进的技术和设备，或者产品全部出口或者大部分出口”。

取消关于外资企业产品必须全部或大部分出口的规定是因为这种规定既不符合市场经济的要求，也不符合世界贸易组织规则。在社会主义市场经济条件下，企业产品不论是内销还是外销，应由企业根据国内外市场情况自主决定，政府不应干预。外商投资企业同国内其他各类企业一样，均享有产品销售的自主权。《TRIMs 协议》明确规定，各成员不得限制企业产品出口的数量、价值或者份额。关于外资企业产品必须全部出口或者大部分出口的规定，也属于禁止的“出口实绩要求”。

（4）关于企业生产计划备案条款：第一，删除了《中华人民共和国外资企业法》第 11 条第 1 款规定：“外资企业的生产经营计划应当报其主管部门备案”。

第二，删除了《中华人民共和国中外合资经营企业法》中关于“合资企业生产经营计划，应报主管部门备案”的规定。

修改关于企业生产计划备案的规定是因为我国对各类企业包括外商投资企业，一般不再要求其报送生产经营计划，原有的法律规定事实上已没有实际意义。在社会主义市场经济条件下，企业享有充分的经营自主权，政府主要是进行宏观指导，不干预企业具体的生产经营活动。同时，这种要求也与世贸组织协议的非歧视原则不相符，根据非歧视原则重要体现的国民待遇原则，世界贸易组织成员的商品或服务进入另一成员领土后，也应该享受与该国的商品或服务相同的、平等的待遇。

（5）关于修改权条款：删除了《中华人民共和国中外合资企业法》第18条关于“法律修改权属于全国人民代表大会”的规定，即此法今后的修改不必再通过全国人民代表大会。

随着我国对外开放水平的进一步提升，2016年9月，全国人大常委会审议通过了《中华人民共和国中外合资经营企业法》等四部法律的修正案。提出从2016年10月1日起，在全国范围内对外商投资企业实行负面清单管理制度。今后举办外商投资企业，凡不涉及2015年版《外商投资产业指导目录》中禁止类、限制类和鼓励类中有股权、高管要求的规定等准入特别管理措施的，企业设立及变更一律由审批改为备案，且备案不作为办理工商、外汇登记等手续的前置条件。与此相配套，商务部于2016年10月发布了《外商投资企业设立及变更备案管理暂行办法》。2017年7月30日，商务部又对上述管理暂行办法进行了补充修订。

2. 调整《外商投资产业指导目录》

为适应国民经济结构战略性调整和中国加入世界贸易组织的新形势，加入世界贸易组织以来，我国多次修订了《外商投资产业指导目录》。2017年6月28日，国家发改委和商务部共同发布了2017年版《外商投资产业指导目录》。本次发布的新版目录，是1995年《外商投资产业指导目录》首次颁布以来的第7次修订，最近的一次修改为2015年。

修订后的2017年版《外商投资产业指导目录》遵循了推进重点领域开放、突出负面清单特点、保持鼓励政策稳定的原则，较之前的版本主要有两大变化：

第一，进一步扩大对外开放领域。从条目看，2017年版《外商投资产业指导目录》进一步减少了限制性措施。在2015年版减少约一半限制性措施基础上，本次修订再次推进大幅放宽外资准入。2017年版《外商投资产业指导目录》限制性措施共63条（包括限制类条目35条、禁止类条目28条），比2015年版的93条限制性措施（包括鼓励类有股比要求条目19条、限制类条目38条、禁止类条目36条）减少了30条。同时，鼓励类条目数量基本不变，继续鼓励外资投向先进制造、高新技术、节能环保、现代服务业等领域。从行业看，2017年版《外商投资产业指导目录》进一步提高了服务业、制造业、采矿业等领域开放水平。服务业重点取消了公路旅客运输、外轮理货、资信调查与评级服务、会计审计、农产品批发市场等领域准入限制，制造业重点取消了轨道交通设备、汽车电子、新能源汽车电池、摩托车、食用油脂、燃料乙醇等领域准入限制，放宽了纯电动汽车等领域准入限制，采矿业重点取消了非常规油气、贵金属、锂矿等领域准入限制。同时，鼓励类增加了特殊医学用途配方食品、虚拟现实（VR）/增强现实（AR）设备、3D打印设备关键零部件、城市停车设施等符合产业结构调整优化方向的项目。

第二，提出外商投资准入负面清单。本次修订对结构进行了调整，明确提出外商投资准入特别管理措施（外商投资准入负面清单）。2016年9月全国人大常委会审议通过的《中华人民共和国中外合资经营企业法》等四部法律修正案提出，举办外商投资企业不涉及准入特别管理措施的，适用备案管理。经国务院批准，同年10月，国家发展改革委、商务部发布公告，提出外商投资准入特别管理措施范围按2015年版《外商投资产业指导目录》限制类、禁止类以及鼓励类中有股比要求的规定执行。按照负面清单模式改革要求，2017年版《外商投资产业指导目录》将部分原鼓励类有股比要求的条目，以及限制类、禁止类整合为外商投资准入负面清单，作为对外商投资实行准入前国民待遇加负面清单管理模式的基本依据。负面清单之外的领域，原则上不得实行对外资准入的限制性措施，外商投资项目和企业设立实行备案管理。按照外商投资准入负面清单模式特点，2017 年版《外商投资产业指导目录》删除了 2015 年版中内外资一致的限制性措施。原限制类和禁止类中的 11 个条目按内外资一致原则管理。如大型主题公园建设等内外资均须履行项目核准程序，高尔夫球场、别墅等内外资均禁止新建，以及博彩业等内外资均禁止投资等。

《外商投资产业指导目录》是引导外商投资的重要产业政策。鼓励类外商投资项目可以享受进口设备免关税等优惠政策。对集约用地的鼓励类外商投资工业项目优先供应土地，在确定土地出让底价时可按不低于所在地土地等别相对应全国工业用地出让最低价标准的 70%执行。外商投资准入负面清单是有关部门实行外资准入管理的主要依据。根据《政府核准的投资项目目录（2016 年本）》，目前除限制类外商投资项目须核准外，其他项目基本上由地方政府办理备案手续，切实提高投资便利化程度。

3. 借助自由贸易试验区实行更开放的外商投资准入政策

2017 年 6 月 16 日，国务院办公厅正式印发《自由贸易试验区外商投资准入特别管理措施（负面清单）（2017 年版）》。自由贸易试验区作为中国对外开放的“最高地”，它在外商投资准入政策上的开放度、透明度、可预见性等方面有大幅提升。

与 2015 年版的自贸区负面清单相比，2017 年版负面清单有以下特点：

一是进一步缩减了限制性措施。2017 年版负面清单包括 40 个条目，95 项措施，与 2015 年版负面清单相比，减少了 10 个条目、27 项措施，开放度大大提升。

二是放宽了外资并购的准入限制。除关联并购以外，凡是不涉及准入特别管理措施的外资并购，全部由审批改为备案管理。

三是扩大了投资领域开放度。2017 年版负面清单主要在采矿业、制造业、交通运输业、信息和商务服务业、金融业、科学研究和文化等领域扩大开放。例如，在制造业领域，取消了外商投资 3 吨及以上民用直升机设计与制造需中方控股的限制，境外投资者可以在自贸试验区范围内先行先试投资设立外商独资企业，从事 3 吨及以上民用直升机设计与制造。

四是增强了外资准入透明度。2017 年版负面清单按照现行国民经济行业分类的标准表述对 27 个领域的具体条目加以规范，例如将“原子能”调整为“核力发电”。同时，对照现行法律法规以及国际通行规则，对 25 个领域进行技术改进，更准确地反映现有全部准入特别管理措施。如在银行服务、保险业等领域列明了全部现行有效的，包括投资者资质、业绩要求、股比要求、业务范围等内容的限制性措施，透明度显著提高。上述改进将方便投资者认定其投资范围是否属于负面清单，大幅提升投资便利化程度。

三、中国的对外直接投资立法

（一）对外投资立法的框架

无论同纷繁多样的吸引外资的法律法规相比，还是同蓬勃发展的对外投资的发展速度和规模相比，我国的对外投资立法工作都明显滞后，甚至在一些方面还是一片空白。迄今为止，中国没有专门的海外投资法，调整海外投资的法律法规均散见于不同的法律文件之中。这些法规、规章主要有以下几类。

1. 调整对外投资关系的专门法规

（1）审批管理规范。商务部是国务院授权的对外直接投资的归口管理部门，负责拟定境外投资的管理办法和具体政策，起草对外直接投资管理的法律法规和规章，依法核准国内企业对外投资开办企业（金融类除外）并实施监督管理。2009 年 3 月 16 日，商务部发布《境外投资管理办法》，这是到目前为止，对境外投资行政管理方面较为全面的法规。《境外投资管理办法》规定，境外投资的经济技术可行性由企业自行负责。原则上，商务部只在以下四种情况下不予核准企业的境外投资行为，包括危害我国国家主权、安全和社会公共利益，或违反我国法律法规，损害我国与有关国家（地区）关系，可能违反我国对外缔结的国际条约以及涉及我国禁止出口的技术和货物。

除商务部外，国家发展和改革委员会（简称国家发改委）负责安排国家拨款的境外资源开发类和大额用汇投资项目。国家发展和改革委员会出台的《境外投资项目核准和备案管理办法》是国家发改委对境外投资进行管理的主要依据。国家发改委主要对两类境外投资项目进行核准：资源开发类和大额用汇项目。大额用汇类项目指在前款所列领域之外中方投资用汇额 1 000 万美元及以上的境外投资项目。

（2）外汇管理规范。境外投资的外汇管理的依据是国家外汇管理局 1989 年发布的《境外投资外汇管理办法》和 1990 年公布的《境外投资外汇管理办法实施细则》以及 1996 年国务院颁布的《外汇管理条例》。此后，国家外汇管理局陆续下发了《关于简化境外投资外汇资金来源审查有关问题的通知》《关于进一步深化境外投资外汇管理改革有关问题的通知》《关于扩大境外投资外汇管理改革试点有关问题的通知》《关于调整部分境外投资外汇管理政策的通知》，进一步对境外投资的外汇管理制度进行规范和改革，从多方面鼓励我国企业进行对外直接投资。

（3）财税管理规范。主要是 1999 年财政部发布的《境外投资财务管理暂行办法》，2007 年全国人大通过的《中华人民共和国企业所得税法》，1980 年通过的《中华人民共和国个人所得税法》，以及国务院发布的《中华人民共和国企业所得税法实施条例》。2009 年 12 月 25 日，财政部、国家税务总局又联合下发了《关于企业境外所得税收抵免有关问题的通知》，对企业境外所得的税收抵免问题进行明确和部分补充。

（4）国有资产管理规范。财政部和国务院国有资产监督管理委员会主要负责对境外国有资产产权的管理。相关法规主要有 1992 年发布的《境外国有资产产权登记管理暂行办法》，1993 年发布的《关于用国有资产实物向境外投入开办企业的有关规定》，1996 年财政部发布的《境外投资财务管理暂行办法》，1996 年国有资产管理局颁布的《境外国有资产产权登记管理暂行办法实施细则》，1999 年财政部、外交部等联合发布的《境外国有资产管理暂行办法》，既确保了国有资产有效地参与对外直接投资，又保障了国有资产的安全。2017 年 1 月，为加强中央企业境外投资监督管理，推动中央企业提升国际化经营水平，国务院国有资产监督管理委员会正式颁布了《中央企业境外投资监督管理办法》。

（5）其他管理规范。除以上规范外，政府各部门还制定了其他一系列管理规范，指导和管理我国对外直接投资，使其得以顺利开展。如《关于加强海外投资项目管理的意见》《境外投资联合年检暂行办法》《境外投资综合绩效评价办法（试行）》《关于投资体制改革的决定》《关于对国家鼓励的境外投资重点项目给予信贷支持政策的通知》《国别投资经营障碍报告制度》《对外投资国别产业导向目录》《对外直接投资统计制度》等。

2. 引导与规范境外投资方向

党的十八大以来，我国企业积极稳妥开展境外投资，为带动相关产品、技术、服务“走出去”，促进国内经济转型发展，深化我国与相关国家互利合作，推进“一带一路”建设和国际产能合作发挥了积极作用。但同时，我国企业境外投资也存在一些问题。一些企业未能准确把握国家“走出去”战略导向，开展境外投资缺乏系统规划和科学论证，盲目决策，后续经营困难，造成较大损失；一些企业将境外投资重点放在房地产等非实体经济领域，不仅未能带动国内经济发展，反而导致资金跨境流出大幅增加，冲击我国金融安全；一些企业忽视投资目的国环保、能耗、安全等标准和要求，引发矛盾和纠纷，既造成经济损失，也损害我国对外形象。

为了进一步引导和规范企业境外投资方向，促进企业合理有序开展境外投资活动，防范和应对境外投资风险，推动境外投资持续健康发展，实现与投资目的国互利共赢、共同发展。2017 年，国家发改委、商务部、人民银行、外交部四部委联合发布《关于进一步引导和规范境外投资方向的指导意见》（简称《指导意见》），主要包括以下内容：

（1）鼓励、限制、禁止类境外投资活动。《指导意见》按“鼓励发展+负面清单”模式引导和规范企业境外投资方向，明确了鼓励、限制、禁止三类境外投资活动。

① 关于鼓励类境外投资。《指导意见》在基础设施、产能和装备、高新技术和先进制造、能源资源、农业、服务业等方面提出六类鼓励开展的境外投资，是为了进一步支持国内有能力、有条件的企业按照商业原则、国际惯例，积极参与国际经济竞争与合作，主动融入全球产业链和价值链，为经济全球化发展做出积极贡献。

② 关于限制类境外投资。近年来房地产、酒店、影城、娱乐业、体育俱乐部等领域境外投资出现非理性倾向，部分企业频频出手、大额收购，引起市场和舆论广泛关注。《指导意见》将此类境外投资纳入限制类，并要求相关主管部门实行核准管理，就是为了强化政府的政策引导，提示企业审慎参与。此外，《指导意见》对使用落后生产设备以及不符合投资目的国环保、能耗、安全标准的境外投资做出明确限制。

③ 关于禁止类境外投资。当前我国面临复杂多变的安全和发展环境，境外投资风险因素明显增多。《指导意见》提出禁止企业参与危害或可能危害国家利益和国家安全的五类境外投资活动，旨在为我国企业“走出去”划清“红线”、明确“禁区”，更好地维护国家利益和安全。

（2）配套保障措施。

首先，要实施分类指导。《指导意见》提出对三类境外投资活动实施差异化政策措施，按照积极鼓励、适度限制、严格禁止的原则，引导企业合理把握境外投资方向和重点。

其次，要完善管理机制。《指导意见》强调将加强境外投资真实性、合规性审查，防范虚假投资行为，同时提出建立健全境外投资黑名单制度、部门间信息共享机制、国有企业境外投资资本金制度等一系列制度，优化境外投资管理政策框架，科学有效防范各类风险。

再次，要提高服务水平。《指导意见》提出制定境外投资经营行为规范、加强与合作国开展机制化合作、支持中介机构发展等政策举措，优化企业境外投资外部环境。

最后，要强化安全保障。《指导意见》提出加强对赴高风险国家和地区投资的指导和监督、督促企业开展境外项目安全风险评估等政策措施，推动企业提升境外投资安全风险防范能力。

国家发改委正在抓紧制定新的企业境外投资管理办法，做好与《指导意见》的有效衔接。同时，积极推进《境外投资条例》立法工作。此外，其他有关部门也将抓紧制定并出台相关配套政策措施。

3. 与对外投资有关的国际法律保障机制

除上述国内立法外，我国已经加入或签订的多双边国际条约和协定也从不同的角度调整着我国的对外投资关系。目前，中国已经与130个国家签订了双边投资保护协定，与107个国家签订了避免双重征税协定。在多边领域，我国已经签署并实施14个自由贸易协定，分别是中国与东盟、新加坡、巴基斯坦、新西兰、智利、秘鲁、哥斯达黎加、冰岛、格鲁吉亚、韩国、澳大利亚自贸协定。正在谈判的自贸区协定有11个，分别是中国与海湾合作委员会、挪威、以色列、马尔代夫、斯里兰卡等。自贸区协议是包含货物贸易、服务贸易和投资一体化的综合协议，其中关于投资便利化、投资保护、知识产权保护等内容对我国企业和伙伴国（地区）间的投资创造了更为宽松、透明的法律制度环境。

我国签订的有关海外直接投资的公约，目前参加的主要有《多边投资机构担保公约》《解决国家与他国国民间投资争端公约》和《与贸易有关的投资措施协议》等。此外，联合国组织制定的《跨国公司行为守则》、世界银行主持制定的《外国直接投资待遇指南》对我国的对外投资也有重要的意义。

（二）完善中国对外投资立法的建议

1. 尽快制定《海外直接投资法》

本法应由全国人大或人大常委会制定，应明确肯定发展海外直接投资对我国开拓两个市场、利用两种资源、实现内外双向良性循环的积极作用，当然它的内容应包括：我国对海外直接投资的原则；海外直接投资管理制度；海外直接投资主体范围和投资形式；海外投资的法律责任规定。我们还可以适时根据我们海外直接投资的发展情况，及时制定海外投资基本法的实施细则和其他相关的单行法规，以此还可形成一个以海外直接投资基本法为主体，各种单行法律和机关配套为辅的调整我国海外直接投资的法律体系。

2. 成立专门管理境外投资的机构

我国海外直接投资现行的分级管理，多头审批体制，已严重阻碍了我国海外直接投资的进一步发展，现在成立统一的海外直接投资管理部门，加强对此的宏观调控已势在必行。根据目前的实际情况，可由商务部牵头，以国家外汇管理局、国有资产监督管理委员会、国家发改委、国家税务总局、中国人民银行、海关总署等部委共同派员组建中国海外直接投资管理委员会，由其在宏观上对海外直接投资进行协调、规划，彻底扭转以前各个部门彼此之间缺乏协调、权责界限不清的局面，当然在对海外企业进行管理时，应以法律手段和经济手段为主来调控产业布局与投资结构，不应介入企业的微观经营。这样既可以防止市场过程中的随意性，又可以避免投资风险。

3. 完善海外投资企业的监管机制

首先，应该健全海外投资企业的审批制度，严格规定海外投资企业的风险投资限额和投资资格的评估制度；其次，强化对海外企业的后续管理，加强税收、外汇、财务制度的监督；再次，对国有资产的海外投资项目，应采取投资责任主体制度和投资项目法人责任制度，即“谁投资，谁负责”原则，必须将恶意欺诈国有资产的违法犯罪分子及时绳之以法，尽量挽回损失；最后，对民间投资主体的海外企业，也应纳入政府监管范围，接受政府部门的审批或备案，防止资产的境外流失。

4. 建立海外直接投资保险制度

目前海外直接投资保险制度已为发达国家所广泛采用，成了资本输出国保护与鼓励海外直接投资的重要法律制度。我国应充分借鉴其成功经验，建立我国的海外投资保险制度。重点就合格投资者、合格投资、承保险别、合格东道国和代位权等做出明确的规定，来适应目前我国投资的需要，尤其是对合格东道国不应局限于发展中国家，完全可以覆盖到与我国有投资往来的发达国家。当然，对投保范围、投资本身的性质、保险金额、保险费等内容也应做出适合我国海外直接投资特点的规定，使其既符合国际惯例，又适合我国国情。

总之，我国作为世界上最大的发展中国家，具有对外投资的巨大潜力，在取长补短、兼收并蓄思想的指导下，我国定能探索出一套有中国特色的海外投资支持体系。

复习思考题

1. 归纳中国吸收外商直接投资的主要特征。
2. 归纳中国对外直接投资的主要特征。
3. 结合中国实践，讨论国际直接投资对东道国的对外贸易效应体现在哪些方面？
4. 对外直接投资对母国的对外贸易效应体现在哪些方面？
5. 世界贸易组织《与贸易有关的投资措施协议》的主要原则有哪些？
6. 分别归纳我国在吸收外商直接投资与对外直接投资方面法律与制度完善上的进展。

本章关键词

对外贸易　外商直接投资　对外直接投资　世界贸易组织

拓展阅读

第十章　全球价值链与中国对外贸易

❖ 本章摘要及重点

本章主要内容：全球价值链理论；全球价值链分工的特点；增加值贸易统计方法；中国参与全球价值链分工情况。

本章学习重点：全球价值链的概念；全球价值链分工的特点；增加值贸易的概念；GVC 参与度指数；GVC 地位指数；中国参与全球价值链分工情况。

20世纪60年代以来，以跨国公司为主导的生产全球化和投资全球化浪潮，推动了产品的各个价值链环节在全球范围内的优化布局。全球价值链分工模式逐渐取代了产业间分工、产业内分工的传统国际分工模式，成为当代国际分工的主流。中国自改革开放以来，通过积极吸引外商直接投资和参与加工贸易，迅速参与到跨国公司主导的全球价值链分工体系中，取得了全球瞩目的成绩。与此同时，中国企业在全球价值链中也面临着“低端锁定”和贸易摩擦激增等问题。

一、全球价值链理论

（一）全球价值链的概念

全球价值链这一概念是从早期产品的价值链、全球商品链等概念逐渐演化而来的。20世纪80年代，波特（Porter）在其著作《竞争优势》中首次提出了“价值链”的概念，并将其运用于公司行为和竞争优势的分析。他认为，公司的价值创造过程主要由基本活动（包含生产、营销、运输和售后服务等环节）和支持性活动（包含原材料采购、技术开发、人力资源和财务等活动）两部分组成，这些相互联系的战略性活动构成了公司创造价值的过程，并组成了公司价值创造的链条环节，即价值链。价值链理论表明，企业之间的竞争是整条价值链的竞争，企业的竞争力取决于整条价值链的综合竞争力。同时，在企业创造价值的过程中，不同环节的价值创造过程是不同的，那些价值创造量大的环节是企业的战略性环节，为了实现企业能够创造最大化价值并获得竞争优势，应该重视企业价值链“战略性环节”的资源投入和优化配置。虽然波特的价值链理论主要是针对垂直一体化的公司，用以强调单个企业的竞争优势，但却为全球价值链概念的产生提供了基础。

Kogut在《设计全球战略：比较与竞争的增值链》中提出，“价值链就是各种生产要素（如技术、原料与劳动等）融合在一起形成各个环节的过程，然后通过择优组装，把各个环节连接起来产生最终产品，最后通过交易活动和消费等完成价值循环过程”。他认为国际商业战略实际上是国家的比较优势和企业的竞争能力之间相互作用的结果。国家比较优势决定了整个价值链条上的各个环节在国家或地区之间如何空间配置，而企业的竞争能力决定了企业应该在价值链条上的哪个环节和技术层面努力确保竞争优势。Kogut的思想把价值链从单个企业层面延伸到了国家或区域，突出了价值链的垂直分离和全球空间的再配置，对全球价值链理论的形成产生了至关重要的影响。

Gereffi等在结合价值链和价值增加链的基础上，发展出了“全球商品链”（GCC）概念。其含义是全球不同的企业在由产品的设计、生产和营销等行为组成的价值链中开展合作。在GCC基础上，根据价值链的驱动力量，Gereffi将链条分为采购者驱动（buyer-driven）的价值链和生产者驱动（producer-driven）的价值链，并对两者进行了比较研究。前者是基于全球采购商在全球生产体系中的特殊地位，强调了其在推动全球生产体系运作中研发和市场销售等方面的重要性，肯定了其对全球生产体系的初始推动作用；后者则是跨国企业对全球同一价值链条上不同生产环节在全球范围内进行空间整合的一个过程，包括企业的全球兼并和全球范围内的资源再配置等方面。这一比较研究指出了在全球生产体系的众多参与者中谁是核心治理者，即谁能控制该价值链条（生产到销售以至回收处理的一个完整价值增值和实现的过程）的要点。

Gereffi 在分析全球范围内产业联系以及产业升级问题时，在 GCC 基础上提出了“全球价值链”（GVC）概念。联合国工业发展组织对“全球价值链”的定义为，在全球范围内，为实现商品或服务的价值而连接生产、回收处理等过程的全球性跨企业网络组织，涉及从原料采集和运输，半成品和成品生产及分销，直至最终消费和回收处理的整个过程，包括了所有参与者和生产销售等活动的组织与价值、利润的分配。这一概念在近几年逐渐得到学者们的一致认可，认为该概念能系统地反映经济全球化背景下不同活动环节的整个过程，能体现不同类型的价值链和价值链网络的内容，有助于从产业的组织层面（链条的全球组织）、空间层面（全球与地方）、产品和服务层面（链条各环节如何切分）等角度来研究环节分工、产业转移等全球化下的经济现象。

（二）全球价值链的类型

全球价值链的驱动力主要来自生产者和采购者。生产者驱动是指由生产者投资来推动市场需求，形成全球生产供应链的垂直分工体系，投资者可以是试图推动地方经济发展、建立自主工业体系的本国政府，还可以是拥有技术优势、谋求市场扩张的跨国公司；采购者是指拥有强大品牌优势和国内销售渠道的经济体通过 OEM 和全球采购等生产组织起来的跨国商品流通网络，构成巨大的市场需求，推动实施出口导向型战略的发展中国家或地区的工业化进程。

根据全球价值链的驱动机制，可以将全球价值链分为两种类型，即生产者驱动的全球价值链和采购者驱动的全球价值链。生产者驱动的全球价值链主要对应于技术和资本密集型产业，而采购者驱动的全球价值链主要对应于劳动密集型产业，两者的具体区别如表 10-1 所示。

表 10-1　生产者和采购者驱动的全球价值链比较

项目	生产者驱动的全球价值链	采购者驱动的全球价值链
动力根源	产业资本	商业资本
核心能力	研究与发展、生产能力	设计、市场营销
进入障碍	规模经济	范围经济
产业分类	耐用消费品、中间商品、资本商品等	非耐用消费品
典型产业部门	汽车、计算机、航空器等	服装、鞋、玩具等
制造企业的业主	跨国企业，主要位于发达国家	地方企业，主要在发展中国家
主要产业联系	以投资为主线	以贸易为主线
主导产业结构	垂直一体化	水平一体化
辅助支撑体系	重硬环境，轻软环境	重软环境，轻硬环境
典型案例	英特尔、波音、丰田、海尔、格兰仕等	沃尔玛、国美、耐克、戴尔、锐步等

资料来源：张辉．全球价值链理论与我国产业发展研究．中国工业经济，2004（5）：40。

（三）全球价值链治理的模式

跨国公司作为全球价值链布局的主导力量，通过复杂的供应商关系网和不同的治理模式来对全球价值链进行管理。跨国公司的全球治理模式分为对外直接投资（FDI）模式、市场交易（arm's-length transactions）模式和非股权模式（non-equity modes，NEM）三种形式。跨国公司到底采取哪种或哪几种模式来对其全球价值链进行治理，取决于交易成本、实力对比、外部化的风险等多种因素。治理模式不同，对供应商和东道国政府的影响不同，对全球价值链的发展产生的影响也不同。

1. 对外直接投资模式

跨国公司采取对外直接投资方式作为其全球价值链的治理模式，要求其具备有效协调和整合海外分支机构的能力。全球价值链中的知识转移过程不仅复杂，也因其无形或难以拆解的特点而也不易被识别。由于交易可能涉及领导厂商的知识产权、隐性知识等核心能力，领导厂商没有办法利用契约来抑制机会主义行为，所以只能采用企业内部生产。但是，跨国公司在内部管理这些经营活动的成本很大，必须设置诸如人力资源、财务、运营等支持性管理机构来进行管理。在全球价值链的背景之下，发达国家的母公司为了开拓发展中国家市场、降低生产成本、获取国际竞争优势，以对外直接投资的方式在发展中国家建立子公司，母公司采用垂直一体化的层级型治理模式来对子公司进行控制和运作，主要采取总部对分支结构和关联公司的控制、经理对下属的控制等上级对下级的控制方式。

2. 市场交易模式

市场交易模式是指跨国公司向外部另一家独立的企业进行资源寻求或向其提供服务。该模式适合于信息交换的复杂程度较低，价格、质量规格易于标准化的产品或服务。市场交易型治理模式是组织经济活动最为简单而有效的模式，其运行的核心机制是传统的价格机制，双方根据价格和契约就可以控制交易的不确定性，基本不需要外在协调力。市场型治理模式主要存在于发展中国家拥有核心技术和竞争优势的产品中，或是发达国家和发展中国家价值链分工体系形成的初期。

3. 非股权模式

跨国公司使用非股权模式进行全球价值链治理的趋势显著加强。非股权模式有多种形式，如战略合作联盟、合约式生产、全球性外包等。学者们又具体将非股权模式分为俘获型、模块型和关联型三种。

俘获型非股权治理模式下，供应商的能力比较低，需要领导厂商向其提供清晰的任务指令以及技术支持，确保供应商能够成功融入其构建的全球价值链。供应商对领导厂商具有很强的依赖性，其资产的专属性高，成为“俘虏型供应商”。而领导厂商为了保证长期稳定的供应，也会提供各种支持来保证与供应商之间的合作关系。例如，宜家的贸易销售部门会对全球各地供应商进行定期的现场拜访，通过向当地供应商提供技术支持，帮助它们提升运营和创新能力。这种治理模式下供应商的独立性较低，类似于FDI模式。在俘获型治理模式中，发达国家的跨国企业或者采购商是价值链中的主导者，设计包括技术、质量、交货、库存及价格等参数，而发展中国家仅以代工者的身份来执行这些参数。

模块型非股权治理模式能够降低全球价值链协调成本和更换供应商的难度。在电子产品领域，供应商能力较强、产品质量规格的标准化程度高，使得跨国公司不必通过复杂的交易形式去获取定制化产品。

关联型非股权治理模式适用于跨国公司与伙伴企业之间的合作需要进行无形知识的交流与核心能力共享的情形，二者之间是相互依存的关系。双方通过合约体现无形知识的交换并确保双方的投入。因此，关联型治理模式的典型代表是合资企业。

上述全球价值链三种治理模式的比较如表 10-2 所示。

表 10-2　全球价值链的不同治理模式比较

治理模式		对供应商的主要影响	对全球价值链发展的主要影响
对外直接投资模式	层级型	• 供应商是完全垂直整合的，并受到全面的管理控制	• 参与全球价值链要求获得所有权优势的唯一且快捷的方法 • 扩展技术和知识转移需要的商业联系
市场交易模式	市场型	• 交易伙伴间没有正式合作 • 客户转换成本低	• 受市场力量的影响 • 学习方式仅限于贸易渠道
非股权模式	俘获型	• 供应商相对小，购买力高度不对称 • 受到领先企业的高度监管和控制 • 侧重提高效率的知识分享	• 对少数跨国公司（具有低转换成本）的依赖相对较高 • 发生知识转移（基于互惠互利），但范围有限
	关联型	• 合作伙伴间相互依赖 • 合作伙伴间交易频繁和知识交流 • 供应商更容易生产差异化产品	• 知识转移和学习程度相对较高 • 由于领先企业具有较高的转换成本，需求更稳定
	模块型	• 对领先企业的依赖度低，供应商往往参与多个全球价值链 • 有限的特定交易投资	• 联系范围广 • 企业间信息流动量相对较高

资料来源：UNCTAD，《世界投资报告 2013》，第 144 页。

（四）全球价值链对全球发展的贡献

全球价值链对全球发展做出了显著贡献，主要体现在它促进了发展中国家 GDP 的增长、收入水平的提升，如果本地企业能够不断提高生产效率，向着价值链的高端攀升，将给其所在国带来长远发展效益。

1. 参与 GVC 获取的价值增值促进了 GDP 的增长

一国参与全球价值链能直接产生价值增值，从而对其 GDP 的增长做出贡献。UNCTAD 的研究显示，无论是发达国家还是发展中国家，其全球价值链的参与程度与其人均 GDP 增速间都呈现显著正向关系。1990—2010 年，全球价值链参与程度最高的 30 个国家的人均 GDP 增速为 3.3%，而参与程度最低的 30 个国家的人均 GDP 增速仅为 0.7%。在发展中国家，增值贸易对国家 GDP 的平均贡献率几乎达到 30%，在发达国家这个比率为 18%。

2. GVC 促进就业和收入的增长

参与全球价值链能为发展中国家创造更多就业机会。UNCTAD 的一项研究中，使用出口产品增加值中的劳动力成本作为出口带动就业的替代变量，结果发现全球价值链参与程度越高，出口创造出的就业越多。在 187 个国家样本中，参与度最高的前 25%的国家，其出口增加值中的平均劳动力成本比例达到 43%，而位于参与度后 25%的国家的这一比例为 28%。此外，2000—2010 年，187 个国家样本中，参与度增长率排名前 50%的国家，其出口增加值中劳动力成本的增速为 14%，而后 50%的国家这一比率为 9%。

3. GVC 具有技术外溢效应

GVC 具有技术外溢效应，为参与其中的发展中国家企业提供了学习机会，但是技术外溢效应的大小与知识的复杂程度、可识别程度、企业间关系、跨国公司全球价值链治理模式以及发展中国家的学习吸收能力等多种因素相关。其中，跨国公司全球价值链治理模式是技术外溢效应的关键影响因素。

在市场交易治理模式中，供应商通过买方的需求以及反馈来学习，出口中学习（learning by exporting）是企业提升能力的一种有效途径。企业甚至能够在进口中学习（learning by importing）。模块型非股权治理模式中，产品相对较复杂，而供应商的能力也较高，供应商在向领导厂商提供符合标准的产品过程中获得知识和技术的外溢。关系型非股权治理模式中，本地企业掌握着与跨国企业互补的能力和资源，双方需要进行无形知识的交换和相互学习才能实现双方的战略目标。而俘获型非股权治理模式中，供应商能力较弱，领导厂商会通过培训、转移技术等手段提升其能力，确保目标的完成。但是供应商将被锁定在价值链的低端环节，对跨国公司形成较强的依赖。直接投资治理模式下，技术会在母公司与子公司、子公司之间进行转移。跨国公司下属子公司也会积极进行技术研发，提升其技术能力。跨国公司子公司所具有的技术优势会引发发展中国际本土企业的学习模仿，产生正向的技术外溢效应。

4. GVC 能带来产业升级的长远发展效应

参与全球价值链企业的生产率的不断提升推动了所在国家的产业升级。企业可以通过四条途径实现在全球价值链条上的升级，包括产品升级、工艺升级、功能升级和链条升级。

产品升级，是指企业通过进入单位产值更高的产品领域实现升级。比如旅游业的价值链中，企业可以通过提供更高档的酒店或进入生态主题、保健主题等细分的旅游服务市场而实现升级。

工艺升级，是指企业通过采用更先进的技术或重新组织生产过程以提升产品产出效率，实现企业的升级。例如世界农产品的全球价值链中，为满足高品质农产品生产需求，领导厂商会鼓励发展中国家的供应商进行 GAP（Good Agricultural Practice）认证，并向其提供田间管理、采收、储存、运输等方面的培训和技术支持。

功能升级，是指企业获取价值链中新的功能环节，如从生产环节进入设计或市场营销环节，提升企业把握全产业链的能力。在全球服装产业价值链条中，服装企业的功能升级路径是从海外合同的裁剪与缝制，到具备为买方提供全系列产品生产能力，再到具有研发设计能力的自主品牌制造（OBM）。

链条升级，是指企业运用其在某一产业价值链中获得的能力进入到另一个新的产业。如服装行业的企业进入汽车行业从事汽车坐垫生产或非服装用途的产业用纺织品。在印度的离岸服务价值链中，本地企业在 20 世纪 90 年代主要参与软件开发环节，到了 21 世纪初，商务流程外包和知识流程外包业务也发展起来。

二、全球价值链分工

（一）全球价值链分工的概念

国际贸易发展的基础来自国际分工，也就是世界上不同国家和地区之间的劳动分工，它是一个国家或地区的内部社会分工不断深化发展的结果。从第一次工业革命到现在，国际分工先后经历了产业间分工、产业内分工和产品内分工三种形式。近年来，基于产品“价值链”概念的全球价值链分工，被认为是产品内分工模式的进一步深化。

技术的进步使得产品的生产过程变得更加精细和可分割。跨国公司在其全球战略指引下，基于东道国要素禀赋优势，对产品生产环节进行全球布局，基于产品内不同生产环节的国际分工模式逐步形成。来自不同学科背景的学者们从不同视角对这种产品内分工现象进行研究，提出了多个概念，如“产品内分工”（Davis，1995；Amdt，1997，1998）、“垂直专业化”（Yeats，1998；Hummel，Rapoport &Y，2001；Irwin，2002）、“价值链分解”（Krugman，1995）、“全球外包”（Arndt，1997）、“国际化生产网络”（Vanables，2004）等。本书使用卢锋的产品内分工的定义，即产品内分工是指特定产品生产过程的不同工序或区段，通过空间分散化展开成跨区或跨国性的生产链条或体系，从而使越来越多国家或地区企业参与特定产品生产过程不同环节或区段的生产或供应活动。与早期的产业间和产业内分工形态相比，产品内分工对一国的技术和资本禀赋的要求相对较低，只要具备某一阶段或某一部件生产的比较优势即可参与到国际分工体系中，承担与本国禀赋条件相适应的生产任务。因此，产品内分工为发展中国家融入国际分工体系提供了更多机会。

在此分工模式下，一个完整的商品生产流程被分割成若干阶段，由于各个阶段具有不同的价值增值能力，这些连续的、可分割的增值阶段实际上就构成了产品内分工的价值链。不同禀赋条件的国家参与不同价值链环节的生产，或者说产品生产过程中的不同价值链环节在全球范围内进行最优布局。从这个意义上看，产品内分工实质就是基于产品价值链环节的分工。

近年来，信息技术的发展使得交易成本、信息传输成本进一步降低。同时，在经济全球化、区域经济一体化浪潮下，各国的贸易和投资等制度环境也变得更加宽松。这些因素推动着产品内分工继续深化发展，使得国际分工突破了产品的生产环节，扩展到包括产品研发设计、原材料采购、零部件生产、成品组装、运输、品牌营销、售后服务、财务支持、人力资源管理在内的企业整个的价值创造过程。为更好地实现产品或服务的价值，跨国公司对价值链进行分解并在全球范围内优化配置，组建起了全球性的跨企业网络组织。这种基于价值链环节的新型国际分工形式，被称之为全球价值链分工，是产品内分工的更高级形式。

（二）全球价值链分工的特点

全球价值链分工模式的典型表现就是，发达国家的企业为了提高核心竞争力，把研发设计、品牌服务、营销等附加值较高的环节留在国内，而把一些附加值较低的劳动密集型等加工组装生产环节转移给劳动力资源丰富的发展中国家。与传统的以最终产品为基础进行的产业间分工和产业内分工不同，全球价值链分工具有以下新特征：

第一，全球价值链分工是一种要素合作。传统的国际产业内部或产品间分工逐渐演进为产业链条、产品工序的分解与全球化要素配置。国际分工的边界正从产业层次转换为价值链层次。在价值链分解的基础上，每一个企业根据自己的资源优势，专心于价值链上的某一环节或某一工序，在价值链的某一环节找到自己的位置并进而获得市场份额和分工利益。国际分工已进入全方位的要素合作时期。

第二，全球价值链分工促进了中间产品和零部件的国际贸易。一是中间产品和零部件贸易已成为国际贸易的主流，且还在增长；二是跨国公司成为国际分工的主要参与者和组织者。

第三，跨国公司是全球价值链分工的主角，也是国际分工不断深化的主要推动者。随着跨国公司规模的日益扩大，它们越来越注重从全球战略出发组织生产经营。为了获得竞争优势，跨国公司按照不同地区的要素特征，在全球范围内优化配置各项要素，建立全球性的产销网络。跨国公司的产品可能包含许多国家生产的零部件，产品的设计、生产、组装以及销售分布在不同国家和地区，带来了资源、信息、技术等方面的共享。跨国公司把整个世界都视为自己的生产车间与销售市场，以追求利润的最大化。

第四，一个国家或企业的相对优势由其在价值链上所处的位置决定。一个国家或地区国际分工的地位主要表现为产业链条或产品工序所处的地位及增值能力。具体而言，产业链条层次由生产制造环节向研发设计和品牌营销环节的转移是增值能力和分工地位提升的显著标志。而生产环节又可细分为上游生产（关键零部件的生产，像计算机的芯片、微波炉的磁控管等）和下游生产（终端的加工组装），越接近上游的生产，技术含量越高，附加值越大；越接近下游的生产，知识技能的要求越低，附加值也越小。

第五，外包成为全球价值链分工的典型标志。外包是企业整合外部最优秀的专业化资源，从而达到降低成本、提高效率、充分发挥自身核心竞争力和增强企业对环境的应变能力的一种管理模式。目前，不仅制造业大量外包外移，服务业外包的发展也势不可挡，其中发展最快的有商务服务、计算机及相关服务、影视和文化服务、互联网相关服务及专业服务等。在当今的价值链分工体系中，中国承接了大部分制造业，服务业则由印度承接。印度承担的外包业务包括接听顾客电话、管理计算机网络、处理发货单据以及按照世界各地跨国公司的要求编写软件等。

三、全球价值链视角下的贸易统计

（一）全球价值链对传统国际贸易统计方法提出挑战

全球价值链分工背景下，传统的国际贸易统计方法显露出了它的弊端。随着国际产业分工的深入和范围的扩大，工业制成品的生产分工愈来愈广，生产工序不断细化，生产链条逐渐拉长，产品生产跨越多个国界的现象愈来愈普遍。全球价值链分工模式下，来自一国的原材料被出口至第二国的关联企业进行加工，接着可能会再次出口至第三国的工厂加工成成品，然后再次出口至第四国消费市场。原材料的价值和前几个生产环节的增值在世界出口总额中会被多次计算。

以最终产品为统计对象的传统国际贸易统计方式，不仅夸大了世界贸易的规模，更重要的是它扩大或减少了双边贸易的不平衡状况，扭曲了各国在世界贸易中的真实利得。例如，2010 年，戴德里克（Dedrick）等研究了苹果公司的 iPod 产品，其零部件在其他国家生产，由中国组装并出口，出口价值为 144 美元，却只有 4 美元是中国在该出口中真正获得的利益。绝大部分利益被苹果（美国）、三星（韩国）、东芝（日本）等提供关键设计和零部件的公司获取。

贸易数据的扭曲会导致贸易决策的误判和宏观经济政策抉择的失误。比如，当以产品总值作为双边贸易差额的统计口径时，最终产品出口方的顺差会被夸大，因为其中包含了来自其他国家的价值增值。逆差国在持续逆差的压力下，往往会对全球价值链末端国家实施贸易保护措施。而事实上，这项措施不仅会影响最终产品出口国，也很有可能对价值链上其他国家产生影响。在生产分割以及全球价值链背景下，带有重商主义色彩的“与邻为壑”贸易发展战略的结果可能是“与己为壑”。

在此情境下，如何核算各国在全球贸易中的增加值，厘清产品的全球价值链上各参与方实际获取的贸易利益，逐渐成为学术界、政府和各大国际机构关注的焦点。

（二）增加值贸易统计方法

为了从增加值角度考察各国的真实利得，学者们进行了很多研究。早期的研究主要从单个企业或行业的角度来考察产品的全球价值链，如坦皮斯特（Tempest）对芭比娃娃、Dedrick 等对 iPod 的研究等。这些研究从微观视角出发，能够清晰展示某个产品或产业的价值链构造和价值增值情况。此外，也有部分学者通过测算中间产品贸易的方式来量化全球价值链，如使用联合国 BEC 分类中的中间品数据或者加工贸易数据等。

近两年，贸易统计方法创新取得较大突破，学者们用增加值贸易去聚焦全球价值链中的价值创造环节，剔除传统贸易统计方法中重复计算部分的影响。所谓增加值贸易（trade in value-added，TiVA），可以分为增加值出口和增加值进口两种。一国的增加值出口表示其他国家最终需求中的该国的增加值含量，而一国的增加值进口，表示该国的最终需求中含有的其他国家的增加值。

1. OECD-WTO TiVA 数据库

为推动国际贸易统计方式改革，支持增加值贸易测算方法与统计数据库的建立，WTO

于2010年发起了“世界制造”倡议，与OECD联合进行“国家间投入产出模型”研究。2013年5月，由OECD和WTO联合发起构建的OECD-WTO TiVA数据库正式公布。该数据库是在OECD单国投入产出表的基础上，并结合OECD双边贸易数据库、国际服务贸易统计和STAN产业数据库，进而建立起一系列反映全球生产网络的指标体系。2015年10月，OECD-WTO TiVA数据库进行了更新。2015年版本将各国经济划分为34个产业部门，囊括了61个经济体，包括所有34个OECD成员经济体、欧盟27国以及阿根廷、巴西、中国、印度、印度尼西亚、俄罗斯、南非等26个非OECD成员。在时间上它包括了1995年、2000年、2005年、2008年、2009年、2010年和2011年共7个年份的数据。其含有的指标体系包括：按目的地划分的各国增加值出口、分行业出口的国内增加值、分行业出口的国外增加值、出口中的服务含量、按照贸易增加值方法核算的双边贸易差额和出口的中间进口品含量等等。OECD-WTO TiVA数据库直观反映了全球价值链的分布情况，极大地减少了使用者的数据处理工作量。

2. 全球价值链与中国贸易增加值核算数据库

为了更准确测算我国在对外贸易中获得的利益，认清我国在全球价值链中所处的位置，给政府制定贸易政策提供决策参考。2012年5月，商务部、海关总署、国家统计局、国家外汇管理局联合启动了“全球价值链与国际贸易利益研究”重大课题的研究，组织了由中国科学院数学与系统科学研究院、海关总署、国家统计局、国家外汇管理局、中国科学院大学管理学院、对外经济贸易大学等单位的相关成员组成中国全球价值链研究课题组，对我国的贸易增加值核算方法、中国从主要贸易伙伴进口增加值的核算方法、年度贸易增加值的核算、在世界投入产出表中区分加工贸易的模型与方法等系列问题进行深入研究。

该课题组利用商务部、海关总署、国家统计局和国家外汇管理局提供的数据，通过大量的数据加工，编制了2010年中国65部门反映加工贸易的非竞争型投入产出表和2012年中国139部门反映加工贸易的非竞争型投入产出表。基于两个表和相应年度的货物贸易和服务贸易数据，核算出了2010—2013年中国总出口、不同贸易类型的出口、对主要贸易伙伴的出口含有的国内增加值和对就业的拉动情况。研究成果“全球价值链与中国贸易增加值核算数据库”已经在商务部网站公开发布。

四、全球价值链视角下我国的对外贸易现状

（一）加工贸易是我国参与全球价值链分工的重要途径

我国的加工贸易起步于20世纪50年代中期的“以进养出”业务，至今已有60多年的历史。改革开放后，加工贸易得到迅速发展，逐步成为我国承接国际产业转移、参与全球价值链分工的主要方式。改革开放之初，我国的加工贸易以来料加工为主。20世纪80年代后期至90年代初，加工贸易以进料加工为主，服装、纺织、皮革制品等传统的劳动密集型产业在我国迅速成长。随着经济全球化的发展，国际分工的深化，外资企业纷纷到我国进行投资，外资企业在我国加工贸易的比重不断增加。1994年外资企业占加工贸易出口的53.8%，首次超过一半。加工贸易进入外商投资

发展的新阶段，成为我国加工贸易发展的主要动力。1981—2015 年我国加工贸易情况如表 10-3 所示。

表 10-3　1981—2015 年我国加工贸易情况

年份	进出口总额（亿美元）	加工贸易出口（亿美元）	加工贸易进口（亿美元）	加工贸易占比（%）
1981	440.2	11.31	15.04	6.0
1985	696.0	33.16	42.74	10.9
1990	1 154.4	254.2	187.6	38.3
1995	2 808.6	737.0	583.7	47.0
2000	4 743.0	1 376.1	926.0	48.5
2001	5 097.7	1 474.5	939.8	47.4
2002	6 207.9	1 799.4	1 222.2	48.7
2003	8 512.1	2 418.5	1 629.4	47.6
2004	11 547.4	3 279.9	2 217.4	47.6
2005	14 221.2	4 164.7	2 740.1	48.6
2006	17 606.9	5 103.7	3 214.9	47.2
2007	21 738.3	6 176.5	3 684.0	45.4
2008	25 616.3	6 751.8	3 784.1	41.1
2009	22 072.7	5 869.8	3 223.4	41.2
2010	29 727.6	7 405.4	4 174.9	38.9
2011	36 420.6	8 354	4 698	35.8
2012	38 669.8	8 628	4 812	34.8
2013	41 603.3	8 605	4 970	32.6
2014	43 030.4	8 842.6	5 243.5	32.7
2015	39 586.4	7 982.5	4 473.8	31.5

资料来源：根据国家统计局网站发布的各年度《国民经济和社会发展统计公报》数据整理得出。

（二）我国的对外贸易增加值现状

1. 以增加值统计的出口规模显著缩小

2010—2013 年，中国出口总值（包括货物出口和服务出口）分别为 17 480.0 亿美元、

20 804.7 亿美元、22 392.2 亿美元和 24 195.9 亿美元，与中国当年 GDP 的比率分别约为（按当年平均汇率计）：28.9%、27.8%、26.5% 和 25.5%。若以增加值来核算，则 2010—2013 年中国出口的增加值分别为 10 984.4 亿美元、13 244.6 亿美元、14 937.7 亿美元和 16 399.1 亿美元，仅相当于当年 GDP 的 18.2%、17.7%、17.7%和 17.3%。与以出口总值统计的结果相比，中国出口贸易规模不仅显著缩小，其与 GDP 的比率也大幅减少。具体如表 10-4 所示。

表 10-4　2010—2013 年中国货物和服务出口总值及相应的出口增加值

年份	出口总值/出口增加值（亿美元）	货物出口（亿美元）			服务贸易出口（亿美元）	总出口（亿美元）	与 GDP 比率（%）
		加工贸易出口	一般贸易出口	货物出口合计			
2010	出口总值	7 402.8	8 374.7	15 777.5	1 702.5	17 480.0	28.9
	出口增加值	2 867.8	6 683.5	9 551.3	1 433.1	10 984.4	18.2
2011	出口总值	8 345.3	10 638.5	18 983.8	1 820.9	20 804.7	27.8
	出口增加值	3 239.7	8 467.2	11 706.9	1 537.7	13 244.6	17.7
2012	出口总值	8 626.9	11 860.9	20 487.8	1 904.4	22 392.2	26.5
	出口增加值	3 448.5	9 850.3	13 298.8	1 638.9	14 937.7	17.7
2013	出口总值	8 600.4	13 489.6	22 090.0	2 105.9	24 195.9	25.5
	出口增加值	3 391.7	11 190.4	14 582.1	1 817.0	16 399.1	17.3

资料来源：中国全球价值链研究课题组. 中国推进全球价值链合作的研究与行动，商务部网站。

2. 我国与主要贸易伙伴的贸易差额变化显著

和贸易总值统计相比，以增加值核算的中美贸易顺差、中欧贸易顺差均大幅下降，而中日贸易逆差则有所扩大。2010—2013 年，以贸易总值统计每年的中美贸易顺差分别为 1 812 亿美元、2 024 亿美元、2 189 亿美元和 2 161 美元，但以贸易增加值核算的中美贸易顺差分别降为 788 亿美元、927 亿美元、1 132 亿美元和 1 107 亿美元，分别降低 56%、54%、48%和 49%；同一时期，以贸易总值统计的中欧贸易顺差分别为 1 428 亿美元、1 448 亿美元、1 219 亿美元和 1 178 亿美元，以贸易增加值核算的贸易顺差则分别降为 845 亿美元、862 亿美元、694 亿美元和 706 亿美元，分别下降 41%、40%、43%和 40%。相比之下，以贸易增加值核算的中日贸易逆差和贸易总值统计的中日贸易逆差相比，2010—2013 年分别扩大了 17%、31%、65%和 158%。

3. 我国每单位出口的增加值较低

我国单位出口的增加值相对较低，通常不足出口总值的 70%。2010 年、2011 年、2012 年和 2013 年我国每 1 000 美元货物和服务出口拉动的国内增加值分别为 628 美元、637 美元、667 美元和 678 美元。

影响单位出口的增加值的因素很多，比如出口产品结构、产品的直接增加值率等。此外，我国加工贸易规模和占比较大的特殊贸易结构也是拉低单位出口增加值的重要因素。

4. 我国单位加工贸易出口增加值远低于单位一般贸易出口增加值

单位加工贸易出口的国内增加值远低于单位一般贸易出口增加值。2013 年每 1 000 美元一般贸易出口的增加值为 830 美元，而每 1 000 美元加工贸易出口的增加值为 394 美元，不足一般贸易出口的一半。目前，我国的加工贸易出口生产所需的大量原料、材料和零部件都来自海外，一些加工贸易出口品仅在我国进行简单的组装或焊接等加工程序，产品生产所需的国内工序和原材料均较少，进而产生的国内增加值也较少。

5. 我国单位服务出口的增加值远高于单位货物出口的增加值

中国 2013 年每 1 000 美元服务出口的增加值为 863 美元，而每 1 000 美元货物出口的国内增加值为 660 美元。相对而言，服务出口中进口品的投入要少于货物出口，更多的是国内产品和劳动力的投入，因此单位服务出口中所含的国内增加值高于货物出口。虽然目前服务贸易在总出口中的比重不足 10%，2010—2013 年平均年增长速度仅为 7.4%，较货物出口年平均 12.0%的增速为低，但其对中国经济的拉动作用不可小视。若能促进服务出口增长，提高服务出口占比，将能有效提高中国出口增加值。

6. 我国劳动密集型产业单位出口增加值高于技术密集型产业单位出口增加值

中国传统劳动密集型产业单位出口具有相对较高的增加值，而技术密集型产业单位出口的增加值含量较低。2012 年，一般贸易出口中，农林牧渔业每 1 000 美元出口的国内增加值含量高达 892 美元，而采矿业（包括煤炭、石油和天然气、黑色金属矿、有色金属矿、非金属矿及其他矿 5 个部门），每 1 000 美元出口的增加值均高于 800 美元，如煤炭开采和洗选业 909 美元，非金属矿及其他矿采选业 869 美元，石油和天然气开采业 862 美元。食品及酒精饮料、烟草制品业每 1 000 美元出口分别能拉动 923 美元和 937 美元的增加值。纺织、针织制成品制造业，纺织服装、鞋、帽制造业等传统的劳动密集型产业出口的增加值也较高，1 000 美元出口所带来的增加值均在 850 美元以上。作为技术密集型产业和高技术产业的部门如交通运输设备制造业、电气设备、电子计算机制造业、电子元器件制造业等，由于在其生产过程中进口品中间投入所占比重相对较高，其 1 000 美元出口所带来的增加值均不足 850 美元。如电子计算机制造业每 1 000 美元出口的增加值仅有 630 美元，是制造业一般贸易单位出口的增加值最低的部门。

加工贸易出口增加值情况与一般贸易出口类似。传统的劳动密集型产业单位出口拉动国内增加值相对较高。如纺织、针织制成品制造业每 1 000 美元出口中国内增加值为 561 美元，纺织服装、鞋、帽制造业为 472 美元。对于技术密集型的电子类产品生产部门，加工贸易的主要生产模式为进口国外零部件和原材料，在国内进行加工和组装为成品后再出口，其中的主要国内投入为廉价的劳动力，生产过程中的电力、水资源等公共资源，还有一部分原材料投入。因此，在加工贸易中，技术密集型产业和高技术产业部门 1 000 美元出口的增加值甚至不足 400 美元，如电子元器件制造业 259 美元、电气设备制造业 293 美元、汽车制造业 340 美元等。

造成上述现象的原因仍然与我国的加工贸易有关，加工贸易出口比重是影响各部门单位出口增加值的一个重要因素。研究发现，单位出口增加值含量较低的部门，一般有较高的加工贸易出口比重。中国有接近 1/3 的制造业部门以加工贸易为主要出口方式，这对中国总出口中的增加值含量影响较大。如电子计算机制造业，其一般贸易出口每 1 000 美元出口中国内增加值为 630 美元，加工贸易出口每 1 000 美元出口增加值为 465 美元。但是 2012 年其出口中 88.3%为加工贸易出口，使得该部门每 1 000 美元出口的增加值降低为 484 美元。

（三）我国的全球价值链参与度和地位

1. GVC 参与度指数和 GVC 地位指数

测算出一国贸易中的国内增加值情况，只能说明该国获得的增加值的多少，在一定程度上体现该国在全球价值链中的贸易利得，但是我们仍然无法了解其参与全球价值链分工的程度以及在全球价值链中的地位。库普曼等（Koopman，et al）提出的 GVC 参与度指数和 GVC 地位指数则为我们提供了分析一国参与全球价值链程度及其地位的工具。

（1）GVC 参与度指数：

$$GVC\_Participation_{ir} = \frac{IV_{ir}}{E_{ir}} + \frac{FV_{ir}}{E_{ir}}$$

GVC 参与度指数衡量的是一国某产业参与全球价值链分工的程度。其中，i 表示产业，r 表示国家，IV_{ir}表示 r 国 i 产业的间接增加值出口，即有多少价值增值被包含在 r 国 i 产业的中间品出口中经一国加工后又出口给第三国。而 FV_{ir}则表示 r 国 i 产业出口中包含的国外价值增值，E_{ir}表示 r 国 i 产业的总出口。该指标值越大，表明一国参与国际价值链的程度越高。

（2）GVC 地位指数：

$$GVC\_Position_{ir} = \ln\left(1 + \frac{IV_{ir}}{E_{ir}}\right) - \ln\left(1 + \frac{FV_{ir}}{E_{ir}}\right)$$

GVC 地位指数衡量一国某产业在全球价值链中的地位，用该产业出口给进口国且供进口国用于继续出口的中间品的对数值，减去该产业出口中使用的进口中间品的对数值。该指标的基本思想是，一国特定产业在全球价值链分工中的国际分工地位反映在该产业作为中间品出口方与作为中间品进口方的相对重要性上。如果一国处于价值链的上游环节，它会通过向其他国家提供原材料或者中间品，参与国际生产。对于这样的国家，其间接价值增值（IV）占总出口的比例就会高于国外价值增值（FV）的比例。相反，如果一国处于价值链的下游环节，就会使用大量来自别国的中间品来生产最终产品，此时 IV 会小于 FV。该指标越大，表明一国在国际生产链上所处的位置就越高；该指标越小，则表明一国在国际价值链上的位置越靠近下游。

在这两个指数的使用上，库普曼建议应将二者结合起来进行考查。因为，可能两个国家的某个行业拥有相同的 GVC 地位指数，但是 GVC 参与度指数确完全不同。如果一个国家的某产业参与全球价值链的程度很低，其 GVC 地位指数就会丧失研究意义。

2. 我国制造业在全球价值链分工中的地位

制造业是最能体现跨国公司全球产业布局和全球价值链构建的行业，本部分以制造业为对象，利用 OECD-WTO TiVA 数据库提供的数据，分析我国制造业参与全球价值链分工的程度和其在全球价值链分工中所处的地位。

（1）我国制造业整体在全球价值链中的地位。

从表10-5可以看出，我国制造业的全球价值链分工参与度非常高，制造业已经深度融入全球价值链分工体系。1995—2011年，我国制造业的全球价值链分工参与度指数从0.739，进一步提高到0.774，超过世界绝大部分国家和地区。

表10-5　1995—2011年各国制造业的GVC地位指数

国家	1995年	2000年	2005年	2008年	2009年	2010年	2011年
德国	0.168 (0.567)	0.101 (0.607)	0.076 (0.606)	0.028 (0.626)	0.066 (0.620)	0.032 (0.601)	0.005 (0.612)
日本	0.314 (0.537)	0.287 (0.547)	0.229 (0.570)	0.174 (0.613)	0.231 (0.580)	0.198 (0.566)	0.179 (0.592)
韩国	0.068 (0.636)	-0.042 (0.649)	-0.067 (0.671)	-0.179 (0.717)	-0.120 (0.699)	-0.134 (0.703)	-0.163 (0.717)
墨西哥	-0.045 (0.711)	-0.136 (0.731)	-0.120 (0.749)	-0.131 (0.740)	-0.130 (0.731)	-0.140 (0.735)	-0.111 (0.717)
美国	0.191 (0.566)	0.171 (0.570)	0.155 (0.572)	0.125 (0.602)	0.164 (0.550)	0.139 (0.566)	0.118 (0.583)
巴西	0.320 (0.618)	0.287 (0.673)	0.305 (0.701)	0.285 (0.717)	0.321 (0.682)	0.328 (0.712)	0.322 (0.721)
中国	-0.161 (0.739)	-0.198 (0.739)	-0.139 (0.766)	-0.015 (0.769)	-0.002 (0.779)	-0.021 (0.773)	-0.019 (0.774)
印度	0.333 (0.696)	0.285 (0.685)	0.149 (0.704)	0.038 (0.738)	0.083 (0.745)	0.048 (0.741)	0.016 (0.744)
印度尼西亚	0.151 (0.587)	0.086 (0.597)	0.108 (0.585)	0.117 (0.581)	0.189 (0.569)	0.188 (0.574)	0.163 (0.582)
马来西亚	-0.088 (0.655)	-0.328 (0.759)	-0.243 (0.791)	-0.201 (0.792)	-0.173 (0.788)	-0.179 (0.784)	-0.189 (0.784)
菲律宾	-0.138 (0.641)	-0.088 (0.689)	-0.209 (0.706)	-0.135 (0.630)	-0.078 (0.605)	-0.070 (0.617)	0.008 (0.590)
新加坡	-0.230 (0.727)	-0.274 (0.699)	-0.129 (0.694)	-0.129 (0.679)	-0.193 (0.718)	-0.181 (0.713)	-0.192 (0.719)

数据来源：根据OECD-WTO TiVA数据库2015年更新的数据计算得出。括号里为GVC参与度。

从全球价值链地位指数来看，我国制造业全球价值链分工地位指数呈现先大幅下降，后缓慢上升的演变特征，但指数值一直为负，说明我国制造业在全球价值链中一直处于较低位置。

（2）我国制造业子行业在全球价值链中的地位。

如表10-6所示，从制造业各行业来看，我国交通运输设备和机械设备制造业的全球价值链地位上升趋势明显。此外，我国传统的出口优势产品，如纺织、皮革及鞋类制造业的国际分工地位稳步提升，逐渐向上游位置靠近；化学及非金属矿物制品业、电子和光学设备制造业等行业都处在全球价值链分工的下游。

表10-6　1995—2011年我国制造业子行业的GVC地位指数

行业	1995年	2000年	2005年	2008年	2009年	2010年	2011年
食品饮料烟草业	-0.085 (0.658)	-0.018 (0.675)	0.147 (0.695)	0.215 (0.746)	0.241 (0.760)	0.201 (0.766)	0.192 (0.772)
纺织、皮革及鞋类制造业	-0.063 (0.777)	-0.045 (0.701)	0.073 (0.718)	0.179 (0.753)	0.203 (0.761)	0.164 (0.754)	0.168 (0.762)
木材造纸印刷出版业	-0.205 (0.726)	-0.203 (0.744)	-0.008 (0.734)	0.0118 (0.762)	-0.000 (0.764)	-0.013 (0.759)	-0.051 (0.769)
化学及非金属矿物制品业	-0.209 (0.708)	-0.199 (0.726)	-0.088 (0.749)	-0.013 (0.776)	0.030 (0.779)	0.000 (0.778)	-0.032 (0.782)
基础金属和金属制品业	0.009 (0.701)	-0.008 (0.760)	0.058 (0.744)	0.134 (0.759)	0.126 (0.765)	0.105 (0.761)	0.083 (0.766)
机械设备制造业	-0.076 (0.697)	-0.058 (0.701)	0.019 (0.722)	0.102 (0.730)	0.121 (0.737)	0.102 (0.730)	0.091 (0.732)
电子和光学设备制造业	-0.519 (0.751)	-0.510 (0.803)	-0.372 (0.819)	-0.210 (0.806)	-0.195 (0.812)	-0.198 (0.810)	-0.192 (0.806)
交通运输设备制造业	-0.163 (0.715)	-0.100 (0.716)	-0.029 (0.733)	0.069 (0.734)	0.105 (0.721)	0.081 (0.689)	0.070 (0.694)
其他制造业及回收加工业	0.166 (0.786)	0.126 (0.685)	0.140 (0.704)	0.212 (0.673)	0.256 (0.745)	0.229 (0.742)	0.218 (0.744)

数据来源：根据OECD-WTO TiVA数据库2015年更新的数据计算得出。括号里为GVC参与度。

表 10-7 以电子和光学设备产品制造业为例，进行了国家间全球价值链地位指数的横向对比。对比显示，虽然中国、日本、韩国、新加坡、马来西亚、越南等国的电子和光学设备制造业的全球价值链参与度程度都很高，但日本显然居于该行业价值链的上游环节，处于主导优势地位。而其他国家，尤其是马来西亚、越南和中国，则明显处于该行业全球价值链的下游环节。但可喜的变化是，近年来，我国在该行业全球价值链中的地位提升明显。2011 年，我国该行业的全球价值链地位指数从 1995 年的-0. 519 提升到 -0. 192。

表 10-7　1995—2011 年各国电子和光学设备制造业 GVC 地位指数

国家	1995 年	2000 年	2005 年	2008 年	2009 年	2010 年	2011 年
中国	-0. 519 (0. 751)	-0. 510 (0. 803)	-0. 372 (0. 819)	-0. 210 (0. 806)	-0. 195 (0. 812)	-0. 198 (0. 810)	-0. 192 (0. 806)
日本	0. 306 (0. 519)	0. 263 (0. 530)	0. 199 (0. 539)	0. 169 (0. 565)	0. 214 (0. 553)	0. 181 (0. 530)	0. 167 (0. 551)
韩国	0. 044 (0. 613)	-0. 076 (0. 641)	-0. 084 (0. 635)	-0. 156 (0. 669)	-0. 123 (0. 671)	-0. 113 (0. 668)	-0. 123 (0. 670)
墨西哥	-0. 211 (0. 800)	-0. 245 (0. 792)	-0. 267 (0. 846)	-0. 288 (0. 853)	-0. 278 (0. 841)	-0. 266 (0. 843)	-0. 242 (0. 824)
马来西亚	-0. 220 (0. 646)	-0. 448 (0. 780)	-0. 431 (0. 806)	-0. 381 (0. 807)	-0. 336 (0. 808)	-0. 355 (0. 807)	-0. 367 (0. 815)
新加坡	-0. 227 (0. 738)	-0. 269 (0. 696)	-0. 081 (0. 654)	-0. 007 (0. 674)	-0. 067 (0. 724)	-0. 065 (0. 686)	-0. 082 (0. 697)
越南	-0. 243 (0. 769)	-0. 335 (0. 782)	-0. 306 (0. 774)	-0. 401 (0. 819)	-0. 359 (0. 827)	-0. 358 (0. 826)	-0. 388 (0. 838)
德国	0. 148 (0. 529)	0. 082 (0. 562)	0. 068 (0. 556)	0. 027 (0. 568)	0. 060 (0. 552)	0. 028 (0. 526)	0. 026 (0. 536)

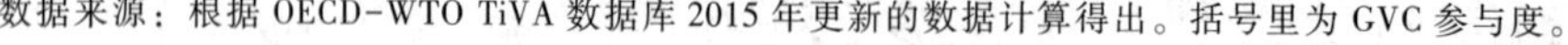
数据来源：根据 OECD-WTO TiVA 数据库 2015 年更新的数据计算得出。括号里为 GVC 参与度。

五、全球价值链带来的启示

（一）发展中国家如何在参与全球价值链的同时避免“低端锁定”

施米茨（Schmitz）指出，发展中国家在实现起飞或低端阶段的工业化进程中，发展中国家企业容易与发达国家的跨国公司形成俘获型价值链生产关系，成为跨国公司主导的价值链中的低端产品供应者或者简单环节的加工者。企业或者产业集群加入俘获型全球价值链后，虽然容易实现产品升级和工艺升级，却很难发生功能升级和链条升级，大量企业陷入“低端锁定”的怪圈中。

“低端锁定”的负面影响在于使全球价值链中附加值较高的环节长期被发达国家的主导企业所把持，低端、弱势企业的利润空间被挤压，往往会陷入低价无序的恶性竞争之中，这不仅不利于企业核心竞争力的提升，而且容易导致价值链低端企业所在国产生资源环境的持续恶化和国内福利水平的长期低下，即产生所谓的“贫困式增长”。

对于发展中国家企业来说，“被俘获”也许是一种被动的无奈选择，但是我们应该积极寻求在价值链中的升级路径，逐渐攀升至价值链的中高端环节。积极培育自己的优势产业，构建由我们的跨国企业主导的全球价值链，从而获取更多的贸易利益。

（二）全球价值链时代更加需要促进贸易和投资便利化

在全球价值链下，中间产品进口的贸易壁垒会产生累积和放大效应，显著提高贸易保护成本。中间产品要进行多次跨境交易，即使这些关税和非关税措施水平很低，保护程度也会被多次累积，进而严重影响最终产品的成本与价格。通过大幅度削减中间品关税和降低非关税壁垒，能够有效降低下游加工制造行业的生产成本，提升一国在最终产品市场中的出口竞争力。

贸易便利化措施对全球价值链的重要作用主要体现在：降低通关与物流费用，节省贸易的时间成本，增加透明度与可预测性。快速和高效的通关环境能够使供应链运转得更平稳，减少企业对存货的依赖以及对世界需求的变化快速做出回应。简化边境措施能够帮助一国在全球价值链中降低贸易和经营成本，获得参与全球价值链带来的收益。

在全球价值链体系下，贸易与投资具有很强的交融性，FDI能够显著促进一国参与全球价值链，更有利于促进技术和知识的转移和外溢。第二代贸易政策一个重要特点是在知识产权、竞争政策、环境、劳工等诸多议题上与投资问题具有交集和互补。因此，促进投资自由化和便利化，完善投资环境，对提升全球价值链出口能力具有非常重要的作用。在具体措施上，首先，应降低投资壁垒和简化投资准入程序，给予外国投资者准入前国民待遇，减少本国对外国投资的股权和所有权限制及业绩要求，促进商业人员流动，放宽部分自然人流动限制，放宽外汇兑换和利润汇回的相关法律法规；其次，应加强对外国投资的保护，调整国内关于征用、国有化的法律法规；最后，应为外国投资者提供有保障的争端解决机制，如承诺投资者-东道国争端解决机制等。

复习思考题

1. 全球价值链分工与传统国际分工之间有哪些重要的差异？
2. 嵌入全球价值链对于发展中国家有哪些积极作用和风险？
3. 全球价值链分工对传统国际贸易的影响体现在哪些方面？

本章关键词

全球价值链　贸易增加值　GVC 参与度指数　GVC 地位指数

拓展阅读

主要参考文献

1. 龙永图. “一带一路”战略与中国对外开放战略的新特点. 区域经济评论，2016（5）.

2. 龙永图. 新常态下的中国对外开放战略. 探索与争鸣，2015（2）.

3. 周天勇. 国内外形势变化与中国对外开放战略调整. 当代世界与社会主义，2017（2）.

4. 马永伟，黄茂兴. 中国对外开放战略演进与新时代实践创新. 亚太经济，2018（4）.

5. 中华人民共和国商务部. 中国对外贸易形势报告（2017年秋季），2017.

6. 高丽娜，蒋伏心. “一带一路”建设与新时代我国对外开放战略升级——基于两轮对外开放比较的视角. 青海社会科学，2018（1）.

7. 金卫英. 我国对外贸易可持续发展能力研究. 经贸实践，2018（1）.

8. 中华人民共和国商务部. 关于品牌促进体系建设的若干意见，2006.

9. 申现杰，肖金成. 国际区域经济合作新形势与我国“一带一路”合作战略. 宏观经济研究，2014（11）.

10. 孙玉琴，苏小莉. “一带一路”倡议背景下我国开拓中东欧市场的策略思考. 国际贸易，2017（2）.

11. 徐桓，翁东东. 中国跨境电商企业在东南亚市场的机遇及挑战. 劳动保障世界，2016（21）.

12. 石良平，周阳. 试论中国（上海）自由贸易试验区海关监管制度的改革. 上海海关学院学报，2013（4）.

13. 徐静，王谢勇. 我国自由贸易试验区：研究回顾、发展现状及展望. 大连大学学报，2018（1）.

14. 李凯杰. 中国自由贸易试验区向自由贸易港转变研究. 国际经济合作，2017（12）.

15. 盛斌. 中国自由贸易试验区的评估与展望. 国际贸易，2017（6）.

16. 葛顺奇，沈玉昊. 贸易便利化措施比较及中国自贸区的实践. 国际经济合作，2017（4）.

17. 李本. 出口信用保险制度的财政风险与监管设计. 华东师范大学学报（哲学社会科学版），2012（6）.

18. 国家统计局，科学技术部. 中国科技统计年鉴（2017）. 北京：中国统计出版社，2017.

19. 刘尊涛，周平轩. 借鉴经验深化税收征管体制改革. 税务研究，2017（1）.

20. 张建国. 跨境电子商务与海关管理研究综述及展望. 海关与经贸研究，2016（1）.

21. 石权，钟华. 跨境贸易电子商务进口治理体系框架研究. 海关与经贸研究，2015（2）.

22. 张俊榕. 以治理理念指导跨境电子商务海关监管创新——以进境零售为视角. 海关与经贸研究，2015（1）.

23. 王淑敏，张丹. TPP 与中国海关法中通关便利化规则之比较. 海关与经贸研究，2016（5）.

24. 封荔. 中国对外技术贸易的现状、问题与竞争力提升策略. 对外经贸实务，2018（3）.

25. 徐惟，卜海. 技术贸易壁垒对技术创新和出口贸易的倒逼机制. 经济与管理研究，2018（3）.

26. 崔艳新. 供给侧结构性改革视角下我国发展技术贸易的战略思考. 国际贸易，2018（3）.

27. 中华人民共和国商务部服务贸易和商贸服务业司. 2018 中国服务贸易发展报告，2018.

28. 中华人民共和国商务部. 中国服务贸易统计（2017）. 北京：中国商务出版社，2017.

29. 林僖，鲍晓华. 区域服务贸易协定如何影响服务贸易流量？——基于增加值贸易的研究视角. 经济研究，2018（1）.

30. 刘洪愧. 区域贸易协定对增加值贸易关联的影响——基于服务贸易的实证研究. 财贸经济，2016（8）.

31. 王飞剑，林媛媛. 中国服务贸易国际竞争力研究. 合作经济与科技，2018（10）.

32. 赵竞竞. 银行业外资“准入前国民待遇”制度比较——以上海自贸区的实践为视角. 国际经贸探索，2018（2）.

33. 刘彧. 论“一带一路”背景下国际投资争端解决机制的构建. 经贸实践，2018（12）.

34. 李凯杰，葛顺奇. 外商投资“负面清单”管理模式的国际比较及启示. 国际经济合作，2018（3）.

35. 戴林莉，康婷. 论我国自贸试验区外商投资准入负面清单的价值与功能. 经济体制改革，2018（2）.

36. 檀怀玉. 中欧贸易发展潜力的实证分析——基于贸易引力模型. 当代经济管理，2017（5）.

37. 曹海波. 中欧贸易：投资驱动共创双赢. 中国海关，2014（1）.

38. 徐建炜，艾西亚，张佳唯. 英国“脱欧”会影响中欧贸易吗？国际经济评论，2017（3）.

39. 林珏. 近年来中美双边经贸关系与未来走势. 亚太经济，2015（6）.

40. 杰弗里·斯科特，肖恩·迈内尔，程覃思. 中美贸易关系的未来之路. 国际经济评论，2015（6）.

41. 马弘. 中美贸易冲突：现状、症结与前景. 江海学刊，2018（3）.

42. 李晓. 中美贸易失衡与特朗普发动贸易战的目的. 南开学报（哲学社会科学版），2018（3）.

43. 余振，周冰惠，谢旭斌，王梓楠. 参与全球价值链重构与中美贸易摩擦. 中国工业经济，2018（7）.

44. 郭周明. 美日对外投资分析及其对中国启示：基于“一带一路”视角. 国际贸易，2017（6）.

45. 李杨，刘鹏. 深化中国—东盟合作打造自贸区升级版. 国际贸易，2015（6）.

46. 张晓燕，孙乾坤. “一带一路”建设背景的中国与东盟地区的贸易往来改革，2017（9）.

47. 徐步，张博. 中国—东盟贸易关系现状、问题和前景展望. 亚太安全与海洋研究，2017（5）.

48. 张天桂. 中国—东盟贸易合作的新动能. 亚太经济，2017（4）.

49. 张季风. 中日经贸关系 70 年回顾与思考. 现代日本经济，2015（6）.

50. 李愿富. 论中国改革开放政策对中日贸易关系的影响（1978—1991 年）. 当代中国史研究，2018（3）.

51. 金继红，居乂義. 中日贸易隐含碳排放责任分配研究. 管理评论，2018（5）.

52. 陈小静. 2007—2016 年 10 年间中日贸易对比分析. 中国管理信息化，2018（8）.

53. 韩宏. 金砖国家框架下中国与俄罗斯经贸合作模式与对策. 改革与战略，2017（12）.

54. 陈宪良. 中国东北四省区与俄罗斯经贸合作现状分析. 西伯利亚研究，2018（1）.

55. 新形势下中国对俄罗斯东部地区投资战略及投资风险防范研究课题组. 中国对俄罗斯东部地区投资风险的防控. 俄罗斯学刊，2017（3）.

56. 戴枫，周天怡. GVC 视角下双边增加值贸易的解构与测算：以中美贸易为例. 审计与经济研究，2018（4）.

57. 程大中. 中国参与全球价值链分工的程度及演变趋势——基于跨国投入—产出分析. 经济研究，2015（9）.

58. 潘文卿，娄莹，李宏彬. 价值链贸易与经济周期的联动：国际规律及中国经验. 经济研究，2015（11）.

郑重声明